高等职业教育宠物类专业教材

宠物解剖生理

CHONGWUJIEPOUSHENGLI

韩行敏　主编

中国轻工业出版社

图书在版编目（CIP）数据

宠物解剖生理/韩行敏主编. —北京：中国轻工业出版社，2022.7

ISBN 978－7－5019－8941－6

Ⅰ.①宠… Ⅱ.①韩… Ⅲ.①宠物－动物解剖学－生理学－高等职业教育－教材 Ⅳ.①Q954.5

中国版本图书馆 CIP 数据核字（2012）第 177533 号

责任编辑：贾　磊　秦　功

策划编辑：李亦兵　王　玙　　责任终审：孟寿萱　　封面设计：锋尚设计

版式设计：锋尚设计　　责任校对：杨　琳　　责任监印：张京华

出版发行：中国轻工业出版社（北京东长安街 6 号，邮编：100740）

印　　刷：北京君升印刷有限公司

经　　销：各地新华书店

版　　次：2022 年 7 月第 1 版第 9 次印刷

开　　本：720×1000　1/16　印张：24

字　　数：478 千字

书　　号：ISBN 978－7－5019－8941－6　　定价：48.00 元

邮购电话：010－65241695

发行电话：010－85119835　　传真：85113293

网　　址：http://www.chlip.com.cn

Email：club@chlip.com.cn

如发现图书残缺请与我社邮购联系调换

220851J2C109ZBW

本书编写人员

主　编

韩行敏　（黑龙江职业学院）

副主编

张　磊　（黑龙江生物科技职业学院）

陈　斌　（黑龙江职业学院）

参　编

王　静　（黑龙江农业经济职业学院）

田莉莉　（辽宁医学院畜牧兽医学院）

沈向华　（内蒙古农业大学职业技术学院）

任　宏　（内蒙古农业大学职业技术学院）

主　审

潘庆杰　（青岛农业大学）

审　稿

杨　隽　（黑龙江八一农垦大学）

包玉清　（黑龙江民族职业学院）

前言 / PREFACE

为适应宠物医疗保健与养护打理行业的发展需求，满足高职宠物医疗、宠物养护与疫病防制类专业课程教学工作和人才培养目标的岗位工作需要，由中国轻工业出版社组织黑龙江、辽宁、山东和内蒙古等省、自治区 6 所高职高专院校的 10 位教师编写了这本教材。

全书共分 20 个项目，项目一是宠物有机体的基本结构与功能，项目二至项目七是犬体壁和内脏各系统的解剖组织，项目八是胚胎发育，项目九和项目十是犬循环、神经和内分泌系统及感觉器官的解剖组织，项目十一至项目十七是犬各器官系统的生理，项目十八是猫的解剖生理，项目十九是鸽和观赏鱼的解剖生理，项目二十是犬的实地解剖。

本教材首次改变了传统解剖生理统编教材理论与实践分开、前面理论后面实践、重理论轻实践的定势，将课程单项实践教学与有关理论有机结合形成前 19 个项目，而把具有明显综合性实训性质的内容安排成第 20 个项目，很好地解决了理论与实践的关系，使课程教材更加适于临床需要。

本教材主要供宠物类各专业高等职业教育宠物解剖生理、宠物解剖及组织胚胎和宠物生理等课程使用，也可作为广大宠物养护、医疗工作者和宠物爱好者的自学参考书。

本教材编写过程中，以教育部《关于加强高职高专教育人才培养工作的意见》等文件精神和国内外现代职业教育教学研究新成果为依据，以为学生就业及职业生涯发展服务为宗旨，突出基础理论的应用和实践能力的培养。

《宠物解剖生理》课程是高等职业教育宠物医学、宠物养护与疫病防制类专业的核心基础课程之一，主要讲授宠物有机体的形态构造和生命活动，内容主要包括宠物解剖、宠物组织、宠物胚胎和宠物生理四部分。本课程旨在讲授上述四个方面基础知识的同时，使学生比较熟练地掌握和了解实际工作中常用的动物有机体宏微观结构、胚胎发育和生理功能，训练学生进行健康宠物解剖结构的识别和基本生理指标的测定技能，培养他们灵活地应用和分析宠物有机体结构与功能方面的知识与技能，从事临床疾病诊疗防控和养护打理与训练等工作的能力。

本书插图参考了很多文献，对此我们除了列为参考文献之外，在此对作者和出版者表示衷心的感谢。

由于编者的水平有限，书中一定存在很多不足和欠妥之处，希望本书读者提出宝贵意见。

编者

2012 年 5 月

目录 / CONTENTS

项目六 泌尿系统

项目七 生殖系统

项目十　神经系统、感觉器官和内分泌系统

项目十二 呼吸

项目十三 消化吸收

项目一 宠物有机体的基本结构与功能

[知识目标]

1. 掌握宠物有机体的基本结构层次。
2. 掌握动物细胞的基本形态结构和功能。
3. 掌握动物各种基本组织的形态结构、分布和功能。
4. 能够正确地使用生物显微镜识别各种基本组织。

[认知与解读]

宠物解剖生理是研究健康宠物有机体形态结构和生命活动的科学和技术，其内容一般可分为宠物解剖、宠物组织胚胎和宠物生理三部分。无论是宠物养护打理、训练和繁殖，还是疾病的预防、诊断、控制和治疗，都必须首先掌握宠物机体的基本结构和功能。

宠物医疗和打理养护类专业毕业生工作中经常涉及的宠物主要是犬和猫，此外常见的还有观赏鸟和鱼类等。这些动物有机体的结构无论多么复杂，都可分为分子、细胞、组织、器官和系统几个基本层次。一个动物个体由若干个系统构成，每个系统由若干个器官组成，每个器官由若干种组织组成。所谓组织就是一群细胞，而细胞是由分子组成的。细胞和组织在宠物机体中是相对比较微观的结构层次，认识其形态结构的方法主要是显微观察，而光学显微镜的使用是普及程度最高的观察手段。

任务一 | 生物显微镜的构造和使用

光学显微镜一般可分为实体显微镜和生物显微镜两种。实体显微镜是利用反射光线来观察微小物体的表面形态，生物显微镜则是利用透射剩余光线来观察微小物体的整体或内部结构。因此，生物显微镜是观察宠物细胞组织结构最常见的设备。

一、生物显微镜的基本构造

(一) 目的要求

掌握生物显微镜的基本构造。

(二) 设备材料

生物显微镜。

(三) 方法步骤

教师指导，学生独立观察识别以下内容。

1. 机械部分

机械部分是指显微镜中起支撑、旋转和固定等作用的部件，主要有镜座、镜臂、镜筒、粗调节器、细调节器、载物台、推进器、压夹和物镜转换器等（图1-1）。

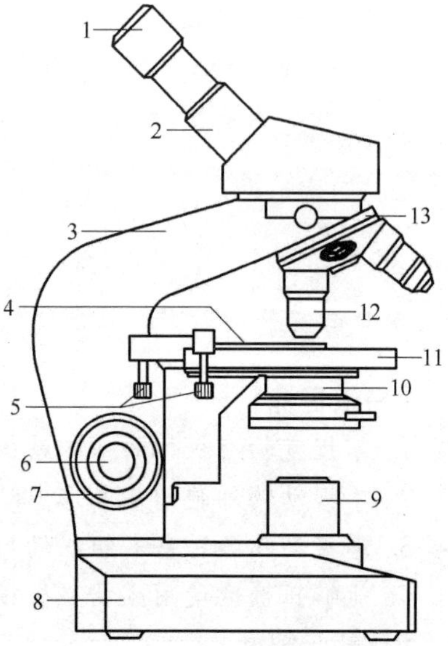

图1-1 生物显微镜的构造

1—接目镜 2—镜筒 3—镜臂 4—压夹 5—推进器 6—细调节器 7—粗调节器 8—镜座 9—电光源 10—聚光器 11—载物台 12—接物镜 13—物镜转换器

(1) 镜座 一般呈矩形或马蹄形，是直接与实验台相接触或用手托的部分。

(2) 镜臂 连接镜座与镜筒，中部常呈弯曲状，是适于持握的部位。

(3) 镜筒 是接目镜和接物镜之间的金属筒，镜筒上端有目镜，下端装有物镜转换器。

(4) 粗调节器 可调节物镜前透镜表面与标本之间的距离。

(5) 细调节器 由其旋转引起的镜筒或载物台移动常精确到用肉眼难以察觉的程度。

(6) 载物台 是放置组织标本的平台，中央有圆形或椭圆形的透光孔。显微镜的调焦方式有镜筒升降式和载物台升降式两种。

(7) 推进器 可使载物台或压夹前后、左右移动，以达到移动标本玻片、进行观察和寻找典型结构的目的。推进器的调节柄一般设计并安装在载物台右后角附近，推进器的调节柄的末端有的朝向右，有的朝下方。

(8) 压夹 可固定组织标本玻片。生物显微镜的压夹分为纵向钢片弹簧型和横向钳抱型两种。现在多为后者，并采用载物台升降调焦方式。

(9) 物镜转换器 位于镜筒下部，装有各种倍数的物镜，用于转换不同的物镜镜头。

2. 光学部分

光学部分是显微镜的折光系统，主要有接目镜、接物镜和反光镜等。

（1）接目镜　也常称为目镜，安装在镜筒的上端，目镜上的数字表示放大倍数，有5倍、8倍、10倍、15倍、16倍和25倍等。

（2）接物镜　也常称为物镜，是显微镜最贵重的光学部分，安装在转换器上，可分为低倍、高倍和油镜三种。低倍镜有8倍、10倍、20倍、25倍；高倍镜有40倍、45倍；油镜一般为100倍。物镜在镜头上一般有一红色、黄色、黑色横线作标志。显微镜的放大倍数等于目镜的放大倍数乘以物镜的放大倍数。例如目镜的放大倍数是10倍，物镜的放大倍数是45倍，则显微镜的放大倍数为$10 \times 45 = 450$倍。

（3）反光镜　有两个面：一面为平面，一面为凹面。有的显微镜无反光镜而直接采用电光源（常带有充电电池）。

（四）技能考核

能准确说出生物显微镜的主要结构名称并说明其作用。

二、生物显微镜的使用方法及注意事项

（一）目的要求

掌握生物显微镜（干燥系）的使用方法。

（二）设备材料

生物显微镜和组织切片。

（三）方法步骤

生物显微镜的使用一般可按其顺序分为取放、采光、置片、调焦、观察和整理六大环节。

1. 取放

初次使用，常需将显微镜箱底与镜座之间的固定螺旋卸下，才能将显微镜从箱中取出。搬动显微镜时，必须一手握镜臂，另一手托镜座。将显微镜轻放于实验台上，应避免阳光直射和过于靠近实验台边缘。

2. 采光

先用低倍镜调光，直至获得清晰、明亮、均匀一致的视野为止。

3. 置片

使组织切片的盖玻片朝上，将其放置于载物台边上，一手（常用左手）将压夹打开，另一手轻轻将玻片推向压夹内，松开压夹，夹住玻片。

4. 调焦

转动粗调节器，使镜筒徐徐下降，此时应将头偏向一侧，注视接物镜的下降程度，以防物镜压碎组织切片，特别当转换高倍镜观察时更要当心。原则上物镜与切片的距离应缩到最小。

5. 观察

观察切片时，先用低倍镜。保持正确的看书姿势，用左眼凑近目镜，进行观察（右眼睁开），同时转动粗调节器，使镜筒上升到一定程度时，就会出现图像，再微微转动细调节器，调整焦点，直到物像达到最清晰程度为止。观察切片时，通常需从切片组织的一角开始，然后使镜头按照蛇类爬行的“路线”前进。观察时还应注意以低倍镜观察整体形态结构，以高倍镜观察结构细节，二者各有侧重，并密切配合。如需从低倍换到高倍时，应先将拟观察的结构移到视野中央，再旋转物镜转换器，进行高倍观察。

6. 整理

完成一次观察后，切记关闭电源，降低载物台（如果是镜筒升降式显微镜的话，则适当降低镜筒），取下并交回玻片（小心），收回推进器，将物镜叉开透光孔，套好防尘罩，装入箱内。

（四）技能考核

实际操作，能够正确地完成采光、调焦和观察，了解特殊结构的路线特征，知道高倍镜和低倍镜在实际观察中的作用特点。

（五）注意事项

1. 注意环境条件

在使用过程中，切勿将酒精或其他药品污染显微镜。显微镜一定要保存在干燥的地方，不能使其受潮，否则会使透镜发霉或机械部件生锈。显微镜不可置于日光下或靠近热源处，多雨地区或多雨季节，最好在显微镜橱内保存。

2. 保护关键部件

光学部分若有灰尘，严禁用口吹或用手及其他物品擦抹，应用擦镜纸擦净。勿用暴力转动粗、细调节器等机械部件，并保持清洁（特别是转动轴等有润滑油的部分）。不得随意拆下显微镜的部件和箱内所装附件。

3. 油镜的应用

组织切片通常用低倍镜和高倍镜（干燥系）观察即可，如需使用油镜（油浸系），应先用高倍镜观察，把欲观察的部位置于视野的中央，然后移开高倍镜，滴少许香柏油（檀香油）在玻片上，转换油镜，使油镜与标本上的油液相接触，轻轻转动细调节器，直至获得最清晰的物像为止。用完油镜时，应及时以擦镜纸蘸少量二甲苯，将镜头上和标本上的油擦去，再用干擦镜纸擦干。

任务二 | 细胞

细胞是动物有机体形态结构、生理功能和生长发育的最基本单位。根据其进化地位、结构的复杂程度等方面的差异，细胞可分为原核细胞和真核细胞，二者之间最大的区别在于细胞核膜的有无，真核细胞才有完善的细胞核膜。单细胞生物是一个完整的生命体，具有全部生命属性；多细胞生物体的细胞在结构和功能上出现不同程度的分化，生物进化程度越高，细胞的分化越精细。

构成高等动物的细胞都是真核细胞，其数量大约可以达到几十万亿个[$(4\sim6)\times10^{13}$]。细胞具有新陈代谢、生长发育、兴奋性、繁殖、遗传和变异等生命现象。

高等动物机体的细胞因其所处的环境条件和所执行的生理功能不同而呈现出多种形态（图1－2）。处于液态环境中游离的单个细胞，如白细胞多呈球形；处于边界位置的细胞常呈扁平形；排列紧密的细胞则多呈多边形；有极性的细胞多呈立方形或柱形；执行舒缩作用的细胞多呈长梭形或长圆柱形；具有接受刺激和传导冲动作用的细胞常呈星形或具有长突起；能运动的细胞通常形状不规则并可具有鞭毛或纤毛。

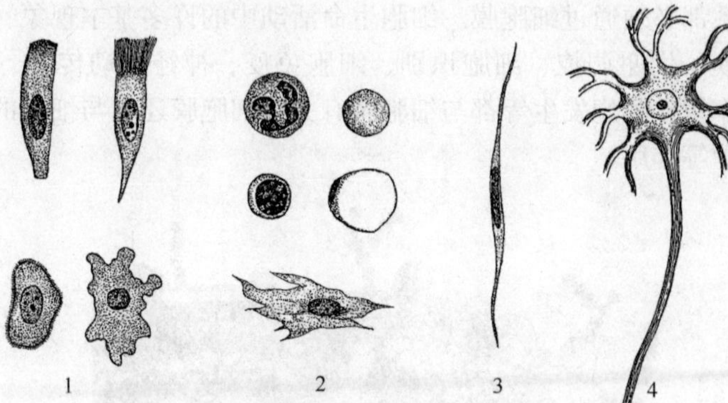

图1－2　细胞的形态

1—上皮细胞　2—结缔组织细胞　3—平滑肌细胞　4—神经细胞

细胞的大小随细胞类型的不同而相差悬殊，鸟类的卵黄特别大，鸡的卵黄直径2～3cm，鸵鸟的卵黄直径可达10cm。哺乳动物神经细胞的突起可延伸1m以上。多数动物细胞直径为10～30μm，需借助光学显微镜才能分辨。生物个体的大小并不取决于细胞体积的差异，而是由于细胞数量不同所致。

构成细胞的分子与动物机体的化学成分是一致的。构成动物有机体的分子可以分为有机物和无机物两种。有机物主要是蛋白质、糖类、脂类和核酸。蛋白质是结构大分子，结构复杂，形态多样，功能各异；糖类是动物能量的主要来源；脂类主要参与构成机体的细胞膜和储存能量；核酸是信息大分子，存储和传递着大量的控制各种生命活动的信息。无机物除了有水和 Na^+、K^+、Ca^{2+}、Mg^{2+}、Cl^- 等简单的离子外，也有像羟磷灰石 [$Ca_{10}(PO_4)_6(OH)_2$] 那样比较复杂的物质。

细胞由细胞膜、细胞质和细胞核组成。

一、细胞的结构

（一）细胞膜

细胞膜是包围在细胞质表面一层连续的界膜，也称原生质膜或质膜。细胞膜不仅为细胞的生命提供稳定的内环境，而且还能完成细胞的物质交换、代谢活动、信息传递和细胞识别等功能。细胞膜厚 7～10nm，光镜下不易分辨，电镜下则清晰可见。细胞膜主要由蛋白质和脂类构成，还有少量多糖和微量的核酸等。细胞膜的基本结构是在脂质双分子层中，镶嵌着可移动的球形蛋白质，即所谓"脂质双层镶嵌球蛋白"结构（图 1－3）。这种结构不仅存在于细胞的外表面，也存在于细胞的内部，所以又将这种结构称为生物膜或单位膜。细胞膜上的蛋白质与受体、载体和抗原等有关。物质进出细胞膜主要有单纯扩散、易化扩散、主动转运、入胞作用和出胞作用等几种方式。细胞与周围环境间的一切联系都必须通过细胞膜。细胞生命活动中的许多基本现象，如物质运输、能量转换、代谢调控、细胞识别、细胞免疫、神经冲动传导、激素的作用、药物的作用和肿瘤发生等都与细胞膜有关。细胞膜还参与细胞的运动、细胞分化和保护等作用。

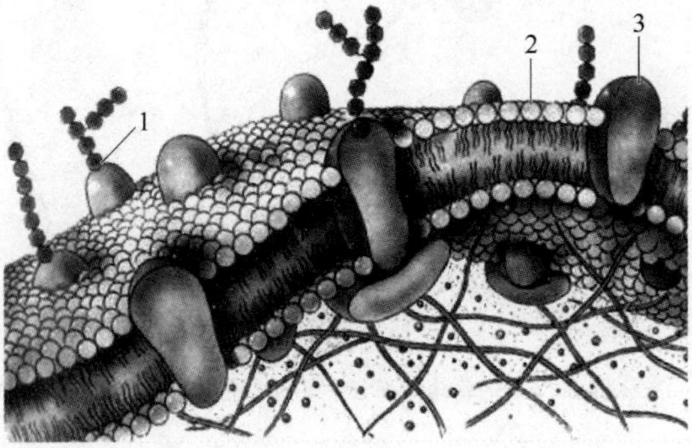

图 1－3　细胞膜的结构模式图

1—糖蛋白　2—脂质分子　3—膜蛋白

（二）细胞质

细胞质是细胞核与细胞膜之间的物质，是细胞内进行代谢作用和执行各种功能活动的场所，包括细胞质基质、细胞器和细胞内含物。

细胞质基质是细胞质中除细胞器和内含物以外的半透明胶状物质。细胞质基质含有较多的蛋白质，占细胞蛋白质总量的20%～25%，其中可溶性酶主要是一些与糖酵解、脂肪酸合成、核苷酸代谢以及氨基酸活化有关的酶类，还含有水、糖类、脂类和无机盐等。内含物是细胞质内具有一定形态的营养物质或代谢产物，包括脂肪、糖原、蛋白质、分泌颗粒及色素颗粒等，它们的数量及形态等可因细胞类型和生理状态的不同而变化。

细胞器是细胞质内具有一定形态结构和生理功能的结构。动物细胞中具有单位膜的细胞器包括线粒体、内质网、高尔基复合体、溶酶体和过氧化物酶体。其中线粒体有双层单位膜，并独立存在于细胞质中，其余的均围以单层单位膜，彼此间在结构和功能上均有一定的联系，可相互转化，并与质膜和核膜相连。非膜性细胞器包括中心体、核糖体、微管和微丝等（图1－4）。

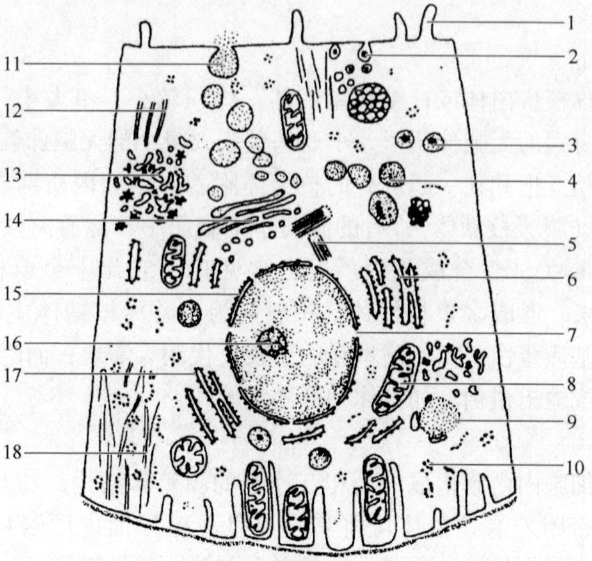

图1－4　细胞质的结构模式图

1—微绒毛　2—入胞作用　3—过氧化物酶体　4—溶酶体　5—中心体
6—粗面内质网　7—核孔　8—线粒体　9—脂肪滴　10—游离核糖体
11—出胞作用　12—微管　13—滑面内质网　14—高尔基复合体
15—核膜　16—核仁　17—膜旁核糖体　18—微丝

1. 线粒体

线粒体是一种存在于大多数细胞中的细胞器，呈线状或颗粒状，具有内、外两层单位膜。外层完整独立，内膜向内形成嵴，内膜内表面有很多基质颗粒（基粒），是与三羧酸循环、脂肪酸氧化和氨基酸降解等有关的各种酶。线粒体是细胞氧化、储能和供能的场所——细胞的供能站，能量消耗大的细胞内线粒体数量多，线粒体在细胞内通常位于需要供应能量的位置（图1－5）。

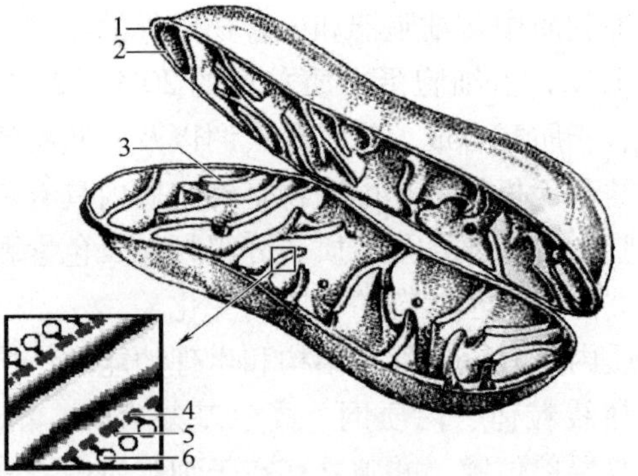

图 1-5 线粒体的结构

1—外膜 2—内膜 3—线粒体嵴 4—基粒基部

5—基粒柄部 6—基粒头部

2. 核糖体

核糖体也称核蛋白体或核糖核蛋白体。体积较小，由大小两个亚基组成。大亚基呈头小身大的无腿侏儒形，小亚基呈头大身小的无腿侏儒形。两个亚基可单独存在或相互抱和在一起。有的核糖体附着于粗面内质网或核膜的表面，称附着核糖体（膜旁核糖体）；有的游离于细胞质中，称游离核糖体。核糖体与蛋白质合成有关，当合成蛋白质时，常见几个或几十个单核糖体由一条 mRNA 串联起来，形成多聚核糖体。一般认为，游离核糖体主要合成结构蛋白、酶蛋白及基质蛋白，供细胞本身的生长及代谢等需要；而附着核糖体主要合成分泌蛋白或输出蛋白，如抗体和分泌物等。

3. 内质网

内质网是细胞内由膜构成的、相互连通的膜管状结构，相互交织成网状。根据其表面是否附着有核糖体可将其分为粗（糙）面内质网和滑面内质网。粗面内质网外表面有核糖体附着，数量和形态随细胞类型而异，如分泌蛋白质特别旺盛的浆细胞和胰腺的腺泡细胞的粗面内质网很发达，主要功能是合成输出蛋白质，如各种肽类激素、酶类和抗体等；滑面内质网的膜表面光滑，无核糖体附着，通常由有分支的小管或小泡相互吻合而成，其化学组成、酶的种类及数量也各有差异，因此决定它的功能多样，主要作用是分泌非蛋白物质和集散某些离子等。

4. 高尔基复合体

高尔基复合体位于细胞的分泌面上，由扁平囊、小泡和大泡三部分组成。扁平囊是高尔基复合体的主体，一般由 3～8 层表面光滑的膜囊平行排列成略弯曲的弓形，中央较狭窄，边缘稍膨大，呈现两个面。凸面一般靠近核膜或内质网膜，称形成面；凹面称分泌面或成熟面，朝向细胞游离面。小泡位于凸面附近，大泡位于凹面附近，小泡不断向扁平囊融入，大泡不断从扁平囊脱落下来（图 1 -6）。高尔基复合体的功能与分泌有关。

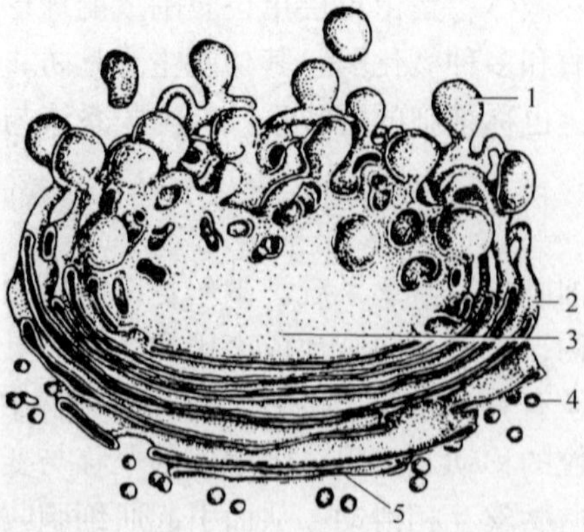

图 1 -6　高尔基复合体的结构

1—大泡　2—扁平囊泡　3—形成面　4—小泡　5—分泌面

5. 溶酶体

溶酶体是真核细胞中的一种细胞器，为单层单位膜围成的圆形或椭圆形小泡，大小不一，内含多种酸性水解酶，并以酸性磷酸酶作为标志酶。溶酶体执行细胞的“消化”功能，能将外源性大分子、病菌、异物或衰老死亡的细胞碎片、破损的细胞器和过多的分泌颗粒水解（图 1 -7）。具有吞噬能力的细胞含有较多的溶酶体，可及时杀死、处理和清除对细胞和机体有害的微生物及其他异物，在对底物消化分解时还可保留抗原信息。因此，它不仅能防止病原扩散，而且在免疫机制中起重要作用。在创伤或炎症时，溶酶体参与清除细菌和细胞碎片，为消除炎症和创伤愈合创造条件。精子的顶体实际上也是一个大型溶酶体。

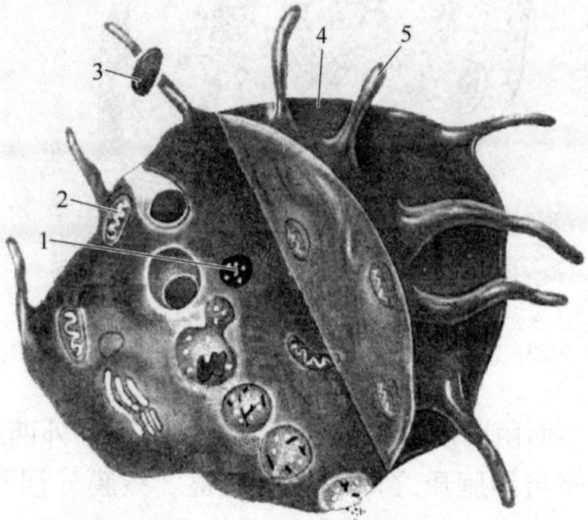

图 1 -7　巨噬细胞溶酶体吞噬细菌的过程

1—溶酶体　2—线粒体　3—细菌　4—巨噬细胞　5—伪足

6. 过氧化物酶体

过氧化物酶体又称微体，是由单层单位膜围成的球形或椭圆形小泡，含过氧化物酶、过氧化氢酶和多种氧化酶，其功能主要是防止细胞过氧化物中毒。

上述6种细胞器，也称细胞的内膜系统。内膜系统与细胞质膜及细胞核膜合称细胞的微膜系统。

7. 微丝与微管

微丝与微管属于细胞内的微梁系统。微丝是细胞质内的一种丝状物，既可在细胞内形成网状结构，又可有规则地成束排列。微丝具有收缩功能，细胞的许多生理活动都与微丝有关，如细胞的吞噬作用和胞饮作用、微绒毛的收缩、伪足的伸缩、分泌颗粒的移动及排出、细胞器的位移与变形等。肌细胞内的肌动蛋白微丝与肌球蛋白微丝互相滑动，从而引起肌细胞收缩。微管是由微管蛋白组成的细长而中空的管状结构，是构成细胞骨架和多种细胞器的成分之一。微管粗细均匀，可弯曲，但不分支，典型的微管由13根直径约5nm的原丝平行排列而成。微管普遍存在于各种细胞内。

（三）细胞核

多数细胞只有一个核，少数细胞有两个或多个细胞核。细胞核是细胞遗传物质的储存场所和细胞功能的控制中心，由核膜、核基质、核仁和染色质构成（图1-8）。

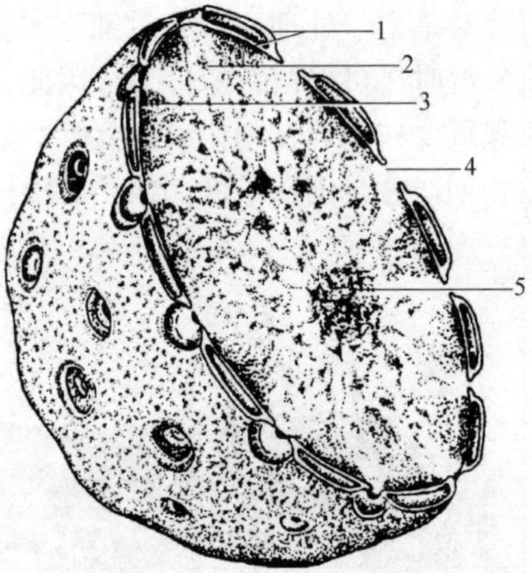

图1-8　细胞核的结构

1—核膜　2—常染色质　3—异染色质　4—核孔　5—核仁

核膜是细胞核表面由两层单位膜组成的被膜，内、外两层核膜彼此融合成许多核孔，是细胞核与细胞质之间的重要通道。核膜外层附有核糖体。除核膜、核仁和染色质以外，存在于细胞核内的物质称核基质，含有水、无机盐和多种酶类，如DNA聚合酶、RNA酶等。核仁是球形的致密体，其化学成分主要是RNA，也有少量DNA及大量碱性和酸性蛋白质，有合成rRNA等功能。

染色质是由脱氧核糖核酸（DNA）与蛋白质组成的纤维状复合物。染色质分为常染色质和异染色质。常染色质是被碱性染料着色较浅的区域，而染色较深的区域称异染色质。当细胞进入有丝分裂前，核内纤维状染色质进行高度卷曲和螺旋化而变粗变短，形成可见的具有一定形态结构和数量的染色体（图1－9）。染色体的数目和形状因动物种类而异，但各种动物染色体的数目却是恒定的，如马有64条、牛有60条、猪有38条、绵羊有54条、山羊有60条、驴有62条、鸡有78条、鸭有80条等。染色体在体细胞内的数目是二倍体，即双倍体，而在成熟的性细胞，其数目只有体细胞的一半，是单倍体。在体细胞的染色体中，每两个染色体相配对，其中有一对的形状因性别而异，称性染色体。哺乳动物的性染色体中，一条是较大的X染色体，另一条是较小的Y染色体，雄性动物体细胞的性染色体为XY，雌性动物体细胞的性染色体为XX。在家禽中，雄性是ZZ型，雌性是ZW型染色体。

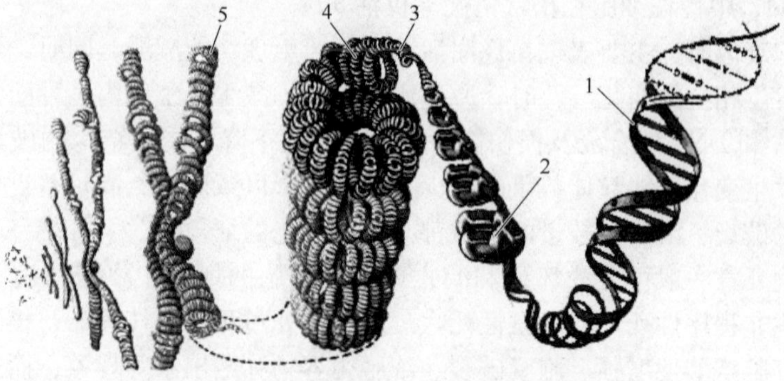

图1－9 染色体、染色质和DNA

1—DNA 2—核小体 3—螺线体 4—超螺线体 5—染色体

二、细胞的生命活动

细胞数量的增加靠细胞分裂，而细胞种类的增加则靠细胞分化。

（一）细胞分裂

细胞分裂是细胞一分为二的增殖过程。细胞通过分裂产生新细胞，促进机体的生长发育，补充衰老死亡的细胞。细胞分裂的能力与细胞分化程度有关，细胞分化越低，分裂能力越强，分化程度越高，分裂能力越弱，当细胞高度分化时就完全丧失了分裂的能力。细胞分裂包含细胞核和细胞质的分裂，主要有三种形式，即无丝分裂、有丝分裂和减数分裂。

（二）细胞分化

细胞分化是指细胞分裂的过程中，细胞的化学组成、结构和功能发生区别的过程。在高等生物体内，细胞分化特别显著，其过程基本上是不可逆的，它导致了个体的成熟、衰老和死亡。细胞分化存在于生物体的整个生命过程之中，在胚胎期表现明显。动物体的胚胎发育从受精卵开始，经过卵裂、囊胚、原肠胚、三胚层分化，随后逐步出现了组织和器官。胚胎发育的主要过程是细胞的分裂、生长和分化。细胞分裂使细胞数量不断增加，生长使细胞的体积增加，分化使细胞的种类增加。正常情况下，细胞的不断分裂，伴随着细胞的逐步分化。在细胞分化的不同阶段，细胞分裂的速度和能力不同，细胞分化程度越高，分裂就越慢，分化程度越低，分裂就越快。成体已分化的细胞各自有特殊形态结构并执行特定的生理功能。有的细胞在一般情况下已丧失再分化为其他细胞的能力，如神经元；而有的细胞仍保持分化为其他细胞的能力，如造血干细胞等。

（三）细胞的衰老和死亡

不同类型细胞的寿命差异很大，一般来说，高度分化的细胞，如神经元和肌纤维在出生后停止分裂，其寿命可与个体寿命相等。红细胞在血液循环中存留约 120d，中性粒细胞在正常情况下仅活 8d。

细胞衰老时，主要表现在代谢活动降低、生理功能减弱，同时，细胞形态结构也发生相应的变化。此时，原生质和水分均减少，细胞内各种酶的活性减弱，RNA 和 DNA 的合成及损伤修补能力也明显下降。质膜结构的破坏导致细胞透性发生变化。线粒体数量的减少、膨胀变形以致破裂，高尔基复合体和内质网膜的破裂，溶酶体数量的增加都是细胞衰老的征象。

细胞死亡一般可分为坏死和凋亡两种。细胞的坏死主要是致病因素引起的，也称非程序性死亡或酶融性死亡。细胞坏死过程中有核固缩、核碎裂、核溶解、细胞嗜酸性增强、胞膜破裂、细胞内容物弥散出来等现象；而细胞凋亡是有严格程序控制的，因此也称程序性死亡。细胞凋亡的过程中出现有完整细胞膜的凋亡小体、细胞体积缩小、连接消失、胞质密度增加、线粒体膜电位消失和细胞色素 C 释放、核质浓缩、核膜及核仁破碎、DNA 降解、胞膜有小泡形成等现象发生，最终可将凋亡细胞遗骸分割包裹为几个凋亡小体，无内容物外溢，因此不引起周围的炎症反应，凋亡小体可迅速被吞噬。

细胞的不同死亡方式与动物的发育、炎症、肿瘤及衰老等有关。

任务三 | 基本组织

组织是来源相同、形态和功能相似、借助于细胞间质结合起来的细胞群。高等动物有机体的组织通常分为四种：上皮组织、结缔组织、肌组织和神经组织，这四种组织又称为动物的基本组织。

一、上皮组织

上皮组织由密集排列的细胞和少量的细胞间质组成。上皮组织具有极性，朝向体表或中空性器官的腔面，称游离面，与其相对的一面，称基底面。基底面与深层组织之间借一薄层基膜彼此相连。富含神经末梢，但一般没有血管和淋巴管，靠渗透方式通过基膜与深层结缔组织间进行物质交换。根据上皮组织形态和功能不同，可将其分为被覆上皮、腺上皮和感觉上皮。被覆上皮按上皮细胞的形态和排列层次，又分为单层扁平上皮、单层立方上皮、单层柱状上皮、假复层纤毛柱状上皮、复层扁平上皮和变移上皮。前四种是单层上皮，后两种是复层上皮。

（一）被覆上皮

1. 单层扁平上皮

单层扁平上皮由一层多边形扁平而薄的细胞组成，彼此以锯齿状边缘相嵌合，顶面观呈鳞片状，侧面观呈梭形，胞核扁圆，位于细胞中央（图 1－10）。主要分布于心血管和淋巴管内表面、体腔内表面及体腔内器官的外表面。分布于心血管和淋巴管内表面的单层扁平上皮又称内皮。单层扁平上皮薄而光滑，可减少摩擦。

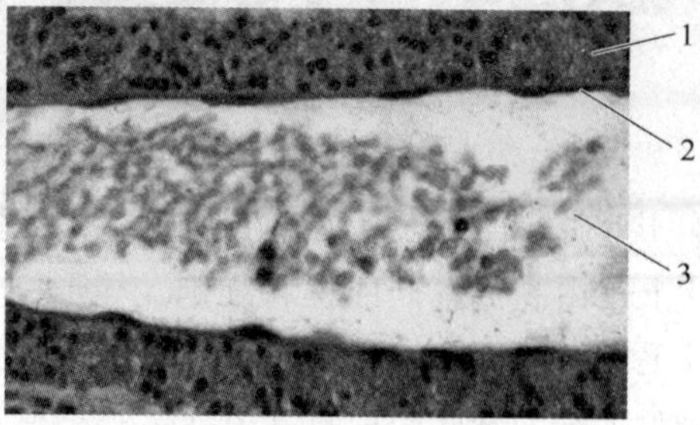

图 1－10 单层扁平上皮

1—深部组织 2—扁平上皮 3—血管腔

2. 单层立方上皮

单层立方上皮由一层短柱状的细胞组成，细胞侧面呈立方形，细胞的高与直径无明显差距。表面观则呈多边形，胞核大而圆，位于细胞中央（图1-11）。主要分布在肾集合管、肺的细支气管、卵巢的表面和腺体等处。单层立方上皮主要起分泌等作用。一般腺体主要由单层立方上皮组成。

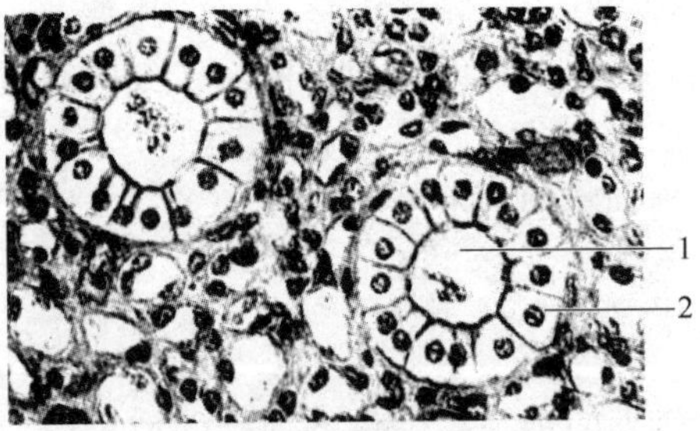

图1-11　单层立方上皮

1—肾集合管　2—立方上皮细胞

3. 单层柱状上皮

单层柱状上皮由一层柱状细胞紧密排列而成。核呈椭圆形，长轴与细胞一致，位于细胞近基底部。游离面可见微绒毛，细胞之间常夹杂着一些杯状细胞（图1-12）。单层柱状上皮主要分布于胃肠黏膜内表面，主要功能是消化吸收。

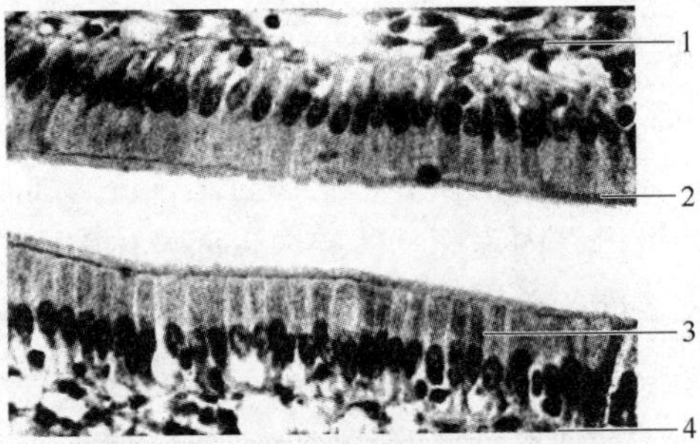

图1-12　单层柱状上皮

1—结缔组织　2—刷状缘　3—柱状上皮细胞　4—基膜

4. 假复层纤毛柱状上皮

假复层纤毛柱状上皮由高低不同的柱状细胞、梭形细胞和锥形细胞组成，柱状细胞游离缘有纤毛。由于细胞的高度不同，细胞核不在同一水平面上，形似复层，而实际上每个细胞的基底面均附着于基膜上，实为单层（图1-13）。纤毛细胞之间常有杯状细胞分布。假复层纤毛柱状上皮主要分布于上部呼吸道的内表面，能借助杯状细胞分泌的黏液吸附细菌、尘埃等异物，并通过纤毛的摆动使之被清除。

5. 复层扁平上皮

复层扁平上皮又称复层鳞状上皮由许多层细胞组成。表层细胞扁平，且由

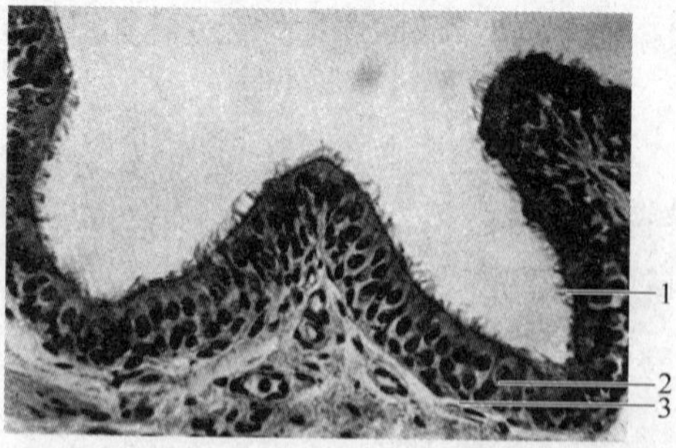

图 1－13　假复层纤毛柱状上皮

1—纤毛　2—上皮细胞　3—基膜

于细胞角质化而形成角质层，具有抗摩擦、抗损伤及防止异物侵入等功能。表层细胞衰老脱落后，由深层细胞不断增殖补充。中间层由数层多边形细胞组成，基层细胞呈矮柱状，体积较小，直接与基膜相贴，易于获得营养，有较强的增殖能力（图 1－14）。复层扁平上皮分布于表皮、口腔、食管和阴道等处。

6. 变移上皮

变移上皮是复层上皮，表层柱状细胞、中间层梭形细胞、基层的锥体形细胞都附着于基膜上。主要分布于膀胱和输尿管等处的黏膜内表面。变移上皮细胞的层数和形态可随所在器官的收缩或扩张而发生变化（图 1－15）。当膀胱被尿液充满时，上皮细胞层次减少，细胞趋于扁平；当膀胱中的尿液被排空时，上皮细胞变圆，层数增加。

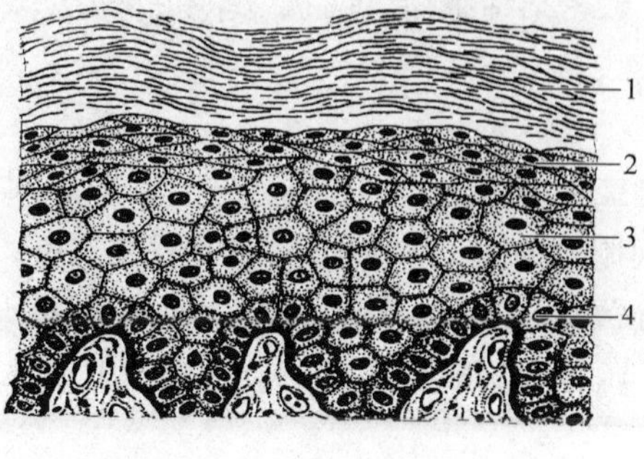

图 1－14　复层扁平上皮

1—角质层　2—颗粒层　3—棘层　4—基底层

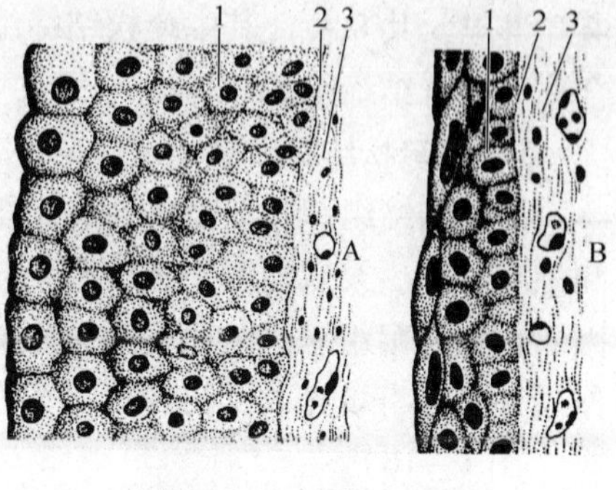

图 1－15　变移上皮

A—收缩状态　B—扩张状态

1—变移上皮　2—基膜　3—结缔组织

（二）腺上皮和感觉上皮

由具有分泌功能的细胞组成的上皮组织称为腺上皮。以腺上皮为主要结构的器官称腺或腺体。根据构成腺体的细胞的数量不同可将其分为单细胞腺和多细胞腺。单细胞腺的腺细胞是单个散在分布的，如杯状细胞；有机体中的多数腺体是多细胞腺。根据腺体的生理功能和结构的不同，可将其分为内分泌腺和外分泌腺两大类。根据腺体与其所来源器官的位置关系不同可将其分为壁内腺和壁外腺。

1. 内分泌腺

内分泌腺因无导管，故也称无管腺。腺细胞的分泌物称激素，直接渗入细胞周围丰富的毛细血管或毛细淋巴管内，由血液或淋巴输送到全身各组织器官内，以调节组织和器官的功能活动。

2. 外分泌腺

外分泌腺具有由上皮细胞形成的导管，故也称有管腺，其分泌物经导管输送到体表或器官内腔，如肝脏和胰腺等。根据外分泌腺存在的部位不同，可将腺体分为位于器官管壁之内的壁内腺和位于器官管壁之外的壁外腺。根据多细胞外分泌腺的腺泡形态不同，可将其分为管状腺、泡状腺和管泡状腺。管状腺可再分为单管状腺、分支管状腺和复管状腺；泡状腺可再分为单泡状腺和分支泡状腺；管泡状腺可再分为分支管泡状腺和复管泡状腺。

3. 感觉上皮

感觉上皮主要分布于眼和耳。

二、结缔组织

结缔组织由细胞和大量细胞间质构成，其中细胞种类较多，数量较少，散于细胞间质中，主要由丝状的纤维和胶体或固体状的基质组成。结缔组织包括疏松结缔组织、致密结缔组织、网状组织、脂肪组织、软骨组织、骨组织、血液和淋巴，共 8 种，其中疏松结缔组织、致密结缔组织、网状组织和脂肪组织合称为固有结缔组织。

（一）疏松结缔组织

疏松结缔组织是典型的连接组织，连接于系统之间、器官之间、组织之间和细胞之间。柔软而富于弹性和韧性，肉眼观察时，呈白色网泡状或蜂窝状，因而也称蜂窝组织。疏松结缔组织除具有营养、防御、运输代谢产物和修复的作用外，还有填充、支持和连接等作用。疏松结缔组织由基质、纤维和细胞组成（图 1－16）。

基质没有固定的形状，呈无色透明胶体状态，各种细胞和纤维都浸于其中，主要化学成分是由透明质酸与蛋白质结合而成的黏多糖蛋白。透明质酸具有亲水性基团，易与水分子结合，除保持基质呈凝胶状外，还使代谢物质和电解质等易于在基质中扩散。透明质酸是与大量水分子结合并曲折盘绕的大分子，分子间借蛋白质分子和其他分子相连，共同形成带有小孔隙的分子筛。分子筛允许小于其孔隙的水溶性物质，如营养物质、气体分子和代谢产物通过，而大于其孔隙的颗粒物质，如病原微生物等则不能通过，起着屏障的作用。某些细菌和癌细胞等能分泌透明质酸酶，分解透明质酸，破坏基质的屏障作用，

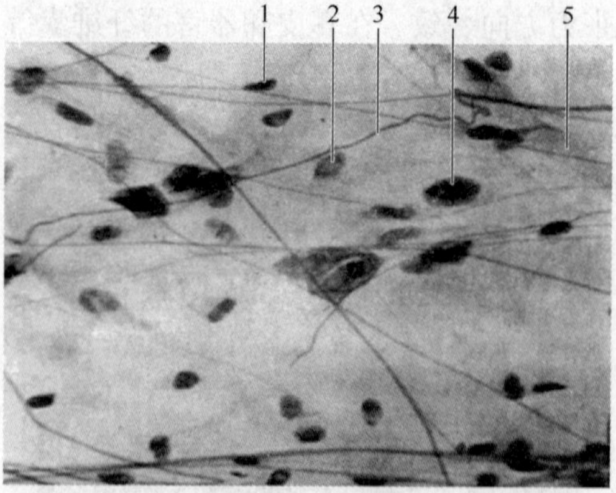

图 1-16　疏松结缔组织的显微结构

1—组织细胞　2—成纤维细胞　3—弹性纤维　4—肥大细胞　5—胶原纤维

从而通过基质使病原扩散蔓延。基质中还含有自毛细血管动脉端渗出形成的组织液，经毛细血管静脉端或毛细淋巴管回流到血液，对组织和细胞的物质交换起重要作用。疏松结缔组织的基质中有胶原纤维、弹性纤维和网状纤维（图 1-17）。疏松结缔组织的细胞可分为成纤维细胞、巨噬细胞、肥大细胞、浆细胞和脂肪细胞，其中成纤维细胞具有形成几种纤维的功能，脂肪细胞体现了该组织与脂肪组织的关系，其他几种细胞都与机体免疫功能有关。

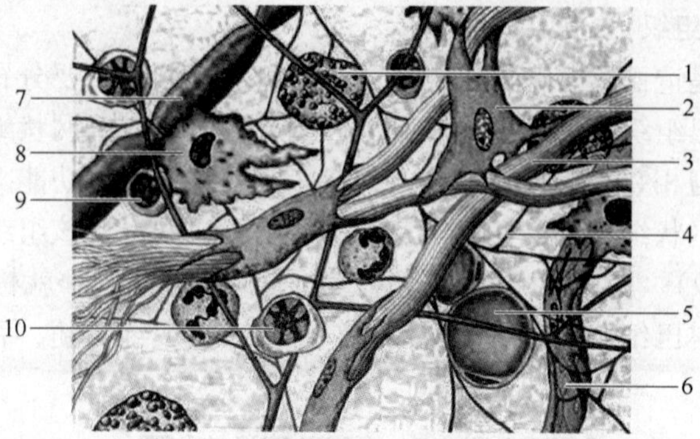

图 1-17　疏松结缔组织的结构模式图

1—肥大细胞　2—成纤维细胞　3—胶原纤维　4—弹性纤维
5—脂肪细胞　6—毛细血管　7—神经纤维　8—巨噬细胞
9—淋巴细胞　10—浆细胞

（二）致密结缔组织

致密结缔组织是一种以纤维为主要成分的固有结缔组织，纤维粗大，排列致密，起连接、支持和保护等作用。大多数的致密结缔组织，如腱、韧带和真皮，其纤维成分以胶原纤维为主，只有少量的致密结缔组织，如项韧带和腹黄膜等以弹性纤维为主。细胞成分主要是成纤维细胞。致密结缔组织中的纤维排列方向与其承受的张力方向一致。在真皮和器官的纤维囊等处的胶原纤维束呈交织排列，可称为不规则的致密结缔组织。肌腱的胶原纤维束呈密集平行排列，可称为规则的致密结缔组织（图1-18）。

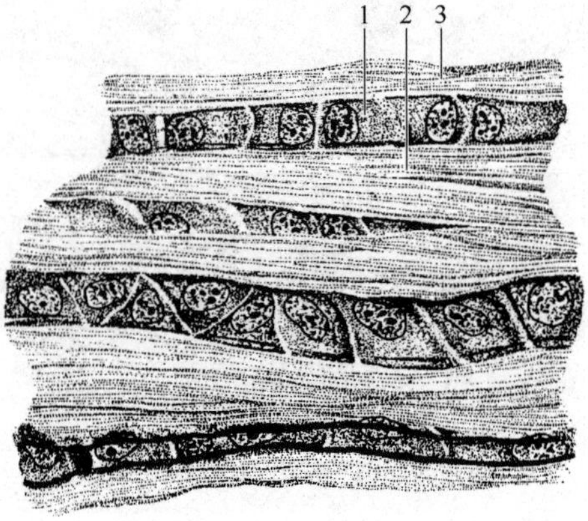

图1-18　肌腱纵切

1—腱细胞　2—胶原纤维束　3—胶原纤维

动物体内许多部位的结缔组织常常不是典型的疏松或致密结缔组织，而是呈过渡的形态。在消化管和呼吸道黏膜固有层的结缔组织可见到细密的胶原纤维、弹性纤维和网状纤维交织组成，细胞成分也较丰富。

（三）网状组织

网状组织是造血器官和淋巴器官的基本组织成分，主要分布于骨髓、淋巴结、脾脏及淋巴组织等处，由网状细胞和网状纤维组成。网状细胞是多突起的细胞，借突起与相邻细胞连接成网，并有生成网状纤维的功能。网状纤维纤细且多分支，沿网状细胞的胞体和突起分布，交织成网，使该组织内部含有大量空腔（图1-19）。腔中如果存在大量造血细胞和血细胞，就构成髓组织；如果存在大量的淋巴细胞，就构成淋巴组织。前者构成红骨髓，后者构成其他淋巴器官。

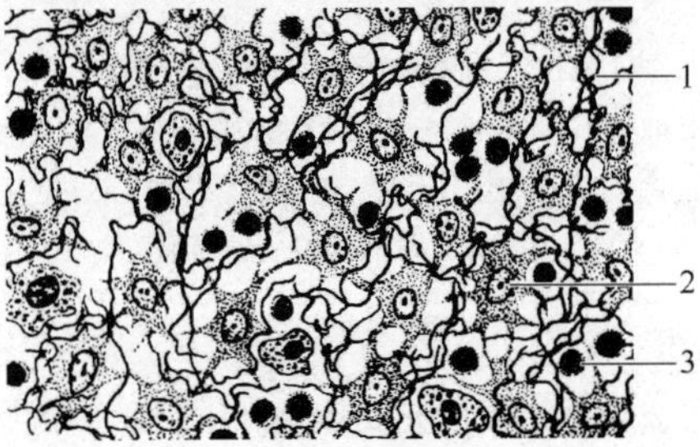

图1-19　网状组织

1—网状纤维　2—网状细胞　3—淋巴细胞

（四）脂肪组织

脂肪组织由大量脂肪细胞聚集而成，在成群的脂肪细胞之间，有疏松结缔组织将其分隔成若干小叶（图1-20）。根据脂肪组织的颜色、神经和血管分布以及脂肪细胞结构的不同，可分为白（黄）色脂肪组织和棕色脂肪组织两种。白色脂肪的细胞呈圆形或卵圆形，含有一大滴几乎与细胞等大的脂滴，故胞核呈扁圆形位于周边，血管和神经不发达。白色脂肪几乎遍布全身，尤其以皮下、腹膜下及肠系膜等处最多。棕色脂肪存在于冬眠动物的幼体和成体，除猪以外的大多数哺乳动物也存在，血管和神经较丰富，能散发大量热能。

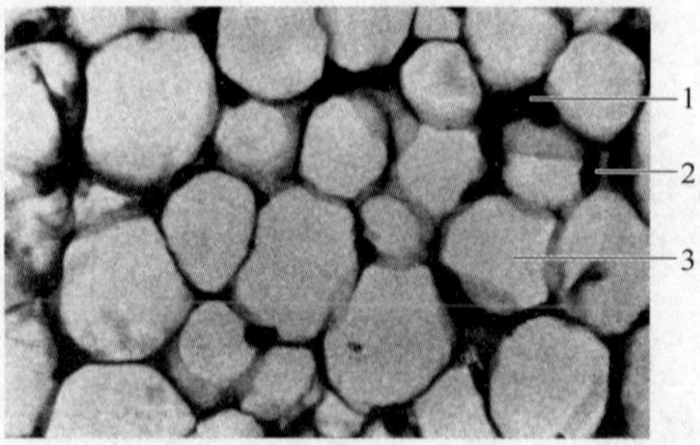

图1-20　脂肪组织

1—疏松结缔组织　2—脂肪细胞的细胞核　3—脂肪细胞

（五）软骨组织

软骨组织具有弹性，有较强的支持力，能承受压力和摩擦。胚胎的支架起初多是软骨，在成体内，软骨组织参与构成呼吸道和耳廓的支架，还构成光滑的关节面及组成骨连结。软骨组织由软骨细胞和细胞间质组成。间质包括软骨基质和纤维，基质呈凝胶状，不同类型软骨的基质内含有不同的纤维，纤维能增强软骨的弹性和韧性，根据基质所含纤维成分的不同，将软骨分为透明软骨、纤维软骨和弹性软骨三种。透明软骨外观似半透明的玻璃状（图1-21），分布于关节面、肋软骨、气管环、喉软骨及胸骨等处。纤维软骨分布于椎间盘和半月板等处，呈白色，间质中含有大量平行排列的胶原纤维束。弹性软骨分布于耳廓、喉和会厌等处，微黄色，有弹性，间质内含大量弹性纤维。

（六）骨组织

骨组织是一种坚硬的结缔组织，由骨细胞和细胞间质构成，骨细胞位于骨质内，呈扁平多突起形，单个分散于相邻骨板之间（图1-22）。骨质由有机物和无机物两种成分组成。有机成分是骨胶纤维和基质，骨胶纤维是胶原纤维。基质主要是黏蛋白，呈凝胶状，位于骨胶纤维之间，起黏合作用。无机成分主要是钙盐，其化学成分是结晶的羟基磷灰石［$Ca_{10}(PO_4)_6[(OH)_2]$］，它有规律地沿着胶原纤维的长轴排列。骨胶纤维平行排列成板层状，每层内的骨胶纤维相互平行，而相邻两层的骨胶纤维则相互成约90°角排列，亦有呈螺旋

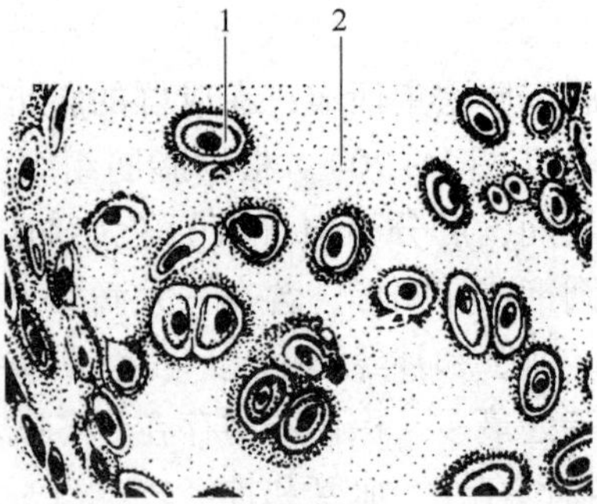

图 1－21　透明软骨

1—软骨细胞　2—基质

形和斜行排列的，并有部分纤维穿行于相邻骨板间。这种犹如多层胶合板的结构即骨板，它使骨质既具坚硬性又具韧性，起着支持和承受多方面压力的作用。

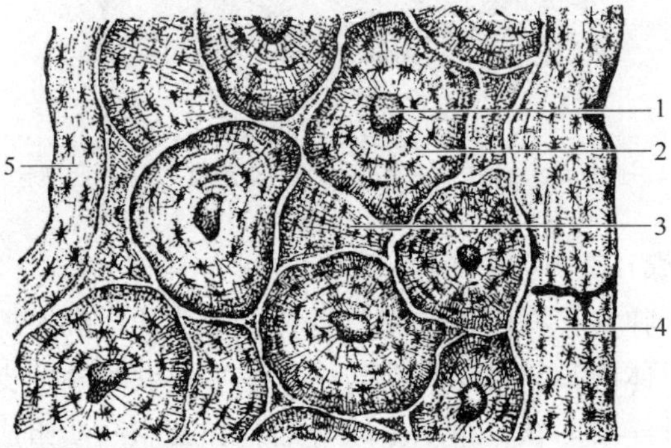

图 1－22　骨组织

1—外环骨板　2—中央管　3—间骨板　4、5—骨单位骨板

（七）血液和淋巴

血液和淋巴都是液态的结缔组织。血液循环于心血管内，淋巴存在于淋巴系统内，此内容详见项目九循环系统。

三、肌组织

肌组织主要由肌细胞构成，间质极少。肌细胞一般呈细长的纤维状，故又称为肌纤维。根据形态结构和功能不同，肌组织可分为横纹肌、平滑肌和心肌。

（一）横纹肌

横纹肌又称骨骼肌，横纹肌的收缩受意识控制，故也称随意肌，主要分布于四肢、躯干和头部等处的骨骼上，受体神经支配。骨骼肌主要由骨骼肌纤维构成，骨骼肌纤维呈长圆柱形，肌膜薄，与周围结缔组织连接，使肌纤维相互牢固的结合在一起。细胞核呈椭圆形，数量多，有的可多达数百个，位于肌纤维边缘，紧贴细胞膜。肌细胞内有大量的肌原纤维，沿着肌纤维长轴平行分布于肌浆中。肌原纤维分成多个肌节，每个肌节由多条肌丝沿着肌原纤维的长轴平行排列而成。肌丝可分粗肌丝和细肌丝两种。粗肌丝由肌球蛋白分子组成，其构型呈长杆状，一端有豆芽状的头部；细肌丝由肌动蛋白、原肌球蛋白和肌原蛋白组成。肌动蛋白单体呈球状，每一单体上都有一个能与肌球蛋白相结合的位点，许多肌动蛋白单体连接成长链。每一条细肌丝有两条肌动蛋白单体的链相互绞合在一起，呈双螺旋状。原肌球蛋白细而长，由两条多肽链相互缠绕呈螺旋状，位于肌动蛋白的双螺旋沟内。肌原蛋白由三个球状的亚单位组成，每一条原肌球蛋白上有一组肌原蛋白。肌原蛋白中的一个亚单位与肌动蛋白结合时，其分子构型即发生变化，整个肌原蛋白的三个亚单位的位置也发生变化，和它相连的原肌球蛋白也随之发生变化。粗肌丝横桥与细肌丝结合而改变角度，导致粗、细肌丝相互嵌入的程度发生变化，使肌节缩短，肌原纤维缩短而使肌细胞发生收缩。

（二）心肌

心肌主要分布于心脏，构成心房壁和心室壁的肌层。心肌主要由心肌纤维构成，心肌纤维构成心壁的肌层，在自主神经支配下持久而有节律地舒缩，由于舒缩不受意识支配，故属不随意肌。心肌纤维呈较短的圆柱状，有不明显的横纹。肌纤维常有分支并与相邻肌纤维互相吻合，形成肌纤维网（图 1－23）。网孔内有较多疏松结缔组织和毛细血管等。肌纤维间以闰盘为界，闰盘呈线状或阶梯状横贯心肌纤维，心肌纤维一般仅有一个核，呈卵圆形，位于中央，染色较淡。心肌纤维分为普通心肌细胞和特殊心肌细胞两种，特殊心肌细胞构成心脏的特殊传导系统。

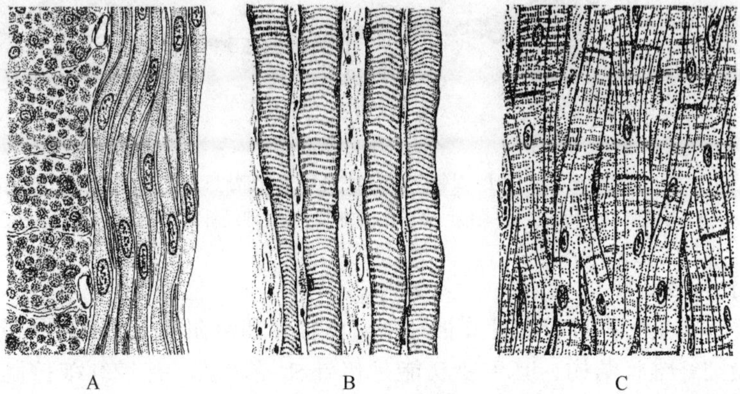

图 1－23 三种肌组织

A—平滑肌 B—横纹肌 C—心肌

（三）平滑肌

平滑肌分布于消化道管、呼吸道、泌尿生殖管道及血管，构成这些器官管壁的肌层。平滑肌也是不随意肌，其纤维呈长梭形，平均长约200μm，两端尖细，中央粗，直径约6μm。细胞核呈长椭圆形或长棒形，位于细胞中央，胞质无横纹。平滑肌细胞的分布，因器官的功能不同而异，有单个分散存在的，如分布于阴囊皮肤和小肠绒毛内的；也有聚集成束的，如竖毛肌；还有排列成层的，如中空性器官的肌层。

四、神经组织

神经组织由神经细胞和神经胶质细胞构成。神经细胞是神经组织形态和功能的基本单位，故又称神经元，是具有长突起的细胞，是高度分化的细胞。神经胶质细胞是一种多突起的细胞，分布于神经元之间，起着支持、营养、保护和绝缘作用，例如参与构成神经纤维的施万细胞等。

（一）神经元

神经元是反射活动的主体，但它不能独立完成某种复杂功能活动，必须与其他组织细胞和神经元相联系。神经元以其较长的突起，与神经胶质细胞共同形成神经纤维，与其他神经元间形成突触，与其他组织之间形成神经末梢。神经元按功能可分为感觉神经元、运动神经元和联络神经元；按突起的数量多少分为假单极神经元、双极神经元和多极神经元。神经元的突起分为短而多的树突和少而长的轴突（图1－24）。树突呈树枝状，具有接受刺激并将冲动传入胞体的功能。

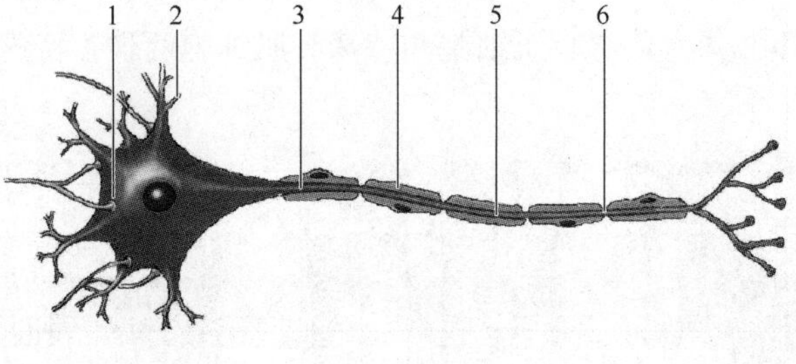

图1－24　神经元及相关结构

1—突触　2—树突　3—轴突　4—施万细胞　5—神经纤维　6—郎飞氏节

（二）神经纤维

神经纤维是中枢神经和外周神经中，由轴突和包在其外面的神经胶质细胞构成的微细纤维状结构，其主要功能是传导神经冲动。神经纤维按髓鞘的有无，可分为有髓神经纤维和无髓神经纤维两种（图1－25）。有髓神经纤维由轴突、髓鞘和神经膜构成，表面有郎飞氏结。由于髓鞘是高电阻性结构，所以传递兴奋时是在郎飞氏结之间跳跃式传递的。无髓神经纤维仅由轴突和神经膜构成，因没有髓鞘，不形成郎飞氏结，所以其传递兴奋的速度较慢。有髓神经纤维和无髓神经纤维的区别，主要在于施万细胞包围神经细胞长突起的形式不同。

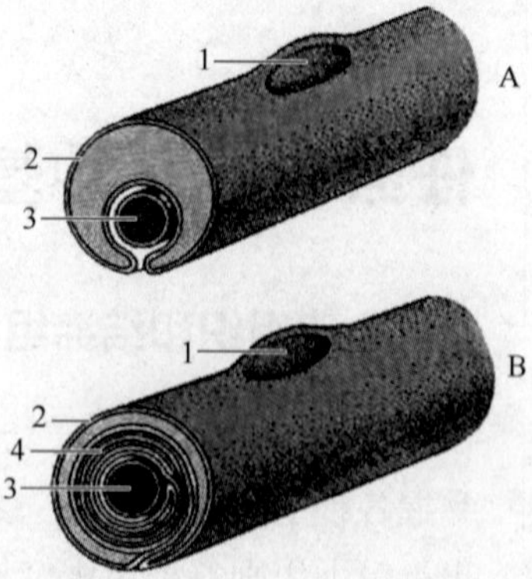

图1-25　有髓神经纤维和无髓神经纤维

A—无髓神经纤维　B—有髓神经纤维

1—神经胶质细胞核　2—神经膜

3—轴突　4—髓鞘

神经纤维也可根据其传递兴奋的方向分为传入纤维（感觉神经纤维）、传出纤维（运动神经纤维）和联络神经纤维。传入纤维是将感受信息传递给中枢；传出纤维是将中枢的“指令”传递给效应器；联络神经纤维是在中枢神经系统内的不同部位之间进行信息传递。

（三）突触

神经元的轴突末端分支，略膨大，与另一个神经元共同形成突触。突触是神经元之间传递信息的结构。它由突触前膜围成突触小结，内有线粒体和突触小泡，小泡内含神经（化学）递质。由后一个神经元形成突触后膜，其上有与化学递质相应的受体。两膜间有宽20~30nm的突触间隙，其中有与化学递质相应的酶类（图1-26）。

突触传递信息时，前一个神经细胞以出胞作用的方式向突触间隙内释放小泡中的化学递质，被后一个神经细胞膜上的受体所识别，引起突触后神经元功能的变化，传递了信息。在发生信息传递的同时，化学递质被突触间隙中的酶所分解，从而终止了信息的传递。

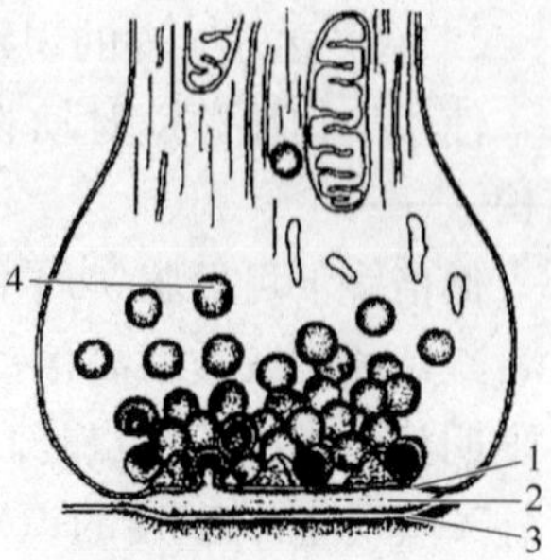

图1-26　突触的结构

1—突触前膜　2—突触间隙

3—突触后膜　4—突触小泡

（四）神经末梢

神经末梢是神经纤维的末端部分，是神经元与其他组织共同形成的接收信息或发出信息的结构。按其功能不同，可分为感觉神经末梢和运动神经末梢。感觉神经末梢（感受器）是感觉神经元的外周突与外周器官的接触点，它接受内外环境的各种刺激，在神经元上产生神经冲动；运动神经末梢（效应器）是运动神经元轴突末梢与肌细胞和腺细胞构成的能把神经冲动传给肌细胞和腺上皮的结构。运动终板也称神经肌肉接头，是分布于骨骼肌的效应器，其结构与突触基本相似。

任务四 | 各种基本组织的识别

一、上皮组织和结缔组织的识别

(一) 目的要求

掌握各种上皮组织的形态结构，进一步熟悉显微镜的使用方法与注意事项，提高镜下识别各种组织结构的能力。

(二) 设备材料

生物显微镜以及上皮组织和结缔组织的切片。

(三) 方法步骤

1. 单层扁平上皮的识别

使用生物显微镜对动物小肠切片边缘典型部位进行观察，识别单层扁平上皮的形态结构。

低倍镜下可见小肠浆膜表面的扁平上皮细胞层呈蓝色略深的线状。高倍镜下观察该蓝色线状结构由一层扁平上皮构成，细胞彼此之间界限不清，特点是细胞的高明显小于直径。

2. 单层立方上皮的识别

使用生物显微镜对动物甲状腺切片进行观察，识别单层立方上皮的形态结构。

低倍镜下可见腺实质主要由圆形或稍长的囊泡状腺泡组成，腺泡腔中含有大量红色的类胶质。高倍镜下可见腺泡壁由单层立方上皮构成，细胞彼此之间界限明显，细胞的特点是高度和宽度几乎相等，胞核圆，位于细胞中央。

3. 单层柱状上皮的识别

使用生物显微镜对动物小肠切片进行观察，识别单层柱状上皮的形态结构。

首先用低倍镜观察整个小肠壁由几层组织构成，可见小肠绒毛呈指状，其表面覆盖一层柱状上皮，由于材料和制片关系，有的绒毛横断呈游离状态。选择一部分切面比较正、细胞核呈单层排列的上皮进行观察。在高倍镜下可见细胞核排列紧密，细胞核呈椭圆形，蓝紫色，位于细胞基底部。细胞顶端有一层粉红色的膜状结构（纹状缘），在上皮的基底面有染成粉红色的条状结构（基膜）；此外，在柱状上皮细胞之间，有散在的杯状细胞存在。

4. 假复层纤毛柱状上皮的识别

使用生物显微镜对动物气管切片进行观察，识别假复层纤毛柱状上皮的形态结构。

首先用低倍镜观察整个切片的结构，管腔内表面的一层较深色的结构是假复层纤毛柱状上皮，低倍镜下可见上皮细胞基底面均与较亮的基膜相连。在高倍镜下可见高低不同的柱状上皮，且上皮之间夹杂着散在的杯状细胞。上皮细胞游离缘可见“成簇”的纤毛。

5. 复层扁平上皮的识别

使用生物显微镜对动物皮肤或食管横断面切片进行观察，识别复层扁平上皮的形态结构。

首先用低倍镜或肉眼观察整个切片的结构，可见上皮层游离缘相对平整，基底面与深部组织具有蜿蜒曲折的界限。在高倍镜下虽然一般不易区分上皮细胞之间的界限，但细胞核的轮廓通常都是比较清晰的。特别是可根据同层细胞核和异层细胞核之间距离的差别来分析不同层细胞的形态特征，深层细胞不仅染色较深，而且形态趋于长方形或圆形；而浅层细胞逐渐变得扁平，最后细胞核消失，细胞角化、死亡、脱落。

6. 疏松结缔组织的识别

使用生物显微镜对动物疏松结缔组织铺片进行观察，识别疏松结缔组织的形态结构。

选择标本很薄的地方，用低倍镜进行观察，可以见到交叉成网的纤维与许多散在纤维之间的细胞，纤维与细胞之间为无定形基质。高倍镜下可见胶原纤维为红色粗细不等的索状结构，数量甚多，交叉排列，有的较直，有的呈波浪形。混杂在胶原纤维之间有细的蓝紫色弹性纤维，仔细观察可见其有分支，彼此交叉，在纤维之间可辨认以下几种细胞。

成纤维细胞：数量较多，细胞轮廓不明显，多数细胞只见椭圆形的细胞核，有时在细胞核外面隐约可见浅蓝紫色的细胞质。

组织细胞：细胞轮廓清楚，有圆形、椭圆形或梭形，常有短而钝的小突起，细胞质和细胞核均较成纤维细胞染色深，细胞较小，位于细胞中央，胞质中含有大小不等的蓝色颗粒。

肥大细胞：多呈椭圆形，胞质中颗粒粗大而密，紫蓝色，胞核被颗粒遮盖看不清楚。

浆细胞：细胞质呈紫红色，胞核偏于细胞一侧，紫蓝色的染色质在核内排列成车轮状，近核部位的细胞质染色略浅。

7. 网状组织的识别

使用生物显微镜对动物淋巴结镀银染色切片进行观察，识别网状组织的形态结构。

在低倍镜下对切片整体情况进行观察，找到颜色较浅的部分。对切片较薄的部位进行高倍镜观察，可见交织成网的网状纤维，其上附有呈星形的网状细胞，它们之间的间隙就是淋巴窦。

（四）技能考核

能识别出各种上皮组织和结缔组织的主要结构，能正确填写各种上皮组织和结缔组织的图标或图注。

二、肌组织和神经组织的识别

（一）目的要求

掌握各种肌组织的形态结构，进一步提高镜下识别各种组织结构特征的能力。

（二）设备材料

生物显微镜以及肌组织和神经组织的切片。

（三）方法步骤

1. 平滑肌的识别

使用生物显微镜对平滑肌分离装片和小肠切片进行观察，识别平滑肌的形态特征。

可见单个平滑肌呈长梭形，细胞核位于细胞中央较粗处。而小肠的平滑肌层可分为环形排列和纵向排列两层，每层都由大量规则排列的平滑肌细胞组成，

2. 横纹肌的识别

肉眼观察横纹肌纵横切玻片，上有两条组织，一条长的是横纹肌的纵切面，一条短的是横断面。低倍镜下观察肌纤维平行排列，横切面肌纤维呈圆形。高倍镜下可见肌纤维纵切面上有明暗相间的横纹，肌细胞呈长柱状，多个位于细胞边缘的细胞核。

3. 心肌的识别

使用生物显微镜对心肌切片进行观察，识别心肌的形态特征。

观察心肌切片，可见心肌细胞呈短圆柱状，有分支，连接成网，有不明显的横纹。细胞有 1 ~ 2 个细胞核，位于细胞中央。

4. 神经元的识别

使用生物显微镜对脊髓切片进行观察，识别神经元的形态特征。

以肉眼进行观察时，脊髓横断切片呈椭圆形，中央蝴蝶形区域染色较深的是灰质，周边染色较浅的是白质。

低倍镜下先进行整体观察，找到灰质后在其中找到典型的神经元包体切面，典型部位可见具有多突起和细胞核的胞体。高倍镜下可见胞体不规则，细胞核较大，且有明显的核仁，位于胞体中央。

（四）技能考核

实际操作，能够识别出各种肌组织和神经细胞的形态结构，了解上述肌组织和神经组织的分布特征。

项目二 运动系统

[知识目标]

1. 掌握全身各部名称和常用方位术语。
2. 掌握全身各部骨的组成和主要结构。
3. 掌握全身各部骨连结的特征。
4. 掌握全身各部主要肌肉的形态结构。

[认知与解读]

运动系统由骨骼和肌肉构成，骨骼包括骨和骨连结。在躯体运动中，骨是运动的杠杆，骨连结是运动的枢纽，肌肉是运动的动力。运动系统构成了宠物的基本体型，其重量为体重的70%以上，具体比例因动物种类、品种、年龄以及营养健康状况等而不同。因此，运动系统的状况不仅直接关系到宠物的体型品质，而且位于皮下的一些骨的突起和肌肉，形成了某种自然的外观标志，可以在体表摸到或在一些仪器诊断时形成清晰的图像，在养护与临床实践中常用来作为确定内部器官位置、体尺测量和注射等操作的定位标志。

任务一 | 机体各部名称和常用方位术语

一、机体各部名称

为了便于说明犬、猫等四足动物的各种具体形态结构，通常将其分为头部、躯干和四肢三部分。各部分又主要以骨为基础，划分为若干个组成部分（图2－1）。

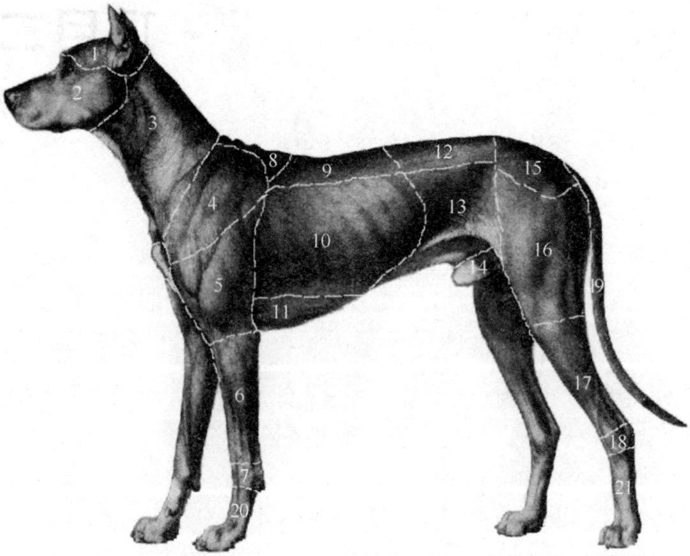

图 2－1　犬体各部名称

1—颅部　2—面部　3—颈部　4—肩胛部　5—臂部　6—前臂部　7—腕部
8—鬐甲部　9—背部　10—胸部　11—胸骨部　12—腰部　13—腹部
14—阴茎　15—荐臀部　16—股部　17—小腿部　18—跗部　19—尾部
20—掌指部　21—跖趾部

（一）头部

头部包括颅部和面部。

颅部位于颅腔周围，又可分枕部、顶部、额部、颞部、耳部和腮腺部。

面部位于口腔和鼻腔周围，又可分眼部、鼻部、咬肌部、颊部、唇部和下颌间隙等。

（二）躯干

躯干包括颈部、背胸部、腰腹部、荐臀部和尾部。

（三）四肢

四肢包括前肢和后肢。

前肢又分为肩胛部、臂部、前臂部和前脚部（包括腕部、掌部和指部）。

后肢又分大腿部（股部）、小腿部和后脚部（包括跗部、跖部和趾部）。

二、常用方位术语

在叙述畜体器官方向位置时，以动物正常伫立姿势为标准，以互相垂直的三种不同的假想平面，即矢状面、额面和横切（断）面来确定。

（一）矢状面

矢状面也称矢面，是与动物体纵轴平行并与地面垂直的切面。矢状面分为正中矢状面和侧矢面。正中矢面只有一个，位于动物体纵轴的正中线上，将动物分为左、右对称的两部分（图2－2）；侧矢面是与正中矢状面平行的切面，位于正中矢状面侧方，有很多个。靠近正中矢状面的一侧为内侧，远离正中矢面的一侧为外侧。

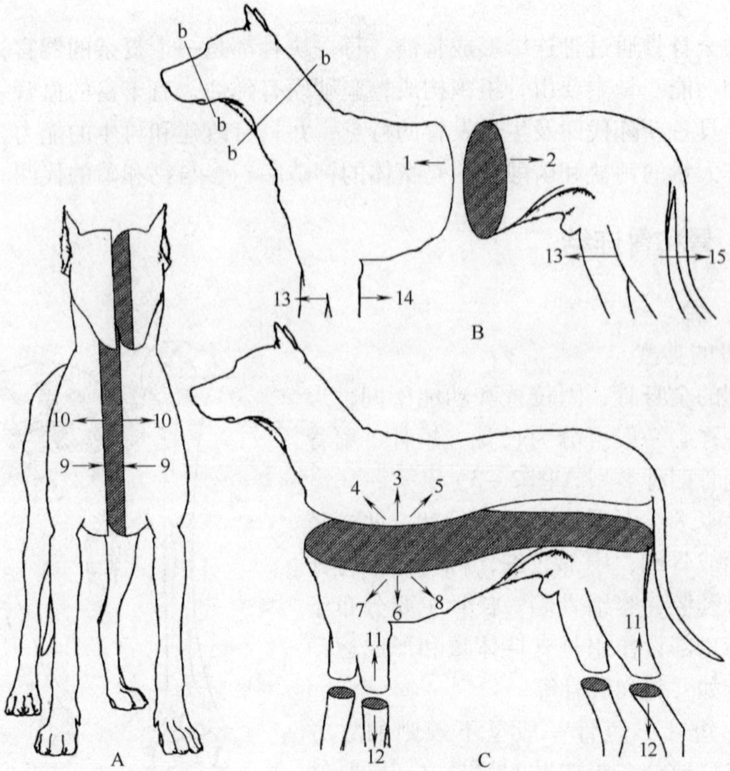

图2－2 常用方位术语

A—正中矢状面 B—横断面 C—额面 b－b—横断面 1—前（头侧、颅侧） 2—后（尾侧） 3—躯干背侧 4—前背侧 5—后背侧 6—腹侧 7—前腹侧 8—后腹侧 9—内侧 10—外侧 11—近端 12—远端 13—四肢背侧 14—掌侧 15—跖侧

（二）额面

额面又称水平面，是与地面平行并与矢状面垂直的切面。额面可以将动物体的器官分为上、下两面，上面称背侧，下面称腹侧。

（三）横切面

横切面是横过动物体并与矢状面及额面垂直的切面。横切面可将器官分为前、后两部分，向前的一方称头侧（颅侧）或前面，向后的一方称尾侧或后面。

（四）四肢的方位术语

四肢的前面称背侧面。前肢的后面称掌侧，后肢的后面称跖侧。四肢靠近躯干的一端称近端或上端，远离躯干的一端称远端或下端。

任务二 | 骨骼

宠物全身骨通过骨连结形成骨骼，每一块骨都是一个复杂的器官，有一定的形态和功能。骨主要由骨组织构成，坚硬而有弹性，有丰富的血管、淋巴管及神经，具备新陈代谢及生长发育的特点，并具有改建和再生的能力。骨基质内沉积有大量的钙盐和磷酸盐，是畜体的钙磷库，参与钙和磷的代谢。

一、骨和骨连结

（一）骨

1. 骨的类型

机体的全身骨，因位置和功能不同，形状也不一样，一般可分为长骨、短骨、扁骨和不规则骨四种类型（图2－3）。

（1）长骨　长骨一般呈圆柱状，两端膨大称骨骺或骨端；中部较细，称骨体，骨体内部有骨髓腔，容纳骨髓。长骨主要分布于四肢的游离部，作用是支持体重和形成运动的杠杆，如臂骨和股骨等。

（2）短骨　短骨一般呈不规则的立方形，多成群地分布于四肢的长骨之间，既结构坚固又有一定灵活性。短骨除起支持作用外，还有分散压力和缓冲振动的作用，如腕骨和跗骨。

（3）扁骨　扁骨一般呈板状，主要位于头部等处，起保护作用或供大量肌肉附着，如额骨等。扁骨由致密的骨组织形成内骨板和外骨板，而由疏松的骨组织构成板间层。

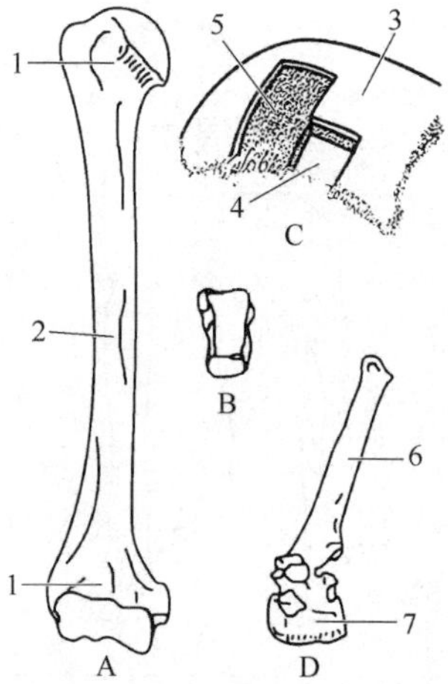

图2－3　骨的类型
A—长骨　B—短骨
C—扁骨　D—不规则骨
1—骨端　2—骨干　3—外骨板
4—内骨板　5—板间层
6—棘突　7—椎体

（4）不规则骨　不规则骨的形状不规则，一般构成机体中轴，具有支持、保护和供肌肉附着等作用，如椎骨。

2. 骨的构造

骨由骨膜、骨质、骨髓和血管及神经等构成（图2－4）。

骨膜是被覆在骨表面的一层致密结缔组织膜。包裹于除关节面以外整个骨表面的称骨外膜，衬在骨髓腔内面的称骨内膜。骨外膜呈淡粉红色，富有血管和神经。在腱和韧带附着的地方，骨膜显著增厚，腱和韧带的纤维束穿入骨膜，有的深入骨质中。

骨膜分深、浅两层。浅层为纤维层，富有血管和神经，具有营养、保护作用；深层为成骨层，富有成骨细胞，正在生长的骨，成骨层很发达，直接参与骨的生成。老龄动物成骨层逐渐萎缩，细胞转为静止状态，但其终生保持分化能力。在骨受损伤时，成骨层有修补和再生骨质的作用。

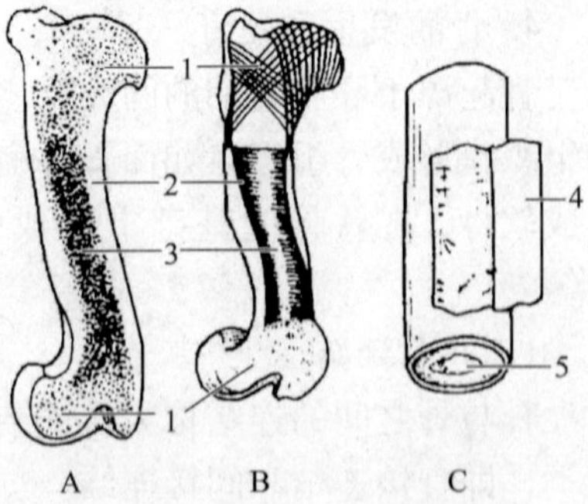

图 2－4 骨的构造

A—臂骨的纵断面 B—骨松质的结构 C—骨膜

1—骨松质 2—骨密质 3—骨髓腔 4—骨膜 5—骨髓

骨质是构成骨的基本成分，分为骨密质和骨松质两种。骨密质致密而坚硬，耐压性强，分布于长骨的骨体、骨骺和其他类型骨的表面；骨松质结构疏松，由许多骨板和骨针交织呈海绵状，分布于长骨骨骺和其他类型骨的内部。骨密质和骨松质在骨内的这种分布，既加强了骨的坚固性，又减轻了骨的重量，适于运动。

骨髓位于长骨的骨髓腔和骨松质的间隙内。胎儿和幼龄动物全是红骨髓。红骨髓内含有不同发育阶段的各种血细胞和大量毛细血管，是重要的造血器官和中枢淋巴器官。随动物年龄的增长，骨髓腔中的红骨髓逐渐被黄骨髓所代替，因此成年动物有红骨髓和黄骨髓两种。黄骨髓主要是脂肪组织，具有贮存营养的作用，失去造血功能。动物失血过多时，黄骨髓可变成红骨髓，恢复造血功能。

骨具有丰富的血液供应，分布在骨膜上的小血管经骨表面的小孔进入并分布于骨密质。较大的血管穿过骨的滋养孔分布于骨髓。骨膜、骨质和骨髓均有丰富的神经分布。

3. 骨的化学成分和物理特性

骨是由有机质和无机质两种化学成分组成的。

有机质主要为骨胶原，决定骨的弹性和韧性。如用酸溶液脱去骨内钙盐，只剩有机质，骨虽保留原来形状，但失去了支持作用，柔软易弯曲。

无机质主要成分为磷酸钙、碳酸钙和氟化钙等，决定骨的坚固性、硬度。将骨煅烧后，除去有机质，骨的外形仍保留，但脆而易破碎。

有机质和无机质的比例，随年龄和营养状况不同有很大的变化。成年动物有机质和无机质的比例是1∶2；幼龄动物有机质多，骨柔韧富弹性，易形成佝偻病；老龄动物无机质多，骨质硬而脆，易发生骨折，且愈合较慢。妊娠母兽骨内钙质被胎儿吸收，使母兽骨质疏松而易发生骨软症。母兽泌乳期，食品营养成分比例失调，也可发生骨质变形。因此，骨的化学成分随着年龄和生活条件而发生变化，进而影响骨的物理特性。可以说骨是体内钙磷储存库。

4. 骨的发生和发育

骨起源于胚胎时期的间充质。骨发生的方式有两种；一种是直接由胚性结缔组织膜形成骨组织，如面骨等扁骨的成骨方式，称为膜内成骨；另一种是先形成软骨，在软骨的基础上形成骨组织，称为软骨内成骨，如四肢骨和椎骨等。

（二）骨连结

骨与骨之间的连结称为骨连结，根据骨连结的方式及其运动不同可分为两大类，即直接连结和间接连结。

1. 直接连结

由两骨的相对面或相对缘之间借结缔组织直接相连，其间无腔隙，基本不能活动或仅有小范围活动。直接连结根据其连结组织的不同，又分为纤维连结、软骨连结和骨性结合。

纤维连结是由两骨相对面或边缘之间借纤维结缔组织相连，连结比较牢固，一般无活动性，如头骨缝间的缝韧带及桡骨和尺骨的韧带联合。这种连结大部分是暂时性的，当老龄时常骨化，变成骨性结合。

软骨连结是由两骨相对面之间借软骨（透明软骨和纤维软骨）相连，基本不能运动。长骨骨体与骨骺之间的骺软骨就是透明软骨，到老龄时，常骨化为骨性结合；而椎间盘则是纤维软骨，连于椎体之间，这种连结，在正常情况下终生不骨化。

骨性结合是由两骨相对面以骨组织连结，完全不能运动。骨性结合常由软骨连结或纤维连结骨化而成，如髂骨、坐骨和耻骨之间的结合。

2. 间接连结

间接连结又称关节，是骨连结中较普遍的一种连结形式。由两块或两块以上的骨构成。相对骨面间具有间隙，没有直接联系，如四肢的关节。

（1）关节的基本构造　关节的基本构造包括关节面、关节软骨、关节囊、关节腔、关节的辅助结构和关节的血管和神经（图2-5）。

关节面是骨与骨彼此相接触的光滑面，骨质致密、光滑，形状彼此互相吻合，一般多为一凹一凸。关节软骨是覆盖在关节面表面的一层透明软骨，光滑而有弹性和韧性，有减少摩擦和缓冲震动的作用。

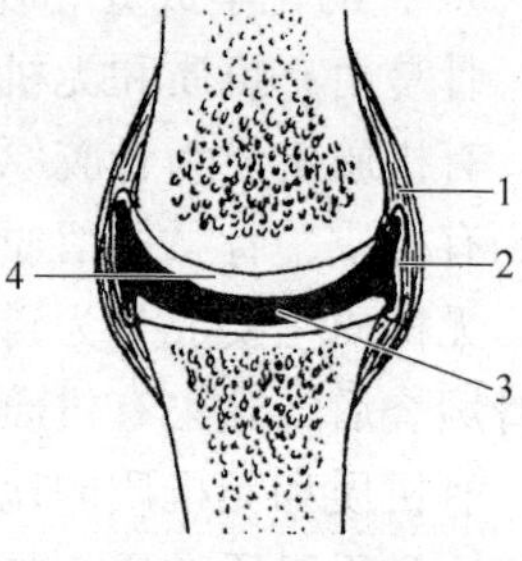

图2-5　关节构造模式图
1—关节囊的纤维层
2—关节囊的滑膜层
3—关节腔　4—关节软骨

关节囊是包在关节周围的结缔组织囊。囊壁分为纤维层和滑膜层。纤维层位于关节囊的外层，由致密结缔组织构成，厚而坚韧，具有保护作用；滑膜层位于关节囊的内层，由疏松结缔组织构成，薄而柔润，能分泌透明黏稠的滑液，有营养软骨和润滑关节的作用。

关节腔为关节囊和关节软骨共同围成的密闭腔隙，内有少量滑液，具有润滑、缓冲震动和营养关节软骨的作用。

关节的辅助结构是适应关节的功能而形成的一些结构，有韧带和关节盘。韧带由致密结缔组织构成，连于相邻两骨之间。韧带抗拉力强，有增强关节稳固性的作用。关节盘是位于两关节面之间的纤维软骨板，有加强关节稳定性和缓冲震动的作用，如下颌关节关节盘。有的关节盘呈半月状，故称半月板，如股胫关节的半月板。

关节的血管主要来自附近的血管分支，在关节周围形成血管网，再分支到骨骺和关节囊。神经也来自附近神经的分支，分布于关节囊和韧带。

（2）关节的运动 关节在肌肉的作用下，可做各种运动，归纳起来有四种基本运动形式：伸屈、内收外展、旋转和滑动。

伸屈运动是沿关节横轴运动，凡是使成关节的两骨接近、关节角变小的称屈；反之，使关节角变大的为伸。

内收和外展运动是关节沿纵轴运动，使骨向正中矢状面移动的为内收；相反，使骨远离正中矢状面的运动为外展。

旋转运动是骨环绕关节垂直轴的运动。向前内侧转动的称为旋内，向后外侧转动的称旋外。

滑动是一个关节面在另一个关节面上轻微滑动。

（3）关节的类型 可根据构成关节的骨的数目和运动轴的情况进行分类。

按构成关节的骨的数目可分为单关节和复关节两种。单关节是由相邻的两骨构成，如前肢的肩关节；复关节是由两块以上的骨构成，或在两骨间夹有关节盘组成，如腕关节、膝关节等。根据关节运动轴的数目，可分为单轴关节、双轴关节和多轴关节。单轴关节一般是由中间有沟或嵴的滑车关节面构成的关节，只能沿横轴在矢状面上做屈、伸运动；双轴关节是由凸并呈椭圆形的关节面和相应的窝相结合形成的关节，这种关节除了可沿横轴作屈、伸运动外，还可沿纵轴左右摆动，如环枕关节；多轴关节是由半球形的关节头和相应的关节窝构成的关节，这种类型的关节除能做屈和伸、内收和外展运动外，还可以做旋转运动，如肩关节和髋关节。

二、全身各部骨骼

机体全身的骨骼可按照所在部位分为头部骨骼、躯干骨骼、四肢骨骼和内脏骨四个部分（图2－6）。头骨骨骼主要是颅骨构成颅腔，面骨构成鼻腔口腔和眼眶。躯干骨骼主要是椎骨、肋和胸骨构成脊柱和胸廓。前肢骨骼主要是由每侧的肩胛骨、臂骨、前臂骨、腕骨、掌骨、指骨和籽骨构成肩关节、肘关节、腕关节和指关节。后肢骨骼主要是由每侧的髋骨、股骨、膝盖骨、跗骨、跖骨、趾骨和籽骨构成髋关节、膝关节、跗关节和指关节，同时后肢骨还与躯干骨骼之间形成荐髂关节，并且左右两侧髋骨之间还形成骨盆联合。内脏骨是指位于阴茎之中的阴茎骨。

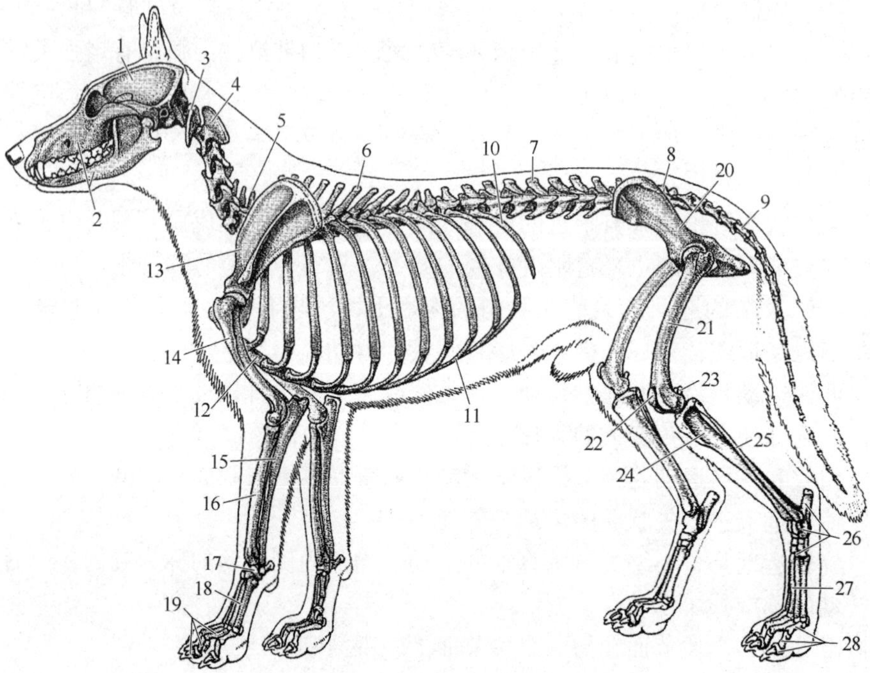

图2-6 犬的全身骨骼

1—颅骨 2—面骨 3—环椎 4—枢椎 5—第7颈椎 6—胸椎 7—腰椎 8—荐骨 9—尾椎 10—第13肋 11—肋弓 12—胸骨 13—肩胛骨 14—臂骨 15—尺骨 16—桡骨 17—腕骨 18—掌骨 19—指骨 20—髋骨 21—股骨 22—膝盖骨 23—腓肠肌籽骨 24—胫骨 25—腓骨 26—跗骨 27—跖骨 28—趾骨

(一) 头部骨骼

头骨主要由扁骨和不规则骨构成，绝大部分借纤维和软骨组织形成不动连结，围成腔体，以保护脑、眼球和耳，并构成消化系统和呼吸系统的起始部。头骨大部分成对，仅有少数为单骨。有些头骨上有许多突起、结节、嵴、线和窝，供肌肉附着，同时还有供脉管和神经通过的孔、沟、管和裂等。有些头骨的扁骨内、外板之间形成鼻旁窦。不同品种犬的头骨形态也有一定的差别。

1. 头骨的一般特征

(1) 颅骨　颅骨包括成对的额骨、顶骨和颞骨，以及不成对的枕骨、顶间骨、蝶骨和筛骨，共7种10块。

①枕骨：位于颅后部，构成颅腔后壁和底壁的一部分。枕骨后下方正中有枕骨大孔，是颅腔与椎管相通连的重要结构。另外枕骨还在枕骨大孔的外下方左右各形成一个朝向后方的长圆形关节面，称枕髁（图2-7)。枕髁与第1颈

椎（环椎）的深凹关节面共同构成枕环关节。髁的外侧有颈静脉突。

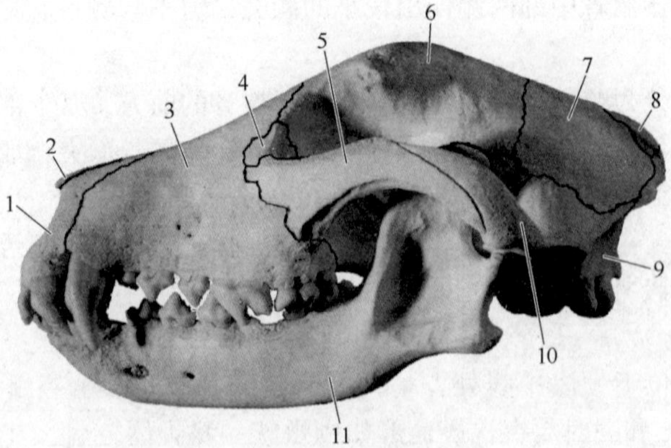

图 2－7 犬的头骨左侧

1—切齿骨 2—鼻骨 3—上颌骨 4—泪骨 5—颧骨
6—额骨 7—顶骨 8—顶间骨 9—枕骨 10—颞骨 11—下颌骨

②顶骨：是额骨后面两块近于菱形的骨，构成颅腔顶壁的大部。两顶骨之间有顶嵴，其前端延至额骨。腹缘前部接蝶骨颞翼，后部接颞骨鳞部。其后端与顶间骨合成矢状嵴，顶骨的外侧与颞鳞相连，构成颞凹的一部分。

③顶间骨：是锹状的扁平骨，位于顶骨之后，楔于两顶骨之间，与枕骨相愈合（图 2－8）。顶间骨的基部与枕骨、顶骨和颞骨一起组成横沟，横沟通颞管。

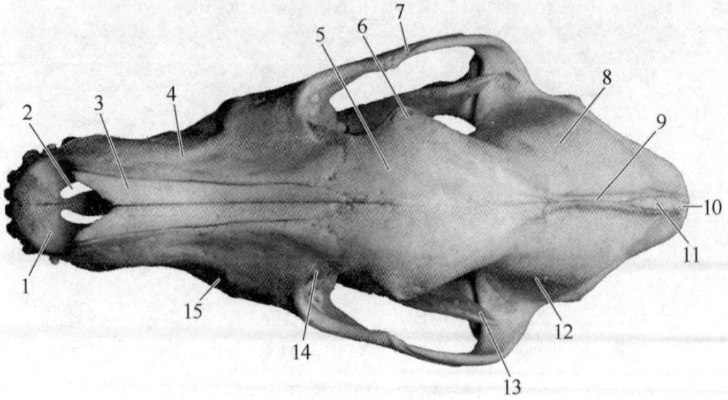

图 2－8 犬的头骨背侧

1—切齿骨 2—腭裂 3—鼻骨 4—上颌骨 5—额骨 6—颧突
7—颧弓 8—顶骨 9—外矢状嵴 10—枕骨 11—顶间骨 12—颞窝
13—冠状突 14—泪骨 15—眶下孔

④额骨：位于鼻骨和筛骨的后方，顶骨的前方，外侧接颞骨。额骨是一对弯曲不齐的骨，外表面有额嵴，额嵴自顶嵴向前外侧伸展到眶上突后缘，将额骨分成额部和颞部。额骨前方有一尖而窄的鼻部，嵌在鼻骨两侧与上颌骨之

间，称为额骨鼻突；鼻额两骨间的缝，称鼻额缝，其后缘与顶骨的前缘嵌合的缝，称额顶缝。额骨中部两侧伸出较小的颧突，但不与颧弓直接相连，而是由眶窝韧带连接。

⑤颞骨：分为鳞部、岩部和鼓部。位于枕骨的前方，其上部的鳞部与顶骨相连，其前缘与蝶骨眶翼相连。颞骨鳞部有颧突与颧骨颞突合成颧弓，颧突腹侧有横向的关节面，称颞髁，与下颌骨成关节。颞骨岩部位于枕骨和鳞部之间，蝶骨外侧，构成内耳和内耳道的骨质支架，其腹侧有连接舌骨的茎突；鼓部位于岩部的腹外侧，形成不明显的鼓泡，其外侧有骨性外耳道，向内通鼓室。

⑥蝶骨：位于颅底中线处，是构成颅腔的基底骨。由一蝶骨体、两对翼（眶翼和颞翼）和一对翼突构成，形如蝴蝶状。蝶骨体较扁，其腹面两侧嵴与腭骨垂直部的后缘相接，侧面与颞骨相接，后接枕骨基底部，脑垂体窝浅，鞍背很发达，有后翼突。眶翼由骨体前部两侧向上伸延，参与构成眼眶内侧壁，是构成视神经孔和眶孔的重要部分，此两孔自颅腔通至眼窝。颞翼由蝶骨体后部向背外侧伸出，背侧与顶骨相接，颞翼参与构成颅腔外侧壁。翼突在骨体与颞翼相接处，向前方突出，形成鼻后孔的侧壁（图 2-9）。

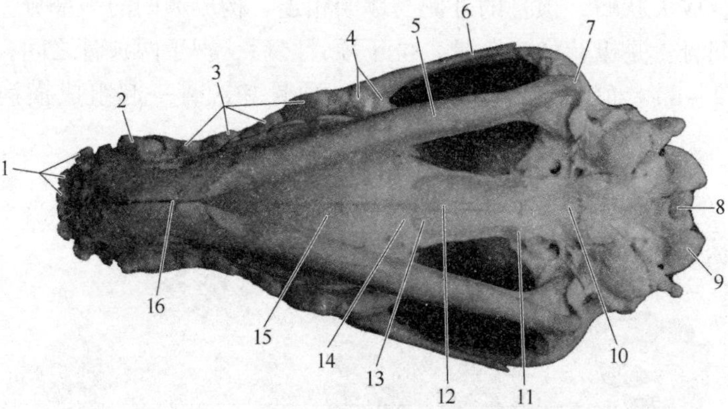

图 2-9　犬的头骨腹侧

1—切齿　2—犬齿　3—前臼齿　4—后臼齿　5—下颌骨　6—颧弓
7—角突　8—枕骨大孔　9—枕髁　10—蝶骨　11—翼骨　12—犁骨
13—鼻后孔　14—腭骨　15—腭突　16—上颌骨联合

⑦筛骨：位于颅腔的前壁，介于颅腔与鼻腔之间。筛骨的上、下、左、右、前五方均在鼻腔，仅其后侧面为颅前凹的前侧壁。筛骨呈复杂的蜂窝状，由筛板、垂直板和一对筛骨迷路组成。筛板是位于鼻腔与颅腔之间的筛状隔板，脑面被筛骨嵴分成左右 2 个椭圆形的筛骨窝，呈凹陷状，称筛窝，用以容纳脑的嗅球。筛板上有许多小孔，为嗅神经纤维的通路。垂直板位于正中，伸向鼻腔，构成鼻中隔后部。筛骨迷路又称侧块，呈圆锥形，位于垂直板两侧，

由许多卷曲的薄骨构成，向前突向鼻腔，支持嗅黏膜。

（2）面骨　面骨包括成对的鼻骨、泪骨、颧骨、上颌骨、切齿骨、腭骨、翼骨、上鼻甲骨、下鼻甲骨和下颌骨，还有不成对的犁骨和舌骨，共12种22块（图2－10）。

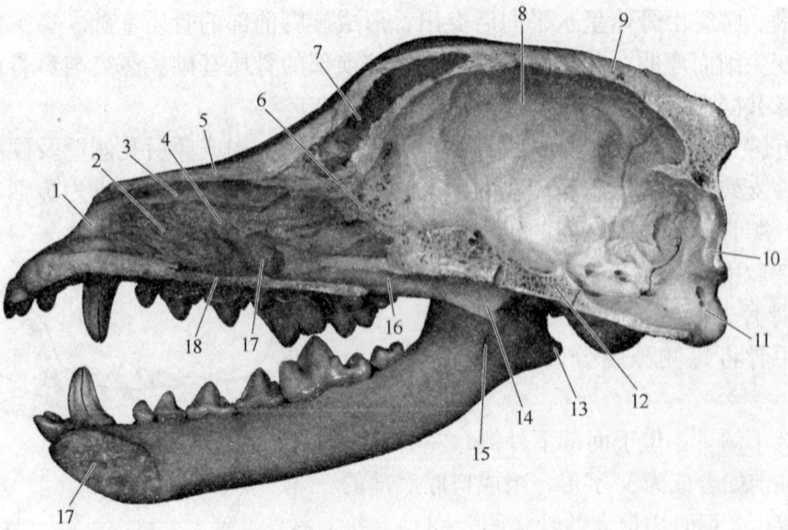

图2－10　犬的头骨正中矢状面

1—切齿骨　2—下鼻甲　3—上鼻甲　4—中鼻甲　5—鼻骨　6—筛骨　7—额窦　8—颅腔　9—顶骨　10—枕骨　11—枕骨大孔　12—蝶骨　13—角突　14—犁骨　15—下颌孔　16—鼻后孔　17—鼻上颌口　18—上颌骨

①鼻骨：位于额骨之前，构成鼻腔顶壁的大部，为两片狭长而微凹陷的薄骨，前宽后窄，微向中缝倾斜，构成一中沟，其内侧缘向下弯曲，构成内鼻嵴，后端嵌入额骨切迹，前端构成半圆切迹，成为梨状孔的后缘。犬的鼻骨长短随犬的种类不同有很大差异。

②泪骨：位于眼眶的前内侧，上颌骨的后上方，大部分以锯齿状缝与相邻骨相接。眼眶内有漏斗状的泪囊窝，囊内有通向鼻腔的鼻泪管开口。

③颧骨：位于泪骨的下方、上颌骨的后上方，呈不规则的三角形，起于后臼齿的上方，发达的颞突占颧骨的大部分，与颞骨的同样突起（颧突）相结合成为颧弓。颧骨长而强度弯曲，背缘弓隆，前部游离，构成眼眶的下壁。后部有一小突出部即额突，为眶韧带附着处。颧骨的体部包括两部分：泪突部向背侧突出，嵌入泪骨与上颌骨之间，上颌突部向腹侧突出。

④上颌骨：两侧的上颌骨都呈不规则的三角形，分为骨体和腭突，位于颜面的两旁，构成鼻腔的侧壁、底壁和口腔的上壁，为上颌的主骨。骨体位于鼻骨的下方，在颧骨和泪骨的前方，构成鼻腔侧壁。在第3臼齿相对处的上方，有鼻泪管的眶下孔，向后上方通过眶下管而达眼窝，为三叉神经的眶下肢和眶下血管的通道。上颌骨的下缘为齿槽缘，有6个臼齿槽；后端圆而突出，称上

颌结节。腭突由骨体内侧下部向正中矢面伸出的水平骨板形成，构成硬腭的骨质基础，将口腔和鼻腔隔开。

⑤切齿骨：又称颌前骨，位于上颌骨的前方，由骨体、腭突和鼻突组成。骨体位于前端，有3个切齿槽，故又称切齿骨，另有1个与上颌骨共同构成的犬齿槽。腭突由骨体呈水平向后突出，形成硬腭前部的骨质基础。鼻突向后上方渐变尖细而弯曲，并略向内，构成鼻腔前部的骨质基础。鼻突与鼻骨前部的游离缘共同形成鼻切齿骨切迹或鼻颌切迹。

⑥腭骨、翼骨和犁骨：腭骨位于鼻后孔两侧，构成鼻后孔侧壁及硬腭后部的骨性支架；翼骨位于鼻后孔的两旁，呈四边形，短而宽，构成为鼻咽道的两侧壁；犁骨位于鼻腔底面的正中。

⑦鼻甲骨：位于鼻腔内，是2对卷曲的薄骨片，附着于鼻腔的两侧壁上。上、下鼻甲骨将每侧鼻腔分为上、中、下3个鼻道。

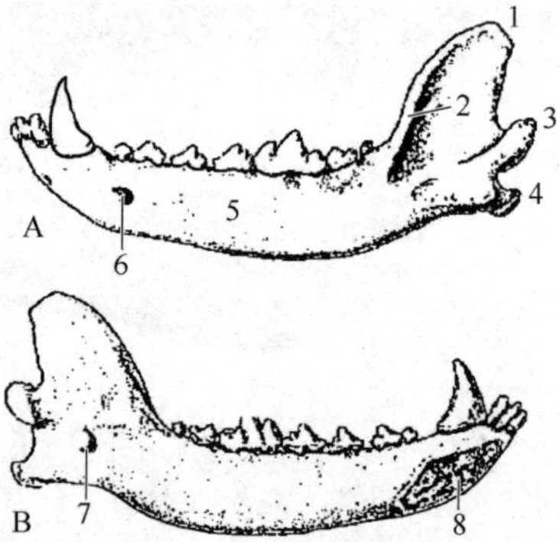

图2－11　犬的左下颌骨

A—外侧观　B—内侧观

1—冠状突　2—下颌支　3—下颌髁

4—角突　5—下颌体　6—颏孔

7—下颌孔　8—左右侧下颌骨的结合部

⑧下颌骨：位于面部下外侧，左右两下颌骨在前端合成为V字形，组成口腔底部的外侧壁，是面骨中最大的骨（图2－11）。每侧下颌骨又分下颌体和下颌支。下颌体位于前方，呈水平位，较厚，前部为切齿部，有3个切齿槽及1个大的犬齿槽。自切部向后方伸展呈垂直位的是很厚的臼齿部，上缘有臼齿槽。在切齿部与臼齿部交界处附近的外侧有颏孔。下颌支位于后方，呈垂直位，其上端前方有一向后弯曲的突起，称为冠状突，下端有角突，供肌肉附着，后方也有一突起，称为下颌髁（也称为髁突），与颞髁成关节。在下颌支的内侧有下颌孔。两侧下颌骨之间形成下颌间隙。肉食兽两侧下颌骨之间，于骨体处，借软骨相连，终生不骨化。

⑨舌骨：由11块骨组成，位于下颌支之间，支持舌根、咽和喉（图2－12）。舌骨可分为舌骨体（又称基舌骨）和舌骨支。舌骨体为单骨，位于舌骨前下方，为稍弯曲的横柱状骨，前后压扁，在其正中向前方伸出不明显的舌突。舌骨支分为左右两支，每一支又分为甲状舌骨、角舌骨、上舌骨、茎舌骨和鼓舌骨。甲状舌骨从舌骨体两端向后伸出，与喉的甲状软骨相连；角舌骨从舌骨体两端突向前上方；上舌骨由角舌骨上端伸向后上伸出，并与角舌骨成关节；茎舌骨与上舌骨形成关节，并继续向后上伸出；鼓舌骨为软骨，前接茎舌骨，后与岩颞骨的茎突形成关节。

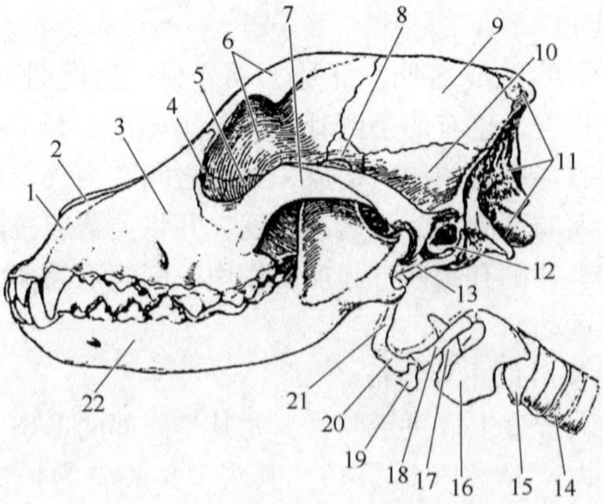

图 2－12　犬头骨、舌骨和喉（外侧面）

1—切齿骨　2—鼻骨　3—上颌骨　4—泪骨　5—腭骨　6—额骨
7—颧骨　8—蝶骨翼　9—顶骨　10—颞骨　11—枕骨　12—鼓舌软骨
13—茎突舌骨　14—气管　15—环状软骨　16—甲状软骨　17—会厌软骨
18—甲状舌骨　19—基舌骨　20—角舌骨　21—上舌骨　22—下颌骨

2. 鼻旁窦

鼻旁窦也称副鼻窦（鼻窦），是头骨内外骨板之间含气腔体的总称，直接或间接与鼻腔相通（图 2－13）。鼻旁窦内的黏膜是鼻腔黏膜的延续，当鼻黏膜发生炎症时，常蔓延到鼻旁窦。

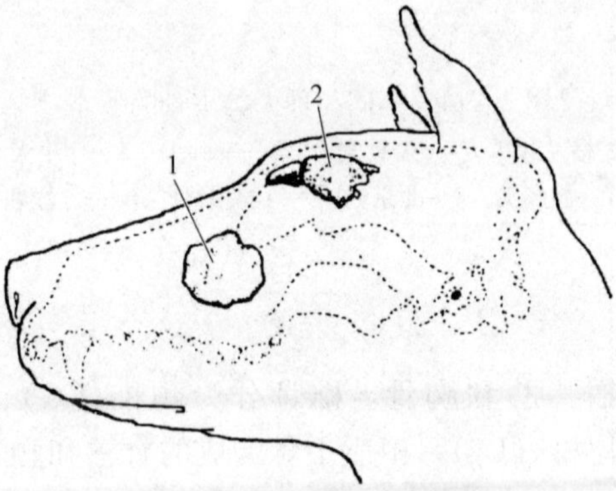

图 2－13　犬的鼻旁窦

1—上颌陷凹　2—额窦

肉食兽中鼻甲水平处鼻腔的大憩室，也称上颌隐窝，相当于家畜的上颌窦，经鼻上颌口通中鼻道。

犬的额窦占额骨的大部分，位于额骨嘴侧 2/3 处，外界一直延伸至额骨的颧突内。分前室、侧室和内室，经筛鼻道通鼻腔，大型犬的额窦可延伸到下颌关节附近。

3. 头骨的连结

头骨之间除颞下颌关节之外，都是不动连接，这些骨之间有的借软骨相连，有的通过骨缝相连，也有的是两骨之间直接相连。颞下颌关节由下颌骨垂直部后上端的下颌髁与颞骨的颞髁构成，两髁之间有中央较薄并呈横椭圆形的软骨板，此板可增大颞下颌关节的运动幅度，并将关节腔分隔成上下不通的两个腔。颞下颌关节囊外侧有侧韧带起加固作用。两侧下颌关节是联动的，可进行开口、闭口和侧运动。

4. 不同品种犬头骨的主要特征

犬头的形状很大程度上取决于颅骨，尤其是面部的形态。不同品种犬头骨的形态和大小有很大差异（图 2－14）。其头型狭长者为长头型，头骨宽而短者为短头型，二者之间的为中长头型。犬在颅部和面部之间常形成一凹陷，称鼻额角（鼻额阶）。在短头型犬中，短宽脸型会与加深的凹痕和更朝向前方的眼相结合。从上、下颌长度来说，短头型犬总体上说是凸颌的，下颌突出；长头型犬通常是短颌，下颌缩进。

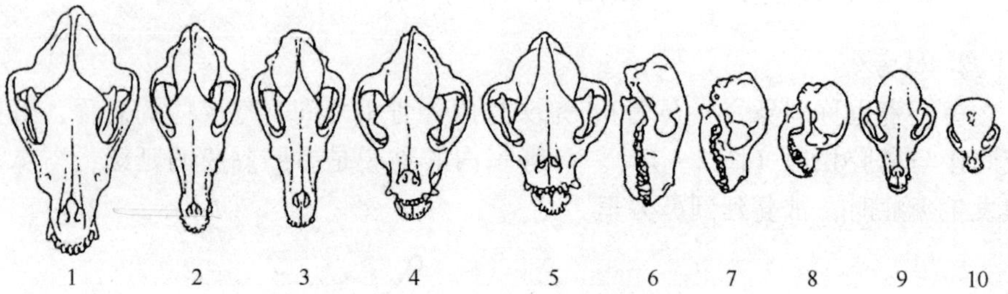

图 2－14　不同品种犬类头骨的形态

1—大丹　2—苏格兰牧羊犬　3—杜宾犬　4—拳师犬　5—斗牛犬　6—西里汉㹴
7—腊肠犬　8—北京犬　9—约克夏㹴　10—吉娃娃

（二）躯干骨骼

1. 躯干骨

躯干骨包括椎骨、肋和胸骨。椎骨分为颈椎（C）、胸椎（T）、腰椎（L）、荐椎（S）和尾椎（Cy）。由躯干骨构成的脊柱和胸廓是机体主要架构，具有支持头部和传递推动力的作用，还可作为胸腔、腹腔和骨盆的支架，容纳并保护内部器官。

（1）椎骨　各段椎骨的形态和构造虽有所不同，但基本相似。每个椎骨均由椎体、椎弓和突起组成。

椎体是椎骨的腹侧部分，呈短圆柱状，表面为一薄层的骨密质，内部为骨松质。椎体的前端突出称椎头，后端较前端略大，呈凹状，称椎窝。相邻椎骨的椎头和椎窝之间通过椎间盘相连结。椎体腹侧面正中有一条前后方向的纵嵴，称腹棘，其两侧圆隆。椎体背侧平坦，中央也有一前后方向的纵嵴。

椎弓位于椎体的背侧，是椎体后方的弓形骨板，椎弓又分椎弓基部及椎弓板部。椎弓基部前后缘分别有椎前、后切迹。相邻椎弓的切迹围成椎间孔，供血管和神经通过。椎弓与椎体共同围成椎孔（图2－15）。所有椎骨的椎孔依次相连，形成椎管，主要容纳脊髓。

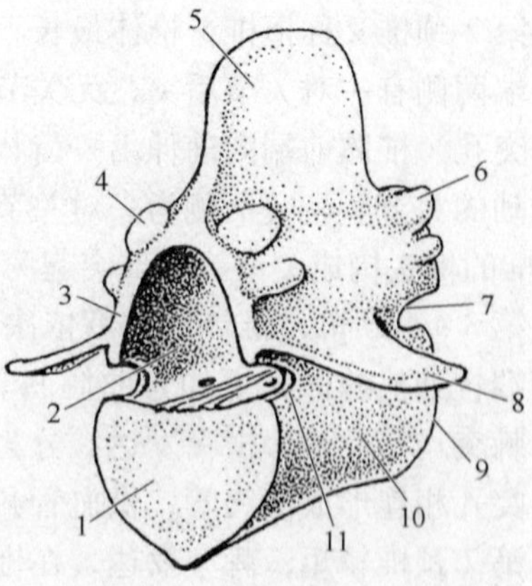

图2－15 椎骨的基本结构

1—椎头 2—椎孔 3—椎弓 4—前关节突 5—棘突 6—后关节突 7—椎后切迹 8—横突 9—椎窝 10—椎体 11—椎前切迹

从椎弓上伸出3种共7个突起。从椎弓背侧向上方伸出的一个突起，称棘突。从椎弓基部向两侧伸出的一对突起，称横突。从椎弓背侧的前后缘各伸出的一对突起分别称前、后关节突，相邻椎骨的关节突构成关节。横突和棘突是肌肉和韧带的附着处，对脊柱的伸屈或旋转运动起杠杆作用。

虽然各段椎骨的形态有许多共同点，但是，依存在部位不同而有差异。此外，不仅由于品种不同，其各段的椎骨数目有差异，而且在个体间也同样有一些差异。不同的动物其椎骨数可用一定的式子表示，犬的脊柱式是 C_7、T_{13}、L_7、S_3、$Cy_{20\sim23}$。

①颈椎：哺乳动物的颈部长短不一，但其颈椎均为7个，第1、2颈椎为适应头部多方面的运动，形态发生变化。第3～6颈椎的形态基本相似。第7颈椎是颈椎向胸椎的过渡类型。其他5个颈椎呈现典型的椎骨的一般构造。

第1颈椎又称环椎，呈环形，由背侧弓、腹侧弓和侧块构成（图2－16）。前端有成对的前关节凹，与枕髁形成关节，在关节面的上外侧有一对侧椎孔，后端有与第2颈椎成关节的鞍状关节面，称后关节凹。在背侧弓的上面正中有一突起称背侧结节，腹侧弓的下面正中也有一突起称腹侧结节。环椎的两侧是一对宽骨板，称为环椎翼，其外侧缘可在体表摸到，其前端与椎弓之间有一对凹入的切迹，称翼切迹。在环椎翼上靠近背侧弓处可见一对横突孔。

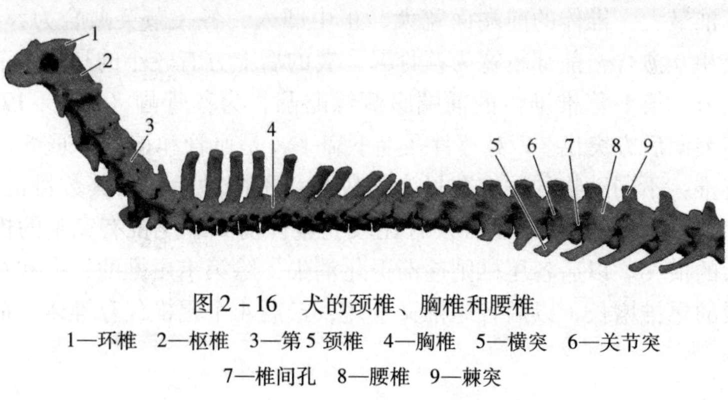

图2－16 犬的颈椎、胸椎和腰椎

1—环椎 2—枢椎 3—第5颈椎 4—胸椎 5—横突 6—关节突 7—椎间孔 8—腰椎 9—棘突

第 2 颈椎又称枢椎，椎体最长，背侧弓正中向上为厚而明显的嵴状棘突，其后端两侧有一对关节后突，无关节前突，一对不发达的横突伸向后方，有一对横突孔。椎体前端向前伸出一齿状突起，称齿突，与环椎后端的齿凸凹构成可转动的关节。齿突两侧为一对关节面，称前关节面。椎体后端为椎窝，与第 3 颈椎的椎头构成关节，下部突起为腹侧结节。

第 3 ~ 6 颈椎，椎体的长度依次变短，越靠近胸椎其椎骨变的越短，椎体的两端较其他的椎骨更加弯曲倾斜。椎体的腹侧有明显的腹侧嵴。椎弓厚而广，棘突均不发达。横突发达，分为背侧支和腹侧支，基部有横突孔，各颈椎的横突孔相连形成横突管，供血管和神经通过。

第 7 颈椎较短，棘突发达，在椎窝的两侧各有一个肋窝，与第 1 肋骨形成关节。横突不分支，无横突孔。

②胸椎：各种动物的胸椎数目不同，犬有 13 块。椎体为半圆形，各胸椎体接近相等，椎体前端略凸，为椎头，后端凹陷，为椎窝。椎头与椎窝的两侧均有前、后肋凹，最后胸椎无后肋凹。相邻胸椎的前、后肋凹形成肋窝，与肋骨小头成关节。椎孔较大。横突短而厚且粗糙，由前端胸椎到后端胸椎逐渐变小，其游离缘的腹外侧面有小关节面，称为横突肋窝，与相应的肋结节形成关节。在横突的前上方有一粗糙突起，为乳突。第 1 ~ 9 胸椎棘突甚长，并向尾侧倾斜，其中第 5 ~ 9 胸椎的棘突倾斜更甚。而第 11 ~ 13 胸椎的棘突变短，其中第 10 或 11 胸椎的棘突直立，这种胸椎又称直棘胸椎，第 12、13 胸椎的棘突则稍向倾，3 个胸椎的关节前突都相对变得发达，乳突前移附着于前关节前突的外上方。关节后突的外侧另有一对向后外突起的副突。

③腰椎：不同动物的腰椎数目不同，犬和猫均为 7 块。椎体上下显著压扁。自第 1 ~ 7 腰椎逐渐增宽，而椎体长度至第 6 腰椎逐渐增大。横突呈板状，向前下方突出，其长度自第 1 至第 5、6 腰椎逐渐增长。乳突发达，并向前倾，越向后突出越明显。副突逐渐缩小，越向后越不明显。棘突下宽上窄，第 4 腰椎以后的棘突减低，除最后腰椎的棘突外均向前微倾。

④荐椎：不同动物的荐椎数目不同，犬的荐椎有 3 块，愈合成荐骨。荐骨短宽近似方形。背面棘突愈合成正中嵴，但在棘突顶端仍有间隙。3 块荐椎中以第 1 荐椎最大，椎体的前端面宽大，正中凹入，各关节突愈合为荐中间嵴。荐骨横突相互愈合，前部较宽为荐骨翼，翼的后上方有较小的耳状关节面，与髂骨成关节。第 1 荐椎椎体的前端腹侧缘略凸，为荐骨岬（图 2 – 17）。第 3 荐椎的横突向后方突出。2 对荐骨孔上下扁平，是血管和神经的通路。

⑤尾椎：不同动物的尾椎数目变化较大，不同种犬和猫其数目也不相同，一般犬为 20 ~ 23 块。前部尾椎发育比较完整，前 6 个尾椎有完整的椎弓、椎孔和较大的横突。以后各尾椎则逐渐退化消失，除第 1 尾椎的长度和宽度相等外，中段的尾椎增长，以后各尾椎又变短，最后 4 个尾椎仅存椎体，最后的尾椎尖细。

（2）肋和胸骨

①肋：肋呈弯曲的弓形，构成胸廓侧壁，左右成对，是呼吸运动的杠杆。肋由肋骨和肋软骨组成。肋骨位于背侧，在背侧近端前方有肋骨小头与两相邻胸椎的肋凹形成的肋窝成关节（图 2－18），肋骨小头的后方有肋结节与胸椎横突肋窝成关节。肋结节与肋骨小头间缩细的部分为肋颈。肋骨的远侧端与肋软骨相连，后缘内侧有血管和神经通过的肋沟。肋软骨位于腹侧，由透明软骨构成，前几对直接与胸骨相连，称为真肋或胸肋。其余肋的肋软骨则由结缔组织顺次连接形成肋弓，这部分肋称为假肋或弓肋。有的肋的肋软骨末端游离，称为浮肋。肋的对数与胸椎数相同，犬有 13 对，其中真肋 9 对，假肋 4 对（最后 1 对为浮肋），有的犬偶然还会有额外肋骨残迹出现（第 14 肋骨）。第 1 对肋骨弯度最大而长度最小，以后各肋骨的长度逐次增大，而以中间的几个为最长。前 8～9 肋骨的下部逐渐变宽。

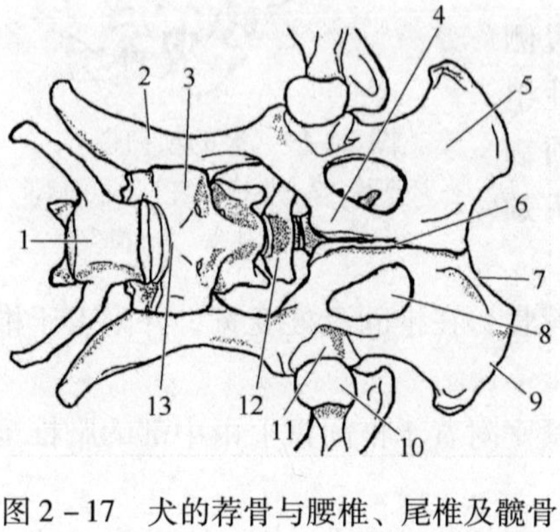

图 2－17 犬的荐骨与腰椎、尾椎及髋骨

1—第 7 腰椎 2—髂骨 3—荐骨 4—耻骨 5—坐骨 6—骨盆联合 7—坐骨弓 8—闭孔 9—坐骨结节 10—股骨头 11—髋臼 12—第 1 尾椎 13—荐骨岬

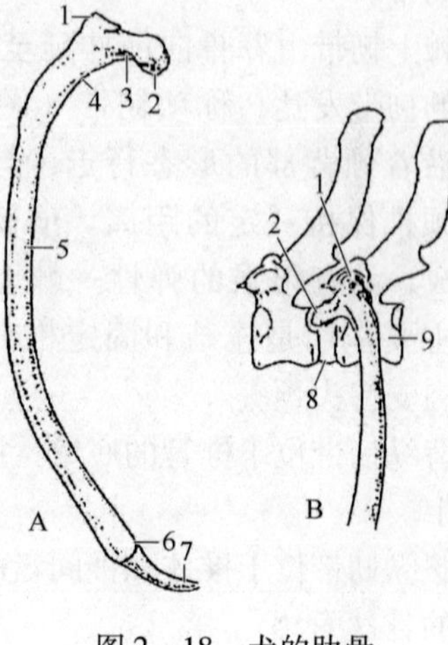

图 2－18 犬的肋骨

A—犬的左肋骨 B—与 2 个胸椎形成关节的左肋骨

1—肋结节 2—肋骨小头 3—肋颈 4—肋骨角 5—肋骨体 6—肋骨肋软骨结合 7—肋软骨 8—椎间盘 9—与肋骨相对应的胸椎

②胸骨：胸骨位于胸廓底壁的正中，犬的胸骨由 8 块胸骨节愈合而成。第 1 胸骨节最长，其前端略为钝圆，称为胸骨柄，与第 1 对肋软骨相接。最后胸骨节为前阔后窄形，称为剑突，其后端接剑状软骨，胸骨柄和剑状软骨之间的部分称为胸骨体。

2. 躯干骨的连结

躯干骨的连结分为脊柱连结和胸廓连结。

（1）脊柱连结 脊柱连结包括椎体的连结、椎弓的连结和脊柱总韧带。

①椎体的连结：是指相邻两椎骨的椎头与椎窝借纤维软骨构成的椎间盘的连结。椎间盘的外围是纤维环，中央为柔软的髓核。因此，椎体的连结既牢固又允许有小范围的活动。椎间盘越厚的部位，活动的范围越大。动物的颈部、腰部和尾部的椎间盘较厚，因此这些部位的活动较灵活。

②椎弓的连结：包括关节突关节、横突间韧带和棘间韧带。

关节突关节是相邻椎骨的关节突构成的关节，有关节囊。颈部的关节突发达，关节囊宽松，活动范围较大。

横突间韧带和棘间韧带由弹性纤维构成，是位于相邻椎骨和横突之间以及相邻椎骨的棘突之间的短韧带，腰部无横突间韧带。

③脊柱总韧带：是贯穿脊柱、连结大部分椎骨的韧带。包括棘上韧带、背纵韧带和腹纵韧带。

棘上韧带由荐骨向前伸延至枢椎的棘突。颈部的韧带发达，称项韧带（图 2－19），项韧带沿着颈背部的形态行走，与位于其腹侧部的颈椎保持一定的距离。项韧带由弹性组织构成，具有很强的弹性。棘上韧带和项韧带的主要作用是连结和固定椎骨，协助头颈部肌肉支持头颈。

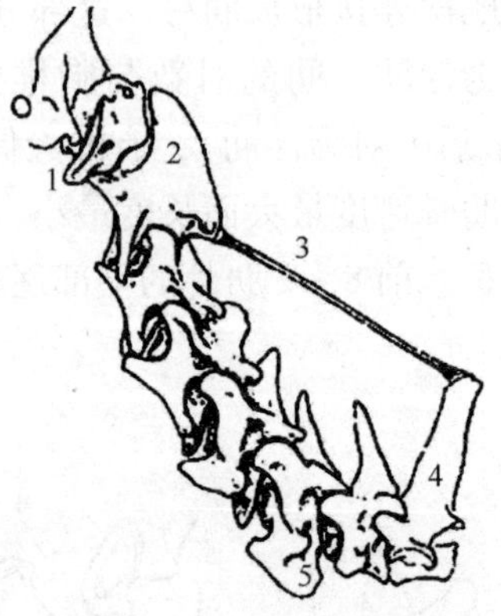

图 2－19　犬的项韧带

1—环椎翼　2—枢椎棘突　3—项韧带
4—第 1 胸椎刺突　5—横突

背纵韧带位于椎管的底壁，由枢椎至荐骨，在椎间盘处变宽，并附着于椎间盘上。

腹纵韧带位于椎体和椎间盘的腹侧，紧密附着于椎间盘上由中部的胸椎至荐骨的骨盆面。

环枕关节由环椎的前关节窝和枕髁构成。关节囊宽大，左、右两个关节囊彼此不相通。主要由连结环椎和枕骨的环枕背侧和腹侧韧带及其连于环椎和枕骨间的外侧小韧带连结。环枕关节为双轴关节，可进行屈伸运动和小范围的左右转运动。

环枢关节由环椎的鞍状关节面与枢椎齿突构成，关节囊松大，活动范围较大。

脊柱构成动物体中轴，由一系列椎骨借软骨、关节和韧带紧密连结形成，除荐骨由 3 块荐椎愈合成 1 块骨外，其余脊椎骨均是分开的。脊柱的全形比较平直，有 3 个弯曲：第 1 个是颈椎与前部胸椎形成一个凸向腹侧的弯曲；第 2 个是后部胸椎至腰椎形成一个凹向腹侧的弯曲；第 3 个是荐骨与前部尾椎形成一个凹向腹侧的弯曲。椎骨连成脊柱所形成的椎管，是容纳脊髓的重要保护装置。

(2) 胸廓连结　胸廓是由胸骨、肋和胸椎组成的前小后大的截顶锥形的骨性支架。其背腹径稍大于横径，入口在前，呈卵圆形，较小，其位置较高，称为胸前口，由第1胸椎、第1对肋和胸骨柄构成，是气管、食管和很多血管、神经进出胸腔的通路。胸后口在后，相对较大，自后上方斜向前下方，由最后胸椎、肋弓和剑状软骨构成，是膈肌附着的大致部位，也是主动脉、后腔静脉和食管进出腹腔的通路。

胸廓的形成主要靠肋椎关节和肋胸关节。

①肋椎关节：是肋骨与胸椎形成的关节，包括肋骨小头与肋窝形成的关节和肋结节与横突的小关节面形成的关节，两个关节均有关节囊和韧带。胸廓前部的肋椎关节活动性较小，胸廓后部的肋椎关节活动性较大。

②肋胸关节：是由真肋的肋软骨与胸骨两侧的肋窝形成的关节。具有关节囊和韧带（图2－20）。

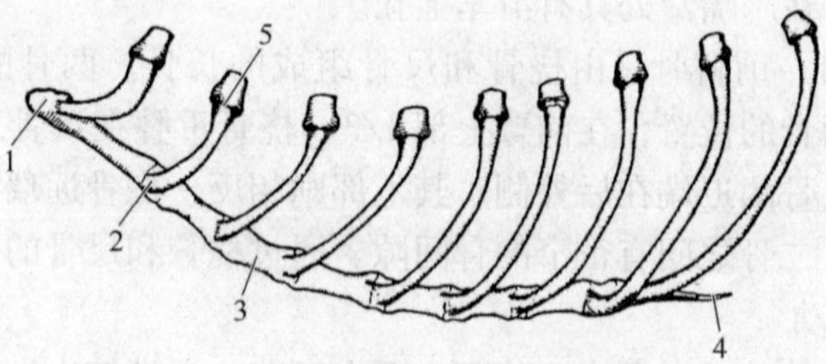

图2－20　犬胸骨与肋的连结

1—胸骨柄　2—胸肋关节　3—胸骨体　4—剑状软骨　5—肋骨与肋软骨的连结

（三）前肢骨骼

1. 前肢骨

前肢骨包括肩带骨、肱骨、前臂骨和前脚骨。完整的肩带骨由肩胛骨、乌喙骨和锁骨3块骨组成，犬、猫的乌喙骨退化；前臂骨包括桡骨和尺骨；前脚骨包括腕骨、掌骨、指骨和籽骨。

（1）肩胛骨　肩胛骨是斜位于胸前部两侧的长椭圆形扁骨，其排列自后上方斜向前下方，两侧的肩胛骨呈V形排列。外表面有发达而隆起的肩胛冈，冈的前上方为冈上窝，后下方为冈下窝。肩胛冈至外侧端形成钩状的肩峰。肩胛骨的内侧面附着于肋骨上。肩胛骨的下端为一半月面的凹陷，称为关节窝（肩臼），与臂骨头相连，成为肩关节。关节窝的前上方有突出的肩胛结节，是臂二头肌的起点。结节的内侧有一突起称喙突，是乌喙骨的遗迹。犬的肩胛骨呈长椭圆形，肩胛冈发达，下部肩峰呈钩状。

（2）锁骨　犬的锁骨呈三角形薄骨片或软骨板，或完全退化，不易找见，多被包盖在肩端部的臂头肌内，而且与其他骨骼无关节相连。

（3）臂骨　又称肱骨，为稍有螺旋形扭转的长骨，由前上方斜向后下方，位于胸廓两侧的前下部，分为近端、远端和骨干3部分。

近端后方为圆而光滑的肱骨头，与肩胛骨的关节盂形成肩关节。肱骨头的掌侧面缩细，称肱骨颈。肱骨头前方两侧各有一个突起，外侧突起高大，称外侧结节，又称大结节，是在体表的一个重要骨性标志；内侧突起称内侧结节，又称小结节。在大、小结节之间，形成臂二头肌沟，臂二头肌腱由此通过。

骨干两侧稍压扁，其上部的2/3最为明显，呈左右侧扁，分为前、内、外三面。下部为前后侧扁，分为前、后、内三面。外侧有由后上方斜向外下方呈螺旋状的臂肌沟，供臂肌附着。内侧中部有卵圆形粗糙面，称大圆肌粗隆，它是大圆肌和背阔肌的止点。

远端有斜滑车关节面，与桡骨和尺骨形成肘关节，关节面两侧的为内、外侧髁，其上方各有内、外上髁，髁的后面有一深的鹰嘴窝，髁的前上方有一浅的冠状窝。

犬的肱骨，在鹰嘴窝处具有滑车上孔。

（4）前臂骨　前臂骨是由桡骨和尺骨组成的长骨。两骨的近端和远端紧密地相连结。两骨的位置，在前臂上部1/3，桡骨重叠在尺骨之前，桡骨的近端在前内侧，尺骨的近端在后外侧。其下部则相反，桡骨远瑞在前外侧，尺骨远端在后内侧。二骨之间有很窄的骨间隙。通过桡骨和尺骨的位置改变，可以进行约45°的转动。

①桡骨：骨体前后向压扁，体部有两个弯曲，近端较小，有桡骨头呈不规则形状，与肱骨的滑车关节面成关节，远端粗大，为不整齐的四边形，有一较大的凹关节面，与桡腕骨成关节。

②尺骨：骨体发达，比桡骨长。近端较粗大，称为肘突，远端逐渐变为细小。近端与桡骨、肱骨成肘关节，远端与尺腕骨成关节。

（5）腕骨　腕骨由形态复杂的短骨构成，共有7块。近列有3块，即中间桡腕骨（由桡腕骨与中间腕骨愈合而成）、尺腕骨和副腕骨；远列4块，由内向外依次为第1～4腕骨。此外，有时在关节内侧面的组织内，存在有1小块似籽骨的小骨片（图2－21）。

犬的副腕骨比猫的明显。

（6）掌骨　掌骨共5块，自内侧向外侧排列，第1掌骨最短，第3、4掌骨最长。5块掌骨的近端紧密相连，而其远端稍有分离。

（7）指骨　犬有5列指，除第1指骨有2个骨节外，其他4指骨均由3块骨组成，分别称近指节骨、中指节骨和远指节骨（不宜称第1～3指骨，因为容易造成行列名称混淆）。第1指骨最短，行走时并不着地。各指的远指节骨形态特殊，呈钩（爪）状，故又称爪骨。

（8）籽骨　肉食兽掌指关节有掌侧籽骨和背侧籽骨。掌侧籽骨有9块，背侧籽骨有4～5块。

2. 前肢骨的连结

前肢的肩胛骨与躯干骨之间不形成关节，而仅以肩带肌连结。其余各骨间

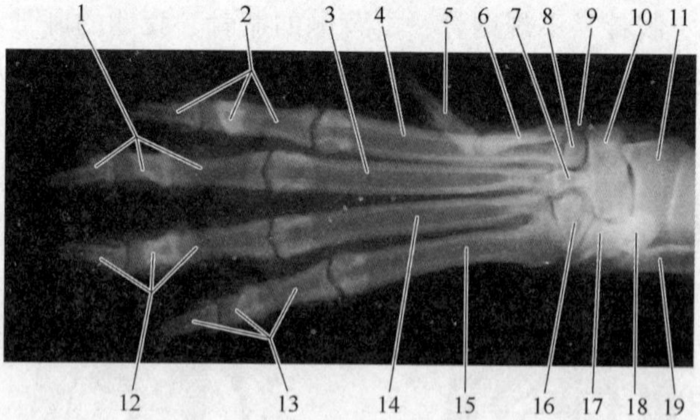

图2-21 犬左前足部X射线摄片（背掌位）

1—第3指骨 2—第2指骨 3—第3掌骨 4—第2掌骨 5—第1指骨 6—第1掌骨 7—第3腕骨 8—第2腕骨 9—第1腕骨 10—中间桡腕骨 11—桡骨 12—第4指骨 13—第5指骨 14—第4掌骨 15—第5掌骨 16—第4腕骨 17—尺腕骨 18—副腕骨 19—尺骨

均形成关节，自上而下依次为肩关节、肘关节、腕关节和指关节。指关节又包括掌指关节、近指骨间关节和远指骨间关节。另外桡骨和尺骨间也形成桡尺关节，主要进行小幅度的转动。

（1）肩关节　肩关节是肩关节窝和臂骨头构成的单关节。关节角顶向前，关节囊宽松，无侧副韧带，故肩关节的活动性大，为多轴关节。虽然由于受内、外侧肌肉的限制，主要进行屈伸运动，但仍能做一定程度的内收、外展及外旋运动。

（2）肘关节　肘关节是臂骨远端的关节面与桡骨及尺骨近端关节面构成的单轴单关节。关节角顶向后，关节囊较薄，掌侧呈袋状，深入鹰嘴窝内；背侧面强厚；两侧与侧副韧带紧密结合。外侧副韧带较短而厚；内侧副韧带薄而较长。由于侧副韧带将关节牢固连结与限制，故肘关节只能作屈伸运动。

桡骨和尺骨的骨体间，由很长的前臂骨间膜连结，以限制前臂过分地转动，但还是形成不明显的桡尺关节。

（3）腕关节　腕关节是前臂骨远端、两列腕骨和掌骨近端构成的单轴复关节。关节的背侧有数个骨间韧带，以连结相邻各骨。掌侧面有掌侧深韧带、副腕骨韧带等短韧带。

（4）指关节　指关节包括掌指关节、近指骨间关节和远指骨间关节。每个关节均有关节囊和不发达的韧带。

（四）后肢骨骼

1. 后肢骨

后肢骨由髋骨、股骨、髌骨、小腿骨和后脚骨组成。髋骨由髂骨、耻骨和坐骨愈合而成，又称盆带。小腿骨由胫骨和腓骨组成。后脚骨包括跗骨、跖骨、趾骨和籽骨。

（1）髋骨　髋骨是不规则骨，由背侧的髂骨、腹铡的耻骨和坐骨愈合而成（图2-22）。三骨愈合处形成深的杯状关节窝，称髋臼，与股骨头之间形成髋关节。髋骨的倾斜度近于水平。

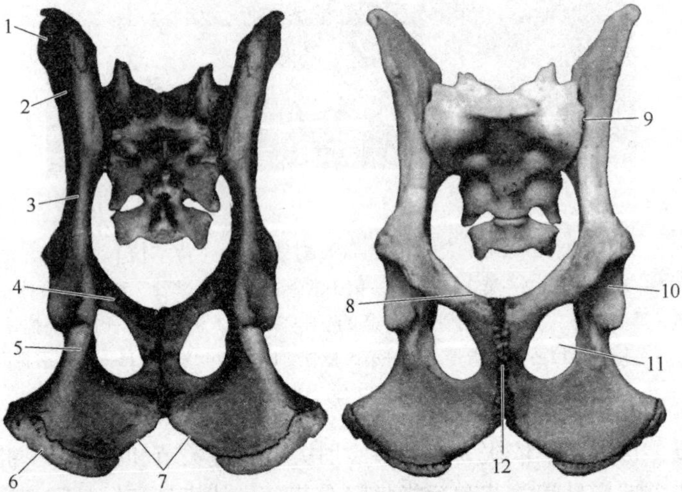

图2-22　犬的髋骨和荐骨

1—髋结节　2—臀肌面　3—髂骨　4—耻骨　5—坐骨　6—坐骨结节
7—坐骨弓　8—耻骨前缘　9—荐髂关节　10—髋臼　11—闭孔　12—骨盆联合

①髂骨：位于前上方，由髂骨体和髂骨翼构成。髂骨体位于后部，呈坚实的圆柱状。髂骨翼于前部，呈长方形，上、下垂直方向。髂骨翼的背外侧面称臀肌面，腹内侧面称骨盆面。在骨盆面上有小而粗糙的耳状关节面，与荐骨翼的耳状关节面成关节。髂骨翼的外侧角称髋结节，髂骨翼的内侧角称荐结节。髂骨翼的内侧凹陷，为坐骨大切迹，向后延伸参与形成坐骨棘。

②坐骨：位于后下方，构成骨盆底壁的后部。后外侧角粗大，称坐骨结节。两侧坐骨的后缘形成深凹的弓状，称坐骨弓。内侧缘与对侧坐骨相接，形成骨盆联合的后部。外侧部参与形成髋臼。

③耻骨：较小，呈L形，位于前下方，构成骨盆底的前部并构成闭孔的前缘。内侧部与对侧相接，形成骨盆联合的前部。外侧部参与形成髋臼。

（2）股骨　股骨是长骨，位于股部，由后上方斜向前下方。近端粗大，内侧有球面状股骨头，伸入髋臼而成关节。在股骨头的中央有呈圆形的凹陷，称头窝，供圆韧带附着。外侧为低矮的突起，称大转子。骨干呈圆柱状，前后向扁平。远端粗大，向后卷曲，左右两侧膨大而成内、外两髁，两髁之间为一滑车关节面，与胫骨和髌骨成关节。

（3）髌骨　髌骨又称膝盖骨，是体内最大的籽骨，位于股骨远端前方，并与滑车关节面构成关节。呈卵圆形，前面隆凸，粗糙而不规则，供肌腱、韧带附着，后面为光滑的关节面。

（4）小腿骨 小腿骨包括胫骨和腓骨。由前上方斜向后下方，与股骨近于等长。胫骨较粗大，左右侧扁，位于小腿内侧，其近端粗大，有内、外髁，与股骨的髁成关节；髁的前方有三角形隆起，称胫骨粗隆，向内下方延续为胫骨嵴。远端较小，有滑车关节面，与距骨成关节。腓骨细长，两端粗大，与胫骨相平行，位于外侧其上部骨体与胫骨之间有间隙，而下部骨体扁平，密接胫骨。

（5）跗骨 跗骨共7块，排列成3列（图2－23）。近列2块，内侧为胫跗骨，又称距骨；外侧为腓跗骨，又称跟骨。距骨近端有滑车关节面，与小腿骨远端成关节。跟骨有向后上方突出的跟结节。中列只有一块中央跗骨。远列由内侧向外侧为第1～4跗骨。

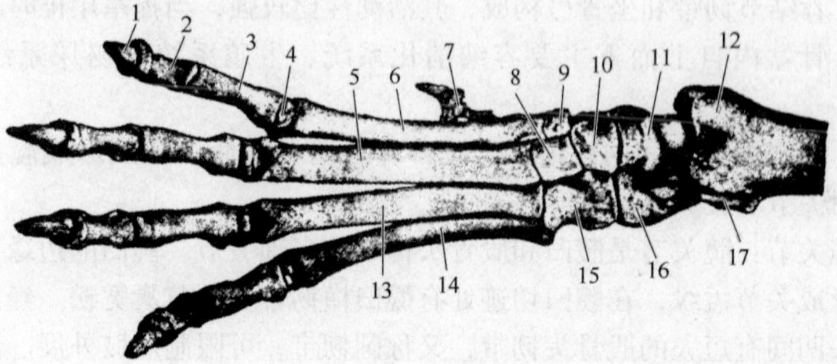

图2－23 犬的左后足骨背侧

1—第2趾远趾节骨 2—第2趾中趾节骨 3—第2趾近趾节骨 4—第2趾背侧籽骨 5—第2跖骨 6—第2跖骨 7—第1趾骨 8—第3跗骨 9—第2跗骨 10—中央跗骨 11—距骨 12—胫骨 13—第4跖骨 14—第5跖骨 15—第4跗骨 16—跟骨 17—腓骨

（6）跖骨 跖骨共5块，除第1跖骨细小外，其他4块跖骨的形状大小与掌骨相似。

（7）趾骨和籽骨 通常有4个趾，即第2～5趾。每列趾骨的数目和形状与前肢的指骨相似。

2. 后肢骨的连结

后肢骨的连结包括后肢与躯干的连结、两侧髋骨的连结和后肢各骨之间的连结三部分。

（1）后肢与躯干的连结 后肢骨骼与躯干骨骼之间是通过荐髂关节连结的。荐髂关节由荐骨与髂骨的耳状关节构成（图2－24）。关节面不平整，周围有关节囊，并有短而强的腹侧韧带加固，故关节几乎不能活动。荐髂关节的韧带主

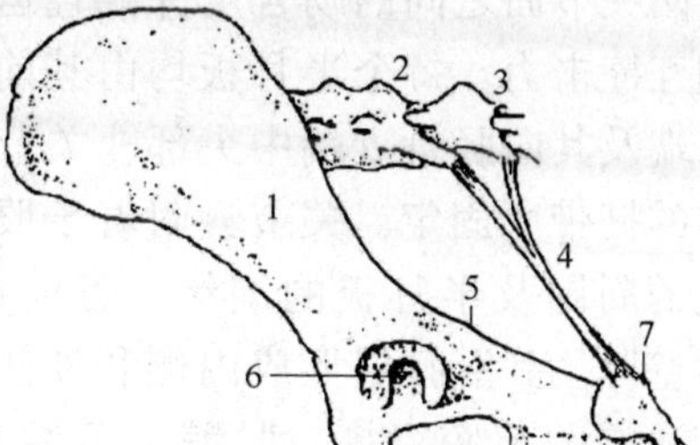

图2－24 犬的荐坐韧带

1—髂骨 2—荐骨 3—尾骨 4—荐结节韧带 5—坐骨棘 6—髋臼 7—坐骨结节

要是荐结节韧带（荐坐韧带），它是荐骨和坐骨之间呈索状的强韧带，起自最后荐椎的横突，止于坐骨结节。

（2）左右两侧髋骨间的连结　左右两侧髋骨之间，腹侧借耻骨和坐骨之间形成的骨盆联合相连，背侧借荐髂关节相连。这种连结形成了后肢与躯干之间的牢固支撑和有力的力量传递，同时也成为闭合性骨盆形成的基础。

骨盆是由左右髋骨、荐骨和前几枚尾椎以及两侧的荐结节韧带构成骨性腔洞，呈前宽后窄的圆锥形，前接腹腔，后朝体外。荐骨与尾骨构成骨盆的顶壁，髂骨为侧壁，耻骨构成骨盆腹侧壁的前部，坐骨构成骨盆腔腹侧壁的后部。骨盆的入口（前口）呈椭圆形，自后下方斜向前上方，上端窄，中部宽由第1荐骨、髂骨前缘和耻骨前缘构成。骨盆的出口（后口）较小，由前几个尾椎、荐结节韧带和坐骨弓构成，其活动性比较强，当提举尾椎时，后口可以变大。骨盆内自上而下主要容纳消化系统、生殖系统和泌尿系统的后部器官。

（3）后肢各骨之间的连结　后肢各骨之间自上而下依次形成髋关节、膝关节、跗关节和趾关节。

①髋关节：髋关节是髋臼和股骨头构成的多轴关节。髋臼的边缘有由纤维软骨环形成关节盂缘，在髋臼切迹处有髋臼横韧带。关节囊宽松。经髋臼切迹至股骨头凹间有短大的股骨头韧带，又称圆韧带，可限制后肢外展。髋关节能进行多向运动，但主要是屈伸运动。

②膝关节：膝关节包括股胫关节和股髌关节及近端胫腓关节，此外，还包括股骨与腓肠籽骨间的关节和胫骨与腘肌籽骨间的关节。这些关节有两个关节囊。膝关节为单轴复关节。

股胫关节由股骨远端的内、外侧髁和胫骨近端的内、外侧髁构成。在股骨与胫骨间垫有两个半月板。半月板可增强两关节面之间的吻合度并减轻运动时相互撞击力。每个半月板均由其前端和后端及其向胫骨近端中央部非关节面延伸的韧带所固定。关节囊附着于股胫关节的周围及半月板的周缘。囊前壁薄，后壁厚。其滑膜层形成内侧和外侧2个相通的关节腔，并与股髌关节腔相通。内、外侧关节腔又被内、外侧半月板分为上、下两部。股骨与小腿骨间由4条韧带连结。内、外侧副韧带位于关节的内、外侧。还有位于股骨髁间窝内的两条交叉韧带（图2－25）。

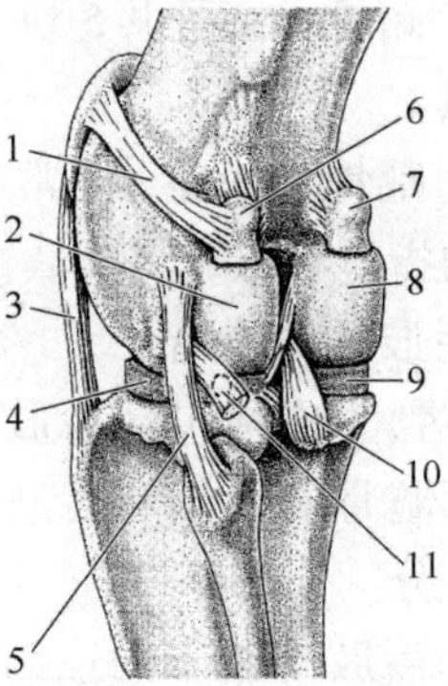

图2－25　犬的膝关节（后外侧观）

1—股膝外侧韧带　2—股骨外侧髁　3—膝韧带　4—外半月板　5—外侧副韧带　6—腓肠肌外侧籽骨　7—腓肠肌内侧籽骨　8—股骨内侧髁　9—内半月板　10—后交叉韧带　11—腘肌腱及腘肌籽骨

股髌关节由股骨远端滑车关节面与髌骨构成。股髌关节有内、外侧副韧带和一条髌直韧带。股髌关节的运动，主要是髌骨在股骨滑车上滑动，以改变股四头肌的作用方向。

犬腓肠肌的两个起始腱和腘肌起始腱内各有一个豆形籽骨，分别称为腓肠肌外侧籽骨腓肠肌内侧籽骨和腘肌籽骨，分别与股骨远端及胫骨近端形成关节。

③跗关节：跗关节又称飞节，是由小腿骨远端、跗骨和跖骨近端形成的单轴复关节（图 2－26），包括小腿跗关节，跗骨间近、远关节和跗跖关节。其中主要由胫骨远端和距骨的滑车状关节面之间形成的小腿跗关节活动范围大，其余关节均连结紧密，仅可微动起缓冲作用。

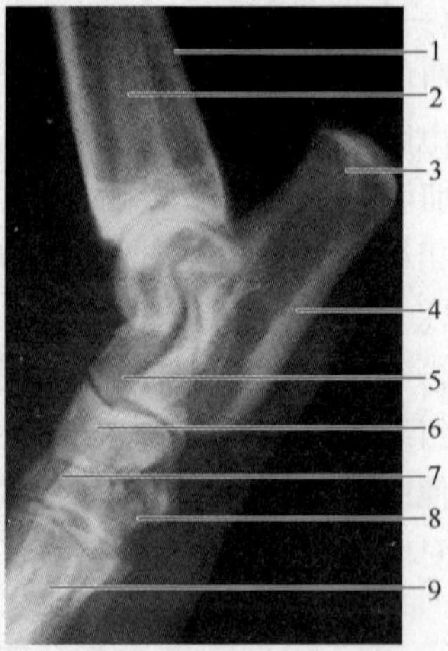

图 2－26　犬跗关节 X 射线照片

1—胫骨　2—腓骨　3—跟结节　4—跟骨　5—距骨　6—中央跗骨　7—第 3 跗骨　8—第 4 跗骨　9—跖骨

关节囊的滑膜层形成多个滑膜囊，其中胫跗囊最大，位于胫骨与距骨间；近跗间囊位于距骨、跟骨和中央跗骨及第 4 跗骨之间；远跗间囊位于中央跗骨和第 4 跗骨与第 1 跗骨及第 2、3 跗骨之间；跗跖囊位于远列跗骨与跖骨近端之间。

跗关节内、外侧副韧带均分为浅层的长韧带和深层的短韧带，附着于小腿骨远端和跖骨近端的内、外侧，但在跗骨的近列与中间列之间无内侧副韧带。除此之外还有背侧韧带、跖侧长韧带、跖侧韧带等。

④趾关节：趾关节包括跖趾关节、近趾节间关节和远趾节间关节，其构造与前肢的指关节相似。

任务三 | 肌肉

一、肌肉的基本形态结构

(一) 肌腱和肌腹

肌肉是运动的动力。组成运动器官的每一块肌肉都是一个复杂的器官，它们均由肌腹和肌腱两部分组成。

肌腹是肌器官的主要部分，位于肌器官的中间，由许多骨骼肌纤维和结缔组织相结合而成，具有收缩能力。包在整块肌肉外表面的结缔组织称为肌外膜(图2-27)。肌外膜向内伸入把肌纤维分成大小不同的肌束，称为肌束膜。肌束膜再向肌纤维之间伸入，包围着每一条肌纤维，称为肌内膜。肌膜是肌肉的支持组织，使肌肉具有一定的形状。营养好的动物，在肌膜内蓄积有脂肪组织，使肌肉横断面上呈大理石状花纹。血管、淋巴管和神经随着肌膜进入肌肉内，对肌肉的代谢和功能调节有重要意义。

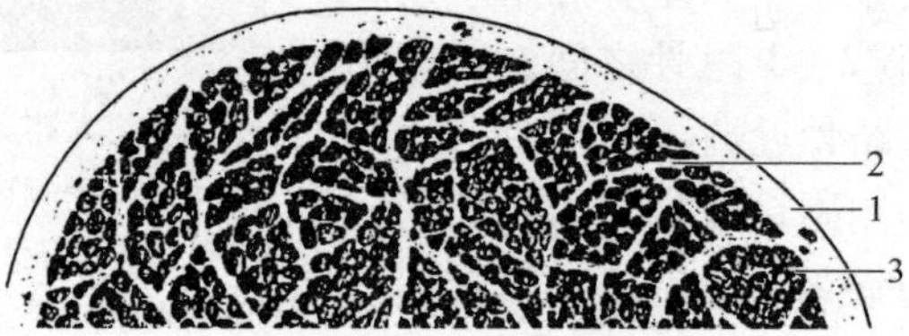

图2-27 肌腹的横断面
1—肌外膜 2—肌束膜 3—肌内膜

肌腱由规则的致密结缔组织构成，位于肌腹的两端。在四肢多呈索状，在躯干多呈薄板状，又称腱膜。腱纤维借肌肉膜直接连接肌纤维的两端或贯穿于肌腹中。腱不能收缩，但有很强的韧性和抗张力，不易疲劳。腱纤维伸入骨膜和骨质中，使肌肉牢固附着于骨上。

根据肌腹内腱纤维的含量和肌纤维的排列方式，肌肉可分为动力肌、静力肌和动静力肌3种。动力肌结构比较简单，呈纺锤形，肌腹只由肌纤维及结缔组织所组成，无腱质肌纤维的方向与肌腹的长轴平行。这种肌肉收缩迅速而有力，幅度较大，是推动身体前进的主要动力。但因消耗能量多，易于疲劳。静力肌肌腹中肌纤维很少，甚至消失，而由腱纤维所代替，因而失去收缩能力，动物静止时起维持身体姿势的作用，耐疲劳。动静力肌肌腹中含有或多或少的腱质，构造复杂。根据肌腹中腱的分布和肌纤维的排列方向，又可分为半羽状肌、羽状肌和复羽状肌。动静力肌由于肌腹中有腱索，肌纤维虽短但数量大为增加，从而增强了肌腹的收缩力，并且不易疲劳，但收缩幅度较小。

（二）肌肉的形态和分布规律

1. 肌肉的形态

肌肉由于其位置和功能不同而有不同，一般可分为板状肌、多裂肌、纺锤形肌和环形肌。板状肌呈薄板状，主要位于腹部和肩带部，其形状不一，有扇形、锯齿形和带状等。板状肌可延续为腱膜，以增加肌肉的附着面和坚固性。多裂肌多数沿脊柱两侧分布，具有明显的分节性，各肌束独立存在，或互相结合成一大块肌肉。多裂肌收缩时，只能产生小幅度的运动。纺锤形肌主要分布于四肢，中间膨大的部分为肌腹，两端多为腱质。起端是肌头，止端是肌尾，有些肌肉有数个肌头或肌尾。纺锤形肌收缩时，可产生大幅度的运动。环形肌多分布于自然孔周围，呈环形，形成括约肌，收缩时可缩小或关闭自然孔。

2. 肌肉的分布规律

肌肉一般都借着腱附着在骨、筋膜、韧带和皮肤上，中间跨越一个或多个关节，肌肉收缩时，肌腱变短变粗，使其两端的附着点互相靠近，牵引骨发生移位而产生运动。当肌肉收缩时，不动附着点称起点，活动附着点称止点。四肢肌肉的起点一般都靠近躯干或四肢的近端，止点则远离躯干或四肢的远端。肌肉的起点和止点，随着运动条件改变可以互相转化，即原来的起点变为动点，而止点则变为不动点。在自然孔周围的环形肌起、止点难以区分。

根据肌肉收缩时对关节的作用，可分为伸肌、屈肌、内收肌和外展肌等。肌肉对关节的作用与其位置有密切关系。伸肌分布在关节的伸面，通过关节角顶，当肌肉收缩时可使关节角变大。屈肌分布在关节的屈面（关节角）内，当肌肉收缩时使关节角变小。内收肌位于关节的内侧，外展肌位于关节的外侧。运动时，一组肌肉收缩，作用相反的另一组肌肉就适当放松，并起一定的牵制作用，使运动平稳地进行。

动物在运动时，每一个动作并不是单独一块肌肉起作用，而是许多肌肉互相配合的结果。在一个动作中起主要作用的肌肉称主动肌；起协助作用的肌肉称协同肌；而产生相反作用的肌肉则称对抗肌。每一块肌肉的作用并不是固定不变的，而是在不同的条件下起着不同的作用。

（三）肌肉的命名

肌肉一般是根据其作用、结构、形状、位置、肌纤维方向及起止点等命名的。如二腹肌、三头肌等是根据其结构命名的；伸肌、屈肌、内收肌、外展肌、咬肌、提肌、降肌等是根据其作用命名的；三角肌、锯肌等是根据其形状命名的；颞肌、胸肌等是根据其位置命名的；直肌、斜肌等是根据肌纤维的方向命名的；臂头肌、胸头肌等是根据其起止点命名的。但多数肌肉是结合数个特征合起来命名的，如指外侧伸肌、腕桡侧屈肌、股四头肌、腹外斜肌等。

（四）肌肉的辅助器官

肌肉的辅助器官包括筋膜、黏液囊、腱鞘、滑车和籽骨。

1. 筋膜

筋膜为覆盖在肌肉和肌群外在的结缔组织膜，有坚固性，又分为浅筋膜和深筋膜。

浅筋膜位于皮下，又称皮下筋膜，由疏松结缔组织构成，被覆在整个肌系的表面，各部厚薄不一。头及躯干等处的浅筋膜中含有皮肌。营养良好的动物浅筋膜内蓄积大量脂肪，形成皮下脂肪层。浅筋膜有连接、保护、贮存脂肪及参与调节体温等作用。

深筋膜在浅筋膜的深层，由致密结缔组织构成，坚韧，直接贴附于浅层肌群表面，并伸入肌肉之间，附着于骨上，形成肌间隔。深筋膜在某些部位（如前臂和小腿部等）形成包围肌或肌群的筋膜鞘，或者在关节附近形成环韧带以固定腱的位置，深筋膜还在多处与骨、腱或韧带相连，作为肌肉的起止点。总之，深筋膜成为整个肌系附着于骨骼上的支架，为肌肉的工作提供了有利条件。

2. 黏液囊

黏液囊是密闭的结缔组织囊（图 2－28），囊壁薄，内面衬有滑膜。囊内含有少量黏液，多位于肌、腱、韧带及皮肤等结构与骨的突起部之间以减少摩擦，分别称为肌下、腱下、韧带下及皮下黏液囊。关节附近的黏液囊有的与关节腔相通，常称为滑膜囊。

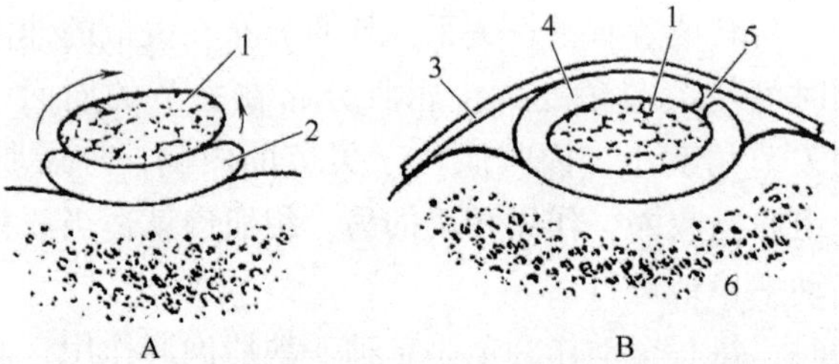

图 2－28　黏液囊（A）和腱鞘（B）的模式图

1—腱　2—黏液囊　3—韧带　4—腱鞘　5—腱系膜　6—骨

3. 腱鞘

腱鞘多位于腱通过活动范围较大的关节处，呈管状，由黏液囊卷曲于腱的周围而成。鞘壁的内（腱）层紧贴于腱的表面，外（壁）层以其纤维膜附着于腱所通过的管壁上。内、外两层通过腱系膜相连续，壁层与腱层之间有少量滑液，可减少腱活动的摩擦。

4. 滑车和籽骨

滑车是骨的滑车状突起，上有供腱通过的沟，表面有软骨，腱和滑车之间常垫有黏液囊，可减少腱与骨之间的摩擦。籽骨为位于关节角的小骨，由肌腱在骨的突出部位骨化形成，可改变肌肉作用力的方向及减少摩擦。

二、皮肌

皮肌是分布于浅筋膜中的薄肌层，并不覆盖全身，根据所在部位，分为颈皮肌和躯干皮肌。颈皮肌发达，又称颈阔肌，可分为浅、深两层。深层从颈背侧向前下方，并伸向头部，直达口角。躯干皮肌（也称胸腹皮肌）是身体中最大的皮肌，几乎覆盖整个胸、腹部，并与后肢筋膜相延续（图2-29）。

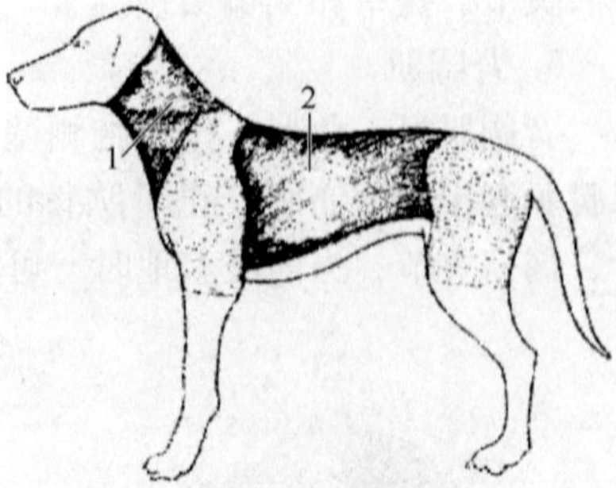

图2-29　犬的主要皮肌

1—颈皮肌　2—躯干皮肌

皮肌具有颤动皮肤作用，以驱除蚊蝇、抖掉灰尘和水滴等。

三、前肢肌

前肢肌包括肩带肌、肩部肌、臂部肌、前臂及前脚部肌。肩带肌是连接前肢与躯干的肌肉，肩部肌主要作用于肩关节，臂部肌主要作用于肘关节，前臂及前脚部肌作用于腕、指关节。

（一）肩带肌

肩带肌是前肢与躯干连接的肌肉，包括位于浅层的斜方肌、臂头肌、肩胛横突肌、背阔肌和胸浅肌及深层的菱形肌、腹侧锯肌和胸深肌。

1. 斜方肌

斜方肌呈三角形，肌质薄，位于第2~9胸椎与肩胛冈之间。起于第2~9胸椎处的项韧带，分为颈、胸2部分。颈部肌纤维斜向后下方，止于几乎整个肩胛冈；胸部肌纤维斜向前下方，止于肩胛冈的上缘。其作用是提举、摆动和固定肩胛骨。

2. 菱形肌

菱形肌位于斜方肌和肩胛软骨的内面。起于第2颈椎至项韧带，止于肩胛骨的背缘和背内侧面。其作用是向前上方提举肩胛骨；当前肢不动时，可伸头颈。

3. 肩胛横突肌

肩胛横突肌呈薄带状，前部位于臂头肌的深层，后部位于颈斜方肌和臂头肌之间，起于环椎翼和枢椎横突，止于肩胛冈及其周围的筋膜。其作用是可牵引肩胛骨向前，侧偏头颈。

4. 臂头肌

臂头肌呈长带状，位于颈侧部的浅层，其结构比较复杂，由头伸延到臂，形成颈静脉沟的上界。以锁骨的痕迹分为后下部的锁臂肌和前上部的锁枕肌及锁乳头肌。锁臂肌已退化成三角肌的一部分。锁枕肌起于枕骨和项韧带，锁乳头肌起于颞骨乳突和下颌骨，共同止于肱骨嵴。主要作用是牵引肱骨向前、伸展肩关节、提举和侧偏头颈。

5. 背阔肌

背阔肌呈三角形，位于胸侧壁的上部皮下，肌纤维由后上方斜向前下方。以腱膜起于腰背筋膜，止于肱骨的大圆肌粗隆。主要作用是向后上方牵引肱骨，屈肩关节；当前肢着地时，可牵引躯干向前（图 2 – 30）。

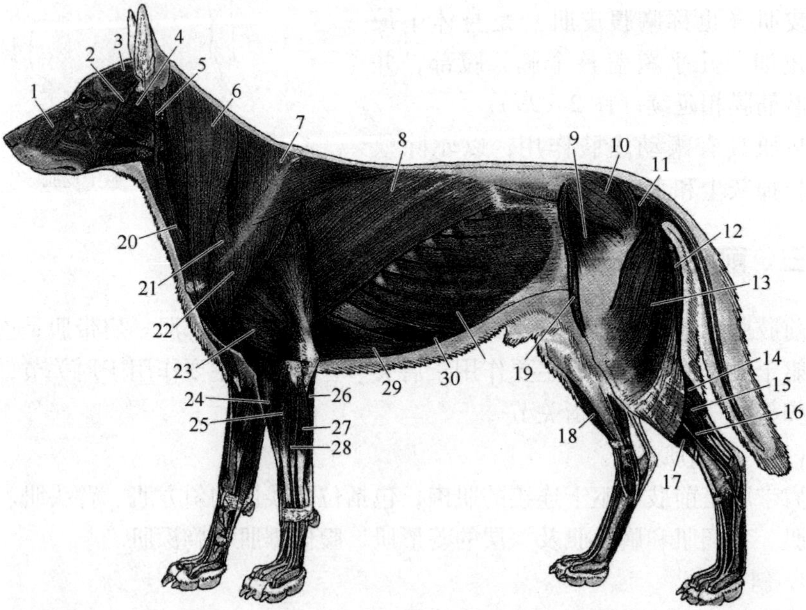

图 2 – 30　犬全身浅层肌肉

1—鼻唇提肌　2—颧肌　3—额肌　4—咬肌　5—腮耳肌　6—臂头肌　7—斜方肌　8—背阔肌　9—阔筋膜张肌　10—臀中肌　11—臀浅肌　12—半腱肌　13—股二头肌　14—腓肠肌　15—趾外侧屈肌　16—腓骨长肌　17—趾长伸肌　18—胫骨前肌　19—缝匠肌　20—胸头肌　21—肩胛横突肌　22—三角肌　23—臂三头肌　24—腕桡侧伸肌　25—指总伸肌　26—腕尺侧屈肌　27—腕外侧屈肌　28—指外侧伸肌　29—胸伸肌　30—腹横肌

6. 腹侧锯肌

腹侧锯肌也称下锯肌，呈大扇形，下缘为锯齿状，位于颈、胸部的外侧面。以肉齿起于从第 4 颈椎至第 10 肋骨的广泛区域，肌纤维沿背侧行走，止于肩胛骨内面的锯肌面和肩胛骨背内侧面。主要作用为左右腹侧锯肌形成一弹性吊带，将躯干悬吊在两肢之间；前肢不动时，两侧腹侧锯肌同时收缩，可提举躯干；同时还有举头颈等作用。

7. 胸肌

胸肌位于胸底壁与肩臂部之间皮下。分为浅、深两层。浅层为胸浅肌，深层为胸深肌。胸肌的主要作用是内收并前后摆动前肢以及向前牵引躯干。

（二）肩部肌

肩关节的伸肌主要是冈上肌，屈肌有三角肌、大圆肌和小圆肌，内收肌主要是肩胛下肌和喙臂肌，外展肌主要是冈下肌。

1. 冈上肌

冈上肌位于冈上窝内，起于冈上窝、肩胛冈和肩胛骨背侧缘，在盂上结节处分为2支，分别止于肱骨内、外侧结节。其主要作用是伸肩关节、固定肩关节。

2. 三角肌

三角肌呈三角形，位于冈下肌的浅层，分为肩峰部和肩胛部。肩峰部以扁平腱起于肩峰；肩胛部以腱膜起于肩胛冈和肩胛骨的后缘。两部分汇合后共同止于肱骨三角肌粗隆。其主要作用是屈肩关节。

3. 大圆肌

大圆肌呈长菱形，位于肩臂部内面，肩脚下肌的后缘。起于肩胛骨后缘上部，止于肱骨大圆肌粗隆。其主要作用是屈肩关节。

4. 小圆肌

小圆肌较小，呈短索状，位于三角肌和冈下肌之间的肩关节后外侧面。其主要作用是使肩关节旋外。

5. 肩胛下肌

肩胛下肌位于肩胛下窝内，起于肩胛下窝，分为前、中、后3部分，以总腱止于肱骨内侧结节。其主要作用是内收和固定肩关节。

6. 喙臂肌

喙臂肌呈扁而小的梭形，位于肩关节和肱骨的内侧上部。起于肩关骨的喙突，止于肱骨大圆肌粗隆的上、下部。其主要作用是内收和屈肩关节。

7. 冈下肌

冈下肌位于冈下窝内，部分表面被三角肌覆盖，起于冈下窝、肩胛冈和肩胛骨上缘，止于肱骨外侧结节及其前下方的粗糙面。其主要作用是屈肩关节。

（三）臂部肌

肘关节的伸肌主要包括臂三头肌、前臂筋膜张肌和肘肌，屈肌主要包括臂二头肌和臂肌。

1. 臂三头肌

臂三头肌呈三角形，位于肩胛骨后缘与肱骨形成的夹角内，是前肢最大的一块肌肉。主要分为3个头：长头最大，似三角形，起于肩胛骨后缘；外侧头较厚，呈长方形，位于长头的外下方，起于肱骨的三角肌粗隆及其上部；内侧头小，起于肱骨的内侧面。除此之外还有副头，起于肱骨的骨干。后3个头仅作用于肘关节。以上4个头均止于尺骨的鹰嘴突。

2. 前臂筋膜张肌

前臂筋膜张肌狭长而薄，位于臂三头肌长头内侧，被臂三头肌完全覆盖。

其主要作用是伸肘关节。

3. 肘肌

肘肌呈三棱形，小，位于臂三头肌外侧头的深面。覆盖着鹰嘴窝，深面接肘关节囊。其主要作用是伸肘关节；可避免伸肘关节时肘关节囊挤压鹰嘴窝；还有外展尺骨和增强关节囊的作用。

4. 臂二头肌

臂二头肌呈纺锤形，位于肱骨的前面稍偏内侧，被臂头肌覆盖。以强健起于肩胛结节，经结节间沟下行（在沟底有大的腱下黏液囊），止于桡骨粗隆和邻近的尺骨。其主要作用除屈肘关节外，也有伸展肩关节作用。

5. 臂肌

臂肌位于肱骨的臂肌沟内，起于肱骨后上部，向下行于臂肌沟内，并与臂二头肌相接，止于桡骨粗隆。其主要作用是屈肘关节。

（四）前臂及前脚部肌

1. 作用于腕关节的肌肉

（1）伸肌

①腕桡侧伸肌：又称腕前伸肌，位于前臂部背侧皮下，为前臂部最大的肌肉（图2－31）。起于肋骨外侧上髁，可分为较小的浅肌腹和较大的深肌腹，分别止于第2、3掌骨。其主要作用是伸腕关节。

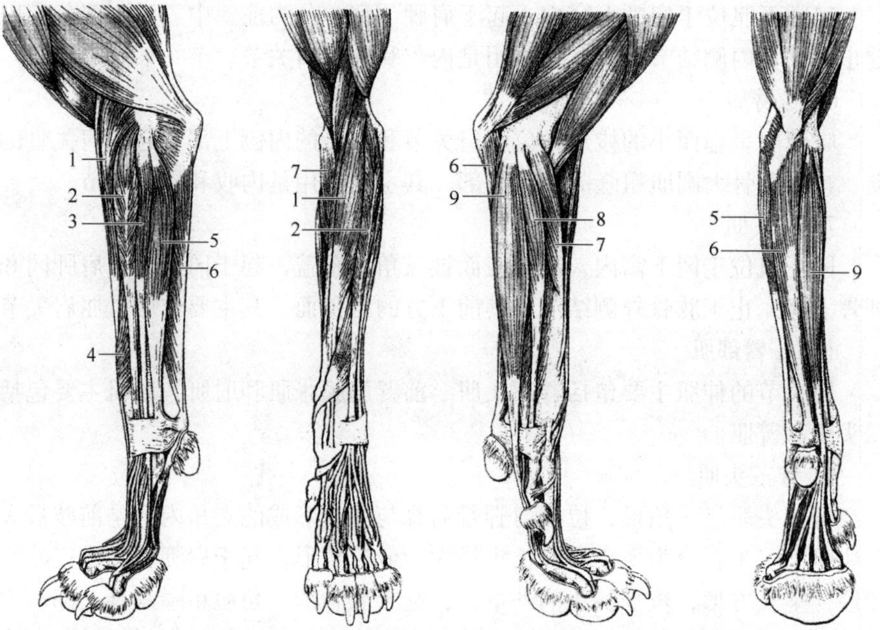

图2－31　犬前臂和前脚部肌肉

A—左侧　B—正前　C—右侧　D—正后

1—腕桡侧伸肌　2—指总伸肌　3—指外侧伸肌　4—腕斜伸肌　5—腕尺侧伸肌
6—腕尺侧屈肌　7—旋前圆肌　8—腕桡侧屈肌　9—指浅屈肌

②拇长外展肌：又称腕斜伸肌，起于前臂骨外侧缘，止于第 1 掌骨。肌腱内含有小籽骨。其主要作用是伸和旋外腕关节。

（2）屈肌

①腕尺侧伸肌：又称腕外屈肌，位于前臂部后外侧皮下。起于肱骨外侧髁，沿指外侧伸肌后缘下行，止于副腕骨。其主要作用是伸腕关节。

②腕尺侧屈肌：又称腕后屈肌，位于前臂部后内侧皮下。起于肱骨内侧上髁及其附近，以强腱止于副腕骨。其主要作用是屈腕伸肘。

③腕桡侧屈肌：又称腕内屈肌，位于前臂部内侧的皮下。起于肱骨内侧上髁，止于第 2 掌骨的近端。其主要作用是屈腕伸肘。

2. 作用于腕关节和指关节的肌肉

（1）伸肌

①指总伸肌：位于腕桡侧伸肌后方。起于肱骨外侧上髁，分为 4 个肌腹，在前臂下 1/3 处变为腱，而止于第 2 ~5 指的远指节骨。其主要作用是伸指伸腕屈肘。

②第 1、2 指固有伸肌：位于指总伸肌的深面，起于尺骨后外侧的上半部，以细腱与指总伸肌伴行，在掌部分为 2 支，分别止于第 1、2 指骨。

③指外侧伸肌：位于指总伸肌的后方，由紧密连结的 2 个肌腹组成，其内侧的肌腹为第 3、4 指固有伸肌；外侧的肌腹为第 5 指固有伸肌。起于肘关节外侧副韧带、桡骨近端外侧韧带结节和尺骨外侧面，止于第 3 ~5 指骨。其主要作用是伸腕伸指关节。

（2）屈肌

①指浅屈肌：位于前臂部掌内侧的浅层，起于肱骨内侧上髁，远端腱分为 4 支，分别止于第 2 ~5 指的中指节骨。

②指深屈肌：位于前臂部的后面，被腕关节的屈肌和指浅屈肌所包围。起始部为 3 个头，即肱骨头、尺骨头和桡骨头，在腕上部形成一总腱，经腕管分出一腱质到第 1 指，而后再分为 4 支，分别穿过指浅屈肌腱所形成的鞘，止于第 2 ~5 指的远指节骨。

③掌长肌：在前臂下 1/3 处起于指深屈肌，下端分为 2 支细腱，与指浅屈肌腱合并，止于第 3、4 指。

④骨间肌：由 4 个发达的肌腹组成。

3. 作用桡尺关节的肌肉

旋前圆肌，较其他动物发达，位于肘关节内侧，起于肱骨内上髁，斜向前远侧，止于桡骨内侧缘，旋转前臂背侧，使之向内转动，也有屈肘作用。

四、躯干肌

躯干肌包括脊柱肌、颈腹侧肌、胸壁肌和腹壁肌。

（一）脊柱肌

脊柱肌是支配脊柱的肌肉，可分为脊柱背侧肌群和脊柱腹侧肌群。脊柱背侧肌群很发达，位于脊柱的背外侧，包括背腰最长肌、髂肋肌、夹肌、头环最长肌、头半棘肌、背颈棘肌等。除这些肌肉外，还有分布于脊柱背侧的小块肌肉，如多裂肌、头背侧大直肌、头背侧小直肌、头前斜肌和头后斜肌等。脊柱腹侧肌群仅位于颈部和腰部脊柱的腹侧，包括头长肌、颈长肌、腰小肌、腰大肌和腰方肌等。

1. 背腰最长肌

背腰最长肌是体内最大的肌肉，呈三棱形，表面覆盖一层腱膜。位于胸、腰椎棘突与横突和肋骨椎骨端所形成的夹角内。起于髂骨、荐根和后位胸椎棘突，止于腰椎、胸椎和最后颈椎的横突以及肋骨的外面。这块肌肉具有伸展背腰、协助呼吸、跳跃时提举躯干的前部和后部的作用。

2. 髂肋肌

髂肋肌位于背腰最长肌的腹外侧，狭长而分节，由一系列斜向前下方的肌束组成。起于髂骨、腰椎横突末端和后 10 肋骨的外侧及前缘，向前止于所有肋骨后缘和后位 3 ~4 个颈椎横突。其作用为向后牵引肋骨、协助呼吸。髂肋肌与背腰最长肌之间有一较深的沟，称髂肋肌沟，沟内有针灸穴位。

3. 夹肌

夹肌呈薄而阔的三角形，位于颈侧部的皮下，在鬐甲部与颈椎和头部之间。其后部被斜方肌和颈腹侧锯肌所覆盖。其作用是两侧同时收缩可举头颈，一侧收缩则偏头颈（图 2 -32）。

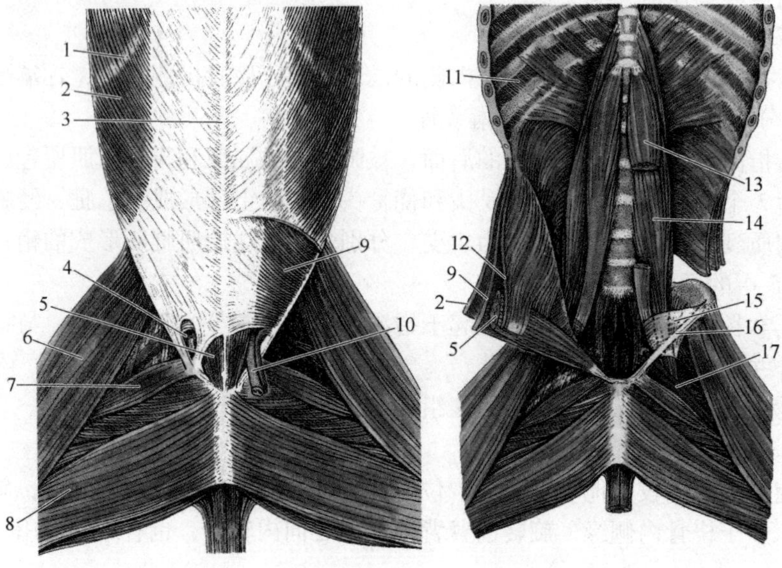

图 2 -32　犬腹壁腹侧及股内侧肌肉

A—浅层解剖　B—深层解剖

1—肋弓　2—腹外斜肌　3—腹白线　4—腹股沟管外环　5—腹直肌　6—缝匠肌　7—耻骨肌　8—股薄肌　9—腹内斜肌　10—鞘突和睾外提肌　11—肋间内肌　12—腹横肌　13—腰小肌　14—腰大肌　15—髂筋膜　16—腹股沟韧带　17—股动、静脉

4. 腰小肌

腰小肌是狭而长的肌肉，位于腰椎椎体的腹侧面的两侧，起于最后胸椎和腰椎椎体的腹侧，止于髂骨腰小肌结节。作用为屈腰和下降骨盆。

5. 腰大肌

腰大肌位于腰小肌的外侧，较发达。起于最后2个肋骨的椎骨端和腰椎椎体及横突的腹侧，与髂肌合成髂腰肌，止于股骨小转子。作用是屈髋关节。

（二）颈腹侧肌

颈腹侧肌位于颈部腹侧皮下，包括胸头肌和胸骨甲状舌骨肌。

1. 胸头肌

胸头肌位于颈部腹侧皮下，臂头肌的下缘。起于胸骨柄，向前分为浅、深两部，分别止于下颌骨和咬肌前缘及颞骨乳突。具有屈或侧偏头颈的作用。胸头肌和臂头肌之间形成颈静脉沟（图2-33）。

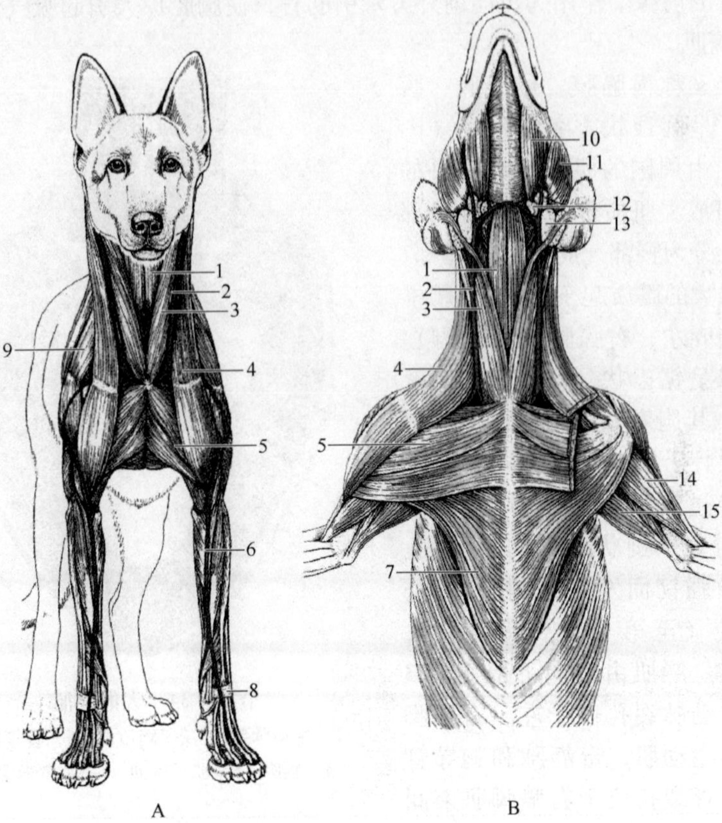

图2-33 犬颈腹侧肌

A—站位前面 B—背位腹面

1—胸骨舌骨肌 2—颈静脉 3—胸头肌 4—臂头肌 5—胸浅肌 6—头静脉 7—胸深肌 8—伸肌支持带 9—肩胛横突肌 10—二腹肌 11—咬肌 12—下颌淋巴结 13—颌下腺 14—臂二头肌 15—臂三头肌

2. 胸骨甲状舌骨肌

胸骨甲状舌骨肌呈扁平狭带状，位于气管腹侧，在颈的前半部位于皮下，后半部被胸头肌覆盖。起于胸骨柄，沿气管的腹侧向头部伸延，至颈中部分为内、外侧两支：外侧支止于喉的甲状软骨，称胸骨甲状肌；内侧支止于舌骨体，称为胸骨舌骨肌。作用为吞咽时向后牵引舌和喉，吸吮时固定舌骨，利于舌的后缩。

（三）胸壁肌

胸壁肌分布于胸腔的侧壁。由于该肌的运动引起呼吸运动，因此，又称呼吸肌。根据功能不同可分为吸气肌和呼气肌。吸气肌包括肋间外肌、膈、前背侧锯肌、斜角肌和胸直肌等；呼气肌包括后背侧锯肌和肋间内肌等。

1. 肋间外肌

肋间外肌位于肋间隙的浅层。起于前一肋骨的后缘，肌纤维向后下方止于后一肋骨的前缘。作用为可向前外方牵引肋骨，使胸腔扩大引起吸气。

2. 膈肌

膈肌又称横膈膜，位于胸、腹腔之间，呈圆顶状，突向胸腔（图 2－34）。由周围的肌质部和中央的腱质部组成。肌质部根据附着的部位不同又分为腰部、肋部和胸骨部。腰部以强大的腱质起于第 3～4 腰椎腹侧，构成左、右膈脚（膈肌脚）。肋部周缘呈锯齿状，附着于胸侧壁的内面，其附着线呈一倾斜直线，由剑状软骨沿第 8 肋骨和肋软骨结合处，经过第 9～13 肋骨至腰部。胸骨部附着于剑状软骨的背侧面。腱质部由强韧而发亮的腱膜构成，突向胸腔（至第 6 肋骨胸骨端），称中心腱。膈肌由上向下依次有 3 个孔。主动脉裂孔位于左、右膈脚之间，供主动肌、奇静脉和胸导管通过；食管裂孔位于右膈脚肌束间接近中心腱。供食管和迷走神经通过；腔静脉裂孔位于中心腱止稍偏中线右侧，供后腔静脉通过。

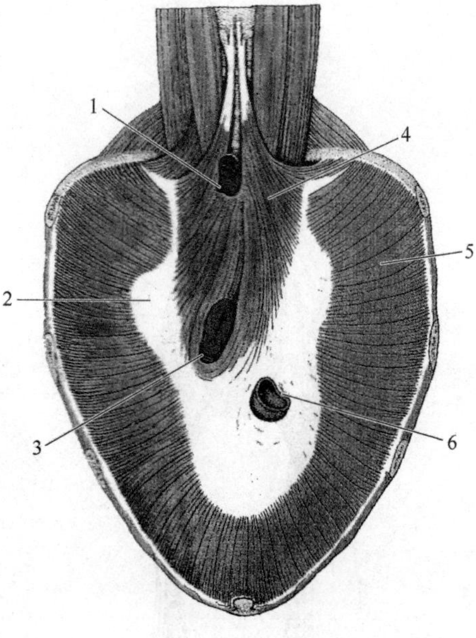

图 2－34　犬的膈肌

1—主动脉裂孔　2—腱质部　3—食管裂孔　4—膈脚　5—肌质部肌　6—腔静脉裂孔

膈是重要的吸气肌，收缩时使突向胸腔的凸变变小，从而增大胸腔的纵径引起吸气；舒张时由于腹壁肌肉腹腔内压向前压迫膈，使凹变增大，胸腔纵径变小而引起呼气。

3. 肋间内肌

肋间内肌位于肋间外肌的深面，并向下伸延至肋软骨间隙内。起于后一肋骨的前缘，肌纤维斜向前下方，止于前一肋骨的后缘。其作用是可向后向内牵引肋，使胸腔缩小引起呼气。

（四）腹壁肌

腹壁肌均为板状肌，构成腹腔的侧壁和底壁。前连肋骨，后连髋骨，上面附着于腰椎，下面左、右两侧的腹壁肌在腹底壁正中线上，以腱质相连，形成一条白线，称腹白线。腹壁肌共有 4 层，由外向内依次为腹外斜肌、腹内斜肌、腹直肌和腹横肌。腹壁肌的作用是形成坚韧的腹壁，容纳、保护和支持腹腔脏器；当腹壁肌收缩时，可增大腹压，协助呼气、排粪、排尿和分娩等。

1. 腹外斜肌

腹外斜肌为腹壁肌的最外层，覆盖于腹壁的两侧和底部以及胸侧壁的一部分。起于肋骨的外侧面和腰背筋膜，肌纤维斜向后下方，在肋弓的后下方延续为宽大的腱膜，止于腹白线、耻前腱、髋结节、髂骨和股内侧筋膜。腱膜的外面与腹部筋膜紧密接触，内面与腹内斜肌腱膜的外层结合。自髋结节至耻前腱，腱膜强厚，称腹股沟韧带，在其前方腱膜上有一长约数厘米的裂孔，为腹股沟管皮下环。

2. 腹内斜肌

腹内斜肌位于腹外斜肌的深层，肌纤维斜向前下方。大部分起于髋结节，一部分起于腹外斜肌骨盆部腱的终止部位、腰背筋膜及腰椎横突末端，呈扇形向前下方扩展，在腹侧壁中部转为腱膜，止于最后肋骨的后缘、腹白线和耻前腱。腱膜的前下方分为内、外两层：外层厚，与腹外斜肌腱膜结合，形成腹直肌的外鞘；内层薄，与腹横肌的腱膜结合，形成腹直肌的内鞘。

3. 腹直肌

腹直肌呈宽而扁平的带状，位于腹底壁腹白线的两侧，被腹外、内斜肌和腹横肌所形成的外、内鞘所包裹。起于胸骨两则和肋软骨，肌纤维前后纵行最后以强厚的耻骨前腱止于耻骨前缘。本肌前后狭窄，中间宽，表面有数个横行的腱划。

4. 腹横肌

腹横肌为腹壁肌的最内层，较薄，起于肋弓内面和腰椎横突，肌纤维上下行，以筋膜止于腹白线。其腱膜与腹内斜肌腱膜的内层结合。

5. 腹股沟管

腹股沟管位于腹底壁后部，耻骨前腱的两侧，为腹外斜肌和腹内斜肌之间的一个楔形裂隙。该管有内、外两个口。内口通腹腔，称腹股沟管鞘环或深环，由腹内斜肌的后缘和腹股沟韧带围成；外口通皮下，称腹股沟管皮下环或浅环，为腹外斜肌后部腱膜上的卵圆裂孔。公犬的腹股沟管明显，是胎儿时期睾丸从腹腔下降到阴囊的通道，内有精索、总鞘膜、提睾肌、脉管和神经通过。母犬的腹股沟管仅供脉管、神经通过。

五、后肢肌

后肢肌是作用于后肢各关节的肌肉，较前肢肌发达，是推动身体前进的主要动力。分布在荐臀部的肌肉主要作用于髋关节，分布于股部的肌肉主要作用于膝关节，分布于小腿部及后脚部的肌肉主要作用于跗关节和趾关节。

（一）荐臀部肌

作用于髋关节的肌肉很发达，其中伸肌特别发达，包括臀浅肌、臀中肌、臀深肌、臀股二头肌、半腱肌、半膜肌和股方肌等；屈肌主要有阔筋膜张肌、髂腰肌、缝匠肌和耻骨肌等；内收肌群位于股骨的内侧，包括内收肌和股薄肌等；旋动肌为位于髋关节后方深层的小肌肉，包括闭孔外肌、闭孔内肌和孖肌等。

1. 髋关节的伸肌

（1）臀浅肌　臀浅肌是覆盖臀中肌后部皮下的窄小肌，呈三角形。起于臀筋膜和尾筋膜，止于股骨上部外侧面（图2-35）。

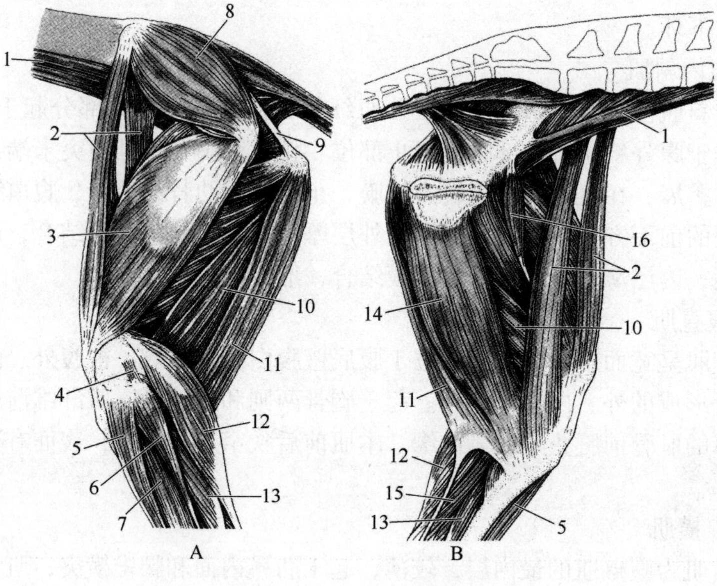

图2-35　犬的左后肢肌肉

A—外侧（阔筋膜张肌、臀浅肌和臀股二头肌已切除）　B—内侧

1—髂腰肌　2—缝匠肌　3—股四头肌　4—外侧副韧带　5—胫骨前肌　6—腓骨长肌　7—趾长伸肌　8—臀中肌　9—荐结节韧带　10—半膜肌　11—半腱肌　12—腓肠肌　13—趾深屈肌　14—股薄肌　15—趾浅屈肌　16—耻骨肌

（2）臀中肌　臀中肌是臀肌中的最大肌，起于髂骨的外侧面和臀筋膜，止于股骨大转子。该肌对于髋关节具有强大的伸展作用，同时还具有外旋

作用。

(3) 臀股二头肌　臀股二头肌也称股二头肌，位于臀股部的后外侧，长而宽大，分为椎骨头和坐骨头，分别起于荐骨、荐结节髋韧带和坐骨结节。于坐骨结节的下方2个头合并后，再分为前、中、后3部，前部长而大，以腱膜止于髌骨和膝外侧副韧带；中部以腱膜止于胫骨嵴；后部止于小腿筋膜和跟结节。该肌在与大转子间有肌下黏液囊。

(4) 半腱肌　半腱肌在臀股二头肌的后方，构成臀股部后缘，与臀股二头肌之间形成臀股二头肌沟，分为椎骨头和坐骨头。起于后2个荐椎棘突、荐结节阔韧带的后缘和坐骨结节腹侧，在坐骨结节下方合并后转向大腿内侧，以扁腱止于胫骨嵴、小腿筋膜和跟结节。

(5) 半膜肌　半膜肌位于大腿的内侧，分为椎骨头和坐骨头。起于荐结节阔韧带后缘和前3、4尾椎及坐骨结节腹侧。两头合并后走向股部内侧，止于股骨远端内侧。

2. 髋关节的屈肌

(1) 阔筋膜张肌　阔筋膜张肌呈三角形，位于股部的前外侧皮下。起于髋结节及其附近，向下呈扇形展开，除转变为股外侧筋膜外，借阔筋膜止于髌骨及其膝周围。

(2) 髂腰肌　髂腰肌位于腰椎和髂骨的腹侧面，由腰大肌和髂肌组成。髂肌有内、外2个头。外头起于髂骨翼内面，内头起于髂骨体。两头之间夹有腰大肌，以同一腱止于股骨小转子。

(3) 缝匠肌　缝匠肌由前、后两部分组成。前部起于髋结节，止于髌骨的内侧面；后部起于髂骨翼腹侧缘，止于胫骨的内侧面。

(4) 耻骨肌　耻骨肌位于股骨近端，表面呈纺锤形的窄而长的肌，位于股薄肌和缝匠肌之间。起于耻骨，止于股骨体内侧。

3. 髋关节的内收肌

(1) 股薄肌　股薄肌薄而宽，位于股内侧皮下。起于骨盆联合，以腱膜止于小腿筋膜和胫骨嵴。

(2) 内收肌　内收肌位于股薄肌的深层，在耻骨肌和半腱肌之间。起于耻骨和坐骨腹侧面，止于股骨后内侧面。

4. 股管

股管又称股三角，为股内侧上部肌肉之间的一个三角形空隙，上口大，下口小。此管前壁为缝匠肌，后壁为耻骨肌，外侧壁为髂腰肌和股内侧肌，内侧壁为股薄肌和股内筋膜。管内有股动脉、静脉和隐神经通过。

(二) 股部肌

1. 膝关节的伸肌

膝关节的伸肌只有股四头肌。股四头肌大而厚，位于股骨的前面和两面，被阔筋膜张肌所覆盖。有4个头，分别称为股直肌、股内侧肌、股外侧肌和股中间肌。其中除股直肌起于髋臼前方的髂骨体，其他三肌分别起于股骨的内侧、外侧和前面，共同止于髌骨。

2. 膝关节的屈肌

膝关节的屈肌只有腘肌。腘肌呈三角形，位于膝关节后方，胫骨后面的上部。以圆腱起于股骨的腘肌窝，斜向后内侧，止于胫骨内侧缘的上部。

（三）小腿及后脚部肌

1. 跗关节的伸肌

跗关节的伸肌仅有腓肠肌。腓肠肌发达，位于小腿部的后部，肌腹呈纺锤形，在臀股二头肌与半腱肌和半膜肌之间。有 2 个头，分别起始于股骨髁上窝的两侧，起始部含有籽骨，下端腱与趾浅屈肌腱扭合成跟腱，止于跟结节。

2. 跗关节的屈肌

跗关节的屈肌包括胫骨前肌和腓骨长肌。

（1）胫骨前肌　胫骨前肌位于小腿背侧的浅在肌肉，起于胫骨外侧髁及胫骨嵴，止于第 1、2 跖骨。

（2）腓骨长肌　腓骨长肌位于趾长伸肌的后方，起于胫骨外侧髁及腓骨近端，其腱在跗部绕向内侧，止于第 1 跖骨。

3. 趾关节的伸肌

趾关节的伸肌包括趾长伸肌和趾外侧伸肌。

（1）趾长伸肌　趾长伸肌呈纺锤形，位于胫骨前肌与腓骨长肌之间。起于股骨远端的伸肌窝，在胫骨下端分为 4 个腱支，经跖部分别止于第 2～5 趾的远趾节骨。

（2）趾外侧伸肌　趾外侧伸肌被腓骨长肌和趾深屈肌所覆盖。起于腓骨上部，其腱与趾长伸肌的第 5 趾腱合并，止于第 5 趾。

4. 趾关节的屈肌

趾关节的屈肌包括趾浅屈肌和趾深屈肌。

（1）趾浅屈肌　趾浅屈肌起于股骨远端后面，肌腹被腓肠肌所覆盖，在小腿中部变为腱，由跟腱内侧转至跟结节顶端，然后沿跖部下行分为 4 支，分别止于第 2～5 趾的中趾节骨。

（2）趾深屈肌　趾深屈肌只有两个头，即拇长屈肌和趾长屈肌（胫骨后肌分离为一条单独的小肌）。起于胫骨外侧及腓骨后面，在跗骨变成腱，到跖部二腱合并，然后分为 4 支，分别止于第 2～5 趾的远趾节骨。除此之外，后肢肌还有骨间中肌、趾短伸肌等。

六、头部肌

头部肌包括咀嚼肌、面肌及舌骨肌。

（一）咀嚼肌

咀嚼肌是使下颌运动的强大肌肉，均起于颅骨，止于下颌骨，可分为闭口肌和开口肌。闭口肌很发达，且富有腱质，位于颞下颌关节的前方，包括咬肌、翼肌和颞肌。开口肌只有二腹肌。

1. 咬肌

咬肌厚而隆凸，起于颧弓，止于下颌骨的腹侧缘，依其肌纤维方向分为3层：浅层纤维向后下方；中层纤维垂直；深层纤维则伸向前下方（图2-36）。

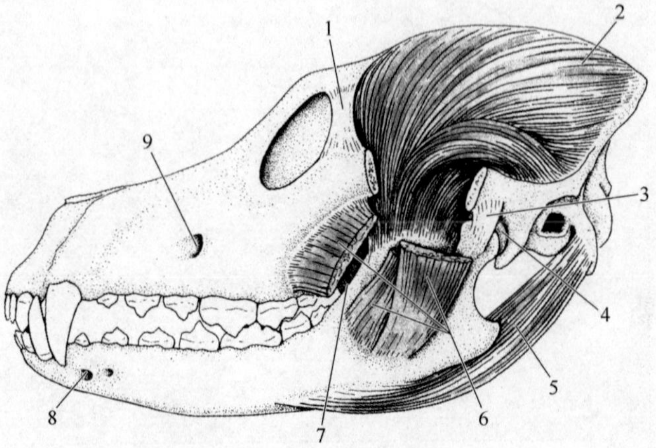

图2-36 犬的下颌肌肉

1—眶韧带 2—颞肌 3—下颌关节外侧韧带 4—下颌关节盘
5—二腹肌 6—咬肌 7—翼内侧肌 8—颏孔 9—眶下孔

2. 翼肌

翼肌位于下颌支的内侧面，富有腱质。可分为翼内侧肌和翼外侧肌，但二者界线不十分清楚。起于翼骨、蝶骨翼突和腭骨水平部，止于下颌骨的内侧面及下颌髁的前内侧。

3. 颞肌

颞肌位于颞窝内，富有腱质。起于颞窝的粗糙面，止于下颌骨的冠状突。

（二）面肌

面肌是位于口腔、鼻孔和眼裂周围的肌肉，可分为开张自然孔的张肌和关闭自然孔的环行肌。开张肌主要包括鼻唇提肌、上唇固有提肌、颧肌、犬齿肌等。环行肌亦称括约肌，位于自然孔周围，可关闭自然孔，主要包括颊肌、口轮匝肌、眼轮匝肌等。

（三）舌骨肌

舌骨肌是附着于舌骨的肌肉，由许多小肌组成，主要通过舌的运动参与吞咽动作，其中下颌舌骨肌和茎舌骨肌最为重要。

1. 下颌舌骨肌

下颌舌骨肌较厚，位于下颌间隙皮下，左右二肌在下颌间隙正中纤维缝处相结合，形成一个悬吊器官以托舌，并构成口腔底的肌层。起于下颌支的内侧面，止于舌骨和正中纤维缝。其作用是吞咽时提举口腔底、舌和舌骨。

2. 茎舌骨肌

茎舌骨肌呈细长的扁梭形，位于茎舌骨后方，二腹肌的后内侧。起于茎舌骨，止于基舌骨的外侧端。可向后方牵引舌根和喉。

任务四 | 犬全身主要骨骼和肌肉的识别

一、犬全身主要骨骼的识别

（一）目的要求

掌握犬全身骨的组成和各骨的形态结构特征，掌握全身各部主要关节的结构特征。

（二）设备材料

犬全身整体骨骼标本、单块骨标本和模型。犬全身肌肉标本、前肢肌肉标本和后肢肌肉标本和模型。

（三）方法步骤

1. 头部骨骼

将头骨标本从颞下颌关节处分为两部分，分别观察颅骨和面骨，观察鼻旁窦的位置，掌握各骨主要结构特征。观察颞下颌关节的组成及运动形式。

2. 躯干骨骼

观察各段椎骨的构造特点，观察肋和胸骨的形态结构特征，掌握各段椎骨的数目特征。观察前后椎骨之间关节突的连结、椎体的连结、突起之间的连结、肋骨与椎骨之间的连结和肋与胸骨之间的连结，注意脊柱、胸廓和肋弓的结构特征。

3. 前肢骨骼

观察各骨的形态位置特征，熟练掌握自上而下的顺序。观察肩胛骨、臂骨、前臂部、腕骨、掌骨、指骨和籽骨的主要形态结构特征。观察肩关节、肘关节、腕关节和指关节的结构。

4. 后肢骨骼

观察后肢各骨的形态位置特征，熟练掌握自上而下的顺序。观察髋骨、股骨、小腿骨、跗骨、跖骨、趾骨和籽骨的主要形态结构特征。观察荐髂关节、膝关节（籽骨）、跗关节和趾关节的结构。

（四）技能考核

（1）在犬的全身骨骼标本上指出各部骨的组成和各骨上的主要结构。

（2）在犬的全身骨骼标本上指出各部关节的名称，说出其主要运动特征。

（3）在犬的全身骨骼标本上说明脊柱、胸廓和骨盆腔的结构特征。

二、犬全身主要肌肉的识别

（一）目的要求

（1）掌握头颈部主要肌肉的形态位置。

（2）掌握胸壁肌和腹壁肌的层次和肌纤维方向。

（3）掌握四肢肌的分布和作用。

（二）设备材料

犬的整体或四肢肌肉标本、模型或尸体材料。

（三）方法步骤

1. 头部肌

观察鼻唇提肌、犬齿肌、颊肌、口轮匝肌和眼轮匝肌、咬肌和二腹肌。

2. 躯干肌

观察背腰最长肌、髂肋肌、夹肌、胸头肌、胸骨甲状舌骨肌和肩胛舌肌骨的形态位置。观察肋间外肌、肋间内肌和膈肌的形态、位置和结构。观察腹外斜肌、腹内斜肌、腹直肌、腹横肌及腹股沟管的结构。

3. 前肢肌

观察斜方肌、菱形肌、背阔肌、臂头肌、肩胛横突肌、胸肌和腹侧锯肌的形态位置。观察冈上肌、冈下肌、三角肌、肩胛下肌、大圆肌和喙臂肌。观察前臂筋膜张肌、臂三头肌、臂二头肌和臂肌。观察腕桡侧伸肌、腕斜伸肌、指总伸肌、指内伸侧肌、指外侧伸肌、腕外侧屈肌、腕尺屈侧肌、腕桡侧屈肌、指浅屈肌和指深屈肌。

4. 后肢肌

观察臀肌、髂腰肌、股四头肌、阔筋膜张肌、缝匠肌、股薄肌、内收肌、半膜肌、半腱肌、臀股二头肌、第三腓骨肌、趾长伸肌、趾外侧伸肌、胫骨前肌、腓肠肌、趾浅屈肌和趾深屈肌的形态位置。

5. 全身肌沟

观察四肢主要肌沟的构成。

（四）技能考核

（1）在犬的全身肌肉标本或模型上指出各部分的主要肌肉，说出其主要作用。

（2）在犬的全身肌肉标本或模型上指出四肢各主要肌沟，大体上说出其临床意义。

项目三 被皮系统

［知识目标］

1. 掌握皮肤的结构与功能。
2. 掌握毛、爪、枕的形态结构。
3. 掌握皮肤腺的形态结构。

［认知与解读］

被皮系统包括皮肤和皮肤的衍生物。肉食动物皮肤的衍生物主要有毛、爪、枕和皮肤腺。皮肤覆盖于动物体表，直接与外界接触，有防止水分散发、保护体内组织、防止异物与环境因素对机体造成损伤的作用，是重要的保护器官。在皮肤中还含有感受器、毛、皮脂腺和汗腺等，因此，皮肤又具有感觉、调节体温、分泌、排泄废物以及贮藏营养物质的作用。某些皮肤角化的特殊器官，如角等，可以作为防御的武器。此外，皮肤还具有吸收功能。掌握被皮系统的主要结构有利于提高宠物养护与疾病诊疗技术水平的提高。

任务一 | 皮肤

皮肤被覆于身体的表面，与天然孔内的膜相连续，皮肤的厚薄由于动物种类、品种、年龄、性别和身体不同的部位而异。老龄宠物皮肤厚，幼龄的薄；雄性的厚，雌性的薄；同一机体，四肢外侧部的较厚，腹部和四肢内侧部的较薄。皮肤虽然厚薄不同，但结构相似，均由表皮、真皮和皮下组织构成（图 3－1）。

一、表皮

表皮位于皮肤的最表层，由角化的复层扁平上皮构成，表皮内无血管和淋

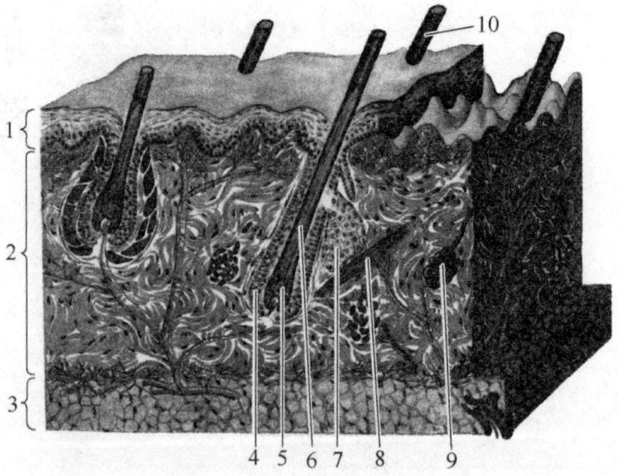

图 3－1　皮肤构造模式图

1—表皮　2—真皮　3—皮下组织　4—毛囊　5—毛球
6—毛根　7—皮脂腺　8—竖毛肌　9—汗腺　10—毛干

巴管，但有丰富的神经末梢。表皮需要的营养物质，从真皮摄取。表皮的厚薄因部位不同而异，凡长期受摩擦和压力的部位，表皮较厚，角化程度也较显著。

二、真皮

真皮位于表皮的深层，由致密结缔组织构成，坚韧而富有弹性，是皮肤最厚的一层，临床上的皮内注射就是将药液注射到真皮内。真皮构成表皮坚实的支架，皮革就是由真皮鞣制而成的。

三、皮下组织

皮下组织位于皮肤的最深层，由疏松结缔组织构成，皮肤借皮下组织与深部肌肉或骨膜相连，使皮肤具有一定的活动性。皮下组织毛细血管丰富，具有一定的吸收能力，皮下注射就是将药物注入皮下组织内。营养良好的动物，皮下组织内含有大量的脂肪细胞，形成脂肪组织。脂肪是热的不良导体，既可作为能量的储存库，又有绝热、保温作用，还有缓冲外界压力的作用。皮下组织的多少，各部位很不相同，有的发达，有的很少，甚至没有。皮下组织发达的地方，皮肤具有较大的活动性，特别是某些猛犬的颈部，皮肤松弛成褶，具有很好的保护作用。在骨突起表面的皮肤，皮下组织有时出现空隙，形成皮下黏液囊，内有少量黏液，可减少该部皮肤活动时的摩擦。有的部分皮下组织变成富有弹力纤维和脂肪的组织，构成一定形状的弹力结构，如指（趾）枕。在皮肤和深层组织紧密相连的地方，如唇、鼻等处，皮下组织很少，甚至没有。

任务二 | 皮肤的衍生物

一、毛

（一）毛的形态和分布

毛由表皮生发层演化而来，是一种坚韧而有弹性的角质丝状结构，覆盖于皮肤表面，有良好的保温作用。家畜的被毛遍布全身，并有粗毛与细毛之分。犬的口唇附近的一些毛在根部富有神经末梢，称触毛，对于感知食物和影响猎物的视觉很重要。毛在体表面成一定方向排列，称毛流。在机体的不同部位，毛流排列的形式也不相同。

（二）毛的结构

毛是表皮的衍生物，由角化的上皮细胞构成，分毛干和毛根两部分。露在皮肤外面的称毛干，埋在真皮和皮下组织内的称毛根，毛根外面包有上皮组织和结缔组织构成的毛囊（图3－2）。毛根的末端与毛囊紧密相连，并膨大形成毛球。毛球底部凹陷，并有结缔组织伸入，称毛乳头。毛乳头内富有血管和神经，毛可通过毛乳头而获得营养。临床上应用除毛剂因溶解的主要是毛干，基本不伤及毛根，特别是毛球和毛乳头，所以还可长出毛干。

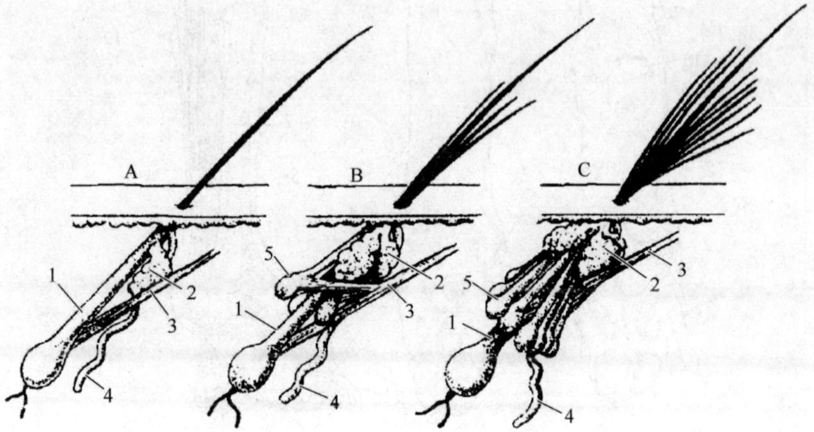

图3－2 犬毛囊的生后发育

A—刚出生的毛囊 B—数月后的毛囊 C—成年犬的毛囊

1—主毛囊 2—皮脂腺 3—竖毛肌 4—汗腺的导管 5—次级毛囊

（三）换毛

毛有一定寿命，生长到一定时期就会衰老脱落，被新毛所代替，这个过程称为换毛。换毛的方式有持续性换毛和季节性换毛。持续性换毛不受时间和季节的限制；季节性换毛一般每年春秋两季各进行一次。犬类既有持续性换毛，又有季节性换毛，因而是一种混合方式的换毛。不论什么类型的换毛，其过程和毛的形态变化都是相同的。当毛长到一定时期，毛乳头的血管萎缩，血流停止，毛球的细胞停止增生，并逐渐角化和萎缩，最后与毛乳头分离，毛根逐渐脱离毛囊向皮肤表面移动。由于紧靠乳头周围的细胞增殖形成新毛，最后旧毛被新毛推出而脱落。

二、枕

掌（跖）枕行动物的脚上有皮肤垫，称为枕（图 3 －3）。按其所在部位的不同，分为腕（跗）枕、掌（跖）枕和指（趾）枕，分别位于腕（跗）、掌（跖）和指（趾）的内侧面、后面和底面。指（趾）枕由表皮、真皮和皮下组织构成。表皮厚而柔软，含有腺体。枕真皮有发达的乳头和丰富的血管和神经，而枕表皮角化、柔韧而有弹性。枕皮下组织发达，由胶原纤维、弹性纤维和脂肪组织组成，具有很好的减震作用，便于捕猎时进行偷袭。

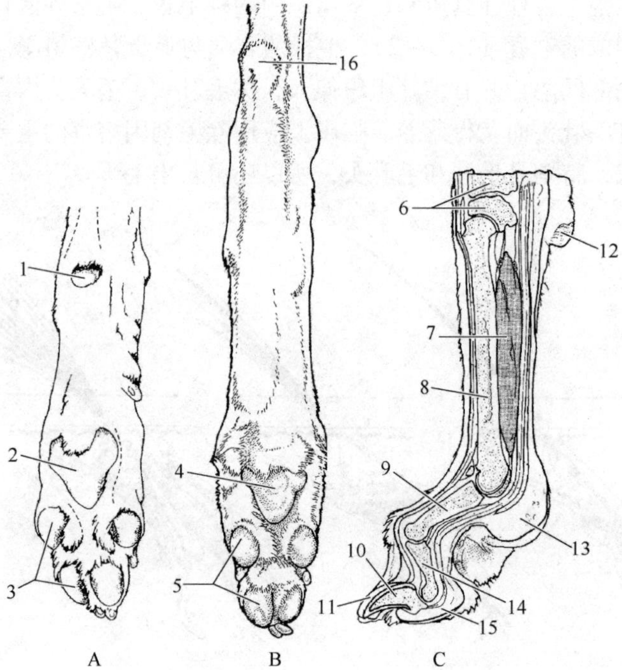

图 3 －3　犬的枕和爪

A—前脚掌侧　B—后脚跖侧　C—第 3 掌指纵切

1、12—腕枕　2、13—掌枕　3、15—指枕　4—跖枕　5—趾枕　6—腕骨

7—骨间中肌　8—掌骨　9—近指节骨　10—远指节骨　11—爪

14—中指节骨　16—跟结节

枕为皮肤加厚而无毛的部分，含有大量的神经末梢，感觉敏锐。

三、爪

犬科动物的爪是皮肤高度角化的衍生物，分为爪轴、爪冠、爪壁和爪底，都是由表皮、真皮和皮下组织构成。爪紧密附着在爪形的远指节骨外面，共同形成有力的进攻和防御武器，用以争斗和挖掘等。

四、皮肤腺

皮肤腺位于真皮内，根据其分泌物的不同，可分为汗腺、皮脂腺、乳腺和特殊皮肤腺。

（一）汗腺

汗腺位于皮肤的真皮和皮下组织内。排泄管开口于皮肤表面（无毛皮肤）或毛囊。犬的汗腺不发达，特别是被毛密集的部位，汗腺更少。

（二）皮脂腺

犬类的皮肤除少数部位，如爪、乳头及鼻镜的皮肤没有皮脂腺外，全身均有皮脂腺分布。

皮脂腺分泌皮脂，有滋润皮肤和被毛的作用，使皮肤和被毛保持柔韧，防止干燥和水分的渗入。

（三）乳腺

1. 乳腺的形态位置

乳腺属复管泡状腺，是哺乳动物在结构上的特征之一。雌性动物的乳腺在动物繁殖过程中具有哺乳幼仔的功能。乳腺虽雌雄都有，但只有雌性动物才能发育并具有泌乳的能力。

犬的乳房位于胸、腹部腹侧皮下，其两条链状乳腺从胸前方向后延伸至外阴部。犬正常每侧有 5 个乳腺，也有 4 ~ 6 个不等。根据部位不同，犬乳腺从前向后 1 ~ 5 个分别称胸前（第 1）、胸后（第 2）、腹前（第 3）、腹后（第 4）及腹股沟（第 5）乳腺，其中胸前乳腺常不明显。胸部乳腺与胸肌连接紧密，腹部与腹股沟部乳腺则连接疏松而悬垂，尤其在发情期或泌乳期更明显。腺体组织位于皮肤与皮肌、乳腺悬韧带之间（图 3 – 4）。

2. 乳房的组织结构

乳房由皮肤、筋膜和实质构成。皮肤薄而柔软，长有稀疏的细毛。乳腺实质分成很多腺小叶，小叶由腺泡和导管构成。腺泡呈管状，其上皮为单层立方上皮。腺泡分泌乳汁，经输出管道排出。

3. 乳房的血管和淋巴管道

第 1 和第 2 乳腺动脉血供给来自胸内动脉的胸骨分支和肋间及胸外动脉的分支，第 3 乳腺主要由腹壁前浅动脉（来自腹壁前动脉）和胸内动脉分支，

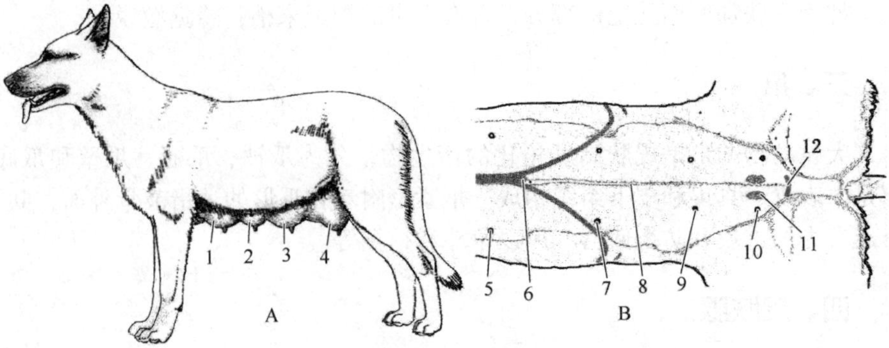

图3-4　犬的乳房

A—站位左侧　B—背位腹侧

1—胸后乳房　2—腹前乳房　3—腹后乳房　4—腹股沟乳房　5—胸后乳头　6—剑突　7—腹前乳头　8—脐　9—腹后乳头　10—腹股沟乳头　11—腹股沟浅淋巴结　12—耻骨前缘

后者与腹壁后浅动脉分支（由阴部外动脉分出）相吻合而终止，并供给第4、第5乳腺动脉血。不过，前腹壁深动脉穿支、部分腹外侧壁动脉、阴唇动脉及旋髂深动脉等也参与腹部和腹股沟乳腺的血液循环。静脉一般伴随同名动脉而行。第1、第2乳腺静脉血回流主要进入腹壁前浅静脉和胸内静脉，第3、第4及第5乳腺静脉主要汇入腹壁后浅静脉。小的静脉有时越过腹中线至对侧乳腺。

腋淋巴结位于胸肌下，接受第1、第2乳腺淋巴的回流。腹股沟浅淋巴结位于腹股沟外环附近，接受第4、第5乳腺淋巴的回流。第3乳腺淋巴最常引流入腋淋巴结，但在犬也可向后引流。不过，如仅有4对乳腺时，第2与第3乳腺间无淋巴联系。

（四）特殊皮肤腺

犬类的皮肤腺，除汗腺、皮脂腺和乳腺外，在被皮内还有一些变型的腺体。犬类的特殊皮肤腺主要是肛周腺和肛旁窦腺。

肛周腺属于特殊汗腺，局限于肛门周围的皮肤内，为特殊的汗腺，可分泌唤起异性注意的分泌物。

肛旁窦是开口于肛门周缘的皮肤性囊状陷凹，其腺组织称为肛旁窦腺，可分泌特殊恶臭的分泌物，犬的肛旁窦常发生炎症性分泌物蓄积（图3-5）。

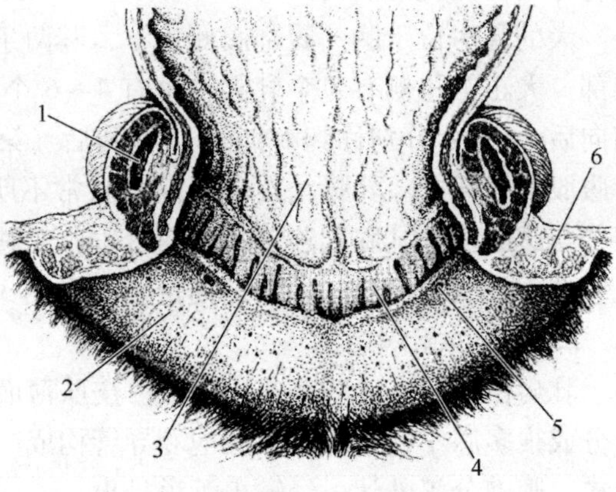

图3-5　犬的肛旁窦

1—肛旁腺　2—肛周腺开口　3—黏膜区　4—肛周腺中间区　5—肛旁腺开口　6—肛门括约肌

项目四 消化系统

[知识目标]

1. 掌握体腔和浆膜腔的主要结构。
2. 掌握管状器官和实质器官的基本结构。
3. 掌握犬的消化器官的解剖结构。
4. 掌握主要消化器官的组织结构。

[认知与解读]

消化、呼吸、泌尿和生殖四个系统的大部分器官都在体腔之中，并经一或两个开口，与外界直接或间接相通，主要完成消化、吸收、代谢和繁殖类的生命活动，合称内脏。消化器官的正常结构与功能既是宠物养护与疾病诊疗防控质量提升的基础，也是营养代谢病和繁殖功能障碍性疾病的诊疗基础。对内脏器官的学习，既是对体壁学习的延伸，也为循环、神经和内分泌等内容的学习奠定基础。

任务一 | 体腔和内脏

机体的体腔主要是胸腔、腹腔和骨盆腔，胸腔内有胸膜，腹腔和一部分骨盆腔内有腹膜。构成内脏的器官分为管状器官和实质器官两种。

一、胸腔、胸膜和纵隔

（一）胸腔

胸腔位于体腔的前部，借膈肌与腹腔分开，是以胸廓为框架并附着胸壁肌而构成的。胸腔呈平卧的截顶圆锥形，肉食兽的胸腔似圆筒状。顶壁是胸椎，两侧壁是肋和肋间肌，底壁是胸骨，后壁是膈肌。前口呈竖长的卵圆形，由第一胸椎、第一对肋以及胸骨柄围成。后口呈倾斜的卵圆形，较大，由最后胸椎、最后一对肋骨、肋弓以及胸骨的剑状软骨围成。胸腔内有心、肺、气管、食管、大血管和淋巴管等（图 4－1）。

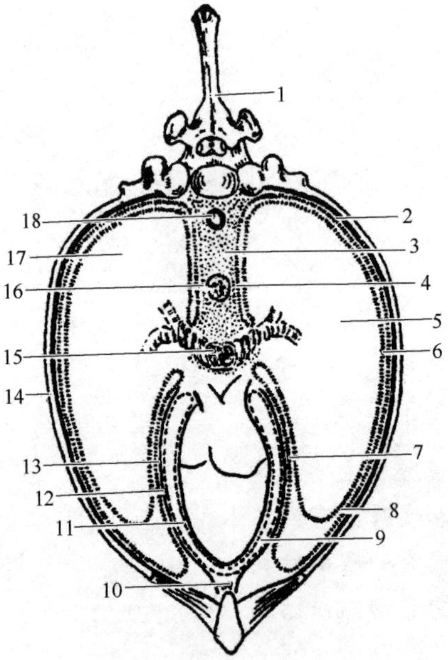

图 4－1　胸腔横断面模式图

1—胸椎　2—肋胸膜　3—纵隔　4—纵隔胸膜　5—左肺
6—肺胸膜　7—心包胸膜　8—胸膜腔　9—心包腔
10—胸骨心包韧带　11—心包浆膜脏层　12—心包浆膜壁层
13—心包纤维层　14—肋骨　15—气管　16—食管
17—右肺　18—主动脉

（二）胸膜

胸膜是胸腔内一层光滑的浆膜，分为壁层和脏层。覆盖在肺表面的称为胸膜脏层，又称肺胸膜；衬贴于胸腔内表面和纵隔表面的称为胸膜壁层，胸膜的壁层按所在部位可分为肋胸膜、膈胸膜和纵隔胸膜。胸膜腔是胸膜的壁层和脏层之间的腔，左、右各一个，互不相通，内有少量浆液（胸腔液），有润滑胸膜、减少肺胸膜和壁层胸膜之间摩擦的作用。

（三）纵隔

纵隔是两侧的纵隔胸膜及其之间器官和结缔组织的总称。纵隔内有心脏、心包、食管、气管、大血管、神经、胸导管和纵隔淋巴结等，它们彼此借结缔组织相连，将胸腔分成左、右两个互不相通的腔。

二、腹腔与腹膜

（一）腹腔

腹腔是体内最大的体腔，其前壁为膈，后端与骨盆腔相通，顶壁是腰椎、腰肌和膈脚，两侧壁和底壁是腹肌及其腱膜。腹腔内容纳大部分消化器官、部分泌尿生殖器官和大血管等。

为了准确地表述腹腔各器官的位置，通常以几个假想的平面将腹腔划分为 10 个部分（图 4－2）。具体划分方法如下。

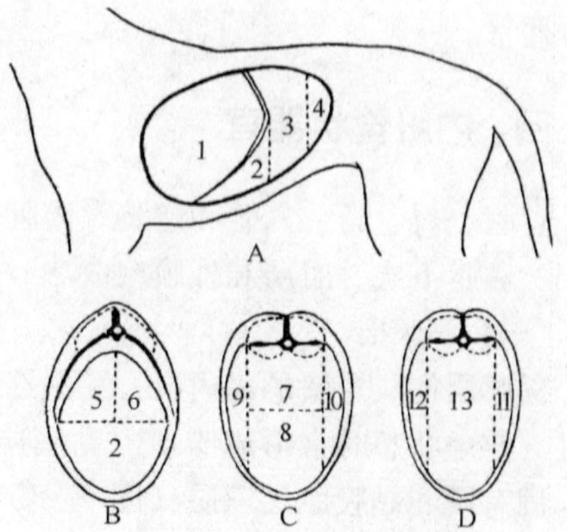

图 4－2　腹腔划分示意图

A—左侧面　B—腹前部横断面

C—腹中部横断面　D—腹后部横断面

1—季肋部　2—剑状软骨部　3—腹中部　4—腹后部

5—左季肋部　6—右季肋部　7—腰部　8—脐部

9—左髂部　10—右髂部　11—右腹股沟部

12—左腹股沟部　13—耻骨部

通过最后肋骨的后缘和髋结节前缘各做一个横断面，将腹腔首先划分为腹前部、腹中部和腹后部。

腹前部又分三部分：肋弓以下为剑状软骨部；肋弓以上、正中矢状面两侧为左、右季肋部。

腹中部又分为四部分：沿两侧腰椎横突顶端各做一个侧矢面，将腹中部分为左、右髂部和中间部；在中间部沿肋弓的中点向后延伸做额面，使中间部分为背侧的腰部和腹侧的脐部。

腹后部又分为三部分：把腹中部的两个侧矢面平行后移，使腹后部分为左、右腹股沟部和中间的耻骨部。

（二）腹膜

腹腔和骨盆腔内的浆膜称为腹膜。贴于腹腔和骨盆腔壁内表面的部分为腹膜壁层；壁层从腔壁折转而覆盖于内脏器官外表面的为腹膜脏层。壁层与脏层之间的腔隙称腹膜腔。腔内的液体为腹腔液（浆液），具有润滑作用，可减少脏器间的摩擦。

腹膜从腹腔、骨盆腔内壁移行到脏器，或从某一脏器移行到另一脏器，这些移行部的腹膜形成许多皱褶。连于腹腔顶壁与肠管之间宽而长的腹膜褶称为系膜；连于胃和其他脏器之间的网状腹膜褶称为网膜，分为大网膜和小网膜；连于腹腔、骨盆腔与脏器或脏器与脏器之间短而窄的腹膜褶称为韧带，如回盲韧带和肝韧带等。系膜和网膜主要由双层腹膜构成，韧带的双层腹膜之间有比较致密的结缔组织。系膜和网膜内有结缔组织、脂肪及分布到脏器的血管、神经等，系膜中还有淋巴结。

三、骨盆腔

骨盆腔是腹腔向后的延续，由骨盆和软组织构成。其顶壁为荐骨和前几个尾椎，两侧壁为髂骨和荐结节阔韧带（荐坐韧带），底壁为耻骨和坐骨。骨盆腔前口由荐骨岬、髂骨及耻骨前缘围成；骨盆腔后口由尾椎、荐结节阔韧带后缘及坐骨弓围成。骨盆腔内自上而下主要有消化、生殖和泌尿三个系统后部的部分器官。

四、内脏管状器官

食管、胃、肠、气管和膀胱等内脏管状器官的管壁由内向外一般顺次由黏膜层、黏膜下层、肌层和外膜构成。

（一）黏膜层

黏膜层构成管壁的最内层，呈淡红色或鲜红色，柔软而湿润，有一定的伸展性，空虚状态时常形成皱褶。黏膜层有保护、分泌和吸收等作用，又分上皮、固有膜和黏膜肌层三层（图 4-3）。

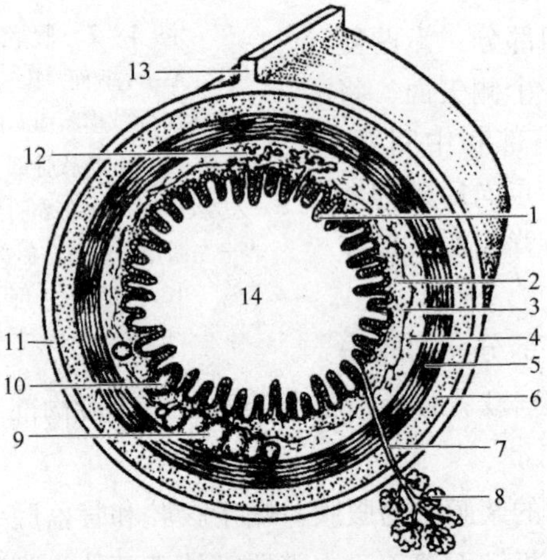

图 4-3　内脏管状器官的基本结构

1—上皮　2—固有膜　3—黏膜肌层　4—黏膜下层　5—环行肌
6—纵行肌　7—腺管　8—壁外腺　9—淋巴集结　10—淋巴孤结
11—浆膜　12—十二指肠腺　13—肠系膜　14—肠腔

1. 上皮

不同部位黏膜上皮由不同的上皮组织构成，分布在最表层，完成各个部位的不同功能，如保护、吸收或分泌等。

2. 固有膜

固有膜又名固有层，由结缔组织构成，内含有血管、淋巴结和神经。具有支持和固定上皮的作用。在有些管状器官的固有膜内，还有淋巴组织和腺体等。

3. 黏膜肌层

黏膜肌层由薄层平滑肌构成，位于固有膜和黏膜下组织之间。其收缩活动可促进黏膜的血液循环、上皮的吸收和腺体分泌物的排出。

黏膜内除有由杯状细胞构成的单细胞腺外，还有各种壁内腺，深入固有膜和黏膜下组织。有的腺体非常发达，延伸出壁外，形成壁外腺，如肝脏等。

（二）黏膜下层

黏膜下层位于黏膜之下，由疏松结缔组织构成，有连接黏膜和肌层的作用，在富有伸展性的器官如胃、膀胱等处特别发达。此层含有较大的血管、淋巴管和神经丛。有些器官的黏膜下组织内含有腺体，如食管腺和十二指肠腺。

（三）肌层

肌层主要由平滑肌构成，可分为内环层和外纵层，在两层之间有少许结缔组织和神经丛。当环行肌收缩时，可使管腔缩小；当纵行肌收缩时，可使管道缩短而管腔变大；两层肌纤维交替收缩时，可使内容物按一定的方向移动。在管状器官的入口和出口处，环层肌增厚形成括约肌，起开闭作用。

（四）外膜

外膜为管壁的最外层，由富含弹力纤维的疏松结缔组织构成，在体腔外的管状器官，如颈部食管和直肠的末端，其外膜表面覆盖一层间皮，称为外膜；而位于体腔内的管状器官由于外膜表面覆盖一层间皮细胞，故称为浆膜，浆膜能分泌浆液，有润滑作用，可减少器官运动时的摩擦。

五、内脏实质器官

实质器官没有特定的腔体，是一团柔软组织，由实质和被膜组成。实质主要由腺上皮构成，是实现器官功能的主要部分。被膜由结缔组织构成，被覆于器官的表面，并向实质伸入将器官分隔成若干小叶。分布于实质的结缔组织称为间质，起联系和支架作用。许多实质性器官是由上皮组织构成的腺体，具有分泌功能，其导管开口于管状器官的管腔内。凡血管、神经、淋巴管、导管等出入实质器官之处，常为一凹陷，特称此处为该器官的门，如肾门、肝门、肺门等。

任务二 | 消化器官的解剖结构

消化系统由消化管和消化腺两部分组成。消化管是食物通过的管道，包括口腔、咽、食管、胃、小肠、大肠和肛门（图4－4）。消化腺是分泌消化液的腺体，包括壁内腺和壁外腺。胃腺和肠腺等是壁内腺，肝和胰等是壁外腺。

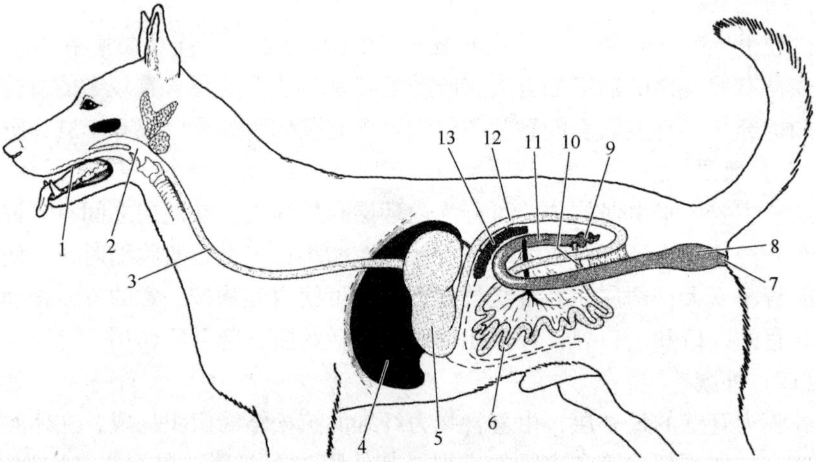

图4－4 犬消化系统的组成

1—口腔 2—咽 3—食管 4—肝 5—胃 6—空肠 7—肛门 8—直肠 9—盲肠 10—回肠 11—升结肠 12—十二指肠 13—胰

一、口腔

口腔由唇、颊、硬腭、软腭、口腔底、舌、齿、齿龈和唾液腺所组成，是消化管的起始部，具有采食、吸吮、咀嚼、味觉、泌涎和吞咽等功能。口腔的前壁是唇，侧壁是颊，顶壁是硬腭，后壁是软腭，底壁是口腔底和舌。口腔前由口裂与外界相通，后以咽峡与咽腔相通。唇、颊与齿弓之间的腔隙为口腔前庭，齿弓以内部分为固有口腔。口腔黏膜呈粉红色，常有色素沉着。黏膜上皮是复层扁平上皮。

犬的口腔形状和大小，与其头骨形状有密切关系。长头型的犬口腔长而狭窄，短头型的则短而宽。

（一）唇

唇分为上唇和下唇，其游离缘共同围成口裂，口裂两端汇成口角。唇以口轮匝肌为基础，内面衬有黏膜，外面被有皮肤。

犬的口裂很大，向后伸延到第三臼齿处。在上唇形成正中沟（上唇沟），将上唇分成左、右两半（图4－5）。下唇固着于犬齿之前的下颌骨上，其后部靠近口角处的边缘呈锯齿状，黏膜经常是黑色的，且在下唇缘具有钝形乳头。有些品种的犬上唇形成大皱褶而下垂，压迫下唇。口唇的基础由横纹肌（口轮匝肌和终止于口唇的面部肌肉）构成。在黏膜深层，以口角处为中心，在黏膜下的肌纤维束间散在地分布有唇腺，犬的唇腺不很显著，腺管直接开口于唇黏膜表面。口唇富有神经末梢，较敏感。

犬唇薄而灵活，表面生有长的触毛，但在上唇沟周围无触毛。

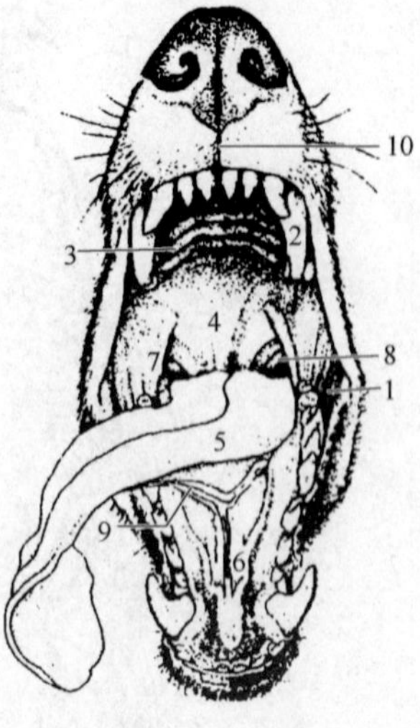

图4－5 犬的口腔

1—口腔前庭 2—犬齿 3—硬腭 4—软腭 5—舌 6—舌下阜 7—腭舌弓 8—腭扁桃体 9—舌系带 10—上唇沟

（二）颊

颊构成口腔的两侧壁，比较短，主要由颊肌构成，外覆皮肤，内衬黏膜。在黏膜上有许多尖端向后的角质化锥状乳头。在颧弓前端内侧及下颌骨外侧有颊腺，分别称为颊上腺和颊下腺，颊上腺的位置是特殊的，它局限在颧弓的内侧，并与眶骨膜相连，颊上腺呈圆形，并专门称为眶腺或颧骨腺。颊下腺通常由犬齿伸延到第3下臼齿水平处。颊腺的腺管直接开口于颊黏膜的表面。此外，在上颌第四臼齿相对处的颊黏膜上，还有腮腺管的开口。

（三）硬腭和软腭

构成固有口腔的顶壁，向后延续为软腭（图4－6）。硬腭的黏膜厚而坚实，覆以复层扁平上皮，高度角质化某些地方带有色素，浅层细胞高度角化；黏膜下层有丰富的静脉丛。黏膜的周缘与齿龈黏膜相移行。硬腭的正中有一条明显的腭缝，腭缝的两侧有许多条（犬为9～10条）横行的、平滑而呈弓状弯曲的腭褶。每个腭褶游离缘均有角质化的锯齿状乳头。在腭褶的前端，切齿的后方有一突起，称为切齿乳头，在切齿乳头两侧有切齿管的开口，管的另一端通鼻腔。腭腺多分布于切齿乳头附近和硬腭后部。

软腭构成口腔的后壁，以腭肌为基础，表面被覆黏膜，游离缘与舌根之间的空隙称咽峡。

（四）口腔底和舌

1. 口腔底

口腔底大部分被舌所占据，前部由下颌骨切齿部占据，表面覆有黏膜。此部的第1切齿后方有一对乳头，称为舌下肉阜。舌下肉阜为颌下腺管和长管舌下腺的开口部。在口腔底部，有颌舌骨肌，它起于下颌骨，而止于正中缝。该肌在吞咽开始阶段发挥重要作用。

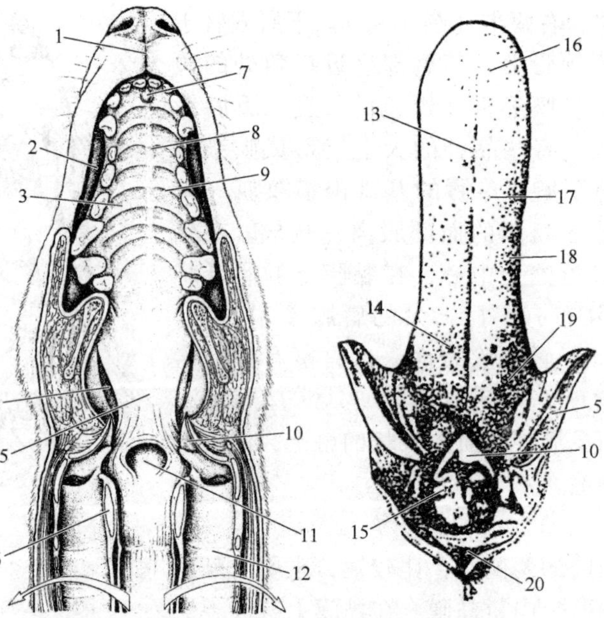

图4－6 犬的硬腭和舌背

A—口咽的额切面 B—舌的背面

1—人中 2—口腔前庭 3—硬腭 4—腭扁桃体 5—软腭 6—环状软骨 7—切齿乳头 8—腭缝 9—腭褶 10—会厌 11—咽内口 12—气管 13—舌正中沟 14—轮廓乳头 15—勺状软骨 16—舌尖 17—舌体 18—菌状乳头 19—舌根 20—食管

2. 舌

舌附着在舌骨上，占据固有口腔的大部分。舌分为舌尖、舌体和舌根。舌尖为前端的游离部分，其腹侧有明显的舌下静脉，常用作为静脉麻醉药的注射部位。舌尖向后延续为舌体，在舌尖与舌体交界处的腹侧，有黏膜褶与口腔底相连，称为舌系带。舌根是舌体后部附着于舌骨上的部分，其背侧的黏膜内含有淋巴组织，称舌扁桃体。

舌主要由舌肌及其表面的黏膜所构成。舌肌是横纹肌，可分舌内肌和舌外肌。舌黏膜被覆于舌的表面，其上皮为复层扁平上皮。舌背的黏膜较厚，角质化程度高，形成许多形态和大小不同的小突起，称为舌乳头。舌乳头可分为锥状乳头、豆状乳头、菌状乳头和轮廓乳头。后两种乳头的黏膜上皮中有许多卵圆形小体，称为味蕾，有味觉作用。

（五）齿

齿是体内最坚硬的器官，镶嵌于颌前骨和上、下颌骨的齿槽内，上、下颌骨齿槽均呈弓形排列，分别称为上齿弓和下齿弓，上齿弓较下齿弓宽。齿具有切断、撕裂磨碎食物及攻击作用。

1. 齿的种类和齿式

齿按形态、位置和功能可分为切齿、犬齿和臼齿三种。

（1）切齿　切齿位于齿弓前部，与口唇相对，齿尖锋利，犬的上、下切齿各为三对，紧密地嵌于切齿骨和下颌骨前部的切齿齿槽内，每侧由内向外分别称门齿（第一切齿）、中间齿（第二切齿）和隅齿（第三切齿）。切齿自第一至第三逐渐增大，下切齿比上切齿小。恒切齿呈角柱状。

（2）犬齿　犬齿尖而锐，特别发达，呈弯曲的侧扁状，位于齿槽间隙处，上犬齿比下犬齿大。

（3）臼齿　臼齿位于齿弓的后部，嵌于臼齿齿槽内，与颊相对，故又称颊齿。臼齿又分为前臼齿和后臼齿。犬的上、下颌各有前臼齿四对，后臼齿在上颌有两对，在下颌有三对，臼齿的大小也有很大差别，其中以上臼齿的第4齿和下臼齿的第1齿最大，其前后各齿均逐渐变小。

根据上、下颌齿弓各种齿的数目，可写成下列齿式，即：

$$2\left(\frac{\text{切齿（I）}\quad\text{犬齿（C）}\quad\text{前臼齿（P）}\quad\text{后臼齿（M）}}{\text{切齿}\quad\text{犬齿}\quad\text{前臼齿}\quad\text{后臼齿}}\right)$$

成年犬的恒齿式　$2\left(\frac{3\quad1\quad4\quad2}{3\quad1\quad4\quad3}\right)=42$

犬的臼齿数目也因品种而异，一般的齿式为6/7，但短头型犬的臼齿常为5/7。

齿在动物出生后齿自前向后逐个长出，除后臼齿外，其余齿到一定年龄时按一定顺序更换一次。更换前的齿为乳齿，更换后的齿为永久齿或恒齿。乳齿一般较小，颜色较白，磨损较快。仔犬生后十几天即生出乳齿，两个月以后开始由门齿、犬齿、臼齿逐渐换为恒齿，8～10个月齿换齐，但犬齿需要1岁半以后才能生长坚实。犬的乳齿式如下：

犬的乳齿式　$2\left(\frac{3\quad1\quad3\quad0}{3\quad1\quad3\quad0}\right)=28$

2. 齿的构造

齿在形态上一般可分为齿冠、齿颈和齿根三部分（图4－7）。齿冠为露在齿龈以外的部分，齿根为镶嵌在齿槽内的部分，齿颈为齿龈包盖的部分。

齿主要由齿质构成，在齿冠的外面覆有光滑而坚硬且呈乳白色的釉质，在齿根的齿质表面被有齿骨质。齿根的末端有孔通齿腔，腔内有富含血管、神经的齿髓。齿髓有生长齿质和营养齿组织的作用，发炎时能引起剧烈的疼痛。

动物的齿可分长冠齿和短冠齿。长冠齿的齿冠长而且一部分在齿槽内，可随磨面的磨损不断向外生长，所以齿颈不明显；齿骨质除分布于齿根外，还包在齿冠釉质的外面。短冠齿可明显地区分为齿冠、齿颈和齿根三部分，其齿冠短。

犬的齿全部为短冠齿，上颌第一、二门齿齿冠为三峰形，中部是大尖峰，两侧有小尖峰，其余门齿各有大小两个尖峰。齿的整体呈弯曲的圆锥形，尖端锋利，是进攻和自卫的有力武器。臼齿的顶端一般是多峰形，前臼齿也是比较典型的三峰形。

犬齿最长，通常是用来抓住或咬住东西的利器。

前臼齿较小，主要功能为磨碎食物；后臼齿则可以将食物切成小碎片而容易吞食。

在犬类档案不完整时，可根据齿的出换磨损状态，对其月龄或年龄进行大致的判断（表4－1）。把犬的年龄与人类的年龄相比较，有助于对犬年龄的深入理解。有研究结果表明：1个月的犬相当人类1岁；1岁的犬相当于人17岁；5岁的犬，相当于36岁的人；10岁的犬相当于人56岁；15岁的犬，相当于76岁的人；20岁的犬，则相当于96岁的老人了。

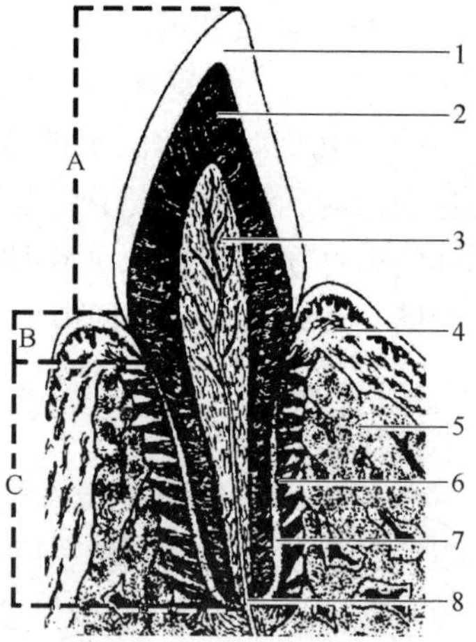

图4－7　齿的构造

A—齿冠　B—齿颈　C—齿根

1—釉质　2—齿质　3—齿髓　4—齿龈

5—齿槽　6—齿周膜　7—齿骨质

8—齿根尖孔

表4－1　　犬的齿龄

犬的年龄	犬齿的变化
1月龄	长出全部乳门牙、第三、第二前臼齿和犬齿
2月龄	长出全部乳牙
4月龄	门牙和第三前臼齿变成永久齿，长出第一臼齿
6月龄	犬齿、第一和第二前臼齿变成永久齿，长出第二和第三臼齿
1岁	全部换成永久齿，洁白光亮，切齿无磨损，有尖突
1~2岁	门齿有磨损，尖突消失
2~3岁	第二门齿有磨损，尖突消失
4~5岁	犬齿磨损，开始衰落
7岁	下颌门齿磨损成圆形
10岁	上颌门齿脱落
10~12岁	牙根全部磨损
16岁	切齿脱落
20岁	犬齿脱落

（六）唾液腺

唾液腺是指能分泌唾液的腺体，形成唾液的腺体分为较大的壁外腺和较小的壁内腺，后者主要包括唇腺、舌腺和颊腺。

犬的大唾液腺比较发达，包括腮腺、颌下腺、舌下腺和眶腺（图4－8）。

有人认为犬的唾液中不含有淀粉酶，但含有溶菌酶，能杀灭细菌，所以常见犬用舌舐伤口，有清洁消毒作用。由于犬缺乏汗腺，天热时可大量分泌唾液以散热。

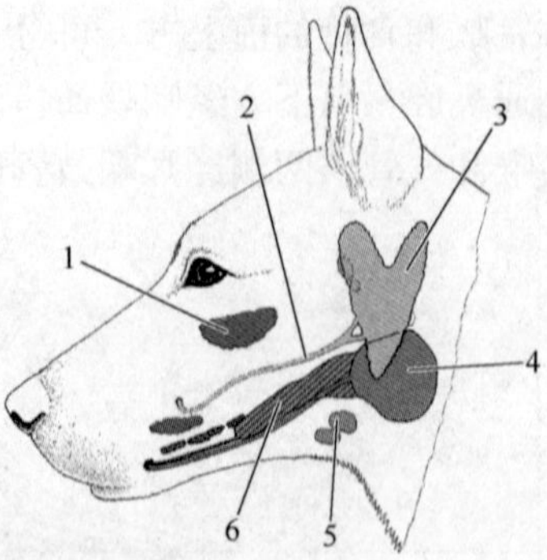

图 4－8　犬的唾液腺

1—眶腺　2—腮腺管　3—腮腺

4—颌下腺　5—下颌淋巴结

6—舌下腺

1. 腮腺

腮腺是比较小的混合腺，轮廓呈不正三角形，比较薄，位于咬肌、环椎翼和耳廓软骨之间，内侧为二腹肌、面神经等器官，腹侧为颌下腺，其前方与腮腺淋巴结和颞下颌关节相接，呈淡红褐色。背侧端宽广，由一深切迹分成两部，切迹内容纳耳基底部，腹侧端小，盖在颌下腺的外面。腮腺管自前缘的下部离开腺体，向前走，横过咬肌表面，开口于上颌第三前臼齿相对的颊黏膜上。此外沿腮腺管的经路上，常有一些小的副腮腺。

2. 颌下腺

颌下腺管开口于舌系带近旁的舌下肉阜。一般比腮腺大，呈椭圆形，黄白色，位于下颌角附近，颌外静脉与颈静脉的汇合角处，其前方邻接下颌淋巴结、舌下腺、咬肌和二腹肌，内侧为二腹肌、颈外动脉和咽后内侧淋巴结，后侧与颈部肌肉相接，周围有纤维囊包被。上部有腮腺覆盖，其余部分在浅面，可以用手触知。

3. 舌下腺

舌下腺呈粉红色，分长管舌下腺和短管舌下腺。长管舌下腺非常发达，并与颌下腺紧密相连；短管舌下腺位于舌的下面两侧，其分泌管一部分开口于口腔底，其余部分则进入长管舌下腺的大管内。

4. 眶腺

犬类除具有上述三对唾液腺之外，还有眶腺，也称颧骨腺（颧腺），是食肉动物特有的唾液腺。位于眼球腹侧（眼球后下方和蝶腭窝前部），颧骨的颧突深面，有 4 ~5 个腺管开口在最后颊齿（上臼齿）附近腮腺管开口的后方，颊黏膜上。临床上唾液腺黏液囊肿病有时可波及颧腺，发生颧腺黏液囊肿（眼球后黏液囊肿）或涎石病。

二、咽和食管

（一）咽

1. 咽的形态结构

咽为漏斗形肌性囊，是消化道和呼吸道的共同通道，位于口腔和鼻腔的后方，喉和食管的前上方，可分为鼻咽部、口咽部和喉咽部。咽的前上方经鼻后孔通鼻腔，前下方经咽峡通口腔，后上方经食管的开口通食管，后下方经喉门通喉和气管，两侧经耳咽鼓管通中耳（图4-9）。

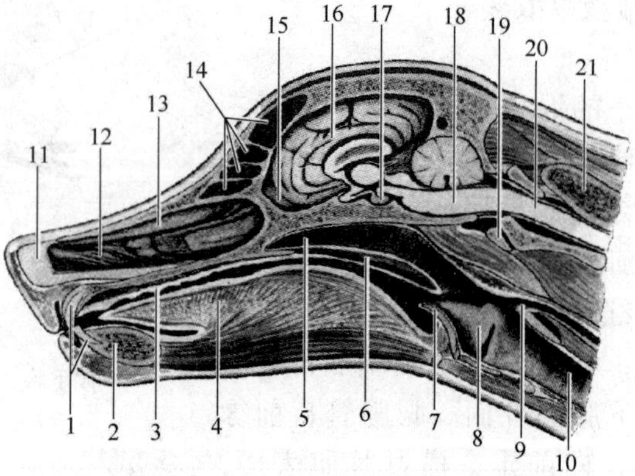

图4-9 犬头部正中矢状面

1—切齿 2—下颌骨 3—硬腭 4—舌 5—鼻后孔 6—软腭 7—会厌 8—喉 9—食管 10—气管 11—鼻中隔 12—下鼻甲 13—上鼻甲 14—额窦 15—嗅球 16—边缘叶 17—脑垂体 18— 延髓 19—环椎 20—脊髓 21—枢椎

口咽部也称咽峡，位于软腭和舌之间，前方由软腭、舌腭弓（由软腭到舌根两侧的黏膜褶）和舌根构成咽口，咽口与口腔相通，后方伸至会厌与喉咽部相通。其侧壁黏膜上有扁桃体窦，容纳腭扁桃体。

喉咽部为咽的后部，位于喉口背侧，较狭窄，上有食管口通食管，下有喉口通喉腔。

咽是消化管和呼吸道的交叉部分。吞咽时，软腭提起，会厌后翻，使鼻咽部和口咽部隔开，食物由口腔经咽入食管；呼吸时，软腭下垂，会厌前翻，空气经咽到喉或鼻腔。

犬的咽腔顶壁比较狭窄，食管的入口也较小，在交界处有一横行的黏膜褶。咽鼓管的咽腔口小，呈裂隙状。管的端部黏膜向外突出，称咽鼓管隆凸，食管的入口比较小，交界处有一个横行的黏膜褶。

2. 咽壁的构造

咽壁由黏膜、肌肉和外膜三层组成。咽黏膜衬于咽腔内面，分呼吸部和消化部两部分，在咽腭弓以上为呼吸部，与鼻腔黏膜延续；在咽腭弓以下为消化部，与口腔黏膜延续。咽黏膜内含有咽腺和淋巴组织。咽的肌肉为横纹肌，有缩小和开展咽腔的作用。外膜为颊筋膜的延续，为覆盖在咽肌外面的一层纤维膜。

（二）食管

食管是食物通过的管道，连接于咽和胃之间，按部位可分颈、胸、腹三段。颈段食管开始位于喉及气管的背侧，到颈中部逐渐移至气管的左侧，经胸前口进入胸腔；胸段位于纵隔内，又转至气管背侧继续向后伸延，然后穿过膈的食管裂孔进入腹腔；腹段很短，与胃的贲门相接。

犬的食管一般比较宽阔，仅在起始部一段缩细，称为食管峡。食管在颈前部位于气管背侧正中处，移行至颈的后部则转至气管的左侧。食管在胸腔内伴于气管左侧，经左侧颈长肌的腹面到达心脏的基部，由此又斜向内侧，经气管分支处的上方，沿主动脉的右侧，并经左右肺之间向后，穿过膈上的食管裂孔入腹腔而接胃的贲门。

三、胃和网膜

（一）胃

犬的胃是单室胃，位于腹腔内，在膈和肝的后方（图4－10）。是消化管膨大的部分，前端以贲门接食管（称贲门部），后端以幽门与十二指肠相通（称幽门部）。根据胃的弯曲，可分为凹面和凸面，凹面称胃小弯，凸面称胃大弯。胃大弯的突出部分为胃体，突出于贲门部背侧的部分为胃底。胃有暂时贮存食物、分泌胃液、进行初步消化和推送食物进入十二指肠等作用。

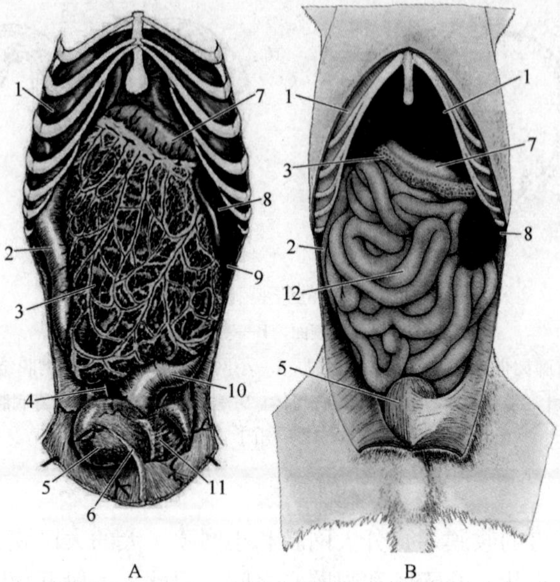

图4－10 犬胃和网膜的形态位置

A—切除膈肌保留网膜 B—切除网膜保留膈肌

1—肝 2—十二指肠 3—大网膜 4—输尿管 5—膀胱

6—膀胱正中韧带 7—胃 8—脾尾 9—左肾 10—结肠

11—膀胱阔韧带 12—空肠

犬的胃容积比较大，中等体型犬的胃其容量约有2.5L左右。胃在充满状态时，容积显著增大，呈不正的梨形。左侧贲门部（包括胃底和胃体）比较大，似圆形，向外呈强隆凸面。位于左季肋部，主要向腹侧及左侧凸出，达于左侧腹壁和腹侧腹壁，最高点可达第11、12肋骨椎骨端；向前接膈的左侧部，向后至经第2、3腰椎的横切面。贲门位于体正中矢状面的左侧，第11或第12胸椎的下方。胃的右侧（包括幽门部）容积较小，呈圆筒状。幽门位于体正中矢状面的右侧（右季肋部），幽门端略向前上方突出，位于第9肋骨或肋间隙的下部。当胃内充满食物时，可从腹腔底壁触摸胃大弯。胃小弯的前部近乎垂直，后部形成一个窄而深的角切迹（图4-11）。胃小弯的长度仅为胃大弯长度的1/4。胃在空虚或接近空虚状态时，其左侧显著缩小，胃大弯左侧向后伸展，幽门与胃体之间常出现一缩细部，而幽门部改变不大。犬的胃液中所含盐酸的浓度有0.4%~0.6%，在进食后3~4h内，开始将消化物推向肠管，经过5~10h，胃容物全部排空。胃通过胃底与膈和贲门与膈之间的胃膈韧带、胃小弯和肝脏之间小网膜以及胃大弯和脾脏之间大网膜与邻近器官连接，位置比较固定。前面为壁面，主要与肝脏相贴；后面为脏面与肠、左肾、胰腺和大网膜等相邻。

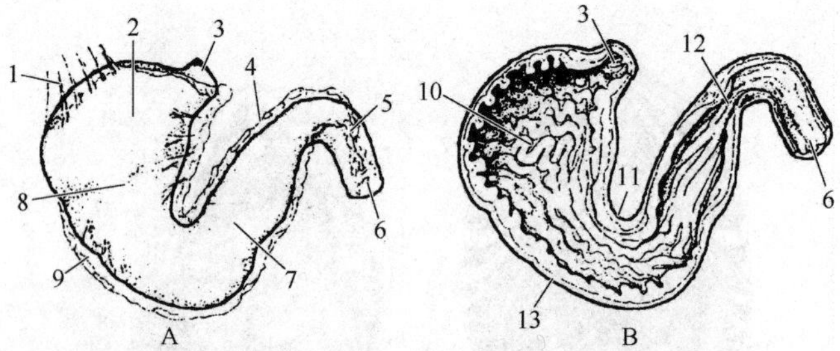

图4-11 犬胃的浆膜和黏膜表面形态

A—浆膜表面 B—黏膜表面

1—胃脾韧带 2—胃底 3—贲门 4—小网膜断端 5—大小网膜结合部 6—十二指肠 7—幽门部 8—胃体 9—大网膜断端 10—胃底腺区 11—角切迹 12—幽门 13—胃大弯

（二）网膜

网膜为连系胃的浆膜褶，分大网膜和小网膜。犬的大网膜很发达，由浅层和深层构成扁平囊状，介于肠和腹腔底之间。因此，一般开腹时，仅能看到肝脏、脾脏和部分膀胱。浅层起于胃大弯，沿腹底壁延伸至膀胱，然后向背侧旋转变成深层。深层起于食管裂孔至左膈肌脚之间，并向胰腺左叶的背侧延伸，右侧延伸至网膜孔。浅层和深层分别在胃大弯的左侧和十二指肠的周围接合。大网膜上含有大量的脂肪，肥胖的犬几乎连成一层。犬的小网膜连接胃小弯和肝脏之间，向右侧与十二指肠系膜相连。

四、肠和肛门

（一）肠

肠起自幽门，止于肛门，可分小肠和大肠两部分。小肠又分十二指肠、空肠和回肠，是食物进行消化和吸收的主要部位；大肠又分盲肠、结肠和直肠，其主要功能是消化纤维素、吸收水分、形成和排出粪便等。

肠管很长，在腹腔内盘转弯曲，借肠系膜悬挂于腹腔顶壁。肠管长度与食物的性质、数量等有关，肉食兽的肠管相对较短。

1. 小肠

犬的小肠为体长的 3 ~4 倍，管径较小。

（1）十二指肠　十二指肠是小肠的起始段，较粗而短。几乎没有细小的肠襻，所以比较直，但总体呈向后、向左、再向前的开口朝前的 U 形肠襻。可分为前部、降部、后曲、升部和十二指肠空肠曲（图 4 – 12）。

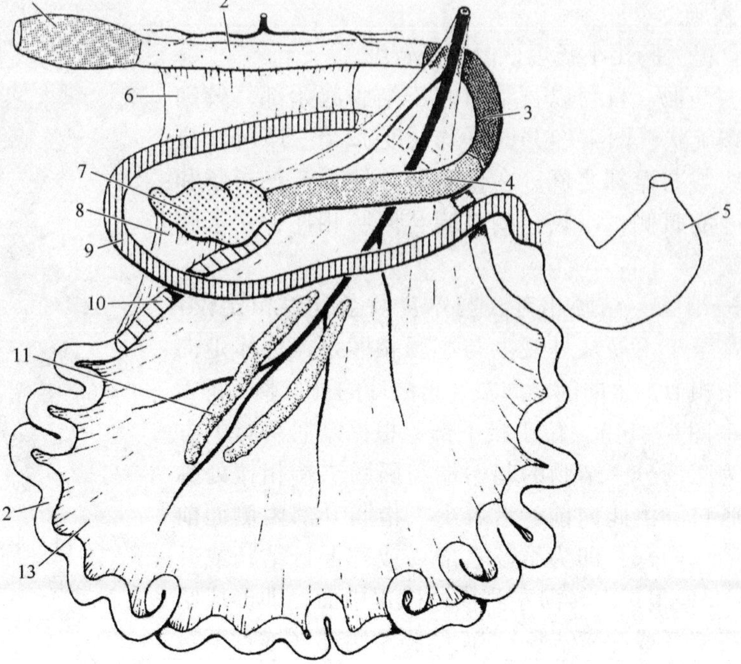

图 4 – 12　犬的肠管

1—直肠　2—降结肠　3—横结肠　4—升结肠　5—胃　6—十二指肠结肠褶　7—盲肠　8—回盲褶　9—十二指肠　10—回肠　11—空肠淋巴结　12—空肠　13—空肠系膜

前部起自胃的幽门，经十二指肠系膜悬于腹腔背侧壁，犬的十二指肠系膜相对于其他动物，相对比较长，也是容易发生胃扭转的原因之一。十二指肠在肝的后方形成前曲后，沿右季肋部向上向后伸延，约在第9肋间移行为降部。降部越过肝门沿腹腔右侧壁向后延伸，到第4~6腰椎腹侧，向左转形成后曲。然后绕过前肠系膜根部的后方，再转向前方形成升部，升部在下行结肠与肠系膜根部的正中线附近前行，在未达到肝以前，就以十二指肠空肠曲移行为空肠。十二指肠后部有与结肠相连的十二指肠结肠韧带。

(2) 空肠　空肠是小肠中最长的一段，尸体解剖时常呈空虚状态。空肠形成很多肠襻，活动范围较大，并以宽的空肠系膜悬挂于腹腔顶壁，占据腹腔下半部较多的空间，前接胃和肝，后接膀胱，背侧与十二指肠降部、左肾和腰腹侧肌肉相邻，腹侧隔大网膜与腹底壁相接触。

(3) 回肠　回肠是小肠的末段，较短，与空肠无明显分界，只是肠管较直、肠壁较厚（因固有膜内富含淋巴孤结和淋巴集结所致）。以与回盲韧带后缘相连处起于空肠，自腹腔左后方伸向右前方，末端在腰下部沿盲肠的内侧开口于盲肠（盲肠与结肠交界处）。在回肠与盲肠体之间有回盲韧带，常作为回肠与空肠的分界标志。

2. 大肠

肉食兽大肠比小肠短，但管径较细。

(1) 盲肠　盲肠以盲结口起于结肠起始部，较细小，呈螺旋状（图4-13）。平均长度12.5~15cm，位于体中线与右髂部之间，在回肠的外侧、十二指肠和胰脏右叶的腹侧，以较短的系膜与回肠相连，止于朝后的盲端。

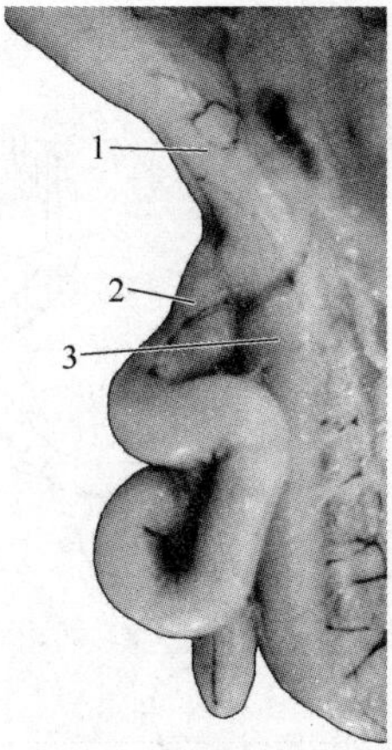

图4-13　犬的盲肠
1—结肠　2—盲肠
3—回肠

(2) 结肠　结肠相对（与草食及杂食兽相比较）较细，甚至于不易从外观上与小肠相区别，总体走向与人类很相似，呈向前、向左、再向后的开口朝后的U形肠襻（图4-14）。位于腰下部，根据结肠移行的方位可分为三部分。结肠的起始端与回肠末端相接处称为回结肠口。由此向前，沿着十二指肠升部内侧面前行至胃的幽门部，即为结肠右部（或称上行结肠或升结肠），此段很短。转向左侧横过体正中面，即形成结肠的横行部（或称横结肠）。而结肠左侧部（或称下行结肠或降结肠）再弯向后方，沿左肾腹侧面或内缘向后移行，并斜向体正中线。连接直肠，整个结肠的直径都是相同的，但缺少纵带和囊状隆起。

(3) 直肠　直肠位于骨盆腔内，在脊柱和尿生殖褶、膀胱（雄性）或子宫、阴道（雌性）之间，后端与肛门相连。直肠的前部称为腹膜部，表面覆有浆膜，由直肠系膜将其悬挂于荐椎腹侧；后部称为腹膜后部，表面没有浆膜，略显膨大，为直肠壶腹，由疏松结缔组织与周围器官相连。直肠外面的腹膜反折线体表投影位置在经第2（3）尾椎的横断面上。

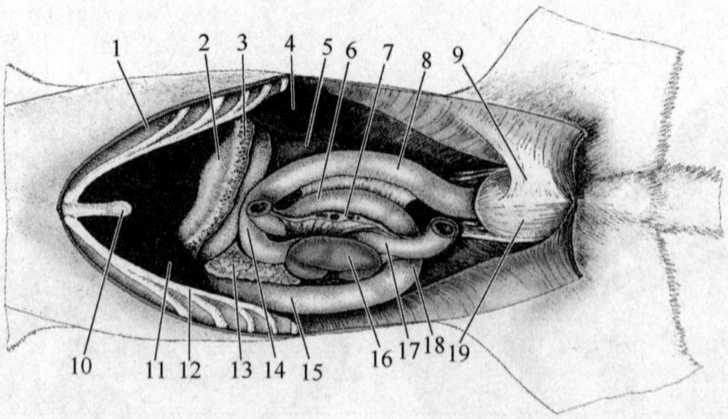

图4－14　犬腹腔深部器官

1—膈肌　2—胃　3—大网膜　4—脾　5—左肾　6—十二指肠升部
7—空肠系膜根　8—降结肠　9—膀胱中韧带　10—剑突　11—肝脏
12—肋弓　13—胰脏　14—横结肠　15—十二指肠降部　16—盲肠
17—回肠　18—十二指肠后曲　19—膀胱

3. 肛门

肛门是直肠的末段，后端开口于尾根下方。其外层为皮肤，薄而富含皮脂腺和汗腺；内层为由复层扁平上皮构成的黏膜；中间为肌层，主要由肛门内括约肌和肛门外括约肌组成。前者是平滑肌，为直肠环行肌层延续至肛门特别发达的部分；后者属横纹肌，环绕在前肌的外围，并向下延续为阴门括约肌（在雌性）。它们的主要作用是关闭肛门。

肛管内表面自前向后分为黏膜区、中间区和皮区，皮区两侧各有一小口通入肛旁窦。肛旁窦通常为榛子大小，含灰褐色脂肪分泌物，有难闻的异味。

五、肝和胰

（一）肝和胆

肝是宠物机体最大的腺体，也是最大的消化腺，具有分解、合成、贮存营养和解毒以及分泌胆汁等作用，在胎儿期也是造血器官。

犬的肝脏发达，占体重的3%～5%，略呈四边形，质地实而脆，具有一定的弹性，随着年龄的增加呈现萎缩。通常呈红褐色，新鲜的肝脏软而脆。以腹侧的许多切迹分成许多叶，即左外叶、左内叶、右内叶和右外叶，在肝门的下方，胆囊与圆韧带之间有方叶，在肝门上方有尾叶。尾叶分为左侧的乳头突及右侧的尾状突（图4－15）。

肝位于季肋部，偏于右侧。壁面平滑而隆凸，与膈相贴；脏面与胃、肠、右肾等相邻，形成许多特殊的痕迹，如尾叶上的肾压迹、左外叶上的胃压迹及十二指肠压迹等。

在肝的背侧缘有后腔静脉穿行并部分埋藏并连接于肝的实质内，有多条肝静脉在此处直接汇入后腔静脉。

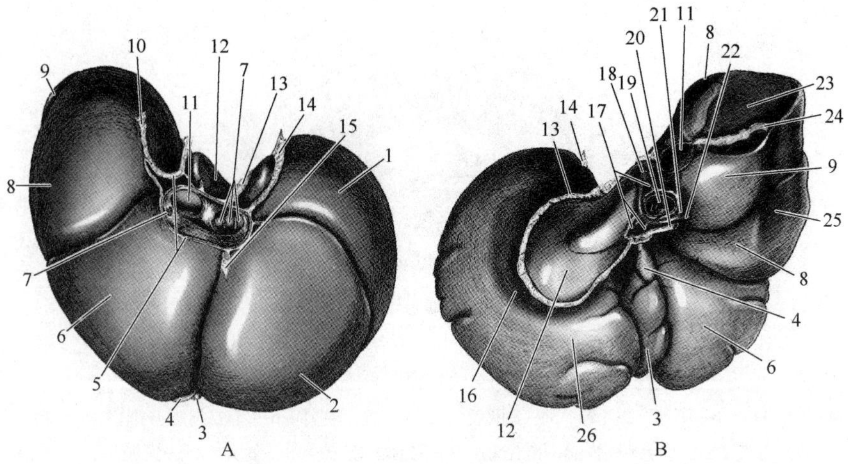

图 4-15　犬肝的膈面和脏面

A—膈面　B—脏面

1—左外叶　2—左内叶　3—方形叶　4—胆囊　5—冠状韧带　6—右内叶　7—肝静脉
8—右外叶　9—尾状叶尾状突　10—右三角韧带　11—后腔静脉　12—尾状叶乳头突
13—网膜　14—左三角韧带　15—镰状韧带　16—胃压迹　17—肝支　18—肝动脉
19—门静脉　20—胆管　21—胃右动脉　22—胃动脉　23—肾压迹　24—肝肾韧带
25—十二指肠压迹　26—左内叶

肝门位于脏面的中部，门静脉、肝动脉、淋巴管、神经以及肝管由此进出肝的实质。除肝脏的肝门部、胆囊窝、腹膜的折转部及肝的膈面背内侧的三角形的裸区等小范围之外，其他部位都被覆有浆膜。在肝脏的左外叶背侧缘以较小的左三角韧带连接于左腹壁的背侧。在肝右外叶的背侧缘以右三角韧带连于右腹壁的背外侧。冠状韧带是右三角韧带在肝壁面的延续，并最终延伸到左三角韧带，将肝和膈相连，可分为左、右冠状韧带。圆韧带为脐静脉的遗迹，成年后退化消失。镰状韧带是很薄的浆膜褶，从圆韧带切迹沿肝的膈面延伸至肝背侧缘的食管压迹，将肝连于膈。

胆囊具有贮藏和浓缩胆汁的作用，位于方叶和右内叶之间的胆囊窝内，犬的胆囊比较细长，少部分游离到肝的腹缘之外。肝管离开肝门后，和胆囊管汇合成胆总管，开口于离幽门 2～3cm 的十二指肠乳头上。

（二）胰

犬的胰脏呈浅粉色，柔软，细长。其形状呈 V 形，分成两个细长的叶，二叶在幽门后方相汇合（图 4-16）。右叶经十二指肠起始段的背侧面及肝尾叶和右肾的腹侧，向后伸展，其末端可达右肾的后方，包围于十二指肠系膜内。左叶经胃的脏面与横结肠之间，向左后方移行，其末端可达于左肾的前端。胰腺一般有两个胰腺管，即胰管和副胰管。其胰管较小，开口于胆管的近旁，或与胆管合成一个开口。副胰管较粗，开口于胆管开口后方 3～5cm 处。

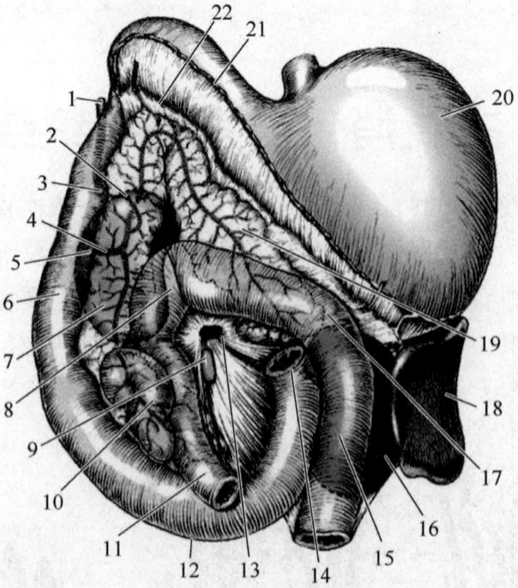

图 4-16 犬的胰脏及周围器官

1—胆管 2—胰管 3—十二指肠大乳头 4—副胰管 5—十二指肠小乳头 6—十二指肠降部 7—胰右叶和右肾 8—升结肠末端 9—肠系膜淋巴结 10—盲肠 11—回肠 12—十二指肠后曲 13—肠系膜根 14—十二指肠空肠曲 15—回肠 16—左肾 17—横结肠始部 18—脾脏 19—胰左叶 20—胃 21—浅层大网膜 22—深层大网膜

任务三 | 主要消化器官的组织结构

消化管属于内脏管状器官，其管壁一般自内向外依次由黏膜层、黏膜下层（也称黏膜下组织）、肌层和外膜构成（图4－17）。黏膜湿润、柔软，一般为淡红色，由上皮、固有层和黏膜肌层构成。黏膜下层主要由结缔组织构成，可含有腺体或淋巴组织，肌层一般分为环形肌和纵形肌两层，胃肠的外膜主要是浆膜，其他器官基本上都是富含弹性纤维的结缔组织膜。

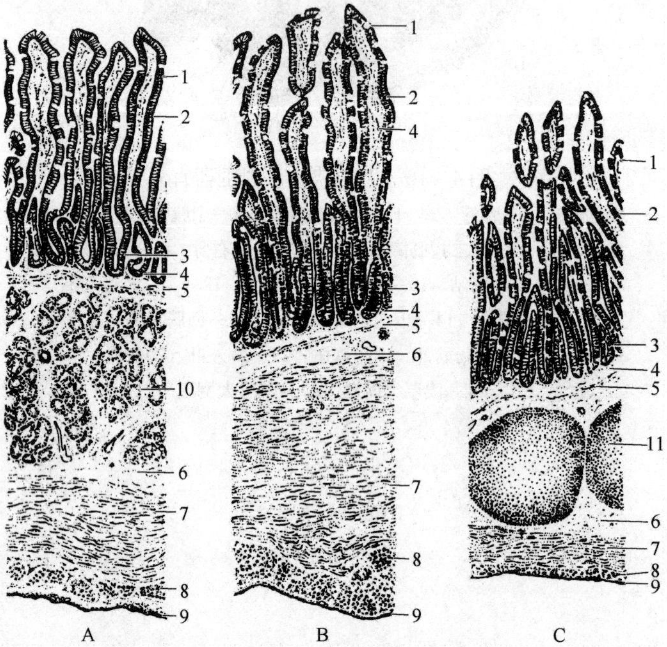

图4－17　小肠横切

A—十二指肠　B—空肠　C—回肠

1—肠上皮　2—肠绒毛　3—肠腺　4—固有层　5—黏膜肌层

6—黏膜下层　7—内环行肌　8—外纵行肌　9—浆膜

10—十二指肠腺　11—集合淋巴小结

一、胃的组织结构

犬胃的无腺部很小。犬胃属于单室胃，单室胃有腺部组织构造的突出特点是黏膜层具有胃腺，胃腺分为贲门腺、胃底腺和幽门腺，其中主要是胃底腺，由主细胞、壁细胞和颈黏液细胞构成。

主细胞分布于腺的体部和底部。细胞数量多，呈矮柱状或锥体形，核位于基底部，胞质呈嗜碱性。主细胞能分泌胃蛋白酶原，进入胃内后经盐酸激活成胃蛋白酶，对蛋白质进行初步消化。幼畜此细胞分泌凝乳酶，能使乳汁凝固，增加在胃内停留的时间，利于消化。

壁细胞多分布在胃底腺体部和颈部。细胞体积较大，呈圆形或钝三角形，胞核呈圆形，位于细胞中央，胞质为强嗜酸性，被染成红色，能分泌盐酸。

颈黏液细胞数量较少，一般成群分布在腺体颈部，能分泌黏液，保护胃黏膜免受粗糙食物及胃液的作用。

二、肠道的组织结构

肠道是典型的管状器官，管壁也由黏膜、黏膜下层、肌层和外膜构成。

（一）小肠的组织结构

黏膜形成许多环形皱褶和微细的肠绒毛，突入肠腔内，以增加与食物接触的面积。肠绒毛中央有一条粗大的毛细淋巴管，它的起始端为盲端，称中央乳糜管。十二指肠与空肠的绒毛较密集，柱状上皮游离面有微绒毛。固有层内除有大量的肠腺外，还有毛细血管、淋巴管、神经和淋巴小结。空肠内有孤立淋巴小结（淋巴孤结），回肠内有集合淋巴小结（淋巴集结），常伸入到黏膜下层。肠腺是单管状腺，是小肠黏膜上皮下陷而成，开口于绒毛之间。

（二）大肠的组织结构

大肠也由四层构成，黏膜没有环形皱襞和绒毛。大肠腺比较发达，直而长。杯状细胞较多，分泌碱性黏液，中和粪便发酵产生的酸性产物。分泌物不含消化酶，但有溶菌酶。孤立淋巴小结较多，集合淋巴小结却很少。肌层特别发达。

三、肝脏的组织结构

实质器官一般由被膜、实质和间质三部分构成。被膜多数是浆膜，间质一般由结缔组织构成，内含血管和神经，这些血管和神经进出该器官的部位一般称为该器官的门。实质是与该器官的功能直接相关的组织结构。肝是实质器官，表面大部分被覆一层浆膜，其深面是结缔组织纤维囊，纤维囊结缔组织随血管、神经、淋巴管和肝管等出入肝实质内，构成肝的支架，并将肝分隔成许多肝小叶。

（一）肝小叶

肝小叶是肝的基本单位，呈不规则的多面棱柱状体（图4－18）。每个肝小叶的中央有一条沿长轴穿行的中央静脉。肝细胞以中央静脉为轴心向四周呈放射状排列，形成肝细胞板。切片上呈索状，称为肝细胞索。肝板互相吻合连接成网，网眼内是窦状隙。窦状隙极不规则，并通过肝板上的孔彼此沟通。相邻肝细胞还围成很细的胆小管。

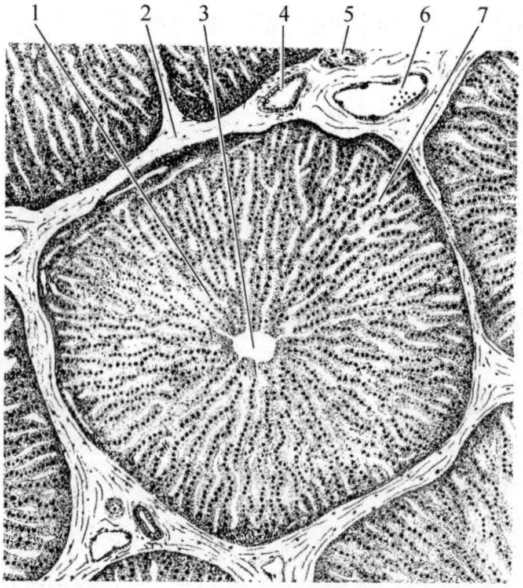

图 4－18　肝小叶和门管区

1—肝细胞索　2—小叶间结缔组织　3—中央静脉
4—小叶间胆管　5—小叶间动脉　6—小叶间静脉
7—窦状隙

（二）门管区

门管区又称汇管区，是几个肝小叶之间的结缔组织汇聚的部位，由肝门进出肝的 3 个主要管道（门静脉、肝动脉和肝管）的分支，在小叶间结缔组织内相伴而行，分别称为小叶间静脉、小叶间动脉和小叶间胆管（图 4－19）。

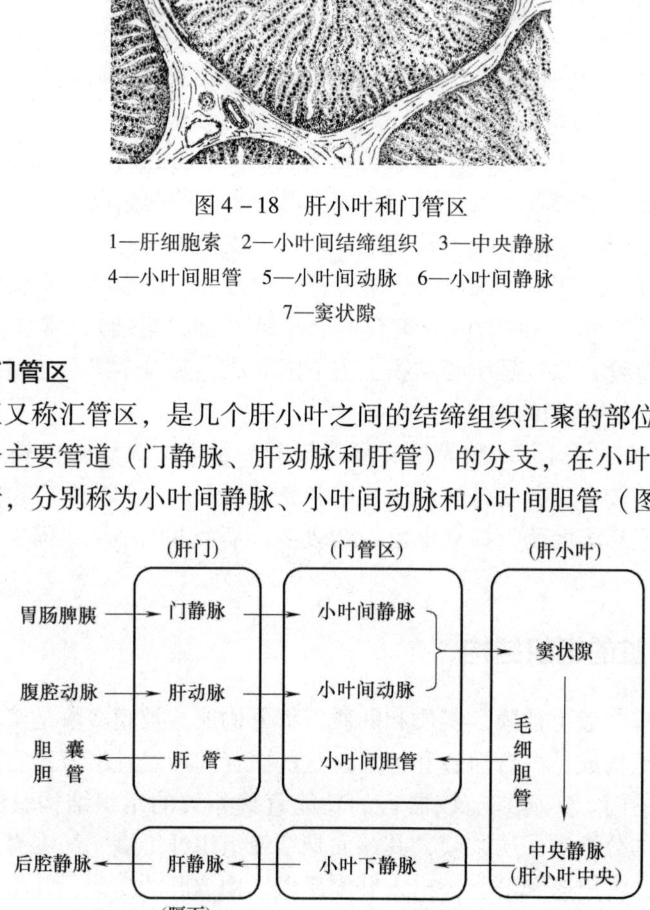

图 4－19　肝内管道示意图

（三）肝内管道流向

肝脏的管道系统是机体中比较复杂的，只有把肝的宏观管道（解剖结构）与微观管道（组织结构）结合起来，才能掌握肝脏各种复杂功能的结构本质。门静脉收集胃、脾、肠、胰的静脉血，经肝门入肝，在肝小叶间分支形成小叶间静脉。小叶间静脉的分支经窦状隙达小叶中心的中央静脉。因为门静脉血主要来自胃肠，所以血液内既含有经消化吸收来的营养物质，又含有消化吸收过程中产生的毒素、代谢产物及细菌、异物等有害物质。其中，营养物质在窦状隙处可被吸收、贮存或经加工、改造后再排入血液中，运到机体各处，供机体利用；而代谢产物、有毒、有害物质，则可被肝细胞转化为无毒、无害物质，细菌、异物可被枯否氏细胞吞噬。因此，门静脉属于肝脏的功能血管。

肝动脉来自于腹主动脉。经肝门入肝后，分支形成小叶间动脉，并伴随小叶间静脉进入窦状隙和门静脉血混合，部分分支还可到被膜和小叶间结缔组织等处。这支血管由于是来自主动脉，含有丰富的氧气和营养物质，可供肝细胞物质代谢使用，所以是肝脏的营养血管。

四、胰脏的组织结构

胰的表面包有少量结缔组织，因而被膜比较薄。结缔组织伸入腺内，将腺实质分隔成许多小叶。胰的实质分外分泌部和内分泌部。

（一）外分泌部

外分泌部占腺体的绝大部分，属消化腺，分腺泡和导管两部分。腺泡呈球状或管状，腺腔很小，均由浆液性腺细胞组成（图 4－20）。细胞合成的分泌物，在细胞顶端排入腺腔内，再由各级导管把分泌物排出胰脏。腺泡分泌液称胰液，经胰管注入十二指肠。

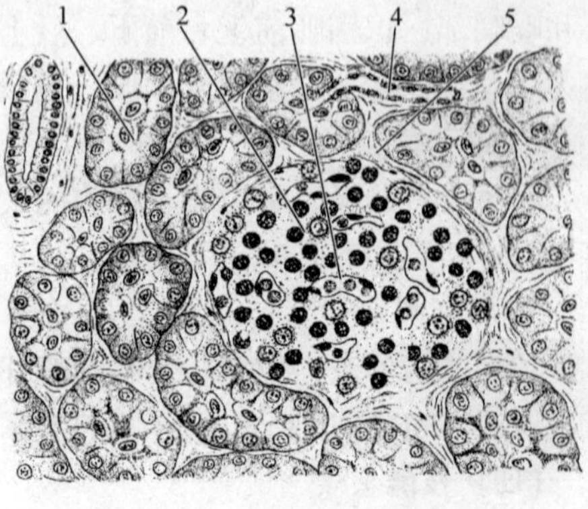

图 4－20 胰脏的组织结构

1—腺泡 2—胰岛 3—毛细血管 4—导管 5—结缔组织

（二）内分泌部

内分泌部位于腺泡之间，由大小不等的细胞群组成，形似小岛，故名胰岛。胰岛细胞呈不规则索状排列，且互相吻合成网，网眼内有丰富的毛细血管和血窦。胰岛的细胞分为 A 细胞、B 细胞、D 细胞和 PP 细胞，主要分泌胰岛素和胰高血糖素，经毛细血管进入血液，调节与血糖相关的代谢活动。

任务四 | 犬消化器官主要结构的识别

一、犬消化道、肝脏和胰脏主要形态结构的识别

（一）目的要求

掌握犬消化道各段的主要形态特征，掌握犬肝脏和胰脏的形态结构特征，掌握胃、小肠、肝脏和胰脏的主要组织结构。

（二）材料设备

犬消化系统标本模型、消化器官标本。犬胃、小肠、肝脏和胰脏的组织切片和显微镜。

（三）方法步骤

1. 口腔、咽和食管

观察唇、颊、齿、舌、硬腭、软腭和唾液腺形态结构。观察鼻咽部、口咽部和喉咽部，识别咽前上、前下、后上和后下 4 个开口，观察与其他器官的通连关系。在标本上观察食管颈段、胸段和腹段的位置及与气管的位置关系。

2. 胃和肠

观察犬胃的形态和位置及黏膜的大致分区。观察小肠各段的形态位置，观察盲肠、结肠和直肠的形态位置。

3. 肝和胰

观察肝的形态、位置、分叶和毗邻关系，观察胆囊的位置及胆管或肝管的开口。观察胰脏的形态位置、毗邻关系及导管的开口。

（四）技能考核

在犬消化系统的标本上指出各消化器官及其主要结构，描述消化器官的形态、结构和位置关系（也可根据多媒体课件上的图标填写图注，或根据图注填图标）并进行活体体表内部器官投影位置的确定。

二、胃、小肠、肝脏和胰脏主要组织结构的识别

（一）目的要求

掌握胃、小肠、肝脏和胰脏的主要组织结构。

（二）材料设备

胃、小肠、肝脏和胰脏的组织切片和显微镜。

（三）方法步骤

1. 胃组织切片的观察

低倍镜下先找到黏膜层，再放大到高倍镜观察，找到胃底腺，观察其细胞

的种类。

2. 小肠切片的观察

（1）肉眼观察　向光观察管腔内壁黏膜形成数个皱襞。

（2）低倍镜观察　首先辨别小肠肠壁的黏膜层、黏膜下层和浆膜，注意黏膜层的皱襞、绒毛和肠腺。

（3）高倍镜观察　在观察各层组织结构的基础上，辨别黏膜层和黏膜下层，然后重点观察黏膜层。注意区分绒毛断面与肠腺断面，注意观察肠绒毛的结构细节。

小肠黏膜向管腔内伸出许多指状突起即绒毛。绒毛外面被覆一层单层柱状上皮细胞，柱状细胞之间的杯状细胞呈空泡状。上皮游离缘有呈带状的染成红色的纹状缘（刷状缘）。绒毛中央有一乳糜管。固有层内有小肠腺，开口于绒毛之间。

3. 肝脏切片的观察

（1）肉眼观察　肝脏切片，一般隐约可见许多呈多边形的结构。低倍镜观察肝的切片可见表面是被膜，向内是肝小叶和汇管区（门管区）。高倍镜观察可见肝小叶和门管区的微细结构。

（2）低倍镜观察　可见典型肝小叶横断面中央的中央静脉，肝细胞索以中央静脉为中心向小叶边缘呈放射状排列。在几个小叶之间可见结缔组织和多个管道的断面，是门管区。

（3）高倍镜观察　中央静脉主要由内皮围成，肝细胞呈多边形、核圆形，可见双核。窦状隙在肝细胞索间，窦壁由内皮细胞围成。小叶间动脉管壁厚、管腔小，内皮外有数层平滑肌纤维。小叶间静脉管壁薄、管腔大而不规则，内皮外有少量结缔组织。小叶间胆管管腔圆，管壁由单层立方上皮组成。

4. 胰脏切片的观察

低倍镜观察可见大量的腺泡和胰岛。高倍镜观察可见腺泡由立方上皮围成囊腔状，但一般腔小而壁厚。在腺泡之间成团的细胞，不围成管腔状，但可见其中含有毛细血管。

（四）技能考核

1. 熟练使用生物显微镜干燥系，迅速准确地辨认出小肠和肝脏切片。

2. 能结合所见结构说出小肠和肝脏的主要组织结构。

项目五 呼吸系统

［知识目标］

1. 掌握犬呼吸器官的解剖结构。

2. 掌握主要呼吸器官的组织结构。

［认知与解读］

呼吸系统在结构上与消化系统关系密切，功能上与循环系统关系非常密切，既是结构上常发生病理解剖变化、也容易发生病理生理改变而导致临床症状产生的一个系统，学好呼吸器官的正常结构与功能是指导宠物养护、诊疗宠物疾病的基础，也为循环和呼吸生理等有关内容的学习奠定基础。

任务一 呼吸系统的解剖结构

呼吸系统由鼻、咽、喉、气管、支气管和肺组成。鼻、咽、喉、气管和支气管是气体出入肺的通道，称为呼吸道，由骨或软骨作为支架，围成开放性的管腔，保证气体畅通。

一、鼻

鼻既是气体出入肺的通道，又是嗅觉器官，包括鼻腔和鼻旁窦。

（一）鼻腔

鼻腔是呼吸道的起始部，呈长圆筒状，由面骨构成骨性支架，内衬黏膜。鼻腔的腹侧由硬腭与口腔隔开，前端经鼻孔与外界相通，后端经鼻后孔与咽相通。鼻腔正中有鼻中隔，将其等分为左、右互不相通的两半。每半鼻腔可分鼻孔、鼻前庭和固有鼻腔三部分。

1. 鼻孔

鼻孔由内侧鼻翼和外侧鼻翼围成。鼻翼为包有鼻翼软骨和肌肉的皮肤褶，有一定的弹性和活动性，犬的鼻孔呈向外的双向逗点形。犬鼻端特化的外皮形成鼻镜，内有鼻软骨，并借前沟（俗称鼻中沟或人中）分为左、右两部分。鼻镜因能不断分泌浆液而保持凉滑湿润。

2. 鼻腔

鼻腔前部衬着皮肤的部分，相当于鼻翼所围成的空间，称鼻前庭。鼻前庭以后由骨性鼻腔覆以黏膜构成的部分称固有鼻腔（图5－1）。在每半鼻腔的侧壁上，附着有上、下两个鼻甲（由上、下鼻甲骨覆以黏膜构成），鼻腔分为上、中、下三个鼻道（图5－2）。上鼻道较窄，位于鼻腔顶壁与上鼻甲之间，其后部主要起嗅觉作用的嗅区。中鼻道在上、下鼻甲之间，通鼻旁窦。下鼻道最宽，位于下鼻甲与鼻腔底壁之间，直接经鼻后孔与咽相通。此外，还有一个总鼻道，为上、下鼻甲与鼻中隔之间的间隙，与上述三个鼻道相通。

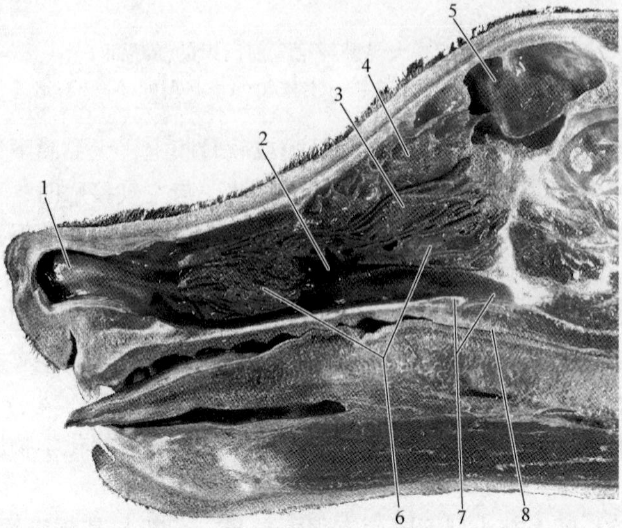

图5－1 犬鼻腔旁矢状面

1—鼻腔前庭 2—上颌隐窝口 3—中鼻甲 4—上鼻甲 5—额窦
6—下鼻甲 7—硬腭后缘和软腭 8—咽峡

鼻黏膜被覆于固有鼻腔内面，因结构与功能不同，可分呼吸区和嗅区两部分。

（1）呼吸区 位于鼻前庭和嗅区之间，占鼻黏膜的大部，呈粉红色，由黏膜上皮和固有膜组成。

黏膜上皮为假复层纤毛柱状上皮，其中夹有大量的杯状细胞。上皮纤毛的摆动，有帮助排除黏液和吸入的灰尘等作用。

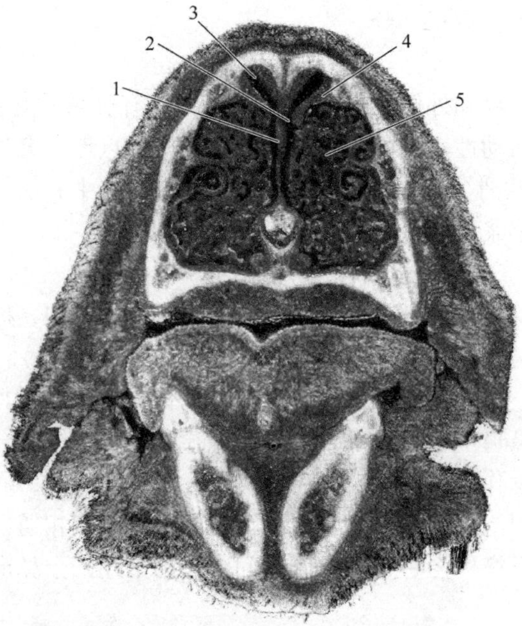

图5－2 犬鼻腔经第2前臼齿的横断面
1—鼻中隔 2—总鼻道 3—上鼻道 4—上鼻甲 5—下鼻道

固有膜由结缔组织构成，紧贴于骨膜或软骨膜上，无黏膜下层，因而不易移动。固有膜内有丰富的血管和腺体等。因此，与空气接触时，不仅能调节空气的温度和湿度，而且能黏着其中的灰尘和细菌等异物，起着保护的作用。

（2）嗅区 位于呼吸区之后，其黏膜颜色随动物种类不同而异。

黏膜上皮为假复层柱状上皮，由嗅细胞、支持细胞和基细胞组成。嗅细胞具有嗅觉作用。支持细胞起支持和营养嗅细胞的作用。基细胞有支持和增生补充其他上皮细胞的作用。

固有膜由结缔组织构成，内含嗅腺，其分泌物有溶解化学物质，引起嗅觉刺激的作用。

犬的鼻腔长度因其头型不同而有很大差异，一般与其颜面的长度相一致。鼻腔的周壁由鼻中隔软骨的壁软骨形成。鼻中隔软骨的前端较厚，突出于前颌骨的外侧。犬的鼻腔相当宽大，但大部分空隙被鼻甲骨和筛骨侧板所占据。由于下鼻甲骨特别发达，因此，下鼻道的中部很小。鼻腔后部由一横行板分成上下两部，上部是嗅觉部，下部是呼吸部。

（二）鼻旁窦

鼻旁窦为鼻腔周围头骨内的含气空腔，共有四对：即上颌窦、额窦、蝶腭窦和筛窦。它们均直接或间接与鼻腔相通。鼻旁窦内面衬有黏膜，与鼻腔黏膜相连续，但较薄，血管较少。鼻黏膜发炎时可波及鼻旁窦，引起鼻旁窦炎。鼻旁窦有减轻头骨重量、温暖和湿润吸入的空气以及对发声起共鸣等作用。

二、咽和喉

（一）咽

有关内容见消化系统。

（二）喉

喉既是空气出入肺的通道，又是调节空气流量和发声的器官，位于下颌间隙的后方，在头颈交界处的腹侧，悬于两个舌骨大角之间。前端以喉口与咽相通，后端与气管相通（图5-3）。喉壁主要由喉软骨和喉肌构成，内面衬有黏膜。

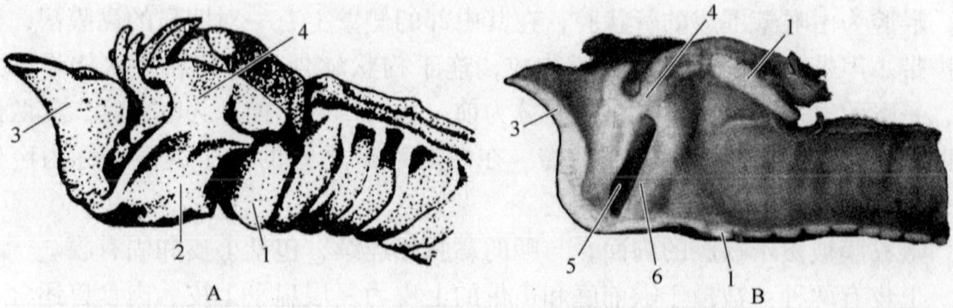

图5-3 犬喉的表面和正中矢状面

A—表面 B—正中矢状面

1—环状软骨 2—甲状软骨 3—会厌软骨 4—杓状软骨 5—喉侧室 6—声带

1. 喉软骨

喉软骨构成喉的支架，包括不成对的会厌软骨、甲状软骨、环状软骨和成对的杓状软骨。

（1）环状软骨 环状软骨由透明软骨构成，外形呈指环状，背部宽，其余部分窄。其前缘及后缘以弹性纤维分别与甲状软骨及气管软骨相连。

（2）甲状软骨 甲状软骨是较大的喉软骨，呈弯曲的板状，可分体和两侧板。体连于两侧板之间，构成喉腔的底壁；两侧板从体的两侧伸出，构成喉腔左、右两侧壁的大部分。

（3）会厌软骨 会厌软骨由纤维软骨构成，位于喉的前部，呈叶片状，基部厚，借弹性纤维与甲状软骨体相连；尖端向舌根翻转。会厌软骨的表面覆盖着黏膜，合称会厌，具有弹性和韧性，当吞咽时，会厌关闭喉口，可防止食物误入喉内。

（4）杓状软骨

杓状软骨位于会厌软骨的前上方，在甲状软骨侧板的内侧，左、右各一，呈三面锥体形，其尖端弯向后上方，表面覆盖着黏膜。杓状软骨上部较厚，下部变薄，形成声带突，供声韧带附着。喉软骨彼此借关节、韧带和纤维膜相连，构成喉的支架。

犬的喉头比较短。甲状软骨的软骨板高而短，其腹侧缘互相融接，形成软骨体，体的前部有一显著的隆起，外侧面有明显的斜线。甲状软骨后角强大，有一个圆形关节面与环状软骨相关节。环状软骨的软骨板宽广，软骨弓的两侧有沟状压迹。杓状软骨比较小，且在左、右软骨之间还有一杓间软骨。会厌软骨为四边形，下部较为狭窄，称会厌茎，位于甲状软骨角内。

2. 喉肌和喉腔

喉肌属横纹肌，可分外来肌和固有肌两群。外来肌有胸骨甲状肌和舌骨甲状肌等；固有肌均起止于喉软骨。它们的作用与吞咽、呼吸及发声等运动有关。

喉腔为由喉壁围成的管状腔，在其中部的侧壁上有一对明显的黏膜褶，称为声带。声带由声韧带覆以黏膜构成，连于杓状软骨声带突和甲状软骨体之间，是喉的发声器官。声带将喉腔分为前、后两部分：前部为喉前庭，其两侧壁凹陷，称喉侧室；后部为喉后腔。在两侧声带之间的狭窄缝隙，称为声门裂，喉前庭与喉后腔经声门裂相通。

喉黏膜被覆于喉腔的内面，与咽的黏膜相连续，包括上皮和固有膜。

上皮有两种：被覆于喉前庭和声带的上皮为复层扁平上皮，肉食兽还含有味蕾，喉后腔的黏膜上皮为假复层纤毛柱状上皮，柱状细胞之间常夹有数量不等的杯状细胞；固有膜由结缔组织构成，内有少量淋巴小结和管泡状喉腺。喉腺分泌黏液和浆液，有润滑声带等作用。

三、气管与支气管

气管为由气管软骨环作支架构成的圆筒状长管，前端与喉相接，向后沿颈部腹侧正中线而进入胸腔，然后经心前纵隔达心基的背侧（约在第 5 ~ 6 肋间隙处）分为左、右两条支气管，分别进入左、右肺。

犬的气管前端呈圆形，中央段的前侧稍扁平，软骨环的背侧缺口明显，由软组织相连。气管的全长由 40 ~ 45 个气管软骨环组成。气管进入胸腔，其分支部位与第 5 肋骨相对。支气管干的分歧角为钝角，在入肺之前，每一支气管干先分成两支。在左肺，前支气管先分成两支，一支到前叶前部，另一支到前叶后部。在右肺，前支气管进入前叶，后支共分出三支，分别到中叶、后叶和副叶。

四、肺

肺是吸入的空气和血液中二氧化碳进行交换的场所，为呼吸系统中最重要的器官。

（一）肺的形态和位置

肺位于胸腔内，在纵隔两侧，左、右各一，右肺通常较大。肺的表面覆有胸膜脏层，平滑、湿润、闪光。健康动物的肺呈粉红色，呈海绵状，质软而轻，富有弹性。肺略呈锥体形，具有三个面和三个缘（图 5 - 4）。肋面隆凸，与胸腔侧壁接触并有肋骨压迹。底面凹，与膈接触，又称膈面。内侧面，又称纵隔面，与纵隔接触，并有心压迹以及食管和大血管的压迹。在心压迹的后上方有肺门，为支气管、肺血管、淋巴管和神经出入肺的地方。这些结构被结缔组织包成一束，称为肺根。肺的背缘钝圆。腹缘和底缘薄而锐，在腹缘上有心切迹。左肺的心切迹大，对应于第 3 ~5 肋软骨间隙骨之间；右肺的心切迹小，位于第 4 ~5 肋软骨间隙。

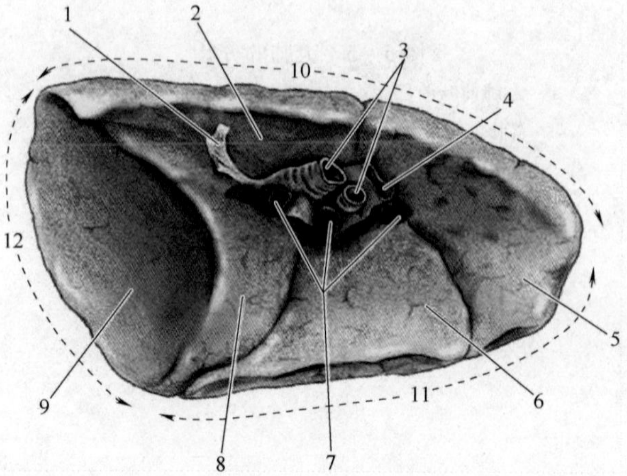

图 5 - 4　犬左肺内侧

1—肺韧带　2—主动脉沟　3—气管的分支　4—肺动脉　5—前叶前部　6—前叶后部　7—肺静脉　8—后叶　9—膈面　10—背缘　11—腹缘　12—底缘

（二）肺的分叶

犬的左肺分前叶和后叶（图 5 - 5）。前叶又分为前部和后部两部分。前叶前部尖端小而钝，位于胸骨柄的上面；后叶上的心压迹浅。在肺根的背侧有明显的主动脉沟，在肺根的后方有一浅的食管沟。右肺比左肺大 1/4，分为四叶，即前叶、中叶、后叶和副叶。前叶位于心包的前方，并越过体正中面至左侧。中叶呈不规则的三面圆锥体形，其基底接膈的胸腔面，外侧面有一深沟，容纳后腔静脉和右膈神经。右肺的心压迹较左肺深。在肺根的前方有前腔静脉的沟状压迹；肺根的背侧有奇静脉的沟状压迹；肺根后部的上方，有浅的沟状压迹，主动脉弓由此通过。

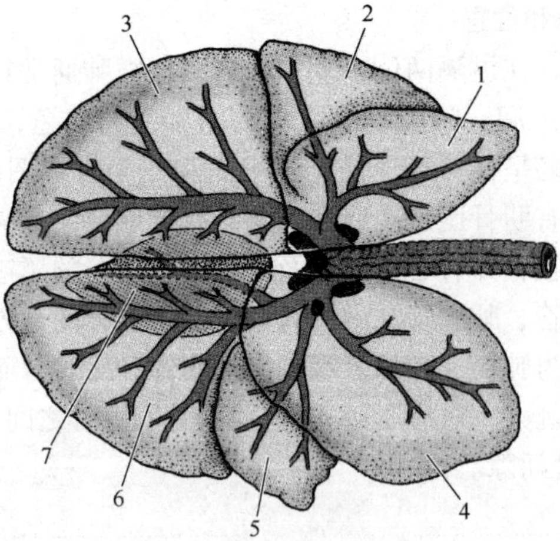

图5－5　犬肺的分叶

1—左肺前叶前部　2—左肺前叶后部　3—左肺后叶
4—右肺前叶　5—右肺中叶　6—右肺后叶　7—副叶

任务二 | 主要呼吸器官的组织结构

一、气管和支气管的组织结构

气管管壁由黏膜、黏膜下层和外膜组成。

（一）黏膜

黏膜上皮是假复层纤毛柱状上皮，其中夹有许多杯状细胞。基膜相当清晰。固有膜由疏松结缔组织构成，其中弹性纤维较多，深部纤维大都呈纵行排列。在固有膜内还有弥散的淋巴组织和淋巴小结。

（二）黏膜下层

黏膜下层由疏松结缔组织构成，与固有膜无明显界限，其中有丰富的血管、神经、脂肪细胞和气管腺。气管腺为混合腺，导管穿过固有膜，开口于黏膜表面。

（三）外膜

外膜是气管的支架，由透明软骨环和结缔组织组成。软骨环呈C形，缺口朝向背侧，缺口之间有弹性纤维膜连接，膜内有平滑肌纤维束，可使气管适度舒缩。相邻软骨环借环韧带相连，可使气管适度延长。在气管软骨外面包有结缔组织，内有血管、神经和脂肪组织。

支气管壁的构造与气管壁相似。

二、肺的组织结构

肺的表面覆有一层浆膜（胸膜脏层），浆膜由薄层疏松结缔组织和覆盖在表面的一层间皮所组成。在浆膜深面的结缔组织内，含有丰富的弹性纤维。结缔组织伸入肺内，构成肺的间质，其中有血管、淋巴管和神经等。肺的实质由肺内各级支气管和无数肺泡组成。

支气管由肺门进入肺内，反复分支，形成树枝状，称为支气管树。小支气管分支到管径在1mm以下时，称为细支气管。细支气管再分支，管径到0.35～0.5mm时，称为终末细支气管。终末细支气管继续分支为呼吸性细支气管，管壁上出现散在的肺泡，开始有呼吸功能。呼吸性细支气管再分支为肺泡管，肺泡管再分为肺泡囊。肺泡管和肺泡囊的壁上有更多的肺泡（图5－6）。

每一细支气管分支所属的肺组织组成肺小叶。肺小叶呈大小不等的多面锥体形，锥顶朝向肺门，顶端的中心为细支气管，锥底向着肺表面，周围有薄层结缔组织与其他肺小叶分隔，界限一般清晰可辨。临床上小叶性肺炎就是指肺小叶的病变。每一肺小叶包括若干个肺细叶（初级肺小叶）。肺细叶是肺的功能单位，由每一呼吸性细支气管分支所属的肺组织组成，为肺的呼吸部。

（一）肺的导管部

肺的导管部是气体出入的通道，包括各级小支气管、细支气管和终末细支气管。它们的组织结构与气管、支气管基本相似，只是管径逐渐变小、管壁随之变薄，结构相继简化。

1. 黏膜

黏膜厚度随支气管分支、管径变小而逐渐变薄。因软骨环逐渐变成软骨片，并逐渐减少消失，而平滑肌相对增加，当管腔缩小时，黏膜表面纵行皱褶也逐渐显著。

柱状细胞之间的杯状细胞逐渐减少。到终末细支气管时，上皮变为单层柱状或立方纤毛上皮，杯状细胞已消失。黏膜肌层的肌纤维随支气管分支、管径变小而相对增多，由分散的平滑肌束逐渐形成一完整的环行肌层。

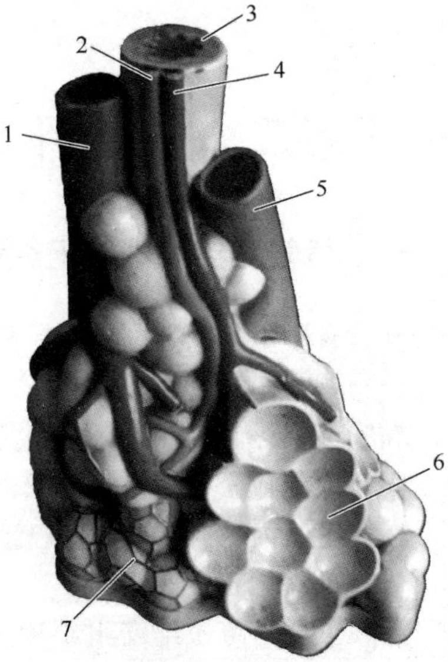

图 5－6　肺呼吸部的结构

1—来自肺动脉　2—来自支气管动脉
3—终末细支气管　4—汇成支气管静脉
5—汇成肺静脉　6—肺泡
7—肺泡隔毛细血管

2. 黏膜下层

黏膜下层随支气管分支、管径变小而逐渐变薄，腺体数量也逐渐减少。到细支气管时，腺体已经消失。

3. 外膜

软骨成不规则的软骨片，数量也逐渐减少。到细支气管时，软骨完全消失。

综上所述，细支气管的组织结构基本与小支气管相似，只是管径变小，管壁变薄，腺体和软骨已经消失，平滑肌则相对地增多。到终末细支气管时，上皮变为单层柱状或立方纤毛上皮，杯状细胞已消失，平滑肌形成一完整的环行肌层。

（二）肺的呼吸部

肺的呼吸部包括呼吸性细支气管、肺泡管、肺泡囊和肺泡（图 5－7）。

1. 呼吸性细支气管

呼吸性细支气管是终末细支气管的分支，管壁结构也与终末细支气管相似。但因与肺泡通连，故上皮呈现移行性改变，即上段管壁仍为单层立方纤毛上皮，以后逐渐移行为单层立方上皮，纤毛消失，在接近肺泡开口处移行为单层扁平上皮。上皮下有薄层固有膜，内有弹性纤维和分散的平滑肌纤维。

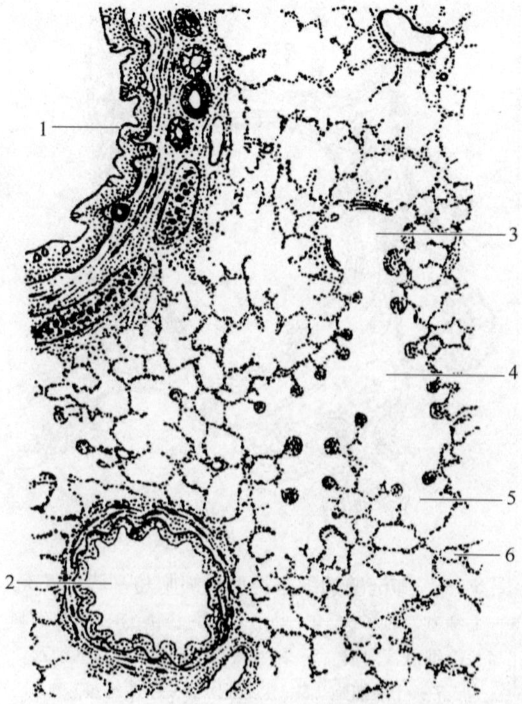

图5－7 肺切片（低倍）

1—支气管 2—细支气管 3—呼吸性细支气管

4—肺泡管 5—肺泡囊 6—肺泡

2. 肺泡管

肺泡管是呼吸性细支气管的分支，末端与肺泡囊相通，管壁因布满肺泡的开口，所以见不到完整管壁，仅看到轮廓。因固有膜内含有环行的平滑肌纤维和弹性纤维束，所以在切片中可以见到相邻肺泡间的肺泡隔边缘部形成膨大。

3. 肺泡囊

肺泡囊是数个肺泡共同开口的通道，即由数个肺泡围成的公共腔体，囊壁就是肺泡壁。此处肺泡隔内没有平滑肌纤维和弹性纤维束，其末端不形成膨大。

4. 肺泡

肺泡是气体交换的场所，呈半球状，二面开口于肺泡囊、肺泡管或呼吸性细支气管，另一面借肺泡隔与相邻肺泡连接。肺泡隔内有丰富的毛细血管网和少量的弹性纤维，网状纤维和胶原纤维。此外，在肺泡腔或肺泡隔内还有一种大而圆的吞噬细胞，称为尘细胞。构成肺泡壁的上皮有扁平细胞和分泌细胞两种（图5－8）。

（1）扁平细胞 扁平细胞在肺泡的内表面形成一连续性的上皮层。细胞

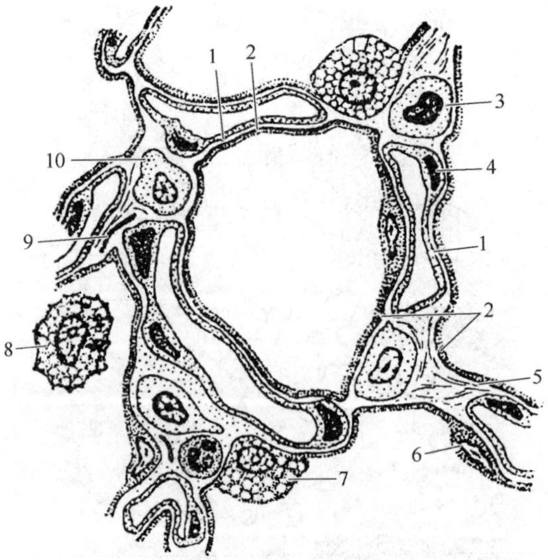

图5－8　肺泡壁的细胞类型及细胞与基膜的关系
1—毛细血管的基膜　2—肺泡上皮的基膜　3—单核细胞
4—毛细血管内皮　5—网状纤维　6—肺泡扁平细胞
7—分泌细胞　8—尘细胞　9—弹性纤维
10—结缔组织细胞

呈扁平状，核椭圆形，稍突入于肺泡腔内。在扁平细胞和邻近毛细血管内皮细胞之间各有一层基膜。因此，肺泡和血液间的气体交换，必须经过肺泡上皮、上皮的基膜、血管内皮的基膜和血管内皮等四层结构。上述这些结构所构成的气血屏障，是气体交换所必须通过的薄层结构。

（2）分泌细胞　分泌细胞与扁平细胞共同构成肺泡壁上皮。细胞一般呈球状或立方形，稍突入肺泡腔内，胞核圆形，染色较浅。这种细胞具有分泌功能，其分泌物排入肺泡腔内，在扁平细胞表面形成一层薄膜状结构，称为表面活性物质（主要化学成分是二棕榈酰卵磷脂），具有降低肺泡表面张力、维持肺泡形状、在肺泡呼气之末不致完全塌陷等作用。

（三）肺的血管

肺的血管可分为功能性血管和营养性血管。功能性血管是肺动脉和肺静脉，营养性血管是支气管动脉和支气管静脉。

1. 肺动脉和肺静脉

肺动脉是大动脉，内含静脉血，从右心室出发，经肺门进入肺内，与支气管伴行，并随支气管分支而分支，最后形成包围在肺泡周围的毛细血管网，与肺泡内的气体进行交换，使静脉血变成动脉血（含氧较多的血液）。由毛细血管网汇集成小静脉，再逐渐汇合成肺静脉。肺静脉在肺内并不与肺动脉伴行，直至形成较大的肺静脉时，才与肺动脉及支气管伴行，最后经肺门出肺，进入左心房。

2. 支气管动脉和支气管静脉

支气管动脉是胸主动脉的分支，经肺门进入肺内，也与支气管伴行，沿途形成毛细血管网，营养各级支气管、肺动脉、肺静脉、小叶间结缔组织和肺胸膜等。支气管静脉汇注于奇静脉。

任务三 | 犬呼吸器官主要结构的识别

一、犬鼻、喉、气管、支气管和肺主要形态结构的识别

（一）目的要求

掌握呼吸系统各器官的形态、结构和位置特征。

（二）材料准备

犬头部正中矢状面标本，鼻腔横断标本，喉、气管、肺离体标本。

（三）方法步骤

1. 鼻和喉

观察鼻孔、鼻前庭、鼻中隔、鼻甲骨、鼻道，注意各鼻道的通路。观察喉软骨（会厌软骨、甲状软骨、环状软骨、杓状软骨）、喉腔、声带和喉肌。

2. 气管、支气管和肺

观察气管和支气管的走向和分支情况。观察肺的 3 个面（肋面、隔面和纵隔面）和 3 个缘及其主要结构，观察肺的分叶和肺小叶形态特征。

（四）技能考核

1. 能准确地在标本模型上指出各呼吸器官的主要形态结构特征。

2. 能正确地填写肺形态结构的图注或图标。

二、肺脏主要组织结构的识别

（一）目的要求

掌握肺泡、肺泡隔、肺泡管和各级支气管的主要组织结构。

（二）设备材料

犬肺 HE 染色切片、示教显微镜和纤维投影设备。

（三）方法步骤

1. 肉眼观察

眼观犬肺 HE 染色切片，组织染色较淡，呈海绵状，可见大小不等的管腔和小泡状结构。

2. 低倍镜观察

表面是被膜，由浆膜构成。向内是实质，由大量肺泡和散在其间的支气管组成。

3. 高倍镜观察

小支气管，管腔较大，皱襞明显，管壁有小的软骨片。上皮是假复层纤毛柱状上皮，有杯状细胞。固有膜内有分散的平滑肌纤维束及少量气管腺和较大

的血管断面。

细支气管，管腔较小，黏膜有小皱襞，上皮为单层柱状纤毛上皮，上皮外有少量结缔组织和完整的环行平滑肌纤维，无腺体和软骨。

终末细支气管黏膜上皮是一层，形态近似立方形，上皮外有薄层平滑肌。

呼吸性细支气管黏膜上皮是单层立方上皮，有少量单个肺泡开口于管壁，上皮外平滑肌很薄。

肺泡管是肺泡共同开口的通道，开口处常可见平滑肌的切面。

肺泡呈泡状，肺泡之间的肺泡隔内含丰富毛细血管及少量结缔组织。肺泡壁由单层扁平上皮细胞和分泌细胞组成。在肺泡腔内可见具有吞噬能力的尘细胞。

（四）技能考核

能迅速准确地使用生物显微镜判断出切片组织的名称，并举出所观察到的主要结构，能在示教显微镜或纤维投影仪视野中找到主要的肺组织结构，并简要说明肺泡和肺泡隔的结构特征。

项目六 泌尿系统

[知识目标]

1. 掌握犬泌尿器官的解剖结构。

2. 掌握肾的组织结构。

[认知与解读]

泌尿系统是宠物机体最重要的排泄系统，与机体的代谢、循环的关系密切，只有掌握本系统的主要解剖与组织结构，才能深入理解机体结构与功能的整体性，为临床疾病防制和宠物犬养护奠定坚实的基础。

任务一 | 泌尿系统的解剖结构

泌尿系统由肾、输尿管、膀胱和尿道组成（图6－1）。肾是生成尿液的器官，输尿管是输送尿液的器官，膀胱是贮存尿液的器官，尿道是排出尿液的器官。

机体在新陈代谢过程中产生的很多有毒有害产物和多余的水分，特别是蛋白质的分解产物，经血液循环到肾，在肾内形成尿液后，再经排尿管道排出体外。同时肾脏还是调节体液、维持电解质平衡的器官。如果泌尿系统的功能发生障碍，代谢产物则蓄积于体液中，改变体液的理化性质，破坏体内环境的相对恒定，从而影响机体新陈代谢的正常进行，严重时可危及生命。

一、肾

肾脏是成对的实质器官，左右各一，位于腹腔上部，腰椎腹侧。营养良好

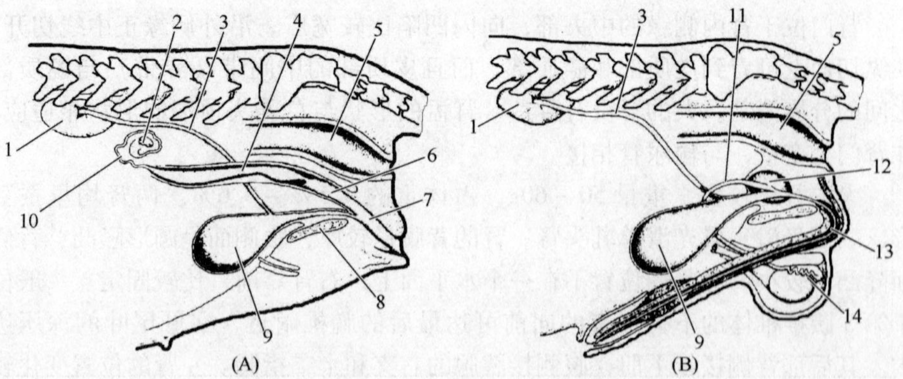

图6-1 母犬（A）和公犬（B）的泌尿生殖系统

1—肾 2—卵巢 3—输尿管 4—子宫 5—直肠 6—阴道 7—泌尿生殖前庭 8—耻骨联合 9—膀胱 10—输卵管 11—输精管 12—前列腺 13—泌尿生殖道 14—睾丸和附睾

的犬类肾脏由肾周脂肪囊包裹。肾的内侧缘凹陷称肾门，是输尿管、血管、淋巴管和神经出入肾脏的部位。肾门向内通肾窦，肾窦是由肾实质围成的腔隙。肾的表面被覆以结缔组织的纤维膜，称为被膜，正常情况下容易剥离。肾的实质由多数肾叶构成。每个肾叶分为表面的皮质部和深层的髓质部。皮质部因富含血管，呈红褐色，有许多细小颗粒状的肾小体。髓质部色较淡，由许多肾小管构成髓放线，髓质部呈圆锥形，称肾锥体，其末端形成肾乳头，与肾盏或肾盂相对（图6-2）。

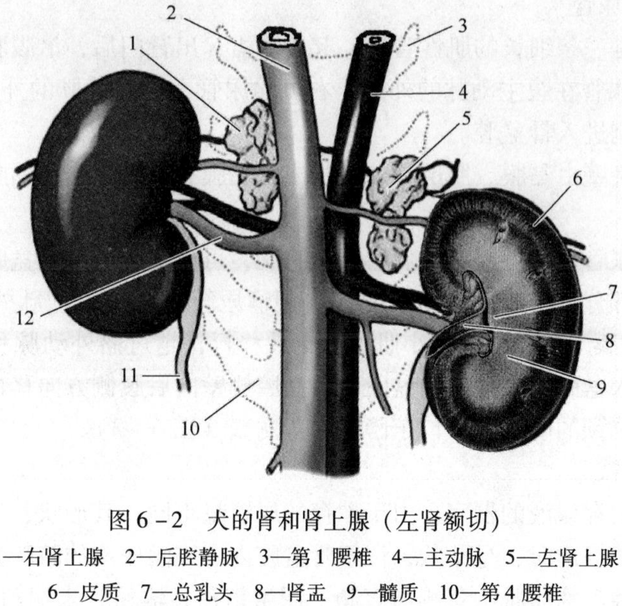

图6-2 犬的肾和肾上腺（左肾额切）

1—右肾上腺 2—后腔静脉 3—第1腰椎 4—主动脉 5—左肾上腺 6—皮质 7—总乳头 8—肾盂 9—髓质 10—第4腰椎 11—输尿管 12—肾动脉

肾门位于肾内侧缘的中央部，向内凹陷比较宽广。沿外侧缘正中线切开，在纵切面上可看到皮质部和髓质部，而且皮质部的中间带（界带）与髓质部之间的分界清楚。犬的肾没有肾盏。肾盂的形状与总乳头顶端的形状相适应，在肾门处变窄，与输尿管相接。

犬的肾比较大，重量50～60g，占体重的0.5%～0.6%。两肾均呈蚕豆形，表面光滑，属光滑单乳头肾。肾的背腹径较厚，腹侧面呈圆形隆凸，背侧面隆凸度较小。两肾的位置不在一个水平面上，右肾靠前，比较固定。一般位于第3腰椎椎体的下方，有的向前可达最后的胸椎附近，在肝尾叶的深压迹内。其后部背侧接腰下肌，腹侧接胰腺的右支和十二指肠。左肾的位置变化较大。由于肾的腹膜附着部比较松弛，而且受胃容积变化的影响较大，因此，当胃近于空虚时，左肾的位置可相当于第3或第4腰椎椎体的部位，其前端可与右肾的肾门处于同一水平位置，有时前端甚至可达第1腰椎后端的部位。当胃处于充满状态时，左肾则向后移位，有时可后移一个椎体长的距离。这样左肾的前端约与右肾后端相对应。左肾的背面接腰下肌，腹侧面接结肠左部，外侧缘接脾和左侧腹壁，前端接胃及胰的左端。左肾的外侧缘经常有一部分与侧腹壁相接触，在活体上，可在皮外用手触知，其位置约在最后肋骨与髂骨嵴之间的中央部。

二、输尿管、膀胱和尿道

（一）输尿管

输尿管是一条细长的肌性管道，起于肾盂，出肾门后，沿腹腔顶壁向后伸延（左侧输尿管在腹主动脉的外侧，右侧输尿管在后腔静脉的外侧），横过髂内动脉的腹侧进入骨盆腔。

输尿管管壁由黏膜、肌层和外膜构成，黏膜有纵行皱褶，黏膜上皮为变移上皮。

犬的输尿管从肾门腹侧向后移行至膀胱，可分为腹腔部和盆腔部。两侧输尿管的腹腔部分别于后腔静脉外侧（右侧输尿管）和腹主动脉外侧（左侧输尿管），在腹膜下组织内沿腰小肌表面向后移行，越过髂外动脉和髂总静脉的腹侧面，进入盆腔。输尿管的盆腔部沿盆腔侧壁向后腹侧方向移行，逐渐弯向中央，在膀胱颈的前方，开口于膀胱的背侧壁（图6－3）。

（二）膀胱

膀胱是贮存尿液的器官，由于贮存的尿液量不同，其形状、大小和位置也有变化。膀胱空虚时，呈梨状，位于骨盆腔内。充满尿液的膀胱，前端可突入腹腔内。雄性动物膀胱的背侧与直肠、尿生殖褶、输精管末端和前列腺相接。雌性动物膀胱的背侧与子宫及阴道相接。

膀胱可分为膀胱顶、膀胱体和膀胱颈三部分。输尿管斜穿膀胱壁，并在壁

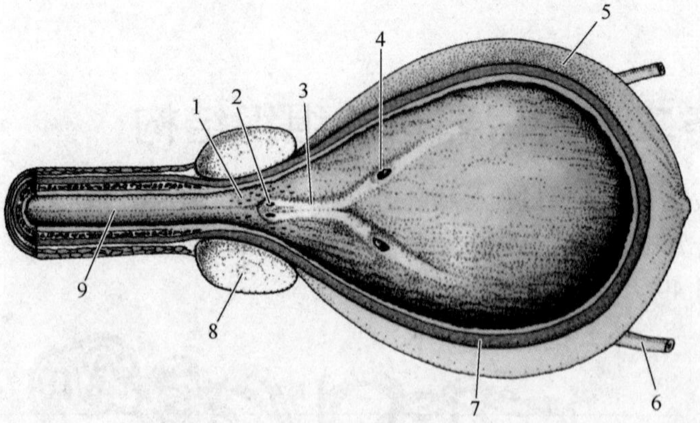

图 6-3 犬膀胱的结构模式图

1—前列腺口 2—精阜和输精管口 3—输尿管嵴 4—输尿管口
5—浆膜 6—输尿管 7—黏膜和肌层 8—前列腺 9—泌尿生殖道

内斜走一段，再开口于膀胱颈的背侧壁，以防止尿液自膀胱向输尿管逆流。膀胱颈延接尿道。

膀胱的位置由三个浆膜褶来固定。膀胱中韧带或膀胱脐中褶，位于腹面正中，是连于骨盆腔底壁和膀胱腹侧之间的腹膜褶。膀胱侧韧带或膀胱脐侧褶，连于膀胱两侧与骨盆腔侧壁之间，其游离缘各有一膀胱圆韧带，为胎儿脐动脉的遗迹。膀胱后部，由疏松结缔组织与周围器官联系，结缔组织内常有多量脂肪。

膀胱壁由黏膜、肌层和外膜构成黏膜形成不规则的皱褶，上皮为变移上皮。肌层为平滑肌，分层不太规则，一般可分为内纵肌、中环肌和外纵肌，中环肌层最厚，在膀胱颈部，肌层形成膀胱括约肌。膀胱外膜随部位不同而异，膀胱顶部和体部为浆膜，颈部为结缔组织外膜。

犬的膀胱容积比较大，其大小和位置因贮尿量而不同，当充满状态时，膀胱颈在耻骨前缘处，而膀胱体移位于腹腔；若使膀胱充分膨胀，其顶部可伸至脐部。当膀胱空虚或缩小时，则全部退入骨盆腔内。膀胱表面全部被腹膜覆盖。

（三）尿道

有关内容见生殖系统。

任务二 | 泌尿器官的组织结构

肾由被膜和实质组成，被膜是包裹在肾外面的结缔组织膜，实质主要由肾单位、集合管和乳头管组成，肾单位由肾小体和肾小管构成（图6－4）。犬的肾单位超过40万个。

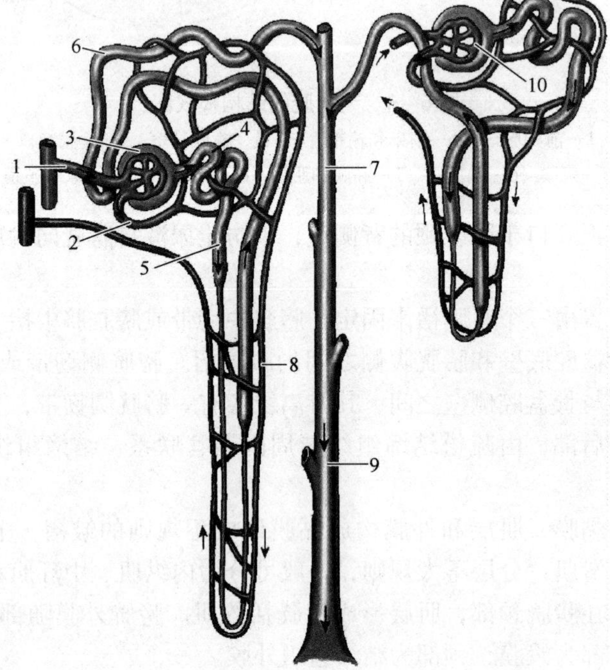

图6－4　肾单位模式图

1—入球小动脉　2—出球小动脉　3—肾小囊　4—近曲小管
5—髓襻　6—远曲小管　7—集合管　8—毛细血管
9—乳头管　10—肾小球

肾小管数量庞大，有极少量的结缔组织及丰富的毛细血管网。肾小管是一条细长而弯曲的上皮管，其起始端形成双层漏斗样膨大，与毛细血管网共同形成肾小体，肾小体延接为弯曲的近曲小管，弯曲行走于肾小体附近。近曲小管自皮质沿髓放线向下直行进入髓质，管径逐渐变细，此段小管称为髓襻降支，髓襻降支在髓质折转成襻，又返向皮质，管径稍变粗称髓襻升支。髓襻升支返回皮质后，管径增粗，弯曲行走于肾小体附近，称为远曲小管。远曲小管末端伸向髓放线汇合于集合管。集合管沿髓放线自皮质入髓质，末端汇入乳头管，开口于肾总乳头上，与肾盂相对。

一、肾的组织结构和血管特征

(一) 肾小体

肾小体是肾单位的起始部，位于肾皮质内，呈球形，由血管球和肾小囊两部分组成（图6-5）。肾小体的一侧有血管极，是血管进出血管球的部位；血管极的对侧是尿极，是肾小囊延接近曲小管处（图6-6）。

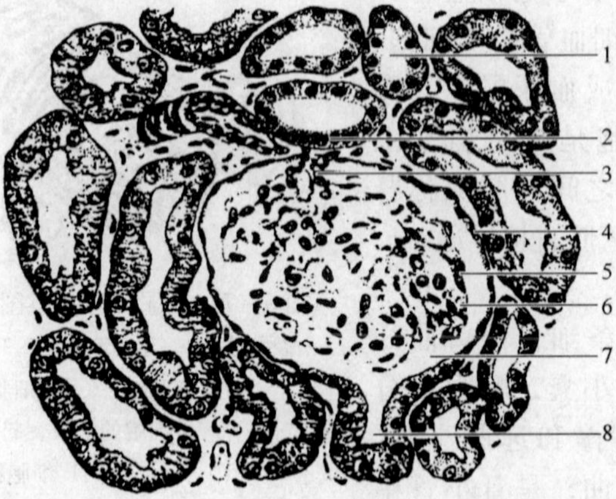

图6-5 肾皮质切面（高倍镜观察）

1—远曲小管 2—致密斑 3—血管极 4—肾小囊壁层
5—足细胞 6—毛细血管 7—肾小囊腔 8—近曲小管

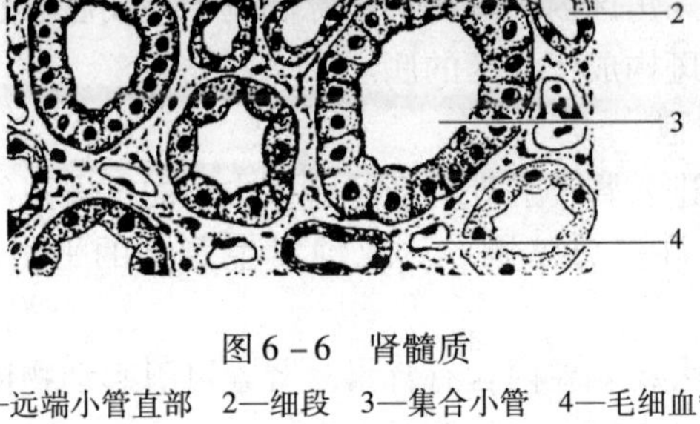

图6-6 肾髓质

1—远端小管直部 2—细段 3—集合小管 4—毛细血管

1. 肾小球

肾小球位于肾小囊中，由入球小动脉分支形成，以出球小动脉离开肾小体。入球小动脉短而粗，出球小动脉细而长。

2. 肾小囊

肾小囊是肾小管起始部盲端膨大凹陷形成的杯状囊，分为脏层和壁层。脏层上皮细胞为多突起的细胞，又称足细胞，是构成肾小体滤过膜的重要过滤装置。足细胞紧贴在肾小球毛细血管外面，与肾小球毛细血管内皮细胞、内皮基膜共同构成血尿屏障（图6-7）。壁层细胞是单层扁平上皮。脏层与壁层之间的腔隙称肾小囊腔，与肾小管腔直接连通。

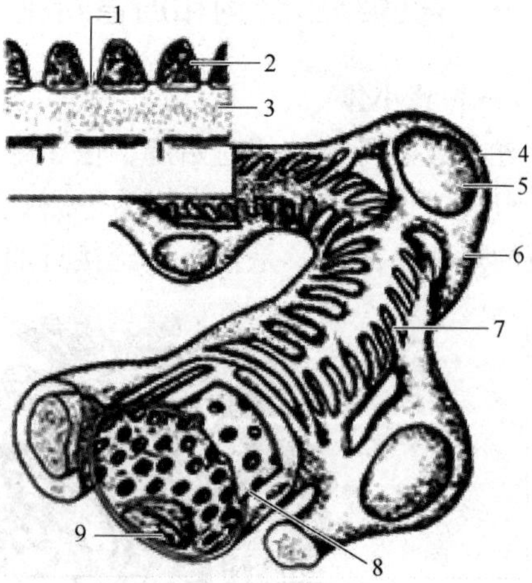

图6-7　血尿屏障示意图（左上为切面）

1—裂孔膜　2—足细胞突起　3—基膜　4—足细胞

5—足细胞核　6—足细胞的初级突起

7—足细胞的次级突起　8—基膜

9—内皮细胞核

（二）肾小管

肾小管是一条细长而弯曲的小管，起始于肾小囊，顺次可分为近曲小管、髓襻和远曲小管。近曲小管长而弯曲，是肾小管中最长的一段，在肾小体尿极处与肾小囊相接，位于肾小体附近迂曲行走。管壁由单层立方形或锥体形细胞构成，细胞游离缘有刷状缘，以增大细胞的表面积，有利于肾小管的重吸收功能。髓襻是从皮质进入髓质，又从髓质返回皮质的U形小管，前接近曲小管，后接远曲小管。髓襻可分为降支和升支。远曲小管位于皮质内，比近曲小管短而且弯曲少，管壁由单层立方上皮构成，其末端汇入集合管。

（三）肾小球旁复合体

肾小球旁复合体是指位于肾小体血管极附近的一些结构的总称。一般包括三种结构：入球小动脉的肾小球旁细胞、远曲小管的致密斑和间膜细胞。它们位于肾小体血管的三角区内，输入小动脉和输出小动脉分别形成三角区的两个边，远曲小管致密斑构成三角区的底。

1. 肾小球旁细胞

在入球小动脉进入肾小囊处，动脉管壁中膜的平滑肌细胞变肥大，细胞呈球形，胞质内含有许多分泌颗粒。此种发生变化的平滑肌细胞称肾小球旁细胞。

分泌颗粒圆而大，颗粒内含有肾素。肾素可引起动物体血压增高。

2. 致密斑

致密斑为远曲小管的起始段，在接近肾小体输入小动脉的一侧，其上皮细胞的形态由低柱状变成细长的高柱状细胞，结构上也与管壁其他部位的细胞不同（图6-8）。致密斑细胞能分泌肾素；另外，有人认为致密斑是化学感受器，可感受远曲小管内液体的容量和浓度，并能对肾小球旁细胞分泌肾素起调节作用。

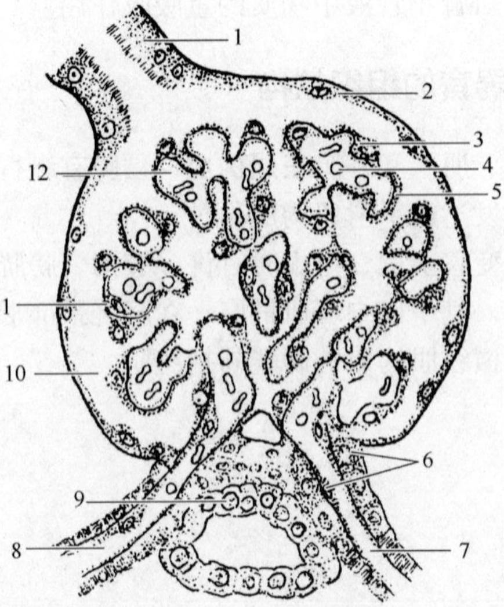

图6－8　肾小球旁复合体模式图

1—近端小管起始部（尿极）　2—肾小囊外层　3—肾小囊内层（足细胞）
4—毛细血管内的红细胞　5—基膜　6—肾小球旁细胞　7—入球小动脉
8—出球小动脉　9—致密斑　10—肾小囊腔　11—毛细血管内皮
12—血管球毛细血管

3. 间膜细胞

间膜细胞位于肾小体血管极的三角区内，与肾小球旁复合体的其他成分相密接，根据其位置又称为极垫细胞。间膜细胞内也含有一些颗粒，被认为与输入小动脉的肾小球旁细胞相同。它们可进入肾小球内毛细血管之间，构成肾小球内的间膜细胞。

一些出球小动脉管壁上也有肾小球旁细胞，与入球小动脉的基本相似。

（四）集合管和乳头管

许多远曲小管末端汇合形成较粗的集合管，一些集合管汇集成更粗的乳头管，开口于肾乳头。

（五）肾的血管和血液循环

由腹主动脉发出的肾动脉，入肾门后经多次分支，最后发出许多小叶间动脉。小叶间动脉又分支为入球小动脉，进入肾小体后形成肾小球毛细血管网，盘曲形成肾小球，之后汇合成出球小动脉离开肾小体。出球小动脉离开肾小体后，在皮质和髓质的肾小管周围再次分支，形成毛细血管网。肾小管周围的毛细血管网最终汇集成肾静脉开口于后腔静脉。

肾的血液循环有三方面特点。首先，肾动脉直接来自腹主动脉，口径粗、行程短、血流量大，占心输出血量的20%～25%；其次，入球小动脉短而粗，出球小动脉长而细，加之肾小球在肾的两级毛细血管中，具有动脉性质，因而血压较高，有利于原尿的生成；最后，球后毛细血管网是第二次形成的毛细血管，血压低，有利于对肾小管液中物质的重吸收作用。

二、其他泌尿器官的组织结构

输尿管壁由黏膜、肌层和外膜三层构成，黏膜有纵行的皱褶，黏膜上皮为变移上皮，肌层由较发达的平滑肌构成。

膀胱黏膜上皮是变移上皮，空虚时有许多皱褶。膀胱肌层较厚，分为内纵肌、中环肌和外纵肌，其中以中环肌最厚，在膀胱颈部形成内括约肌。在膀胱内括约肌外层还有由横纹肌构成的膀胱外括约肌。

任务三 | 犬泌尿器官主要结构的识别

一、犬肾、输尿管、膀胱和尿道主要形态结构的识别

（一）目的要求

掌握泌尿系统各器官的形态、结构和位置特征。

（二）设备材料

犬肾、输尿管、膀胱、尿道的离体标本；肾的输尿管和血管铸型标本；显示泌尿器官位置的整体标本。

（三）方法步骤

1. 肾

观察肾脂肪囊、肾门、肾窦、皮质、髓质、髓放线、肾锥体、肾窦、肾乳头、肾盂和肾盏的形态结构。在肾的铸型标本上观察肾动脉、肾静脉的分支分布和肾盂的形态。

2. 输尿管、膀胱和尿道

观察输尿管的走向、位置及其在膀胱上的开口。观察膀胱的形态、位置和固定以及与雌、雄性尿道的通连关系。公犬尿道起自膀胱颈内口，止于精阜，向后延续为尿生殖道。母犬尿道止于前庭。

（四）技能考核

1. 在标本上指出各泌尿器官的主要结构。
2. 在体表对肾和膀胱进行定位。

二、犬肾主要组织结构的识别

（一）目的要求

掌握犬肾的组织结构。

（二）设备材料

犬肾组织切片、显微镜、示教和投影设备。

（三）方法步骤

1. 肉眼观察

眼观察标本深紫红色的部分是皮质，淡红色的部分是髓质。

2. 低倍镜观察

低倍镜下观察肾的切片，被膜是致密结缔组织；皮质可见许多肾小体及近曲和远曲小管的断面；髓质可见各种管状结构断面和髓放线。

3. 高倍镜观察

高倍镜下观察犬肾的皮质主要由肾小体和大量的肾小管切面构成。着重观察肾小体、肾小球、肾小囊、肾小管和集合管。

（四）技能考核

能迅速识别出肾的组织切片，能说名肾皮质和髓质的主要结构特征。

项目七 生殖系统

[知识目标]

1. 掌握雄性生殖器官的解剖结构。
2. 掌握雌性生殖器官的解剖结构。
3. 掌握犬类主要生殖器官的组织结构。

[认知与解读]

生殖系统的主要功能是产生生殖细胞，孕育新个体，延续种族；此外还能产生和分泌性激素，与神经系统、内分泌系统共同调节生殖器官的活动和促进第二性征的发育。犬等高等哺乳动物的生殖器官是有明显雌雄差别的。生殖系统不仅从胚胎发生和形态结构都与泌尿系统的关系非常密切，而且是宠物繁殖和围产期疾病的基础。因此通过对本系统解剖组织结构的学习，掌握公、母犬生殖器官的宏微观形态结构，对深入理解生命的生殖来源、对于提高犬类养护打理与疾病防制技术水平都是很重要的。

任务一 | 雌性生殖系统的解剖结构

雌性生殖器官由生殖腺（卵巢）、生殖管（输卵管和子宫）、交配器官和产道（阴道、阴道前庭和阴门）组成（图 7 - 1）。卵巢是产生卵子和分泌雌性激素的器官；输卵管是输送卵子和受精的管道；子宫是胎儿发育和娩出的器官。卵巢、输卵管、子宫和阴道为内生殖器官。阴道前庭和阴门为外生殖器官。此外，乳腺也与生殖功能有密切关系。

一、卵巢

卵巢是雌性生殖腺，是产生卵子和分泌雌性激素的器官。卵巢由卵巢系膜

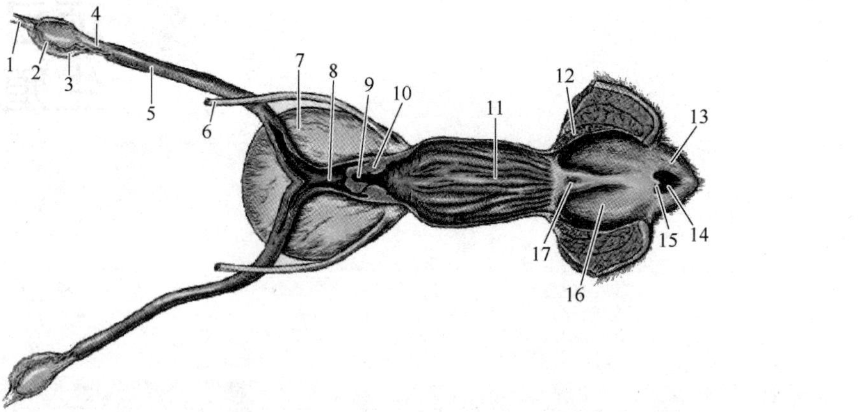

图7-1　母犬的生殖系统

1—卵巢悬韧带　2—输卵管　3—输卵巢系膜　4—卵巢固有韧带　5—子宫角
6—输尿管　7—膀胱　8—子宫体　9—子宫颈管　10—子宫颈　11—阴道
12—前庭球　13—阴唇　14—阴蒂窝　15—阴蒂　16—阴道前庭　17—尿道外口

附着于腰下部。卵巢的子宫端借卵巢固有韧带与子宫角的末端相连。在卵巢系膜的附着缘缺腹膜，神经和脉管由此出入卵巢，此处称为卵巢门。卵巢没有专门排卵的管道，成熟的卵泡破裂时，卵细胞直接从卵巢表面排出。

犬的卵巢比较小，呈长卵圆形，稍扁平，平均长度约2 cm。每个卵巢的位置，距同侧肾脏的后端1~2 cm或紧相邻，在第3或第4腰椎的腹侧，或在最后肋骨与髂骨嵴之间的中央部。右侧卵巢在十二指肠的右部与外侧腹壁之间。左侧卵巢的外侧邻接脾脏。每个卵巢都隐藏在一个腹膜囊内，并含有适量的脂肪和平滑肌，囊的腹侧面有一裂口，囊壁由两层浆膜构成，含有适量的脂肪和平滑肌。浆膜伸延到子宫角，形成输卵管系膜和卵巢固有韧带。卵巢内含有卵泡，因此在卵巢表面生成许多隆凸，有许多卵泡含有数个卵子，但缺少明显的卵巢门（图7-2）。

二、输卵管

输卵管是位于卵巢和子宫角之间的一对细长而弯曲的管道，有输送卵细胞的功能，也是卵细胞受精的场所。输卵管为子宫阔韧带外层分出的输卵管系膜所固定。输卵管系膜与卵巢固有韧带之间形成卵巢囊。

输卵管前端膨大呈漏斗状，称漏斗部，其边缘较薄且呈不规则的皱褶称输卵管伞，漏斗的中央有一个小的开口通腹膜腔称输卵管腹腔口。位末端以小的输卵管子宫口与子宫角相通。犬的输卵管比较短，平均5~8cm。最初一段沿卵巢囊外侧向前走，以后转到囊的内侧，沿内侧面向后走。输卵管的弯曲度也比较小。所以卵巢囊相当输卵管系膜的一部分。伞端大部位于囊内，有一部分

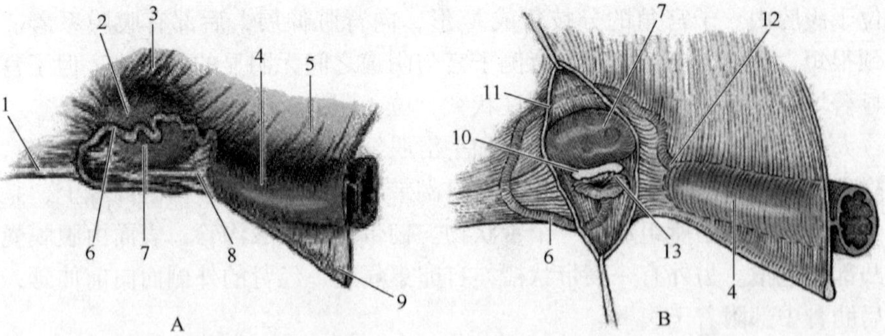

图7-2 犬的卵巢和输卵管
A—未切开卵巢囊 B—切开卵巢囊
1—卵巢悬韧带 2—输卵管系膜 3—卵巢系膜 4—子宫角 5—子宫阔韧带 6—输卵管 7—卵巢囊 8—卵巢固有韧带 9—子宫圆韧带 10—卵巢囊口 11—卵巢囊切口边缘 12—输卵管子宫口 13—输卵管漏斗

常经囊的裂口伸到囊的外面，有比较大的腹腔口。输卵管的子宫口很小，接于子宫角。

三、子宫

子宫是一个中空的肌质性器官，富于伸展性，是胎儿生长发育和娩出的器官，子宫借子宫阔韧带附着于腰下部和骨盆腔侧壁，大部分位于腹腔内，小部分位于骨盆腔内（直肠和膀胱之间），前端与输卵管相接，后端与阴道相通。子宫阔韧带为宽而厚的腹膜褶，含有丰富的结缔组织、血管、神经及淋巴管，其外侧为子宫圆韧带。

犬、猫等动物的子宫均属双角子宫，可分子宫角、子宫体和子宫颈三部分。子宫的形状、大小、位置和结构，因动物种类、年龄、个体、性周期以及妊娠时期等不同而有很大差异。

子宫角是成对的器官，是子宫的前部，呈弯曲的圆筒状，位于腹腔内。其前端以输卵管子宫口与输卵管相通。二角后端合并为子宫体。

子宫体位于骨盆腔内，部分在腹腔内，呈圆筒状，背腹向略扁，向前与子宫角相连，向后延续为子宫颈。

子宫颈是子宫后段的缩细部，位于骨盆腔内，壁很厚，黏膜形成许多纵褶，内腔狭窄，称为子宫颈管。前端以子宫颈内口与子宫体相通，后端突入阴道内的部分称为子宫颈阴道部，平时闭合，发情时稍松弛，分娩时扩大。

犬的子宫的子宫体很短，子宫角细而长。一个中等体型的犬，子宫体的长度2～3 cm，角长12～15 cm。角腔的直径很均匀，没有弯曲，近于直线，全部位于腹腔内。子宫角的分歧角成 V 形，向肾脏伸展，后部有腹膜系着。子宫颈很短，含有一厚的肌层，背侧子宫与阴道之间无明显的分界线，但子宫颈壁显著增厚。子宫颈腹侧形成圆柱状突，位于阴道壁上的陷凹内。

犬的子宫阔韧带含有多量脂肪和平滑肌纤维，韧带的中部比两端宽广，后部附着于阴道的前部。圆韧带在一个自阔带外侧面突出的皱褶游离缘上，是一个由平滑肌和脂肪所组成的一个带状物。韧带走入腹股沟管，表面由腹膜囊状隆凸部所包覆。另外有一韧带状褶，自卵巢囊起，经肾的外侧面向前伸延，在最后肋骨中部附着于腹壁。

妊娠犬的子宫角，外观上有许多膨大部，里面含有胎儿，在每两个膨大部之间，由一细缩部分开。妊娠子宫位于腹腔底面，向前伸展接近胃和肝。

四、阴道

阴道既是雌性动物的交配器官，也是产道。阴道左右呈扁管状，位于骨盆腔内，在子宫后方，向后延接阴道前庭；其背侧与直肠相邻，腹侧与膀胱及尿道相邻。犬的阴道比较长，前端变细，无明确的穹窿。肌层很厚，主要为环形肌纤维所组成。黏膜形成纵走皱褶。

五、阴道前庭和阴门

（一）阴道前庭

母畜生殖道自尿道外口以后是泌尿和生殖系统朝向体外的共同通道，因此也将阴道前庭称为尿生殖前庭。它既是是交配器官也是产道，还是尿液排出的经路。阴道前庭与阴道相似，呈扁管状，前端腹侧以一横行的黏膜褶——阴瓣与阴道为界，后端以阴门与外界相通。在阴道前庭的腹侧壁上，紧靠阴瓣的后方有一尿道外口，在尿道外口后方两侧有前庭小腺的开口，在侧壁上有前庭大腺的开口。另外阴道前庭黏膜下有一对勃起组织称前庭球。

（二）阴门

犬的阴门与阴道前庭一同构成雌性动物的外生殖器官，位于肛门腹侧，由左、右两片阴唇构成，两阴唇间的裂缝称为阴门裂。阴门裂的上下两端相联合，分别称为阴门背联合和阴门腹联合。在阴门腹联合前方有一明显的阴蒂窝，内有小而凸出的阴蒂。阴蒂相当于雄性动物的阴茎，也由海绵体构成。

犬阴唇比较厚，阴门腹联合较尖锐。黏膜光滑，呈赤色。由于淋巴滤泡的存在，表面常有小隆起。在尿道口的两侧各有一小陷窝，缺前庭大腺，前庭小腺经常存在，其排出管向下走，在正中嵴的两侧开口。阴蒂体宽广扁平，3 ~ 4cm，不是由海绵体所形成，而主要为脂肪组织，外面由一层白纤维膜包盖，下部含有一些比较大的动脉和多量神经纤维。阴蒂头主要由海绵体所组成，位于一个比较大的阴蒂窝内。另外有一黏膜向后延展，盖在阴蒂头和窝的表面，褶的中央部有一向外突出的部分，常被误为阴蒂。

（三）雌性尿道

母犬的尿道较短，位于阴道腹侧，前端与膀胱颈相接，后端开口于阴道前庭起始部的腹侧壁，是尿道外口。

任务二 | 雄性生殖系统的解剖结构

雄性生殖器官由生殖腺（睾丸）、输精管道（附睾、输精管、尿生殖道）、副性腺、交配器官（阴茎和包皮）和阴囊组成（图7－3）。睾丸是产生精子和雄性激素的器官，是雄性生殖腺。附睾有贮存和营养精子的作用，副性腺一般包括精囊腺、前列腺和尿道球腺（犬只有前列腺），其分泌物有营养和增强精子活动的作用。睾丸、输精管道和副性腺为内生殖器官，而阴茎、包皮和阴囊为外生殖器官。

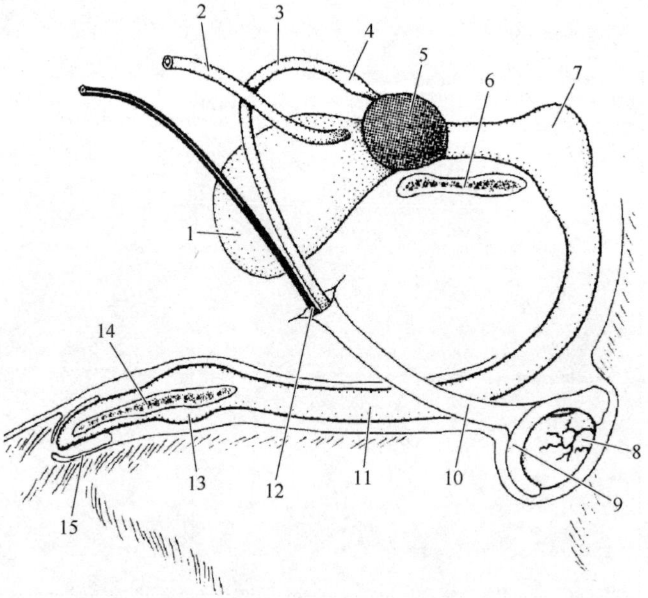

图7－3　公犬的生殖系统

1—膀胱　2—输尿管　3—输精管　4—壶腹　5—前列腺　6—骨盆联合
7—阴茎球　8—睾丸　9—附睾　10—精索　11—阴茎
12—腹股沟管内环　13—龟头球　14—阴茎骨　15—包皮

一、睾丸和附睾

（一）睾丸

睾丸和附睾均位于阴囊内，左、右各一。睾丸呈左、右稍扁的椭圆形，表面光滑。外侧面稍隆凸，与阴囊外侧壁接触，内侧面稍平坦，与阴囊中隔相贴。附睾附着的边缘称附睾缘，另一缘为游离缘。血管和神经进入的一端为睾丸头，有附睾头附着。另一端为睾丸尾，有附睾尾附着（图7－4）。

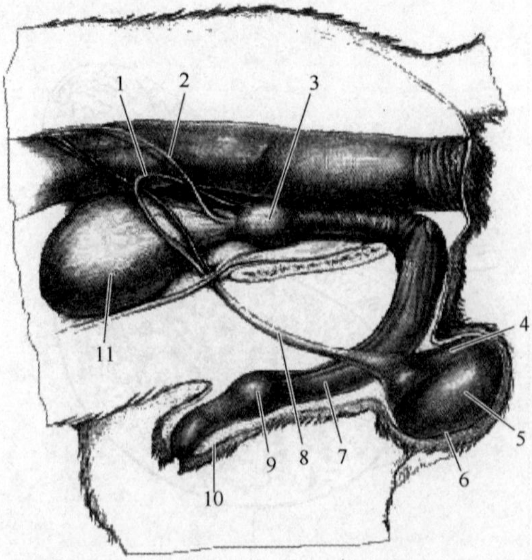

图7-4 公犬生殖器官的形态

1—输精管 2—输尿管 3—前列腺 4—附睾 5—睾丸 6—阴囊
7—阴茎 8—精索 9—龟头球 10—包皮龟头球 11—膀胱

睾丸表面大部分由浆膜被覆，称为固有鞘膜。固有鞘膜的深面是一层由致密结缔组织构成的白膜。白膜的结缔组织从睾丸头端呈板状深入睾丸内，一般沿着长轴向睾丸尾端延伸，形成睾丸纵膈。

在胚胎时期，睾丸位于腹腔内，肾脏附近。出生前后，睾丸和附睾一起经腹股沟管下降至阴囊中，这一过程，称为睾丸下降。如果有一侧或两侧睾丸没有下降到阴囊，称单睾或隐睾，会影响生殖功能。

犬的睾丸比较小，成卵圆形，长轴自上后方向前下方倾斜。睾丸纵膈位于中央，相当发达。

（二）附睾

附睾是贮存精子和精子进一步成熟的场所，外面也被覆有固有鞘膜和薄的白膜。

附睾可分为附睾头、附睾体与附睾尾。附睾头膨大，由十多条睾丸输出小管组成。睾丸输出小管汇合成一条很长的附睾管，弯曲并逐渐增粗，构成附睾体和附睾尾，在附睾尾延续成输精管（图7-5）。附睾尾借睾丸固有韧带与睾丸相连。固有韧带由睾丸尾延续到阴囊（总鞘膜）的部分称阴囊韧带。去势时切开阴囊后，必须切断阴囊韧带，才能摘除睾丸和附睾。

犬的附睾较大，紧密附着于睾丸外侧面的背侧方。精索及鞘膜都很长，斜行于阴茎的两侧。鞘膜上端有时闭锁，所以无鞘膜环的构造。输精管膨大部较细。

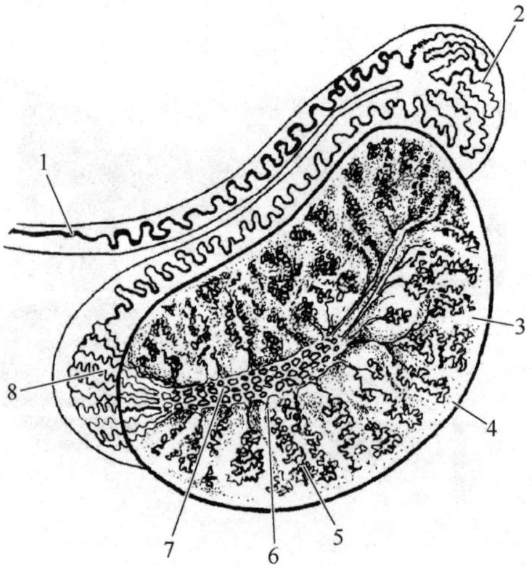

图 7－5　睾丸和附睾模式图

1—输精管　2—附睾管　3—白膜　4—浆膜　5—曲细精管

6—直细精管　7—睾丸网　8—睾丸输出管

二、输精管和精索

（一）输精管

输精管由附睾管直接延续而成，由附睾尾沿附睾体至附睾头附近，进入精索后缘内侧的输精管褶中，经腹股沟管入腹腔，然后折向后上方进入骨盆腔，在膀胱背侧的尿生殖褶内继续向后伸延，开口于尿生殖道起始部背侧壁的精阜上。

犬的输精管在尿生殖褶内形成不明显的壶腹，其黏膜内有腺体（壶腹腺）分布，又称输精管腺部。

（二）精索

精索是一个扁平的圆锥形结构，其基部附着于睾丸和附睾，上端达鞘膜管内环，由神经、血管、淋巴管、平滑肌束和输精管等组成，外表被有固有鞘膜。

三、尿生殖道和副性腺

（一）尿生殖道

雄性动物的尿道几乎全程都兼有排精作用，所以称为尿生殖道。尿生殖道前端接膀胱颈，沿骨盆腔底壁向后伸延，绕过坐骨弓，再沿阴茎海绵体腹侧的尿道沟向前延伸至阴茎头末端，以尿道外口开口于外界（图 7－6）。

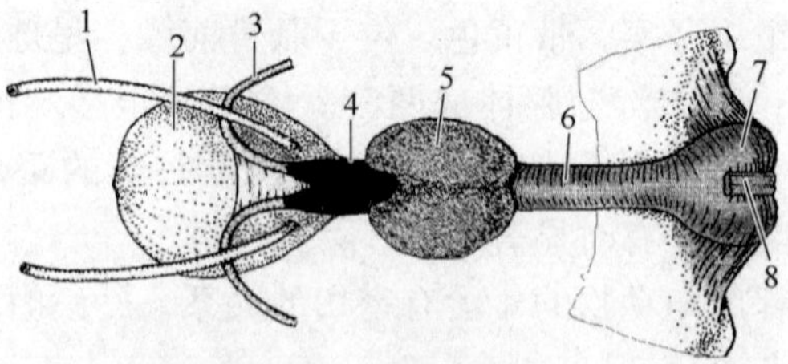

图 7-6 公犬骨盆部生殖器官（背侧）

1—输尿管 2—膀胱 3—输精管 4—壶腹腺 5—前列腺

6—尿生殖道 7—尿道球 8—阴茎缩肌

尿生殖道管壁包括黏膜层、海绵体层、肌层和外膜。黏膜层有很多皱褶；海绵层主要是由毛细血管膨大而形成的海绵腔，属于血窦性结构；肌层由深层的平滑肌和浅层的横纹肌组成。横纹肌的收缩对射精起重要作用，还可帮助余尿排出。

尿生殖道分骨盆部和阴茎部，二者以坐骨弓为界。在交界处，尿生殖道的管腔稍变窄，称为尿道峡。

1. 尿生殖道骨盆部

尿生殖道骨盆部位于骨盆腔内，在骨盆腔底壁与直肠之间。起始部背侧壁的中央有一圆形隆起，称为精阜。精阜上有一对小孔，为输精管及精囊腺的共同开口。此外，在骨盆部黏膜的表面，还有其他副性腺的开口。骨盆部的外面有环行的横纹肌，称尿道肌。

2. 尿生殖道阴茎部

尿生殖道阴茎部是骨盆部的直接延续，自坐骨弓起，经左、右阴茎脚之间进入阴茎的尿道沟。此部的海绵层比骨盆部稍发达，外面的横纹肌称为球海绵体肌，其发达程度和分布情况因动物不同而异（图 7-7）。

犬的尿生殖道骨盆部比较长，前部包藏在前列腺内（可因前列腺肥大而影响排尿）。坐骨弓外的尿道特别发达，呈球形，称尿道球或阴茎球，这是由于该部尿道海绵体特别发达的缘故。

（二）副性腺

一般动物的副性腺包括前列腺、成对的精囊腺和尿道球腺，其分泌物与输精管壶腹部的分泌物以及睾丸生成的精子共同组成精液。副性腺的分泌物有稀释精子、营养精子及改善阴道环境等作用，有利于精子的生存和运动。凡是幼龄去势的动物，副性腺不能正常发育。

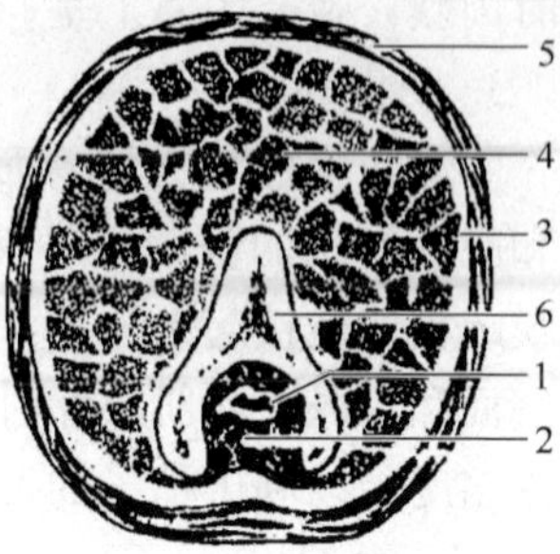

图 7-7 犬阴茎横断面

1—尿生殖道 2—尿道海绵体

3—阴茎白膜 4—阴茎海绵体

5—阴茎筋膜 6—阴茎骨

犬没有精囊腺和尿道球腺，只有前列腺。犬

的前列腺比较大，组织坚实，带黄色。位于耻骨前缘，呈球形环绕在膀胱颈及尿道的起始部，有一正中沟分腺体成两叶。输出管很多。前列腺小叶（扩散部）位于尿道膀胱交界处的尿道壁内，向后伸延一短的距离。腺的大小，多有变异，特别是老龄犬，有时显著增大。

前列腺的发育程度与动物的年龄有密切的关系，幼龄时较小，到性成熟期较大，老龄时又逐渐退化。

四、阴囊、阴茎和包皮

（一）阴囊

阴囊为腹壁形成的袋状囊，内有睾丸、附睾及部分精索。阴囊壁的结构（图7-8）与腹壁相似，分以下数层。

1. 皮肤

阴囊皮肤薄而柔软，富有弹性，表面生行短而细的毛，内含丰富的皮脂腺和汗腺。阴囊表面的腹侧正中有阴囊缝，将阴囊从外表分为左、右两部。

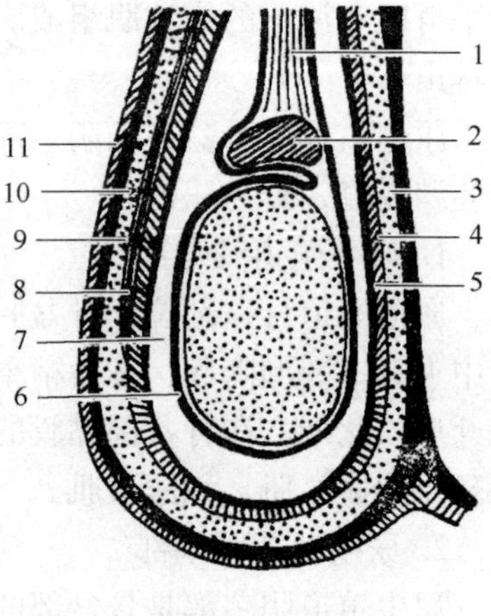

图7-8 阴囊结构模式图

1—精索 2—附睾 3—阴囊中膈 4—总鞘膜纤维层 5—总鞘膜 6—固有鞘膜 7—鞘膜腔 8—睾外提肌 9—筋膜 10—肉膜 11—皮肤

2. 肉膜

肉膜紧贴于皮肤的深面，不易剥离。肉膜相当于腹壁的浅筋膜，由含有弹性纤维和平滑肌纤维的致密结缔组织构成。肉膜在正中线处形成阴囊中膈，将阴囊分为左、右互不相通的两个腔。中膈背侧分为两层，沿阴茎两侧附着于腹壁。肉膜有调节温度的作用，天冷时肉膜收缩，阴囊起皱，面积减小；天热时肉膜松弛，阴囊下垂。

3. 阴囊筋膜

阴囊筋膜位于肉膜深面，由腹壁的深筋膜和腹外斜肌的腱膜延伸而来，将肉膜和总鞘膜疏松地连接起来，其深面有睾外提肌，是腹内斜肌分出的，包于总鞘膜的外侧面和后缘。此肌收缩时可上提睾丸，使其接近腹壁，与肉膜一同有调节阴囊内温度，以利于精子的发育和生存。

4. 总鞘膜

当睾丸和附睾通过腹股沟管下降到阴囊时，腹膜也随着到阴囊，形成腹膜袋，即鞘膜突。总鞘膜就是附着于阴囊最内面的鞘膜突，即腹膜壁层，强而厚，为腹横筋膜所加强。由总鞘膜折转到睾丸和附睾表面的为固有鞘膜，相当于腹膜的脏层。折转处形成的浆膜褶称为睾丸系膜。在总鞘膜和固有鞘膜之间的腔隙称为鞘膜腔，内有少量浆液。鞘膜腔的上段细窄，称为鞘膜管；通过腹股沟管以鞘膜管口或鞘环与腹膜腔相通。在鞘膜口未缩小的情况下，小肠可脱入鞘膜管或鞘膜腔内，形成腹股沟疝或阴囊疝，须进行手术治疗。

附睾尾借阴囊韧带（为睾丸系膜下端增厚形成）与阴囊相连。

犬的阴囊位于腹股沟部与肛门之间的中央部。阴囊部的皮肤常带有色素，且生有稀疏的细毛，正中缝不很清楚。

（二）阴茎

阴茎是雄性动物的交配器官，附着于两侧的坐骨结节，经左、右股部之间向前延伸至脐部皮下，可分阴茎根、阴茎体和阴茎头三部分。

1. 阴茎根

阴茎根以两个阴茎脚附着于坐骨弓的两侧，其外侧面覆盖着发达的坐骨海绵体肌（横纹肌）。两阴茎脚向前合并成阴茎体。

2. 阴茎体

阴茎体呈圆柱状，位于阴茎脚和阴茎头之间，占阴茎的大部分。在起始部由两条扁平的阴茎悬韧带固着于坐骨联合的腹侧面。

3. 阴茎头

阴茎主要由阴茎海绵体和尿生殖道阴茎部构成。阴茎海绵体外面包有很厚的致密结缔组织白膜，富有弹性纤维。白膜的结缔组织向内伸入，形成小梁，并分支互相连接成网。小梁内有血管、神经分布，并含有平滑肌（特别是肉食兽）。在小梁及其分支之间的许多腔隙，称为海绵腔。腔壁衬以内皮，并与血管直接相通。海绵腔实际上是扩大的毛细血管。当充血时，阴茎膨大变硬而发生勃起现象，故海绵体也称勃起组织。

分布到阴茎的阴茎深动脉，沿小梁分出许多短的分支。这些分支在阴茎回缩时，呈螺旋状，故称螺旋动脉。这种动脉直接开口于海绵腔中。螺旋动脉内壁有隆起的内膜垫，垫内有平滑肌束。平时，垫内的平滑肌略呈收缩状态，内膜垫隆起增厚，闭塞动脉管腔，减少血流量。阴茎勃起时，螺旋动脉和小梁的平滑肌松弛，致使螺旋动脉伸直，管腔开放，血液可直接流入海绵腔。由于中央较大的海绵腔首先充血膨胀，压迫外周的海绵腔，因而堵塞血液流入白膜静脉丛的口。血液继续流入海绵腔，压力增高，阴茎勃起。射精后，螺旋动脉的平滑肌收缩，血液流入海绵腔减少，同时由于小梁肌纤维的收缩和弹性纤维的回缩，海绵腔的血液进入静脉中，勃起消失。

尿生殖道阴茎部周围包有尿道海绵体，位于阴茎海绵体腹侧的尿道沟内。尿道海绵体的构造与阴茎海绵体相似。尿道海绵体的外面被覆有球海绵体肌。阴茎的肌肉除构成尿生殖道壁的球海绵体肌外，还有坐骨海绵体肌和阴茎缩肌。阴茎的外面为皮肤，薄而柔软，容易移动，富有伸展性。

犬的阴茎有两种特殊构造，就是阴茎骨和龟头球。在阴茎后部有两个很清楚的海绵体，正中由阴茎中膈分开。中膈的前方有一块骨，称阴茎骨，骨的长度大型犬在10cm以上。阴茎骨相当于海绵体的一部分骨化而成。腹侧部有容纳尿道的沟状压迹，背侧圆隆，前端变小。犬的阴茎龟头后端，有一个扩张呈球形部分称龟头球或阴茎头球，在交配时可被狭窄的阴道末端和膨胀的前庭球锁结而完成第三阶段射精。

4. 包皮

包皮是皮肤折转而形成的一管状鞘，有容纳和保护阴茎头的作用。

犬的包皮在阴茎的前部围绕成一个完整的环套，最外层即普通皮肤，内层薄，稍呈红色，缺腺体。包皮阴茎层紧密附着于龟头突，内部含有多数淋巴结，包皮腔底部的结比较大，常凸出于包皮腔内。

任务三 | 主要生殖器官的组织结构

一、卵巢的组织结构

卵巢是雌性动物的重要生殖腺体，其组织结构随种别、年龄、性周期和妊娠的不同而异，一般包括被膜和实质两部分。被膜由特殊的生殖上皮和结缔组织的白膜构成，实质又可分为皮质和髓质两部分。一般皮质在外，髓质在内。

(一) 被膜

被膜由生殖上皮和白膜组成，卵巢表面除卵巢系膜附着部外，都覆盖着一层生殖上皮。年轻动物的生殖上皮为单层立方或柱状，随年龄增长而趋于扁平。在生殖上皮的下面，有一层由致密结缔组织构成的白膜，白膜内为卵巢实质。

(二) 皮质

皮质由基质、卵泡、闭锁卵泡和黄体等组成。

1. 基质

皮质内的结缔组织称为基质，由致密结缔组织构成，内含大量的网状纤维和少量的弹性纤维，还有较多的梭形结缔组织细胞。梭形结缔组织细胞与成纤维细胞不同，在某种因素刺激下，可具有吞噬能力或分化为卵巢的间质细胞。

2. 卵泡

皮质中有许多发育不同阶段的卵泡。每个卵泡都由位于中央的卵母细胞和围绕在其周围的卵泡细胞组成。根据发育程度不同，可将卵泡分为初级卵泡、生长卵泡和成熟卵泡。其中初级卵泡最多，生长卵泡次之，少数或个别卵泡不断发育，最后成熟。有很多卵泡在发育过程中退化或形成闭锁卵泡。

(1) 初级卵泡　初级卵泡多位于皮质的表层，是一种数量多，体积小呈球形的卵泡（图7-9）。每个初级卵泡都由一个大而圆的初级卵母细胞和其周围的一层扁平或立方的卵泡细胞构成。初级卵泡内的卵母细胞一般为1个，但在多胎的肉食动物，有时可见2~6个。初级卵母细胞的胞体较大，中央有一个圆形的泡状核，核内染色质稀少，着色较浅，核仁大而明显。

(2) 生长卵泡　生长卵泡由初级卵泡生长发育而成，又称次级卵泡。卵泡开始生长时，卵泡细胞不断分裂增殖，由单层逐渐变为多层。与此同时，初级卵母细胞也开始生长发育，体积增大，线粒体和卵黄颗粒增多，高尔基复合体也较发达。在细胞周围出现一层均匀一致、折光强的厚膜，称为透明带，用苏木素—伊红染成红色。透明带为胶状的黏多糖蛋白，内含透明质酸，它可能是由卵泡细胞和初级卵母细胞共同分泌形成的。

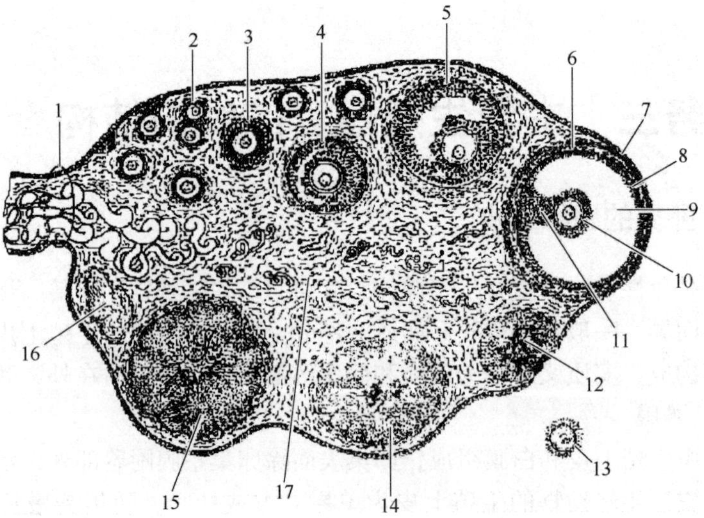

图7－9　卵巢结构模式图

1—卵巢门　2—原始卵泡　3—初级卵泡　4、5—生长卵泡　6—卵泡外膜
7—卵巢上皮　8—卵泡内膜　9—卵泡腔　10—放射冠　11—卵丘　12—血体
13—卵子　14—正在形成中的黄体　15—黄体　16—白体

随着卵泡体积逐渐增大，在卵泡细胞之间出现一些含有卵泡液的小腔隙，它们逐渐合并，最后形成一个大的卵泡腔，腔内充满卵泡液。卵泡液可能是由卵泡细胞分泌产生的。由于卵泡液的不断增多和卵泡腔的不断扩大，卵母细胞及其周围的一部分卵泡细胞被挤到卵泡的一侧，形成一个突向卵泡腔内的丘状隆起，称为卵丘。其余的卵泡细胞密集排列成数层，构成卵泡壁的颗粒层。在后期卵丘上紧靠透明带的卵泡细胞呈柱状，围绕透明带呈放射状排列，称为放射冠。

随着卵泡的增大，其周围的结缔组织进一步分化，形成卵泡膜。卵泡膜分为内、外两层。卵泡内膜为细胞性膜，富有血管；外膜为结缔组织膜，与卵巢皮质的基质无明显界限。

在卵泡膜的内膜与颗粒层之间，有一层透明无构造的薄膜，称为基膜，有人认为此膜是由卵泡膜的内膜产生的，用苏木素—伊红染色，呈浅红色。

（3）成熟卵泡　生长卵泡发育到最后阶段成为成熟卵泡，成熟卵泡的体积显著增大，逐渐移至皮质的浅层，并突出于卵巢表面。成熟卵泡的大小，因动物种类而异。

此时，初级卵母细胞长大，核呈空泡状，染色质较少，核仁明显，胞质内富有卵黄颗粒。许多动物在排卵前初级卵母细胞必须完成第一次成熟分裂（为减数分裂），形成一个大的、与初级卵母细胞相似的次级卵母细胞和一个第一极体。第二次成熟分裂多在排卵受精后完成。

成熟卵泡的卵泡膜的内、外两层分界十分明显，内膜较厚，有丰富的毛细血管和毛细淋巴管；内膜细胞体积增大，由梭形变成椭圆形或多角形，胞质内有丰富的类脂质颗粒。这种细胞能分泌雌激素（或称动情素）。

成熟卵泡内的次级卵母细胞、透明带以及放射冠，随同卵泡液一起排出卵巢之外，此过程称为排卵。排卵时，由于毛细血管受损可以引起出血，血液充满卵泡腔内，形成血体。由于食肉兽出血较少，所以血体不如其他动物明显。

（4）卵的发生　卵在没有完全成熟以前，要经过一段很长的发育过程，最后才形成了高度分化、能够进行受精的细胞，此过程称为卵的发生。从卵原细胞开始经过三个时期：繁增期、生长期和成熟期。

繁增期的特征是卵原细胞经有丝分裂，数目显著增加，最后分裂形成的细胞称为初级卵母细胞。大多数动物繁增期是在胚胎时完成的，出生后不再形成新的初级卵母细胞，只是卵原细胞继续发育成初级卵母细胞，但犬出生后，可以生成新的卵原细胞。

初级卵母细胞进入生长期，体积不断增大，胞质不断增加，并开始积存卵黄物质，核内脱氧核糖核酸含量倍增。

成熟期初级卵母细胞进行两次成熟分裂（图7-10）。第一次成熟分裂为减数分裂，使新产生的次级卵母细胞的染色体只有初级卵母细胞染色体的一半。初级卵母细胞经减数分裂后，产生大小不等的两个细胞，大的称为次级卵母细胞，小的称为第一极体。第二次成熟分裂为一般的有丝分裂，形成一个大的卵细胞和一个小的第二极体。初级卵母细胞经两次成熟分裂，只产生一个卵细胞。第一次成熟分裂是在排卵前进行的，而第二次成熟分裂一般是在输卵管内精子穿入的短时间内进行的。

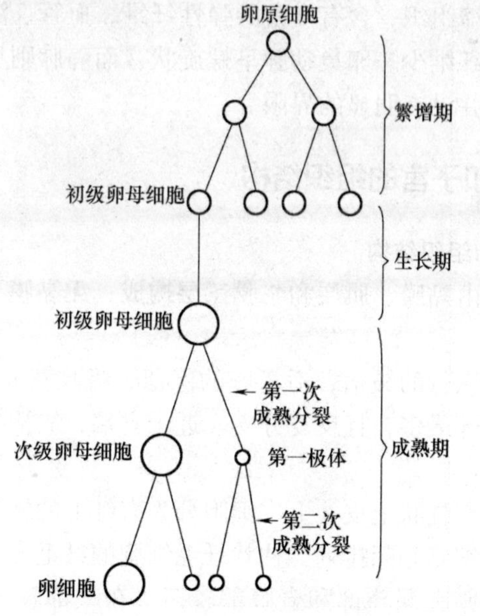

图7-10　卵子发生过程示意图

（5）闭锁卵泡　在正常情况下，卵巢内绝大多数的卵泡都不能发育成熟，而在各发育阶段中逐渐退化。这些退化的卵泡称闭锁卵泡。其中以初级卵泡退化最多，而且退化后不留痕迹。

3. 黄体

成熟卵泡排卵后，卵泡壁塌陷形成皱褶。残留在卵泡壁的卵泡细胞和内膜细胞向内侵入，胞体增大，胞质内出现类脂颗粒，分别演化成粒性黄体细胞和膜性黄体细胞，前者较大、黄体细胞成群分布，其中央有富含血管的结缔组织，周围仍有卵泡膜外膜包裹，共同形成黄体。

黄体是内分泌腺，其分泌物称为孕酮或黄体素，有刺激子宫腺分泌和乳腺发育的作用，并保证胚胎附植和在子宫内发育。黄体的生长和存在受脑垂体分泌的促黄体素控制；同时黄体素又可抑制脑垂体分泌促卵泡素，使卵泡停止生长。

肉食兽的黄体细胞内，含有一种黄色的脂色素——黄体色素，致使黄体呈现黄色。

黄体的发育程度和存在时间取决于排出的卵是否受精。如果排出的卵已受精，黄体可继续发育，并存在直到妊娠后期，称为妊娠黄体或真黄体；如动物未妊娠，黄体逐渐退化，此种黄体称发情黄体或假黄体。真黄体或假黄体在完成其功能后即退化，退化时黄体细胞缩小，胞核固缩，毛细血管减少，周围的结缔组织和成纤维细胞侵入，逐渐由结缔组织所代替，形成瘢痕组织，称为白体。

（三）髓质

髓质为疏松结缔组织，含有丰富的弹性纤维、血管、淋巴管及神经等，而梭形细胞及平滑肌纤维少。卵巢动脉呈螺旋状，而静脉则呈静脉丛。

髓质与皮质间并没有明显的界限。

二、输卵管和子宫的组织结构

（一）输卵管的组织结构

输卵管的管壁由黏膜、肌层和浆膜三层构成，无黏膜下组织。

1. 黏膜

黏膜形成许多纵行的皱褶，适于卵的停留、吸收营养和受精。皱褶多少，各部不一，以壶腹部最多，且反复分支。近子宫端，皱褶变低而减少。黏膜由上皮和固有膜构成。

黏膜上皮是单层柱状上皮。上皮细胞分为有纤毛的柱状细胞和无纤毛的分泌细胞两种，两种细胞相间排列。柱状纤毛细胞的纤毛向子宫端摆动，有助于卵的运送，这种细胞在漏斗部和壶腹部较多，在峡部较少。无纤毛的分泌细胞，胞质内含有分泌颗粒和糖原，其分泌物可供给卵的营养。在发情周期中，上皮细胞的高矮、分泌细胞的活动性、纤毛的明显与否以及数量的多少都有变化。

固有膜由疏松结缔组织构成，含有多种细胞（常有浆细胞、肥大细胞和嗜酸粒细胞等）、血管和平滑肌。固有膜可伸入皱褶内。

2. 肌层和浆膜

肌层由内环外纵两层平滑肌组成，两层之间没有明显界限，因有些肌束呈螺旋形排列。肌层从卵巢端向子宫端逐渐增厚，其中以峡部为最厚。肌层的收缩有助于卵向子宫移动。浆膜由疏松结缔组织和间皮组成。

（二）子宫的组织结构

子宫壁没有黏膜下组织，仅由内膜、肌层和外膜三层组成。

1. 子宫内膜

子宫的黏膜也常称子宫内膜，包括黏膜上皮和固有膜。黏膜上皮在犬的单层柱状上皮，有分泌作用。上皮细胞游离缘有时有暂时性的纤毛。固有膜的结构比较特殊，由富有血管的胚性结缔组织构成，分深浅两层：浅层细胞成分较多，主要是星形的胚性结缔组织细胞，细胞借突起互相连接，其间有各种白细胞及巨噬细胞；深层细胞成分少，内有子宫腺。子宫腺为弯曲的分支管状腺。腺上皮由分泌黏液的柱状细胞构成。子宫腺的分泌物可供给附植前早期胚胎的营养。

2. 肌层和外膜

肌层是平滑肌，由强厚的内环行肌和较薄的外纵行肌构成。在内、外肌层之间为血管层，内有许多血管和神经分布。外膜由疏松结缔组织和间皮组成。

三、睾丸的组织结构

睾丸具有产生精子和雄性激素的功能，其结构包括有被膜和实质两部分。实质包括睾丸小叶和睾丸纵隔，睾丸小叶主要由曲细精管和直细精管构成，睾丸纵膈主要由睾丸网构成，睾丸网是由直细精管进入睾丸纵膈后汇集而成的弯曲网状细管，睾丸网在睾丸头汇成睾丸输出管进入附睾。

1. 被膜

除附睾缘外，睾丸的表面均覆盖着一层浆膜，即睾丸固有鞘膜。浆膜深面为白膜。白膜厚而坚韧，由致密的结缔组织构成。白膜结缔组织在睾丸头处伸入到睾丸实质内，形成睾丸纵膈，贯穿睾丸的长轴。自睾丸纵膈上分出许多呈放射状排列的结缔组织膈，称为睾丸小膈。睾丸小膈伸入到睾丸实质内，将睾丸实质分成许多锥形的睾丸小叶。

2. 实质

睾丸的实质是由细精管、睾丸网和间质组织组成。每个睾丸小叶内有2～3条细精管，细精管包括曲细精管和直细精管，细精管之间为间质组织。细精管在睾丸纵膈内汇成睾丸网。睾丸网在睾丸头处接睾丸输出小管。

(1) 曲细精管　曲细精管（图 7－11）是精子发生的场所，以盲端起始于睾丸小叶边缘，向纵膈迂回伸延与直细精管相接。管长 50～80 cm，直径 100～200 μm。管腔大小不一，管壁由基膜、生精细胞和支持细胞构成。支持细胞具有支持和营养生精细胞的作用。上皮下基膜明显。

图 7－11　睾丸曲细精管切面

1—毛细血管　2—间质组织　3—初级精母细胞　4—足细胞　5—精子细胞　6—次级精母细胞　7—精子　8—基膜　9—间质细胞　10—精原细胞

在性成熟的动物，睾丸曲细精管内的生精细胞可分为精原细胞、初级精母细胞、次级精母细胞、精子细胞和精子几个发育阶段。

精原细胞是生成精子的干细胞。此细胞紧靠基膜分布，胞体较小，呈圆形或椭圆形，胞质清亮，胞核大而圆，染色深。

初级精母细胞是由精原细胞分裂发育形成，通常位于精原细胞游离缘一侧，为 1～2 层大而圆的细胞，胞核大而圆，多处于分裂时期，有明显的分裂相。每个初级精母细胞经第一次成熟分裂（减数分裂）产生两个较小的次级精母细胞；每个次级精母细胞的染色体只有初级精母细胞染色体的一半，即单倍体。

次级精母细胞位于初级精母细胞的内侧，细胞较小，呈圆形，胞核大而圆，染色较浅，不见核仁。次级精母细胞存在的时间很短，很快进行第二次成熟分裂，生成两个精子细胞。精子细胞的染色体仍保持单倍体。

精子细胞位置靠近曲细精管的管腔，常排成数层。细胞更小，呈圆形，胞核圆而小，染色深，有清晰的核仁。精子细胞不再分裂，经过形态改变，变成高度分化的精子。

精子包括头、颈和尾三部分。头部多呈扁卵圆形，染色很深。刚形成的精子经常成群地附着于支持细胞游离端，尾部朝向管腔。精子成熟后，即脱离支持细胞进入管腔。

支持细胞又称足细胞，是曲细精管管壁上体积最大的一种细胞（图7-12）。胞体呈高柱状或圆锥状，底部附着在基膜上，顶端伸向管腔。细胞高低不等，界限不清。常有数个精子的头部嵌附于细胞的顶端，细胞周围也有各发育阶段的生精细胞附着，细胞质内含有丰富的糖原和类脂。支持细胞对生精细胞有营养和支持作用，并能吞噬退化的精子。

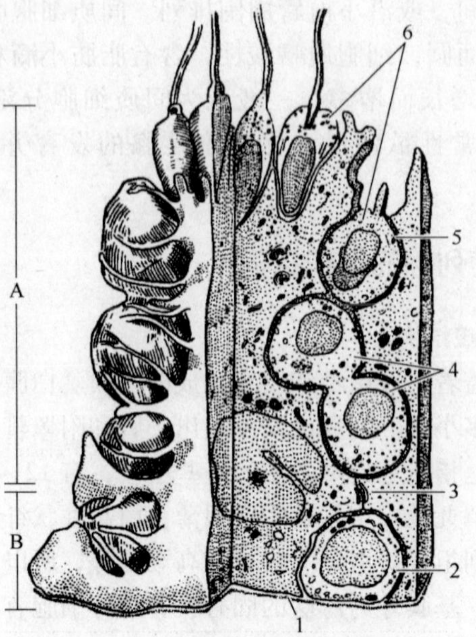

图7-12 支持细胞超微结构立体模式图

A—支持细胞顶部 B—支持细胞基部

1—基膜 2—精原细胞 3—紧密连接 4—精母细胞

5—支持细胞与生精细胞间的细胞间隙 6—精子细胞

（2）直细精管 直细精管位于睾丸纵膈附近，是曲细精管末端变直的一段，末端接睾丸网。直细精管短而细，管壁衬以单层立方或扁平上皮。

（3）精子的发生 精子的发生可以分为四个时期：繁增期、生长期、成熟期和成形期。

繁增期精原细胞进行有丝分裂，每个细胞分裂出一个非活动的精原细胞，以保证精子发生的延续，同时分裂出另一个活动的精原细胞，由它分裂四次而得到16个精原细胞。

生长期最后一代精原停止分裂，开始生长，成为初级精母细胞。此期细胞体积增大，核内DNA增多。

成熟期初级精母细胞要进行两次成熟分裂。第一次成熟分裂也是减数分裂，第二次成熟分裂是一般有丝分裂。与卵形成不同的是初级精母细胞的两次成熟分裂都在曲细精管内进行，分裂的结果生成四个精子细胞。

成形期精子细胞不再进行分裂，而是经过一系列形态改变后，由圆形细胞变成有鞭毛能活动的特殊细胞——精子。在形态变化过程中，细胞质的高尔基复合体、线粒体、中心体和核等都发生一系列的变化。

（4）间质组织　间质组织是指睾丸小叶细精管之间的结缔组织，其中含有血管、淋巴管、神经纤维和睾丸特有的间质细胞。睾丸间质细胞大都成群分布在曲细精管之间，或沿小血管周围排列。间质细胞胞体较大，呈卵圆形或多边形。胞核大而圆，细胞质嗜酸性，含有脂肪小滴和褐色素颗粒等，脂褐素的含量随年龄增长而增多。一般认为间质细胞分泌雄性激素，主要是睾丸酮，可增进正常性欲活动、促进副性腺的发育并与第二性征的出现有关。

四、附睾和前列腺的组织结构

（一）附睾的组织结构

附睾的表面覆盖着一层由结缔组织构成的白膜。白膜的结缔组织伸入附睾内，将附睾分成许多小叶。附睾由睾丸输出小管和附睾管组成。

睾丸输出小管是指从睾丸网发出的一些小管，有 12~25 条，构成睾丸头，并与附睾管相连。睾丸输出小管的管壁很薄，由高柱状纤毛细胞群与无纤毛的立方细胞群相间排列组成。由于上皮细胞高矮不等，所以管腔面起伏不平。上皮细胞位于基膜上，基膜外为薄层的固有膜。立方细胞有分泌功能，其分泌物可营养精子。高柱状细胞的纤毛向附睾方向摆动，有利于精子向附睾管方向运动。

附睾管是一条长而弯曲的细管，上皮较厚，由高柱状纤毛细胞和基底细胞组成。高柱状纤毛细胞的纤毛长，但不能运动，又称静纤毛。这种细胞有分泌作用，其纤毛有助于细胞内分泌物的排出，分泌物有营养精子的作用。基底细胞紧贴基膜，体积较小，呈圆形或卵圆形，染色较浅，核呈球形。在基膜外有固有膜，内含有薄的环行平滑肌层。近输精管端尚有散在的纵行平滑肌束。

睾丸输出小管和附睾管都具有分泌功能，对精子除供给营养外，还有促进精子继续成熟的作用。精子在附睾中获得活泼运动功能，并具有受精能力。

（二）前列腺的组织结构

前列腺是复管状腺或复管泡状腺，其外面包有较厚的结缔组织被膜，其中含较丰富的平滑肌纤维。被膜的结缔组织伸入腺内，将腺体分成若干小叶，小叶间结缔组织含有大量的平滑肌纤维，这是前列腺结构的特点之一。平滑肌纤维有助于腺体分泌物的排出。

前列腺腺泡有较大的腺腔，腔面不整齐，上皮高低不一，有呈立方、柱状或假复层柱状等，显示各种不同的分泌活动状态。前列腺的叶内导管上皮与腺泡上皮相似，不易区分，随着导管逐渐增粗，导管上皮也由单层柱状过渡为复层柱状，在尿生殖道的开口处，导管上皮变为变移上皮。

前列腺的分泌物是一种稍黏稠的蛋白样液体，呈弱碱性，具有特殊臭味，能中和酸性的阴道液，并能刺激精子，使精子活动起来。

任务四 | 犬生殖器官主要结构的识别

一、犬生殖器官主要形态结构的识别

（一）目的要求

掌握公犬和母犬生殖系统各器官的形态、结构和位置特征。

（二）设备材料

公犬和母犬生殖器官的离体标本；显示生殖器官位置关系的整体标本和模型。

（三）方法步骤

1. 公犬的生殖器官

（1）睾丸、附睾和阴囊形态结构的识别　观察睾丸和附睾的形态，在纵切面标本上观察其构造。观察阴囊各层构造及其与睾丸、附睾的鞘膜关系。

（2）公犬其他生殖器官形态结构的识别　观察精索的组成及输精管的路径和起止点，观察前列腺的位置及开口，观察尿生殖道的分部和位置，观察犬阴茎和包皮的形态结构特征。

2. 母犬的生殖器官形态结构的观察识别

（1）卵巢和输卵管形态位置的观察　观察犬的卵巢和输卵管的形态位置及其与邻近器官的位置关系。

（2）子宫、阴道和泌尿生殖前庭形态结构的识别　观察犬子宫、阴道和阴道前庭的形态、位置和黏膜结构。

（四）技能考核

能在犬生殖系统的标本上指出生殖器官的主要结构，并在体表进行定位。

二、睾丸和卵巢主要组织结构的识别

（一）目的要求

掌握犬睾丸和卵巢的主要组织结构。

（二）设备材料

犬睾丸和卵巢的组织切片和显微镜等。

（三）方法步骤

1. 睾丸组织切片的观察

眼观标本呈紫红色，一侧深染的线状结构是白膜。低倍镜观察时注意观察被膜、实质和曲细精管；高倍镜下观察曲细精管从基膜到管腔可依次看到各级生精细胞和支持细胞。

2. 卵巢组织切片的观察

眼观卵巢切面多为椭圆形，周围染色稍深的是皮质，中央染色稍浅的是髓质。低倍镜下卵巢表面是立方或扁平形的上皮，其深部是致密结缔组织构成的白膜。不同的切片和切面上，皮质内有处于不同发育程度的卵泡和黄体，髓质含有较大的血管和平滑肌。高倍下皮质中原始卵泡较多，分布于白膜下，卵泡体积小，中央呈圆形。初级卵母细胞核呈圆形，周围有一层扁平的卵泡细胞环绕。

（1）初级卵泡　体积增大，周围的卵泡细胞变为单层立方、柱状或增生至多层。在卵泡细胞外周有一层染成红色的透明带。卵泡周围的结缔组织细胞形成一层卵泡膜。

（2）次级卵泡　次级卵泡的卵泡细胞增加至 6 ~ 12 层，可见一个较大的卵泡腔，腔内充满卵泡液，次级卵母细胞和其周围的卵泡细胞被挤到卵泡的一侧，形成卵丘。卵泡膜明显地分为内、外两层，内层含较多的细胞和血管，外层纤维成分多。

（3）成熟卵泡　成熟卵泡体积更大，接近卵巢表面，附着在卵母细胞和透明带外周的一层高柱状卵泡细胞构成的放射冠。

（4）闭锁卵泡和黄体　闭锁卵泡中的卵母细胞呈萎缩趋势或完全消失，透明带皱缩，卵泡壁塌陷离散。黄体是由粒性黄体细胞和模型黄体细胞构成的细胞团。

（四）技能考核

1. 能熟练使用光学显微镜识别出睾丸的组织切片，并能说明睾丸的主要组织结构。

2. 能迅速识别出卵巢的组织切片，并能说明卵巢的主要组织结构。能在卵巢和睾丸图片上填写其主要组织结构的图标或图注。

项目八 胚胎发育

[知识目标]

1. 掌握受精的过程。
2. 掌握胚胎发育的主要过程。
3. 掌握胎膜和胎盘的形态结构。

[认知与解读]

胚胎发育不仅涉及细胞的分裂繁殖和分化，而且涉及动物组织和各器官系统的形成，掌握动物胚胎发育的基本原理与过程，对于指导围产期宠物养护和疾病防制更有着重要意义。

任务一 | 生殖细胞和受精

一、精子和卵子的结构

生殖细胞也称性细胞，是能够直接参与形成胚胎（下一代个体）的细胞，是区别于一般的细胞（体细胞）而言的。高等动物的生殖细胞包括精子和卵细胞，而卵细胞一般是以卵子的核心结构的形式存在的。

（一）精子

哺乳动物的精子形态有很大差异，但其基本构造是相似的，都是一种有鞭毛的细胞，核物质比例很大，细胞质含量极少，可分为头、颈、尾三部分（图8－1）。

1. 头部

精子头部主要由细胞核、顶体、核后帽以及包围在其外面的少量细胞质和

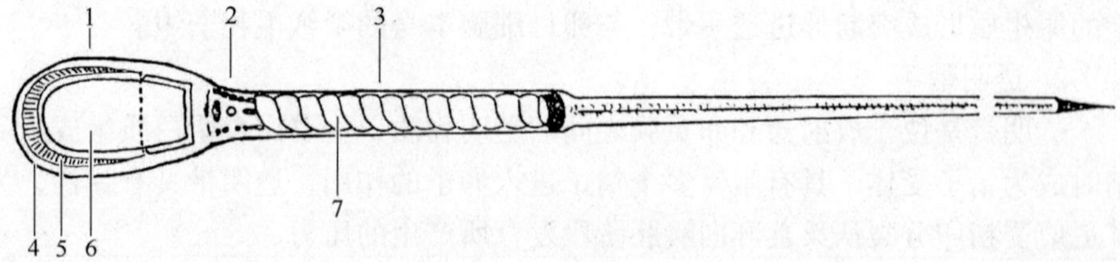

图 8－1 精子的结构模式图

1—头部 2—颈部 3—尾部 4—质膜 5—顶体 6—核 7—线粒体鞘

质膜组成。顶体内含有多种与受精有关的酶，是一个不稳定结构，它的畸形、缺损或脱落会使精子的活动能力降低或完全丧失。

2. 颈部

颈部位于头与尾之间起连接作用，是精子最脆弱的部分，特别是精子在成熟、体外处理和保存过程中，有些不利的因素会造成尾部的脱离，形成无尾精子。精子头部后极上有一浅窝称植入窝。颈部前端有一凸起称基板，与植入窝相吻合连接。基板以后为由中小体发生而来的近端中心粒，由环状排列的 9 根微管所构成，长轴垂直于尾部，纵列的远端中心粒大部分退化，但是近端中心粒在鞭毛发生时使轴丝微管集合，是鞭毛运动的启动处。颈部的中轴能见到一对微管，是轴丝中央微管的直接延续，头端与近端中心粒相连接，而尾端延伸至精子尾部的最末端。

3. 尾部

尾部为精子最长的部分，根据结构差异可分为中段、主段及末段三部分。

（1）中段　中段从基粒到终环，是尾部较粗的一段，主要由轴丝、纤维带和包在其外面呈螺旋状排列的线粒体鞘所组成。中段结构为 2 +9 +9 结构，即中心为 2 条中心轴丝，中心轴丝被 9 条二联体丝包围，外围有 9 条粗大的外周致密纤维包围。线粒体鞘包在轴丝和粗纤维周围束的外面，同时它也为精子活动提供能量。

（2）主段　主段是精子尾部最长的一段，也是尾部的主要组成部分，没有线粒体鞘包裹。

（3）末段　纤维鞘及致密纤维终止以后的精子尾部，仅有两条中央的中心轴丝及其外周的细胞膜构成，其余的轴丝逐渐消失。

精子运动依靠线粒体供给能量，并且精子对温度、酸碱度非常敏感，不同离子的浓度不同，对精子存活也有明显影响。

（二）卵子

卵子由放射冠、透明带和卵细胞构成。

1. 放射冠

卵子外围由颗粒细胞构成的结构，呈放射状，所以称为放射冠。放射冠细胞的原生质形成突起伸进透明带，与卵母细胞本身的微绒毛相交织。

2. 透明带

透明带是位于放射冠和卵黄膜之间的透明物质，主要由糖蛋白质组成。受精时成为精子受体，具有阻碍多个精子进入卵子的作用，透明带具有弹性，为了适应受精卵分裂从桑葚胚向囊胚阶段发育所产生的压力。

3. 卵黄膜及卵细胞

卵细胞的细胞质膜常被称为卵黄膜，它具有与体细胞的原生质膜基本相同的结构与性质。卵黄膜具有突出的双层膜结构，并且在卵黄膜上有微绒毛。

卵黄膜内含线粒体、高尔基体、核蛋白体、内质网、脂肪滴、糖原等。哺乳动物的卵子是含有少量卵黄的均黄卵，因为卵黄颗粒和脂肪小滴的含量多少不同，卵子也显示出不同颜色。犬、猫的卵子含有较多的脂肪小滴和少量的多糖。若卵子没有受精，则卵黄断裂为大小不一的碎块，每块中会有一个或若干个发育中的核。卵黄主要为卵子和胚胎的早期发育提供营养物质。

二、受精

受精是指精子和卵子结合形成合子的过程，它标志着胚胎发育的开始。因其可将亲本双方的遗传性状在新的生命中体现，因此具有极大的生物学意义。犬是子宫射精动物，数分钟后输卵管出现精子。当精子和卵子相遇后，主动进入卵子内部并完成受精。哺乳动物的受精过程主要包括通过放射冠、穿越透明带、通过卵黄膜和形成合子等阶段（图 8－2）。

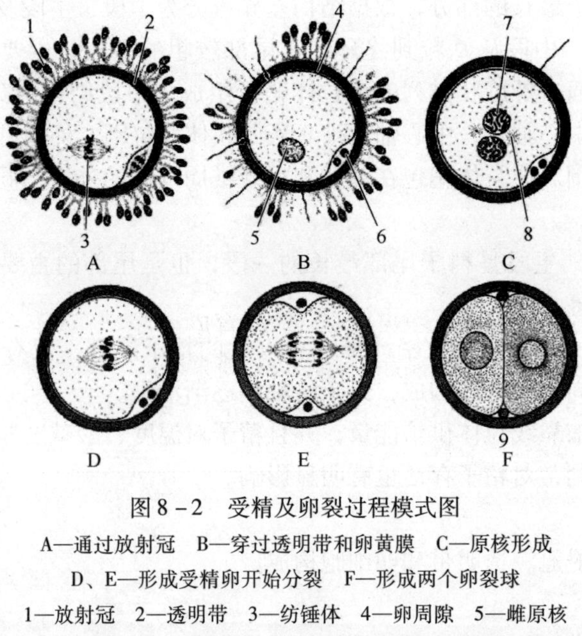

图 8－2 受精及卵裂过程模式图

A—通过放射冠 B—穿过透明带和卵黄膜 C—原核形成

D、E—形成受精卵开始分裂 F—形成两个卵裂球

1—放射冠 2—透明带 3—纺锤体 4—卵周隙 5—雌原核

6—极体 7—雄原核 8—中心体 9—两个卵裂球

（一）通过放射冠

放射冠是包围在卵子透明带外面的卵丘细胞群，它们以胶样基质相粘连，基质主要由透明质酸多聚体组成。精子获能后，在穿越透明带前后较短的时间内，精子顶体前面膨大，精子的质膜和顶体外膜开始融合，使精子顶体形成泡状结构，这种泡状结构最终和精子头部分离，通过泡状结构的间隙释放出透明质酸酶、放射冠酶和顶体酶等，可以溶解放射冠和透明带。这个过程称为顶体反应，本质上是破坏放射冠的过程。

（二）穿过透明带

穿过放射冠的精子即与透明带接触并附着其上，随后与透明带上的精子受体相结合，精子受体是具有明显的种间特异性的糖蛋白，又被称为透明带蛋白。当精子穿过透明带触及卵黄膜时，会激活卵子，从而引起卵黄膜发生去极化，使卵黄膜与皮质颗粒发生膜的融合，从而将颗粒的内容物以胞吐方式排入卵黄周隙内，这个过程被称为皮质反应。发生皮质反应后，皮质颗粒的内容物含有一种能水解透明带表面的精子结合受体的类胰蛋白酶，从而引起透明带发生变化，可以阻止后来的精子再进入透明带，这一反应称为透明带反应。迅速而有效的透明带反应是防止多个精子进入透明带、进而引起多精子入卵屏障之一。

（三）通过卵黄膜

穿过透明带的精子与卵子的卵黄膜接触，卵黄膜表面具有大量的微绒毛，通过微绒毛的收缩将精子拉入卵内，随后精子质膜和卵黄膜相互融合，使精子的头部完全进入卵细胞内。

（四）原核的形成与融合

精子进入卵细胞后，卵黄膜紧缩，并排出少量液体进入卵黄间隙；精子发生头部膨胀，顶体脱落，形成球状的核，核内出现核仁，并形成核膜，构成雄原核。

同时由于精子入卵刺激，卵子进行第二次减数分裂，排出第二极体。核染色体分散并向中央移动，并且逐渐形成核膜。原核由最初的不规则最后变为球形有明显核仁的雌原核。

两原核形成后，边向卵中央迁移，边发育成熟，当二者汇合后，两原核核膜破裂，染色体混合，排列在赤道板上，即将发生卵裂，受精至此结束。

任务二 | 胚胎发育和胎盘

一、胚胎的早期发育

（一）卵裂

高等哺乳动物的胚胎发育包括卵裂、囊胚、附植、三个胚层的建立和器官系统的形成与发育。

合子按一定规律进行多次重复分裂的过程，称卵裂。卵裂所形成的细胞，称卵裂球（图 8－3）。卵裂的细胞分裂间隔时间短，不伴随有细胞生长，紧接着又开始新的一次卵裂。因此，卵裂球体积逐渐变大，核质比逐渐增大，直到核质比例达到该种动物所特有的数值时，卵裂过程结束。卵裂过程均在透明带内进行，故胚的大小和形状都无明显变化。卵裂过程中，不仅细胞数量增加，同时细胞也开始分化，虽然在外形上看不出有所不同，但已有质的不同。

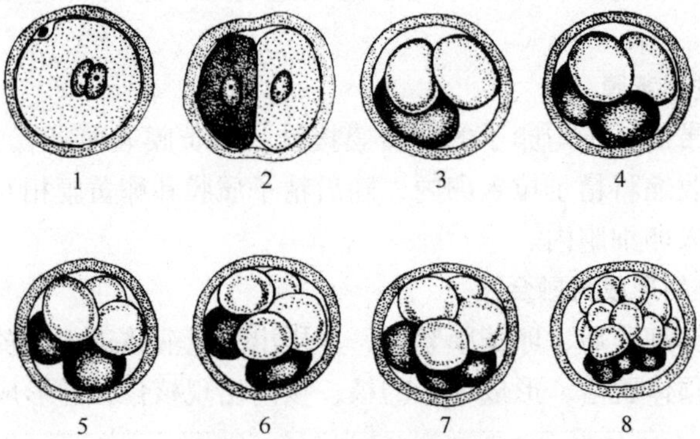

图 8－3　胚胎卵裂示意图

1～7—不同的细胞数量时期　8—桑葚胚

哺乳动物的卵子属少黄、均黄卵，卵裂属全裂，其特点是卵裂进行较慢，如绵羊在受精后 38～39h 才完成第一次卵裂；卵裂球不同时分裂，即异时卵裂，因此其数量的增加不规则。卵裂到 32 个卵裂球时，胚胎在透明带内呈实心细胞团，称桑葚胚。

多次卵裂后的卵裂球已有质的分化。一般认为色暗、圆形且大的卵裂球居于胚泡的一端，形成内细胞团，将来演变成胚胎本体；色明亮、体积较小的卵裂球，从立方形变为扁平形，居于胚泡的外层，将来演变成胚胎的滋养层。

（二）囊胚和附植

卵裂末期的胚胎已经迅速通过输卵管进入子宫，当受精卵分裂到十几个细胞以后，桑葚胚细胞分泌液体，在细胞团中央开始出现裂隙，裂隙扩大而成腔，成为囊胚，其腔称囊胚腔。进入子宫的胚泡，从子宫分泌物中吸取营养物质迅速发育，胚泡腔也迅速增大。此时细胞也开始分化，位于胚泡顶壁大的细胞团，称内细胞团或胚结（图 8 -4）。围绕胚泡腔的细胞逐渐变成扁平形，称滋养层。胚泡形成的同时，透明带消失。胚泡开始呈球形，因吸收子宫黏膜表面的营养而迅速发育成纺锤状，胚泡表面积迅速增长，为胚胎迅速获得母体营养创造了条件。

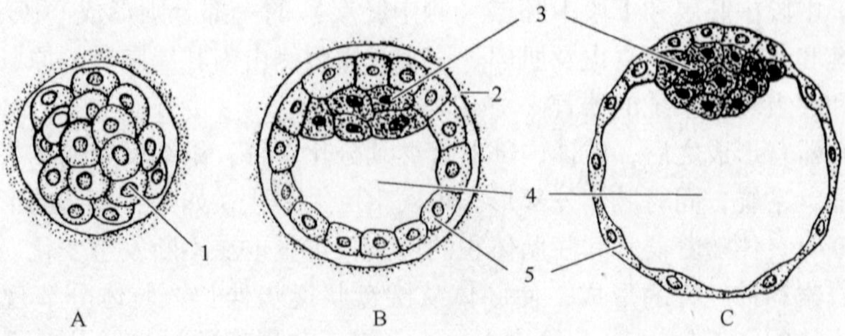

图 8 -4 囊胚的形成

A—桑葚期 B—早期囊胚 C—胚泡

1—卵裂球 2—透明带 3—内细胞群 4—胚泡腔 5—滋养层

初期胚泡飘浮于子宫腔内，与子宫壁无联系。在神经内分泌的调节下，也因胚泡腔中液体增加，制约了胚泡在子宫内移动，胚泡逐渐与子宫内膜相接触并建立营养联系，这一过程称附植（着床或植入），犬类胚胎的着床方式属于表面着床。滋养层细胞与子宫上皮之间先后出现紧密接触、交错连接和粘连，形成胎盘，绒毛与子宫内膜上皮细胞之间开始母子间的物质交换。

（三）三个胚层的建立

胚盘表层的细胞，形成外胚层。从内细胞团下方分化出一些细胞，在滋养层内逐渐形成一个新的、完整的细胞层，称内胚层。内胚层细胞围成的腔，称原肠腔。这个具有两个胚层的胚胎，称原肠胚。在胚盘尾端，外胚层的细胞迅速增生并加厚，最后分出零散的中胚层细胞。中胚层细胞不断分裂增生，并向后方、两侧和前方扩展，于是在外胚层与内胚层之间形成一个完整的中胚层。

（四）胚层分化和主要器官系统的发生

胚胎发育到三个胚层后，逐渐有了组织的分化，上皮组织由外胚层和内胚层形成，结缔组织由中胚层形成，肌组织主要由中胚层形成，神经组织主要由外胚层形成。

在基本组织分化的同时逐渐开始了器官系统的形成，首先是神经板、神经褶和神经沟的出现，神经沟在背侧靠拢合并形成神经管。神经管的前、后开口以后都封闭起来，前端膨大形成脑的原基，后端形成脊髓。三个胚层都随着神经管的形成向背侧隆起，从而使前粗后细的圆筒状肢体在胚盘前部明显突出。肢体前端发育成头部并向下弯曲。头部后方的中胚层形成心脏。随着胚泡伸长，原肠也相应地伸长，逐渐分为胚内（原始消化管）和胚外（卵黄囊）两部分。原肠向前伸达头部，向后直至尾部，分化成前肠、中肠和后肠。

沿着肢体长轴有四套中轴器官形成，即脊索、神经管、体节和呼吸消化道的建立，通常把上述四种结构统称中轴器官。神经管形成胚胎的中枢神经系统。脊索两侧的上段中胚层形成的体节，是肌肉、皮肤以及脊索周围中轴骨骼的原基。中段中胚层和下段中胚层（侧中胚层）的一部分则形成心脏、泌尿、生殖系统和体壁的皮肤真皮及肌肉。位于脊索腹侧由内胚层围成的原肠，分化成消化和呼吸两个系统的器官。

中轴器官形成之后，肢体内部器官继续分化发育，组织发生的结果形成了完整的器官系统，同时肢体外部形态也发生巨大变化，如头、面部的形成，肢芽的出现等。伴随着器官和胚胎体积的增大，重量也在不断发生变化。原条的建立、脊索和神经管的形成，使胚体从圆盘状逐步伸长；肢体分节现象的出现，基本体制（两侧对称）的建立，头、躯干和尾部的初步区分等，使胚体逐步呈现成体的外部结构特征。原条的建立既标志着胚体的中轴，又标志着胚体的尾端。头部神经褶比尾部大，这预示着神经管前部将分化成脑，也标志着胚胎头部的位置。在胚体未来口区出现口凹，随着发育进展，口凹加深，形成口腔。当耳、眼、口建成后，头部结构即可辨认，心隆凸已出现，头和躯干间的部分迅速伸长，形成了颈部。此过程中，心脏后移，才位于躯干前部的固有位置。在心隆凸与肝隆凸之间的小凹陷，是将来肠的发育位置。由于膈的出现便形成了胸部和腹部。在胚体两侧形成两对外凸，一对位于心脏水平处，即前肢芽；另一对后肢芽，出现时间略晚些。

二、胎膜和胎盘

（一）胎膜

胎膜是胚胎的外膜，是一个暂时性器官，在胎儿出生后即被摒弃，但又是胎儿生长必不可少的辅助器官，胎膜包括卵黄囊、羊膜、尿膜和绒毛膜。胎膜与胎儿之间主要通过脐带相联系。

1. 卵黄囊

原肠胚进一步发育，分为胚内和胚外两部分，其胚外部分即形成卵黄囊。卵黄囊壁由胚外脏壁中胚层和胚外内胚层共同构成。哺乳动物的卵子实际上并不含卵黄，但在胚胎发育早期却有一个较大的卵黄囊。卵黄囊上有起着原始胎盘的作用的血管网，在胚胎发育早期借助卵黄囊吸收子宫乳中的养分和排出废弃物。

关于犬卵黄囊的发生过程资料很少。犬的卵黄囊在妊娠初期发育很快，观察的所有犬，其卵黄囊在整个妊娠期都一直存在。卵黄囊都是从胎儿脐轮处变细，并向胎儿腹侧面的前、后延伸，前方和后方表现出细长筒状，妊娠日龄增加，卵黄囊也发育伸长，持续存在到分娩。卵黄囊膜上有很多纵行的毛细血管分支，并且血管充血，在外观上观察，卵黄囊多呈淡红色或黄红色。

卵黄动脉和卵黄静脉构成了卵黄循环，犬的卵黄囊的作用是使胎儿在胎膜中心保持悬垂状态，用来保护胎儿。

2. 羊膜

羊膜是胎儿最内侧的一层膜，最早是紧包胚胎的卵圆形的薄透明囊。羊膜的形状自形成后到分娩前保持原状不发生改变。羊膜外侧被覆尿膜，两膜之间有血管分布。羊膜包围脐带形成脐带鞘，在胎儿的脐轮处与胎儿皮肤相接。羊膜囊内有羊水，羊水在初期为水样无色透明，随着妊娠变为乳白色，接近分娩时，变为黏稠。妊娠初期羊膜液量很少，随着胎儿发育而增加，妊娠末期增多。犬羊膜液平均 8 ~ 30 mL。

羊水中含有无机盐和蛋白质，羊水的量随着妊娠阶段而有变化。初期缓慢升高，中期迅速增加，之后保持稳定。还含有胃蛋白酶、淀粉酶、脂解酶、色素、激素、脂肪、糖等，并随着妊娠期的不同阶段而有变化。出生时羊水带乳白光泽，稍黏稠，有芳香气味。在正常情况下，羊水中悬浮着一些脱落的皮肤细胞和白细胞（白细胞 10 ~ 1000 个/mm^3）。

羊水量可借母体、胎儿和羊水之间水的交换而受到调节，羊水可保护胎儿不受到周围组织的压迫，并且为胚胎发育提供水环境，防止胚胎干燥、避免胎儿的皮肤和羊膜发生粘连，还可以使脐带血液循环通畅，分娩时有助于子宫颈扩张并使胎儿体表及产道润滑，有利于产出。

3. 尿膜

尿膜是由后肠末端向腹侧方向突出的盲囊发育而成，故又称尿膜囊。尿膜是与绒毛膜内侧相接的囊膜，位于绒毛膜和羊膜之间，似膀胱样。尿膜囊壁是由脏中胚层的血管层覆盖在内胚层上构成的，因此尿膜囊的外膜上有大量血管分布，然后与绒毛膜融合成为绒毛膜尿膜，形成血管与胚胎发生联系。尿膜与羊膜一起以胎儿为中心分别形成羊膜腔和尿膜腔，其中有胎水。

尿囊液来自胎儿的尿液和尿膜上皮的分泌物，在妊娠不同时期，尿囊液量是不同的。尿囊液清澈、透明，含有白蛋白、果糖和尿素。犬妊娠末期尿囊液为 10 ~ 50mL。

尿囊液有扩张尿囊、使绒毛膜与子宫内膜紧密接触的功能，并可在分娩前贮存发育胎儿的排泄物和帮助维持胎儿血浆渗透压作用。

4. 绒毛膜

绒毛膜是胎膜最外侧的膜，表面覆盖绒毛，它通过胎盘联系胎儿和母体，供给胎儿营养。绒毛膜是由胚外外胚层和胚外体壁中胚层构成的，是胎儿胎盘的最外层。绒毛膜的外侧面与子宫内膜相接，内侧面与尿膜相接。

犬的绒毛膜似卵圆形，初期是有绒毛的透明厚囊膜，妊娠3周后，在绒毛膜的内侧就形成了逐渐扩大的脉络尿膜，而且逐渐扩大到包围羊膜的外侧，终止在犬的脐带部，并且有血管分布。在胚泡期的绒毛膜呈现柠檬形。随着妊娠日龄的增加，绒毛膜的前后两端与邻接的胎儿胎膜相接触，虽然挤在一起但不融合。当从子宫取出胚胎时，胎膜可恢复原来形状。

5. 脐带

脐带是胎儿与胎膜相连接的带状物，由两条脐动脉、两条脐静脉、脐尿管及卵黄囊的残迹组成。脐静脉接近胎儿体时汇合成一条，脐动脉是胎儿下腹动脉的延续。胎儿通过脐动脉把体内循环的无营养静脉血液导入胎盘。脐静脉把在胎盘处与母体进行气体交换的新鲜动脉血运送给胎儿。

犬的脐带坚韧且短，长10～12cm，不能自然断裂，常常是在胎儿出生后被母体扯断。脐带内的血管肌层断裂时可剧烈收缩，所以切断脐带时出血少。初生仔犬腹部残留的脐带断端经过数天后，可干燥而自行脱落。

（二）胎盘

胎盘是胚胎或胎儿的组织同母体子宫组织密切附着或粘连在一起的母体和胎儿之间进行物质交换的器官，是胎儿绒毛膜的绒毛和母体子宫内膜相结合的部分，前者称为胎儿胎盘，相应的母体子宫内膜称为母体胎盘。二者统称为胎盘。胎儿的血管和子宫血管各自分布到自己的胎盘上，二者不直接相通，仅发生物质和气体交换，以满足胎儿发育的需要。

1. 犬类胎盘的眼观形态

动物种类不同，胎盘的形状也不同，这是由绒毛膜上绒毛的分布状况决定的。犬类的胎盘属于带状（环状）胎盘，绒毛形成一个宽带环绕在绒毛膜中部。

2. 犬类胎盘的组织结构

由于构成胎盘的绒毛膜毛细血管管腔和子宫黏膜毛细血管管腔之间隔着各自的上皮结缔组织和血管内皮，所以各种胎盘的组织构造不超过这六层结构。一般动物建立胎盘的过程中，胎膜（绒毛膜）的三层结构都保持完好，但有些动物子宫黏膜的三层结构却常受到不同程度的“破坏”。由于犬类的子宫黏膜上皮和结缔组织都受到破坏，所以绒毛上皮直接接触子宫毛细血管内皮细胞，即形成所谓内皮绒毛膜胎盘。具有这类胎盘结构的犬猫类动物，分娩时，由于母子胎盘分离，导致母体子宫黏膜组织部分脱落，子宫血管破裂，可能会有轻度出血现象发生。

这类型胎盘在胎儿血液和母体血液间依次有胎儿血管内皮、尿膜绒毛膜结缔组织、绒毛上皮和母体子宫毛细血管血管内皮四层结构，这就是犬猫类的胎盘屏障。

3. 胎盘的功能

胎盘的主要功能是保护胎儿、进行物质和气体交换、供给胎儿营养、为胎儿排泄和产生激素调节生殖活动等。

胎盘执行许多功能，是对胎儿的生长发育、功能复杂的器官，其主要功能是气体交换，免疫，排泄废物和分泌激素等。

（1）物质交换功能　胎儿和母体间的物质交换靠胎盘完成。胎儿与母体的血液从不直接混合，但这两套血液循环在绒毛膜和子宫内膜结合处紧密接触，使胎儿借胎盘从母体血液中获得氧和所需的营养物质。胎盘的各层膜通过简单扩散、主动运输、吞噬和胞饮等机制调节着多种物质的运输。

（2）屏障作用　胎儿为自身生长发育的需要，既要同母体进行物质交换，又要保持自身内环境同母体内环境的差异，胎盘的特殊结构是实现这种矛盾对立生理作用的保障，称为胎盘屏障。胎盘对抗体的运输也具有明显的屏障作用。犬类的抗体能通过胎盘进入胎儿，使其获得被动免疫。

（3）免疫功能　胎盘的胎儿部分可看做是母体的同种移植物，胎盘和胎儿不受母体的排斥是胎盘的特定免疫功能所致。

（4）内分泌功能　胎盘是一种临时性的内分泌器管，既能合成蛋白质激素如孕马血清促性腺激素、胎盘促乳素，又能合成甾体激素。这些激素合成释放到胎儿和母体循环中，其中一些进入羊水被母体或胎儿重吸收，在维持妊娠和胚胎发育中起调节作用。

由胎盘产生的孕激素对维持妊娠具有重要的作用。犬在妊娠的前半期主要靠黄体分泌的孕酮维持妊娠，后半期它们的黄体虽然都存在，但维持妊娠的孕酮主要靠胎盘分泌。

胎盘合成甾体激素的性质和母体合成的相同，但胎儿和胎盘都缺少生成类固醇某种必不可少的酶，然而在胎儿内缺少的酶却在胎盘内存在，在胎盘内缺少的酶又在胎儿内存在。二者的结合构成甾体激素合成的独立的酶系统，从而产生有激素功能的类固醇。

项目九 循环系统

［知识目标］

1. 掌握心脏的形态结构。
2. 掌握血管的形态结构。
3. 掌握淋巴系统的形态结构。
4. 掌握主要淋巴器官的组织结构。

［认知与解读］

循环系统包括血液循环系统和淋巴系统。血液循环系统包括心脏、血管和血液，心脏和血管合称心血管系统。淋巴系统包括淋巴管道和淋巴器官。从管道通联关系上看，淋巴系统是血液循环系统的辅助性回流系统；但从功能上看，淋巴系统与血液循环的关系十分密切，是完成机体运输和免疫的系统，只不过血液循环和淋巴系统之间有着运输和免疫的相对分工而已。循环系统与机体体壁和内脏各系统之间的关系密切，学好本系统的宏微观形态结构不仅直接支撑养护、训练和疾病防制技术的学习，而且能够进一步深化对体壁和内脏各系统的深入理解。

任务一 | 心脏

一、心脏的形态位置

心脏是一个中空的肌质器官，外形呈倒立的圆锥形，心的前缘凸，后缘较平直。心脏上部大且位置较固定，称为心基，有进出心脏的大血管，下部小且游离，称为心尖。心脏表面有一条环绕心脏的冠状沟，是上边的心房和下边的心室之间的分界标志。在心室的左前方，有一条左纵沟（锥旁室间沟），右后方有一条右纵沟（窦下室间沟），左、右纵沟是左、右心室的外表分界（图9-1）。右前部是右心室，左后部是左心室。在冠状沟和纵沟内有营养心脏的血管，并有脂肪填充。

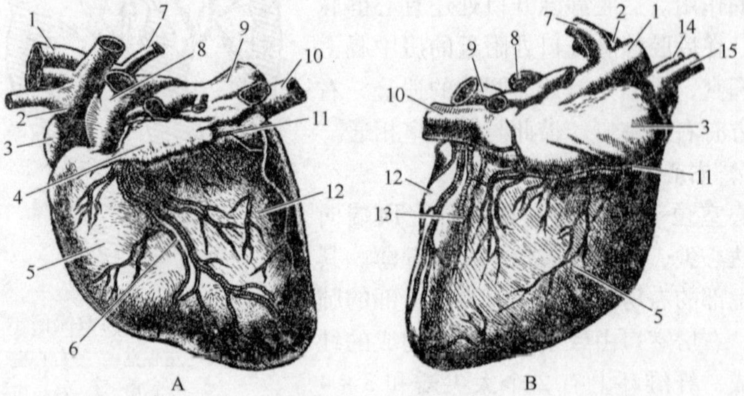

图9-1 犬的心脏

A—左侧面 B—右侧面

1—前腔静脉 2—主动脉 3—右心耳 4—左心耳 5—右心室
6—左纵沟 7—奇静脉 8—肺动脉 9—肺静脉 10—后腔静脉
11—冠状沟 12—左心室 13—右纵沟 14—左锁骨下动脉 15—臂头动脉

犬的心脏外形呈不规则的锥形，当心脏舒张扩大时，呈卵圆形，心尖部钝圆。中型犬的心脏重约150 g，相当于体重的1%，一般猎犬心脏比较大；而运动少、又富有脂肪的犬，其心重仅为体重的0.5%。

心脏位于胸腔纵膈内，夹于左、右两肺之间，略偏左侧。由于犬心脏的长轴斜度很大，所以心脏的底部主要对着胸腔前口。心在胸腔内处于第3~7肋骨处，左、右不对称，心尖朝向后下方，且略偏向左方，可达第6~7肋软骨（甚至到第8肋骨处）。心的胸肋面大部分位于胸腔底面自第5胸肋关节起向后的一段距离。心脏的左侧缘在第4~6肋骨部与左胸壁接触，其右侧缘在第5肋骨部与右胸壁相接触。

二、心脏的构造

心脏被房中膈、室中膈和房室口分为右心房、右心室、左心房和左心室四个腔（图9-2）。

（一）右心房

右心房位于心基的右前上部，房壁薄内腔大，由右心耳和静脉窦两部分构成。右心耳是心房侧壁突出形成的锥形盲囊，囊壁内有许多排列不规则的肉

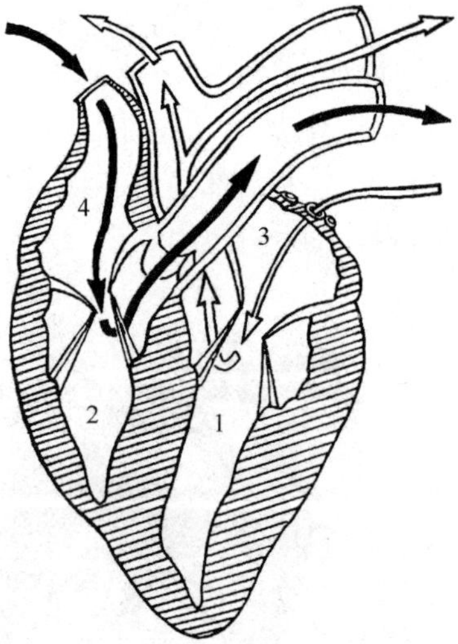

图 9－2　心内血液流向示意图
1—左心室　2—右心室
3—左心房　4—右心房

嵴，称为梳状肌，可防止静脉血液在此形成涡流。静脉窦是前、后腔静脉汇成的膨大部，两静脉开口之间有奇静脉的开口。前、后腔静脉开口之间有一发达的肉柱，称为静脉间嵴，有分流前、后腔静脉血液，避免相互冲击的作用。后腔静脉开口处还有心静脉的开口。在后腔静脉开口处附近的房中膈上有一卵圆窝，是胎儿时期卵圆孔的遗迹。右心房下方有右房室口，借此与右心室相通。

（二）右心室

右心室位于心脏的右前下部，顶端向下，不达心尖，心室内腔较小，室壁薄。其入口为上部的右房室口，出口为左上部的肺动脉口。右房室口由致密结缔组织构成的纤维环围成，纤维环上有 2 个大尖瓣和 3 ~ 4 个小尖瓣组成，称为右房室瓣或三尖瓣。瓣膜基部附着于纤维环上，游离缘向下垂入心室，通过腱索连于心室壁的乳头肌上。犬的右心室内壁上有许多柱状乳头肌伸向室腔，其中 4 个乳头肌由中膈伸出，前方的 1 个较长，呈柱状，其大小自前向后逐个减小。瓣膜的作用是当心室收缩时，血液挤压瓣膜合拢，关闭房室口，防止血液回流入心房。肺动脉口位于右心室的左上方，由此连通肺动脉。肺动脉口也由纤维环围成，纤维环上附着 3 片半月形的瓣膜，称为肺动脉瓣或半月瓣。瓣膜游离端朝向肺动脉端。当心室舒张时，肺动脉血液推动瓣膜合拢，关闭肺动脉口，防止肺动脉血液回流入心室。右心室内有横过心室腔的心横肌，有防止心室过度舒张的作用。肺动脉的开口在第 4 肋骨的水平位置。

（三）左心房

左心房位于心基的左后上部，其构造与右心房相似。左心耳也呈锥形盲囊，囊壁内也有梳状肌。在左心房后侧及右侧一般有 6 个肺静脉开口。左心房下方有左房室口，借此与左心室相通。

（四）左心室

左心室位于心脏的左后下部，心室内腔大，室壁厚，下端构成心尖。左心室入口为后上方的左房室口，出口为前上方主动脉口。左房室口也有纤维环围成，环上附着 2 个大尖瓣和 4 ~ 5 个小尖瓣，称为左房室瓣或二尖瓣，其结构与作用同右房室瓣。主动脉口位于左心室的前上方，由此连通主动脉。主动脉口也由纤维环围成，纤维环上附着 3 片半月形的瓣膜，称为主动脉瓣或半月瓣，其作用同肺动脉瓣。

（五）心壁的构造

心壁是指心腔壁，由外向内分为心外膜、心肌和心内膜三层。

心外膜为被覆于心肌外表面的一层浆膜，是心包膜的脏层，由单层扁平上皮和结缔组织构成。

心肌是心壁中最厚的一层，主要由心肌纤维构成，呈红褐色。心肌被房室口的纤维环分隔为心房肌和心室肌两个独立的肌系，因此，心房肌和心室肌能够交替舒缩。心房肌较薄，心室肌较厚，左心室壁厚度约为右心室的3倍。

心内膜是紧贴于心肌内表面的结缔组织膜，薄而光滑，并与血管内膜相延续。心瓣膜是由心内膜折叠成的双层结构，中间有一层由结缔组织填充。心内膜深面有血管、淋巴管、神经和心脏传导系统的分支。

三、心脏的传导系统

心脏传导系统由特殊心肌纤维构成，特殊纤维可自动产生兴奋、传导兴奋，使心脏有节律性的收缩和舒张活动。心脏传导系统由窦房结、房室结、房室束和浦肯野纤维组成（图9－3）。窦房结是心跳的起搏点位于前腔静脉和右心耳之间的界沟内心外膜下，有分支到心房肌，并发出结间束与房室结相连，窦房节自律性最高。房室结位于房中隔右房侧的心内膜下。房室结沿室中隔向下延续为房室束，并在室中膈上部分左、右两束，到左、右心室心内膜下，再分支形成许多细小的浦肯野纤维，与普通心肌纤维相连。

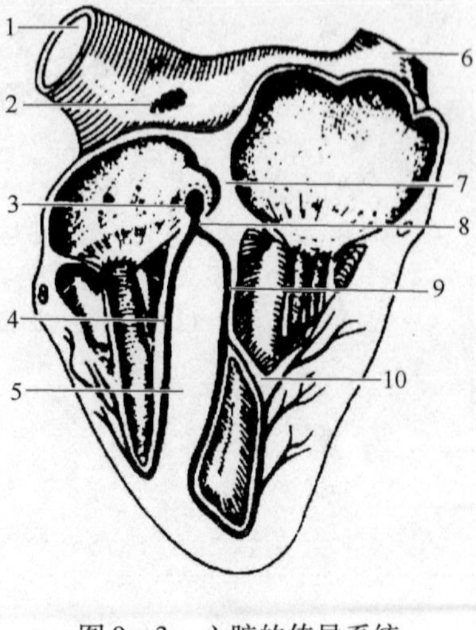

图9－3 心脏的传导系统

1—前腔静脉 2—窦房结 3—房室结 4—右束支 5—室间隔 6—后腔静脉 7—房间隔 8—房室束 9—左束支 10—心横肌

四、心脏的血管和神经

心脏自身的血液循环称冠状循环，供给心脏的营养，运走心脏的代谢产物，由心冠状动脉、毛细血管和心静脉构成。冠状动脉由主动脉基部分出，分别沿左、右冠状沟和室间沟分支行走，称为左、右冠状动脉，并在心房和心室壁内反复分支形成毛细血管网。毛细血管网最后汇集成心静脉返回右心房。分布于心脏的运动神经有交感神经（心加速神经）和迷走神经（心抑制神经）。心交感神经可兴奋窦房结，加强心肌活动。迷走神经作用与交感神经相反。

五、心包

心包是包围心脏外表的纤维浆膜囊，分为脏层和壁层。脏层紧贴于心肌外表面构成心外膜，并在心基处向外折转为壁层，两层之间形成的腔隙称为心包腔，内有少量心包液，起润滑作用，可减少心搏动时心肌与外界的摩擦。心包在心尖处与胸骨之间有胸骨心包韧带，有固定心脏的作用（图9－4）。

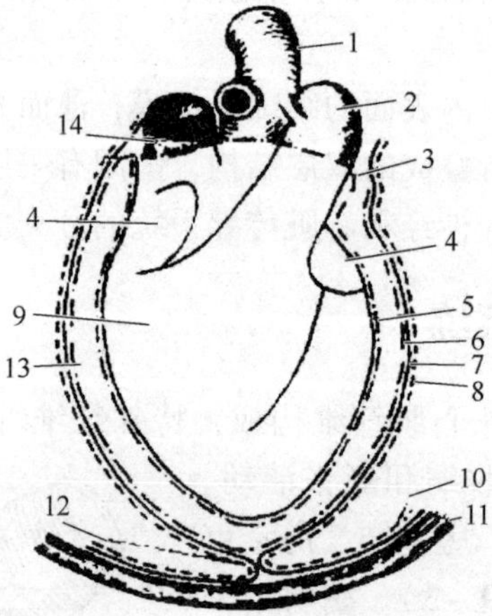

图9－4　心包结构模式图

1—主动脉　2—肺动脉干　3—心包脏层与壁层转折点　4—心房肌　5—心包脏层（心外膜）
6—心包壁层　7—纤维膜　8—心包胸膜　9—心脏　10—肋胸膜　11—胸壁
12—胸骨心包韧带　13—心包腔　14—前腔静脉

任务二 | 血管

从心室发出动脉，经过反复分支最后形成毛细血管，由毛细血管汇集成静脉回到心房，再到心室。左心室发出主动脉分支分布到全身各器官系统，经毛细血管（与周围的组织液并进一步与细胞内液进行物质和气体交换）汇成前、后腔静脉和奇静脉回到右心房，构成体循环或大循环。右心室发出肺动脉，经肺门进入肺脏后，最纵分支为肺泡隔毛细血管（此中血液经气血屏障与肺泡进行气体交换），后者汇集成肺静脉回到左心房，构成肺循环或小循环。

一、血管的种类、结构和分布特点

（一）血管的种类和结构

1. 动脉

动脉管壁厚而富有弹性，离心脏越近，则管径越粗，管壁也越厚，弹性也越大，弹性纤维也越多，对维持血压、保持血流连续性有重要意义。离心脏越远，弹性纤维则逐渐减少，而平滑肌纤维却相对增多。平滑肌舒缩可改变管径大小，以调节局部血流量和血流阻力。

动脉管壁由内膜、中膜和外膜组成。由最大的动脉到最小的动脉，其管径大小和管壁结构是逐渐变化的，中间没有截然的分界。一般按动脉管径的大小，将动脉分为大、中、小三种类型。其中以中动脉的分层较明显。

（1）大动脉　大动脉因中膜富含弹性纤维，所以又称弹力型动脉，如主动脉和肺动脉等。其管壁结构的特点是：内弹性膜较厚，但与中膜分界不清；中膜最厚，主要由弹性纤维构成，其中有少量的平滑肌纤维和胶原纤维。

（2）中动脉　中动脉因中膜含有丰富的平滑肌纤维，所以又称肌型动脉（图9-5）。

内膜是三层膜中最薄的一层，由内皮、内皮下层和内弹性膜组成。

内皮衬于管壁的内表面，光滑，可减少血流的阻力。

内皮下层是一薄层结缔组织，当内皮受损伤时，具有修补作用。

内弹性膜是弹性纤维组成的薄膜，在横切面上常呈波纹状，可作为内膜与中膜的分界线。

中膜很厚，主要由许多环行平滑肌纤维构成，其中夹有少量结缔组织和弹性纤维。

外膜厚度与中膜几乎相等，主要由结缔组织构成。近中膜处有一层外弹性膜，为外膜与中膜的分界线。外膜内含有滋养血管、神经和淋巴管。

（3）小动脉　管径在 1 mm 以下的均可列入小动脉。其管壁结构的特点

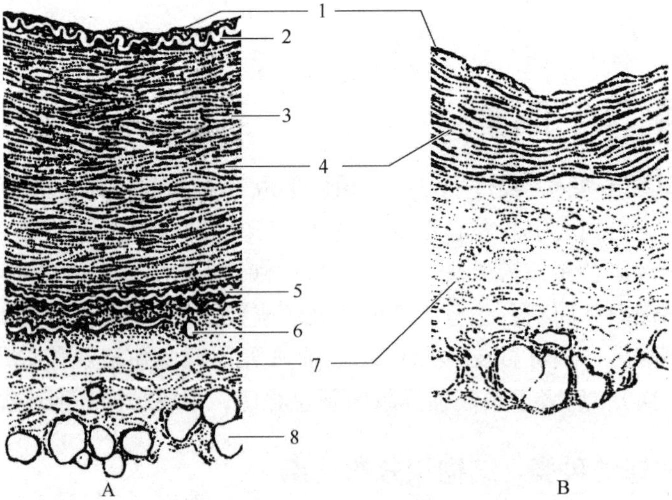

图 9－5　中动脉（A）和中静脉（B）

1—内膜　2—内弹性膜　3—平滑肌　4—中膜　5—外弹性膜　6—营养血管　7—外膜　8—脂肪细胞

是：内弹性膜薄，缺外弹性膜；中膜由平滑肌纤维构成，一般为 2 ~ 4 层（最小的动脉平滑肌常不连续成层）。

2. 静脉

静脉常与动脉伴行，也分大、中、小三种类型，管壁也由三层组成。与伴行的动脉比较，其特点是：管径粗，管壁薄，弹性纤维和平滑肌纤维均较少，三层膜分界不明显，中膜薄而外膜厚。有些部位的静脉（如四肢和颈部等），其内膜形成成对的半月形静脉瓣，有防止血液倒流的作用。

3. 毛细血管

毛细血管是管腔最细、分布最广的血管，连接于动脉和静脉之间。毛细血管在器官、组织内分支并互相吻合成网。

毛细血管分布的疏密程度随器官、组织不同而异。在代谢功能旺盛的器官、组织，如横纹肌、肺、肝、肾、大多数腺体、黏膜及脑灰质等，毛细血管分布很稠密；相反，在代谢功能较低的平滑肌、腱、神经干及浆膜等，毛细血管分布较稀疏。在上皮、软骨及角膜等，则无毛细血管分布。

毛细血管短而细，平均长 0.5 ~ 1 mm，最长的不超过 2 mm；直径为 5 ~ 20μm，平均约 8μm，管壁极薄，厚 0.1 ~ 0.5μm。

毛细血管构造简单，管壁主要由一层内皮细胞构成（图 9－6）。细胞外为基膜，基膜外为一薄层结缔组织。内皮细胞呈扁平梭形，其长轴与血管长轴平行。很小的毛细血管管壁仅由一、二个内皮细胞围成。细胞核为扁椭圆形，位于细胞中央，稍向管腔内突出。细胞内除有一般细胞器外，还有许多吞饮小泡。在相邻细胞之间有缝隙，宽 10 ~ 20nm，可容小分子物质通过。有些内皮细胞本身有小孔，孔径 80 ~ 100nm。基膜很薄，膜上也有孔。毛细血管的这些结构特征，有利于管内、外物质进行交换。

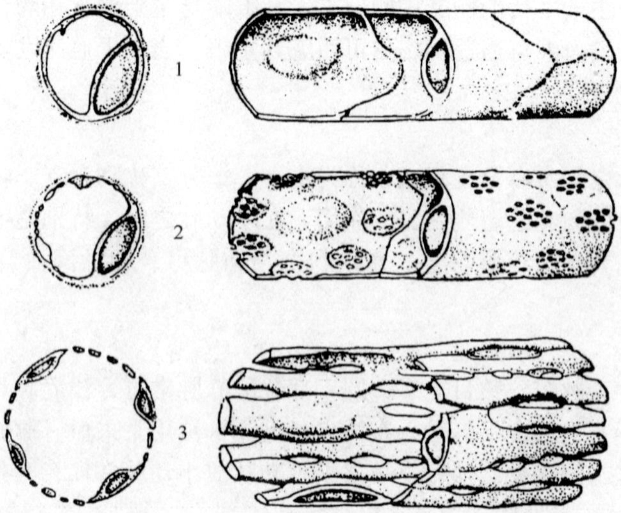

图9－6 三类毛细血管的结构模式图

1—连续毛细血管 2—有孔毛细血管 3—血窦

基膜外结缔组织内有成纤维细胞、巨噬细胞和间充质细胞等，常统称为外膜细胞。此外，还有一种扁平多突细胞，紧贴于管壁外面，称为周细胞。这种细胞的性质还不清楚，有人认为周细胞具有收缩作用，可控制毛细血管管径，但未得到证实。有实验表明，内皮细胞受某些化学物质或机械性刺激时，其本身就可收缩而改变管径大小。

窦状隙是一种特殊的毛细血管，分布于肝、腺、骨髓和一些内分泌腺内。其特点是腔大，不规则，能容较多的血液，血流较慢。窦壁结构因器官而异，多数内分泌腺的窦状隙内皮有孔，并有连续的基膜。而肝的窦状隙内皮则不连续，细胞之间有较大的缝隙，基膜不完整或没有基膜，所以通透性更高，更有利于进行物质交换。

（二）血管分布的一般规律

1. 躯干的动脉

躯干在构造上有体壁和内脏之分，动脉也分壁支和脏支，其中壁支仍保留着原始分节状态，多见左、右对称分支。

2. 动脉主干的位置

多数动脉干沿关节的屈侧、深面或安全隐蔽的部位（如骨、肌肉和筋膜形成的沟及管内）伸延，而且常与静脉、神经伴行，共同包在结缔组织鞘内，形成血管神经束。因此，当结扎血管时应考虑分离神经。

3. 侧副支

由主干分出的侧支，常以最短距离到达所分布的器官，其管径大小与器官功能相适应。在代谢功能旺盛的器官，如心脏、肾和甲状腺等，血管较粗，分支较丰富。与主干平行的侧支称侧副支，其末端与主干侧支相吻合，形成侧副循环，即主干的血液可通过侧副支再回流到主干。当主干血流发生障碍时，侧副支能代替主干。

4. 吻合支

相邻动脉之间常有分支相通，称为吻合，该分支称吻合支。吻合有平衡血压、转变血流方向和起着侧副支的作用。在小动脉之间，特别是毛细血管之间吻合更多。吻合包括简单吻合、宽口吻合、动脉弓、动脉网血管丛和动静脉吻合。

5. 静脉

静脉常比动脉粗，数目也多，同一部位的静脉常可分浅静脉和深静脉。浅静脉位于皮下，也称皮下静脉，在体表可见，常被用来采血、放血和静脉注射等；深静脉多与同名动脉伴行，一条中等动脉或小动脉常伴有两条静脉。

二、体循环的血管

体循环血管主要是主动脉的分支分布和前、后腔静脉及其静脉的属支汇流范围，其中肝、肾、心和肺的血管都有比较特殊的分支分布与汇流情况。

（一）动脉

1. 主动脉

主动脉是体循环动脉的总干，全身所有的动脉支都直接或间接自此发出。主动脉起于左心室的主动脉口，起始部向前直行，称为升主动脉，然后再转向后方，形成一锐角弯曲的弓，称为主动脉弓，在其根部发出左、右冠状动脉后，向后移行为胸椎腹侧的胸主动脉，穿过膈的主动脉裂孔进入腹腔，称为腹主动脉。腹主动脉在第五、六腰椎腹侧分为左、右髂外动脉和左、右髂内动脉。

2. 胸部的动脉

主动脉弓在根部发出左、右冠状动脉（见心脏的血管），顶部有两个大血管分支。第 1 个大的分支偏向右侧，称为臂头动脉；第 2 个分支较小，偏向左侧，称为左锁骨下动脉。

（1）臂头动脉　臂头动脉自主动脉发出后向前行，分出左颈总动脉，然后分出右颈总动脉，其主干绕过第 1 肋骨成为右锁骨下动脉，出胸腔后进入右前肢。左锁骨下动脉向前行于食管的左侧，然后绕过第 1 肋骨出胸腔，进入左前肢（图 9 -7）。

（2）胸主动脉　胸主动脉由主动脉弓向后延续而成，在胸椎腹侧稍偏左，主要分支是肋间动脉和支气管食管动脉。

犬的肋间动脉是 9 对或 10 对，除前数对由左锁骨下动脉和劈头动脉的分

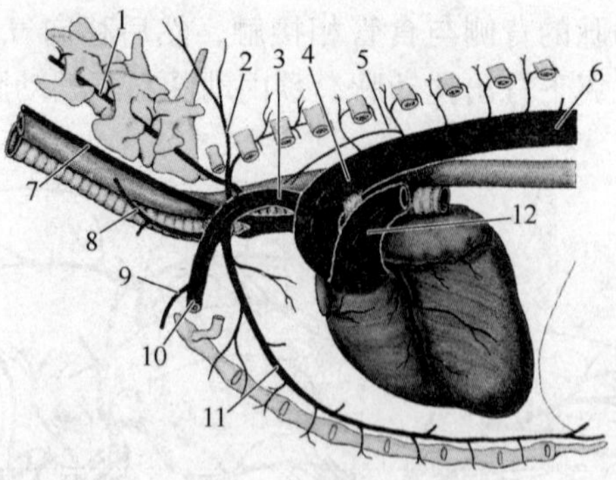

图 9-7 犬胸部的主要动脉

1—椎动脉 2—颈深动脉 3—左锁骨下动脉 4—主动脉弓 5—支气管食管动脉 6—胸主动脉 7—颈总动脉 8—颈浅动脉 9—胸廓外动脉 10—腋动脉 11—胸廓内动脉 12—肺动脉

支分出外，其余均由胸主动脉分出。肋间动脉在肋间隙上端分为一背侧支和腹侧支。背侧支较小，腹侧支沿肋骨后缘向下伸延，分布于胸侧壁的肌肉和皮肤。

支气管食管动脉干很短，在第 6 胸椎处自胸主动脉分出，立即分为一支气管动脉和一支食管动脉，分别分布于肺内支气管和食管。

（3）锁骨下动脉　锁骨下动脉自主动脉发出后，向前下方及外侧伸延，在胸腔内发出椎动脉、肋颈动脉、胸廓内动脉和颈浅动脉后延续为到前肢的腋动脉。

椎动脉在斜角肌与颈长肌下面前行，通过第 6 到第 1 颈椎的横突孔，并接受枕动脉的末端吻合支后，在环椎处进入椎管，分出基底动脉和脊髓腹侧动脉。基底动脉沿着延髓和桥脑的腹正中线通向头端，并发出许多分支到有关结构。小脑下后动脉是一个分支，在两边通到小脑尾部的表面上，并发出分支。在桥脑头端的边缘上，基底动脉分开。在每边的分开处发出一个大的分支，横过大脑脚到达小脑前部，这就是小脑前动脉。在此稍向头端，从同一部位的附近发出较小的大脑后动脉，侧向通至大脑尾部，并加入颈内动脉。

肋颈动脉在第 1 肋骨前缘向前上方伸延，沿途发出第 2、3 肋间动脉和颈深动脉，颈深动脉上行分布于颈背侧。

胸廓内动脉于第 1 肋处由锁骨下动脉发出后，沿胸骨和胸横肌之间后行，分支分布于胸底壁、胸侧下壁和纵隔下部。

颈浅动脉也称肩颈动脉，向前下方伸延，分支分布于肩胛舌骨肌和臂头肌、颈深后淋巴结、胸肌及附近皮肤等器官。

3. 头颈部的动脉

颈总动脉和椎动脉是头部动脉的来源，颈部的动脉除了来自上述两条动脉之外，还来自锁骨下动脉的一些分支。

右颈总动脉自气管腹侧面斜向气管右侧，向前上方行走，末端部再侧倾向气管背侧。左颈总动脉的背侧与食管相接触，然后移向气管左侧，向前行走。双侧颈总动脉在环椎翼下分出枕动脉、颈内动脉和颈外动脉（图 9－8）。

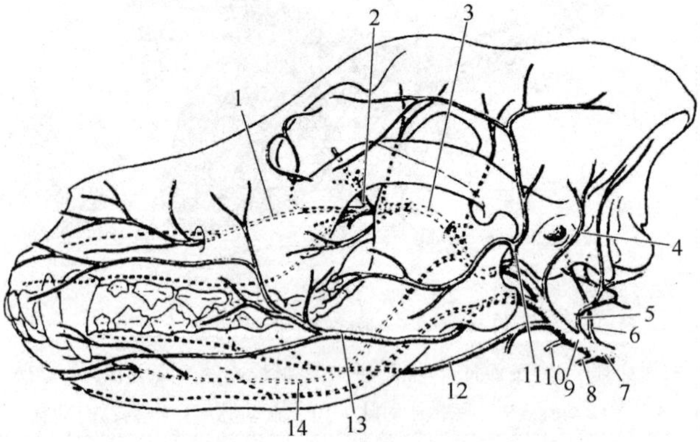

图 9－8　犬头部的动脉

1—眶下动脉　2—眼外动脉　3—上颌动脉　4—耳后动脉　5—枕动脉
6—颈内动脉　7—颈总动脉　8—喉前动脉　9—颈外动脉　10—咽升动脉
11—颞浅动脉　12—舌动脉　13—面动脉　14—下齿槽动脉

（1）枕动脉　枕动脉沿舌下神经后方上行至副乳突，其外侧面有颈内动脉、迷走神经和交感神经经过。绕过副乳突而成为一弯曲的径路，在枕骨颈面与颈峭平行，同对侧动脉吻合，并分出小支至颈肌、头腹侧直肌和咽。此外，枕动脉还分出脑膜后动脉，经过乳突孔，再分成小支至脑硬膜。

（2）颈内动脉　颈内动脉穿过后破裂孔进入颈椎管，由颈动脉孔入脑腔后，在脑腹侧形成脉管丛，由其分支与大脑中动脉和眼外动脉相连。大脑中动脉向外走至大脑外侧裂再分成多数细支，分布于大脑半球的外侧面。在视交叉的背面有大脑前动脉，向前伸出筛动脉分布至嗅球，向两侧分出眼内动脉随视神经分布于眼球。

（3）颈外动脉　颈外动脉是颈总动脉的延续，沿咽的侧壁走行，从枕颌肌下穿出，在窝后突的后方，分为颞浅动脉和颌内动脉。此外，还发出副支，如颌外动脉、舌动脉、舌下动脉和耳后动脉（耳大动脉）。

颌外动脉在枕下颌肌背侧端的表面后缘，自颈外动脉分出，经过舌骨，在枕下颌肌和茎舌骨肌间，沿枕下颌肌的背内侧缘走行。在此过程中分出至下颌腺和舌下腺的动脉，和至枕下颌肌、茎舌肌和翼肌的分支。舌下动脉沿下颌骨的腹缘至咬肌与枕下颌肌所成的沟内，向前行变成面动脉。面动脉常在面静脉之前侧深面，向前在笑肌的深面近颧肌的止点又分为下唇动脉、口角动脉、上唇动脉 3 个分支，前两支进入下唇黏膜内，上唇动脉则进入上唇的黏膜内。

颞浅动脉横过颞骨颧突的后端，穿过颞筋膜，向额骨进行，几与颧突平行，而与颞肌发生密切联系，其终支供给额部和上下眼睑。其分支有 3 个：面横动脉（为一小支，供给咬肌的表面）、耳前动脉（自其主支至耳下腺，咬肌及其肌肉和皮肤）、颧眶动脉（供给眼睑额耳顶肌的血液，颧眶动脉的额支，即供给该处血液）。

耳后动脉又称耳大动脉，在近枕下颌肌的起始和在枕下颌肌与舌骨之间离开颈外动脉；它曲绕枕下颌肌，在耳下腺的深面向后行而分布在耳的后部，有3个分支：有数支分布于胸头肌和锁乳头肌以及耳下腺和下颌腺、茎乳动脉（为小型动脉，进入颞骨的茎乳孔）、一根耳前支供给耳前，与耳前动脉吻合。

颌内动脉也称上颌动脉，是颈外动脉的直接延续，始于下颌骨后缘的内侧面，进入翼腭凹。颌内动脉可分为两部分，以蝶骨的翼管为界，主要发出下齿槽动脉和眼外动脉，分布到齿槽和眼部。

4. 腰腹部的动脉

腹主动脉是由胸主动脉穿过膈肌的主动脉裂孔后延续而成的，主干位于腰椎腹侧，其分支主要有膈后动脉、腹腔动脉、肠系膜前动脉、肾动脉、睾丸或卵巢动脉、肠系膜后动脉和腰动脉（其中膈后动脉、肾动脉、睾丸或卵巢动脉和腰动脉属于壁支是成对的，腹腔动脉、肠系膜前动脉和肠系膜后动脉是脏支，不是成对的）。发出上述分支后主干在第5、6腰椎处分为左、右髂外动脉和左、右髂内动脉再延续为荐中动脉。

（1）腹腔动脉　主动脉穿过膈肌进入腹腔后，从腹主动脉腹侧面发出的一条血管即为腹腔动脉。它分出肝动脉后，形成一短干，再分成胃动脉和脾动脉（图9－9）。

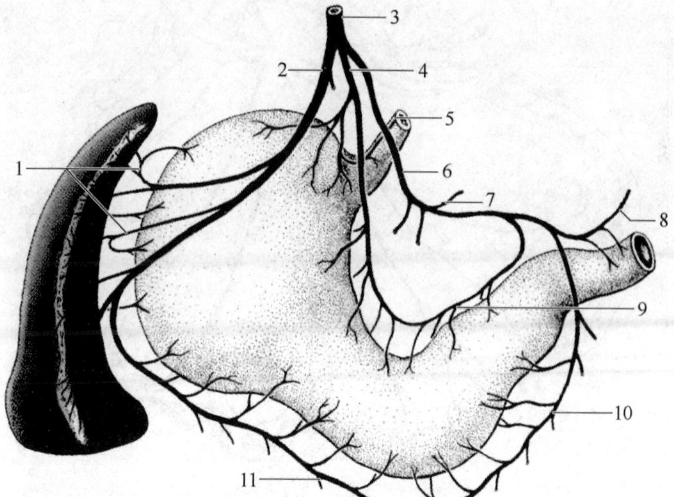

图9－9　犬腹腔动脉

1—胃短动脉　2—脾动脉　3—腹腔动脉　4—胃左动脉　5—食管支　6—肝动脉
7—肝支　8—胰十二指肠前动脉　9—胃右动脉　10—胃网膜右动脉　11—胃网膜左动脉

肝动脉自腹腔动脉分出后向右侧移行，先后发出几个分支，即肝固有动脉、胃右动脉和胃十二指肠动脉。

肝固有动脉可分为几个小支，与门静脉一起分布于肝脏内。

胃右动脉先行至幽门处，再沿胃小弯分布于贲门，并与胃左动脉吻合。

胃十二指肠动脉是为肝动脉分出胃右动脉以后的延续部分，在幽门附近再分支为胃网膜右动脉和胰十二指肠上动脉。胃网膜右动脉在网膜内沿着胃的大弯左行，并与胃网膜左动脉吻合。

胃左动脉沿胃的背面至胃小弯，分成小支，主要分布在胃左部，其分支与胃右动脉吻合。

脾动脉分出胰脏支，到达脾脏的腹侧。以后又分出胃网膜左动脉和胃脾动脉。胃脾动脉经脾的背侧并分布于该处，另有小分支分布于胃的左端。

（2）肠系膜前动脉　肠系膜前动脉起自腹主动脉干，位于腹腔动脉分出部位的紧后方。肠系膜前动脉有 3 个分支，即结肠右动脉、结肠中动脉和回盲结肠动脉（图 9 - 10）。其主干延续为小肠动脉，发出 14 ~ 16 个分支，并在肠系膜接近肠部处形成一系列的吻合弓。

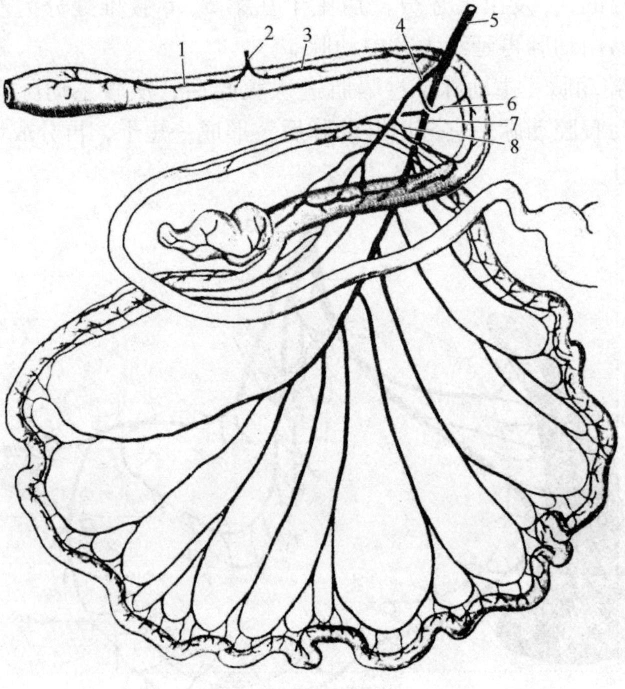

图 9 - 10　犬的肠系膜前动脉和肠系膜后动脉

1—直肠前动脉　2—肠系膜后动脉　3—结肠左动脉　4—回盲结肠动脉
5—肠系膜前动脉　6—结肠中动脉　7—空肠动脉　8—结肠右动脉

结肠右动脉是一小的动脉，位于结肠的右侧部。结肠中动脉为结肠动脉中最大的动脉，分布于横结肠和结肠左侧部的一部分。回盲结肠动脉又分出回肠支、盲肠支和结肠支。在结肠动脉间有吻合，并与空肠动脉吻合。

（3）肠系膜后动脉　肠系膜后动脉是一条单支，在结肠系膜内下行，随即分成两支，分布于结肠末端部和直肠的前部。在结肠端的分支为结肠左动脉，沿结肠左部前行，并与肠系膜前动脉吻合。在直肠前部的分支称为直肠前动脉，与阴部内动脉的直肠中支吻合。

（4）肾动脉　肾动脉起于肠系膜前动脉起始部之后，是一对比较大的动脉，分为左、右两支。右肾动脉较长，横过后腔静脉的背侧，移向右前方至右肾肾门处。左肾动脉的起始部位于右肾动脉之后，比较短，发出后即直接向外侧走向左肾。

（5）精索动脉或子宫卵巢动脉　精索动脉或子宫卵巢动脉起自腹主动脉，在肠系膜后动脉起始处附近。左、右各有一支，较细长。公犬精索动脉通过腹股沟进入阴囊，分布到睾丸及附睾。在雌性犬体内，子宫卵巢动脉移行于卵巢附近分为3～4支，分布于卵巢、输卵管和子宫角的前部。

5. 骨盆及尾部的动脉

骨盆部的动脉主要是腹主动脉于盆腔前口附近分出的髂内动脉，尾部主要是荐中动脉（图9－11）。髂内动脉是骨盆部动脉的主干，沿荐骨腹侧和荐结节阔韧带的内面向后伸延，分出脐动脉，本干最后分为臀后动脉和阴部内动脉。

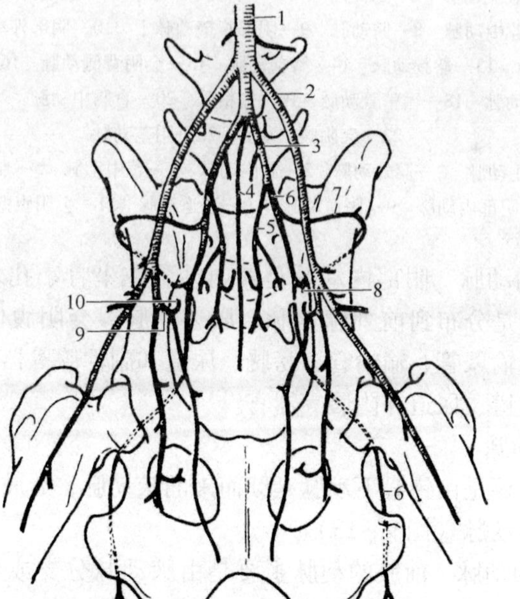

图9－11　犬骨盆部的动脉（背侧观）

1—腹主动脉　2—髂外动脉　3—髂内动脉　4—荐中动脉　5—阴部外动脉
6—臀后动脉　7—髂腰动脉　8—臀前动脉　9—股深动脉　10—阴部腹壁动脉干

(1) 脐动脉　脐动脉在胎儿时期发达，出生后管壁增厚，管径变小，仅提供膀胱的少部分血液，末段闭塞而形成膀胱圆韧带，沿膀胱侧韧带的游离缘伸至膀胱顶。

(2) 臀后动脉　臀后动脉较粗，经坐骨小孔穿出盆腔，与坐骨神经一起行走于骨盆外侧，与臀前动脉、髂腰动脉分布于腰荐部结合部、臀部和股后部的肌肉和皮肤。臀前动脉是臀后动脉的分支，经坐骨大孔至臀中肌和臀深肌（图9－12）。

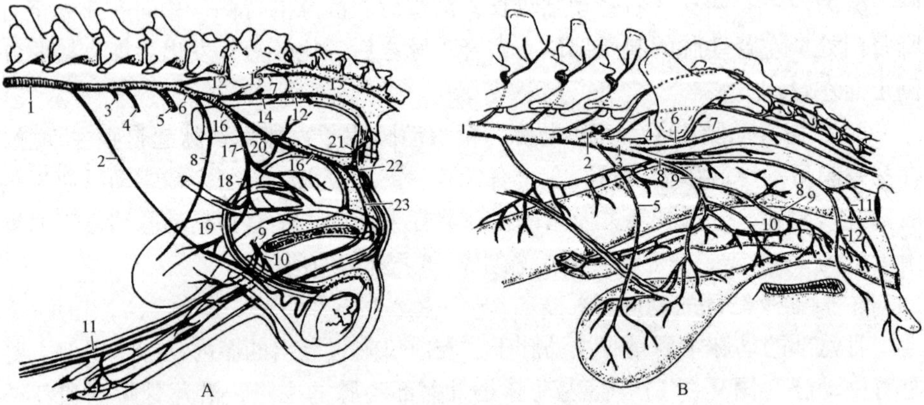

图9－12　犬骨盆腔的动脉左侧观

A—公犬　1—腹主动脉　2—睾丸动脉　3—肠系膜后动脉　4—旋髂深动脉　5—髂外动脉　6—髂内动脉　7—荐中动脉　8—脐动脉　9—阴部腹壁动脉干　10—阴部外动脉　11—腹壁后动脉　12—臀后动脉　13—髂腰动脉　14—臀前动脉　15—会阴背侧动脉　16—会阴内侧动脉　17—前列腺动脉　18—输精管动脉　19—输精管　20—直肠中动脉　21—直肠后动脉　22—会阴腹侧动脉　23—阴茎动脉

B—母犬　1—腹主动脉　2—髂外动脉　3—髂内动脉　4—荐中动脉　5—脐动脉　6—臀后动脉　7—臀前动脉　8—阴部内动脉　9—阴道动脉　10—尿道动脉　11—会阴腹壁动脉　12—阴蒂动脉

(3) 阴部内动脉　阴部内动脉是髂内动脉在坐骨小孔之后依次分出的分支。在公犬主要是分布到前列腺动脉、尿道动脉、会阴腹侧动脉、阴茎动脉等，主要分布于输尿管、输精管、膀胱、尿道和副性腺等器官，在母犬主要分布到子宫颈、阴道、尿道和阴唇等器官。

6. 四肢的动脉

前肢动脉主要是由锁骨下动脉延续而来的腋动脉，后肢动脉主要是由腹主动脉发出的髂外动脉（图9－13）。

(1) 前肢的动脉　前肢的动脉主要是由腋动脉分支或延续为桡动脉、尺侧副动脉、臂动脉和正中动脉。

腋动脉在肩关节内侧，从肩胛下肌和大圆肌之间向后下伸延，主要发出胸廓外动脉、肩胛上动脉和肩胛下动脉，后臂二头肌后缘延续为臂动脉。

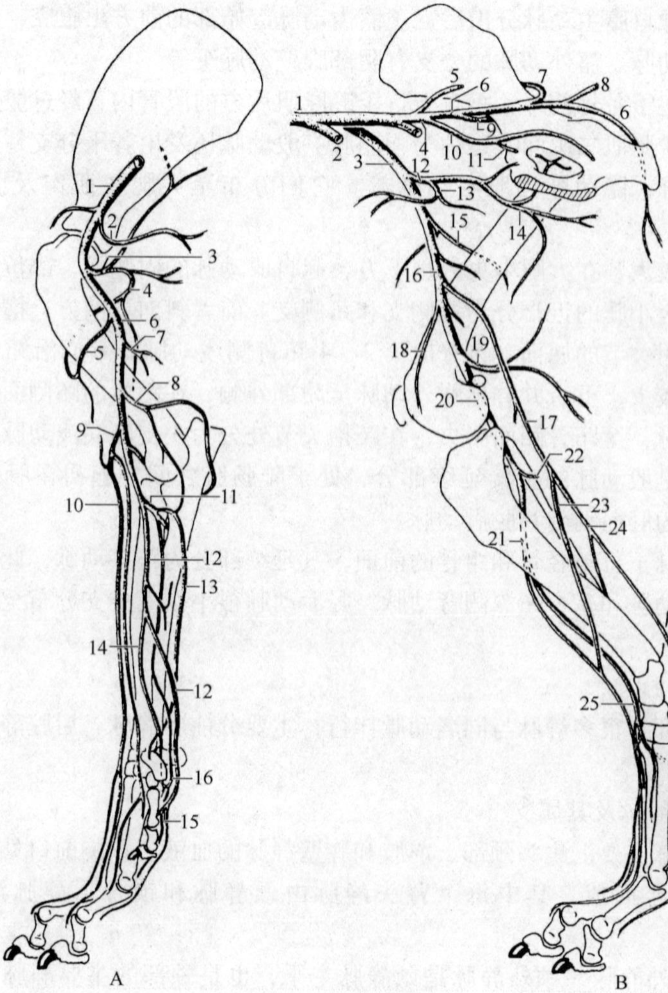

图9－13 犬四肢的动脉

A—前肢 1—腋动脉 2—胸廓外动脉 3—肩胛下动脉 4—旋臂后动脉 5—旋臂前动脉 6—臂动脉 7—臂深动脉 8—尺侧副动脉 9—臂浅动脉 10—肘横动脉 11—骨间总动脉 12—正中动脉 13—尺动脉 14—桡动脉 15—掌心浅动脉弓 16—掌心深动脉弓

B—后肢 1—腹主动脉 2、3—髂外动脉 4—髂内动脉 5—荐中动脉 6—臀后动脉 7—臀前动脉 8—外侧尾动脉 9—髂腰动脉 10—阴部内动脉 11—阴道动脉 12—股深动脉 13—阴部腹壁动脉干 14—旋股内侧动脉 15—旋股外侧动脉 16—股动脉 17—隐动脉 18—膝降动脉 19—股后远动脉 20—腘动脉 21—胫前动脉 22—胫后动脉 23—隐动脉近前支 24—隐动脉后支 25—足背动脉

臂动脉发出臂浅动脉、桡动脉和尺侧副动脉后，延续为正中动脉。臂浅动脉于前臂部与头静脉并行腕桡侧伸肌的背侧。

（2）后肢的动脉 后肢的动脉主要是髂外动脉分支延续为股动脉、腘动脉、隐动脉、胫前动脉和胫后动脉。

髂外动脉自腹主动脉分出后，于髂内动脉起始部的前方出腹腔，在股部近端延续为股动脉。髂外动脉的分支有阴部腹壁动脉干等。

股动脉起于耻骨前缘，垂直下行于缝匠肌后方的股管内，经过股骨后面的脉管沟，至腓肠肌二头间，延续为腘动脉。股动脉还发出若干分支，如股深动脉、股前动脉、隐动脉和股后动脉等。它们分布至大腿各肌肉及阴部器官等处。

隐动脉较大，在大腿中央的稍下方，起自股动脉的内侧面，部位较为靠近表层，下行至小腿的近端分为背侧支和跖侧支。前者斜向下前方，横过胫骨的内侧面而至跗关节的屈面，再分出第 2 ~ 4 跖背侧浅动脉。它们沿跖骨间沟下行。跖侧支较大，下行并分出跗外动脉至跗部外侧，在跗骨的跖侧面再分成跖内、外侧动脉，至跖骨跖面中央，在趾指关节处分为 3 支跖底浅动脉。

腘动脉是股动脉的直接延续部分，处于腓肠肌之间，起初在股骨后面下行，然后分为胫前动脉和胫后动脉。

胫前动脉下行至胫骨和跗骨的前面，其延续部分为跖穿动脉，此外还分出第 5 跖背侧动脉和 3 个跖深侧背动脉。胫后动脉很小，其小支分布至小腿近端部的屈肌上。

(二) 静脉

全身各部有很多静脉与同名动脉伴行，主要分前腔静脉、后腔静脉、奇静脉和心静脉。

1. 前腔静脉及其属支

前腔静脉主要汇集头颈部、前肢和胸壁静脉的血液，在胸前口处由左、右臂头静脉汇合而成，其中每个臂头静脉由颈静脉和锁骨下静脉汇合而成（图 9 - 14）。

(1) 颈外静脉　颈外静脉是颈静脉主干，也是颈部的主要静脉。它由颌内静脉与颌外静脉在颌下腺的后缘处汇合而成。每侧颈外静脉沿着颈部胸头肌下行，仅被皮肤和皮肌覆盖，下行至颈后部穿过第 1 肋骨，至锁颈肌下方与颈内静脉相汇，再与前肢的臂静脉汇合成臂头静脉。此外，左、右两侧颈外静脉在环状软骨下方，常有一横支相连。

(2) 颈内静脉　颈内静脉很细，处于颈部深层，纵走于胸头肌与胸骨舌骨肌之间，靠近颈总动脉的内侧。常由咽静脉和甲状腺静脉连合形成。

(3) 颌内静脉　颌内静脉在颌下腺后缘与颌外静脉汇合成颈外静脉，颌内静脉沿颌下腺后缘，延伸至耳下腺，接受来自深处的眶静脉丛、大脑背静脉、浅层的颞浅静脉和大耳静脉等。

(4) 颌外静脉　颌外静脉较细，其主干位于颌下腺的腹侧，接受面总静脉、舌静脉和舌下静脉等来自面部及下颌部的血液。

(5) 臂静脉与桡静脉和尺静脉　臂静脉和桡静脉均与同名动脉伴行。尺静脉常为 2 支，在腕下部与骨间静脉的一支相连，形成浅静脉弓。

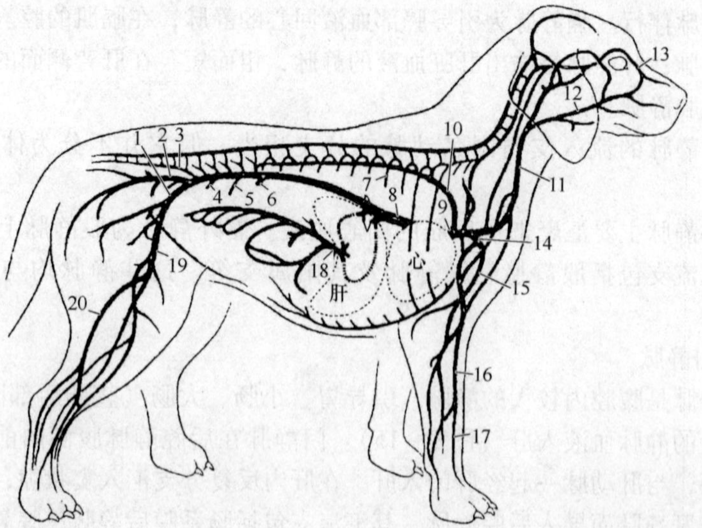

图 9-14 犬的全身静脉主干模式图

1—髂外静脉 2—髂内静脉 3—荐中静脉 4—旋髂深静脉 5—睾丸或卵巢静脉 6—肾静脉 7—肋间静脉 8—后腔静脉 9—前腔静脉 10—脐静脉 11—颈外静脉 12—面静脉 13—眼角静脉 14—腋静脉 15—臂静脉 16—头静脉 17—副头静脉 18—门静脉 19—股静脉 20—外侧隐静脉

（6）头静脉 头静脉在前臂部与尺动脉伴行，下方连于浅静脉弓，有 3 个掌心短静脉开口于浅静脉弓。约在前臂的中部头静脉与头副静脉相接。头副静脉由 3 个掌背侧静脉汇合而成。头静脉处于前臂外侧，又行于皮下，适合于采血和注射药物。

（7）奇静脉 奇静脉是一支单静脉，起自第 1 腰静脉，有来自脊髓、腰肌、膈等处的静脉汇入。在胸腔内沿胸椎右侧向前行，沿途有肋间静脉、食管静脉和支气管静脉汇入。在第 9 和第 10 胸椎处有半奇静脉汇入。奇静脉沿气管和食管的右侧向前延续，进入前腔静脉。

2. 后腔静脉及其属支

后腔静脉收集后肢、骨盆壁、骨盆腔器官、腹壁、腹腔器官和膈的静脉血液，在骨盆入口处由左、右髂总静脉汇合而成，沿腹主动脉右侧向前伸延，经过肝的腔静脉窝（在此处接受肝静脉），穿过膈的腔静脉孔进入胸腔内，经右肺心膈叶和副叶之间入右心房。后腔静脉在伸延途中接受腰静脉、睾丸静脉或卵巢静脉、肾静脉和肝静脉等属支。除肝静脉外，其他属支均与同名动脉伴行。

犬的后腔静脉起始部于盆腔内，由左、右髂总静脉汇合而成，沿体正中面，在腹主动脉的右侧向前移行，穿过膈肌的腔静脉孔进入胸腔，开口于右心房的后部。

汇入后腔静脉的分支有腰静脉、精索内静脉、肾静脉，它们的走行方向均与同名动脉伴行。膈静脉为引导膈部血液回心的静脉，在膈肌的腔静脉孔处进入后腔静脉；肝静脉是输出肝脏血液的静脉，粗而短，在肝背侧面的腔静脉沟内进入后腔静脉。

髂内静脉的流入支与同名动脉的分支相当，但它并不分为体壁支和内脏支。

髂外静脉主要汇聚来自后肢的回心血液。髂外静脉为股静脉上行的延续部，其汇流支包括股静脉、腘静脉及其附属支等，这些静脉均与同名动脉伴行。

3. 门静脉

门静脉是腹腔内较大的静脉，引导胃、小肠、大肠（直肠后部除外）、胰和脾等处的静脉血液入肝（图 9－15）。门静脉在后腔静脉腹侧向前穿过胰的门静脉环，与肝动脉一起经肝门入肝，在肝内反复分支汇入窦状隙，最后又集合为数支肝静脉而导入后腔静脉，其汇流支包括肠系膜后静脉、脾静脉、胃十二指肠静脉、胰静脉等，它们大都与同各动脉相伴行。由此可见，门静脉与一般静脉不同，一般静脉由许多小静脉合成一主干后，不再进行分支，而门静脉则是介于两端小静脉之间的静脉干。

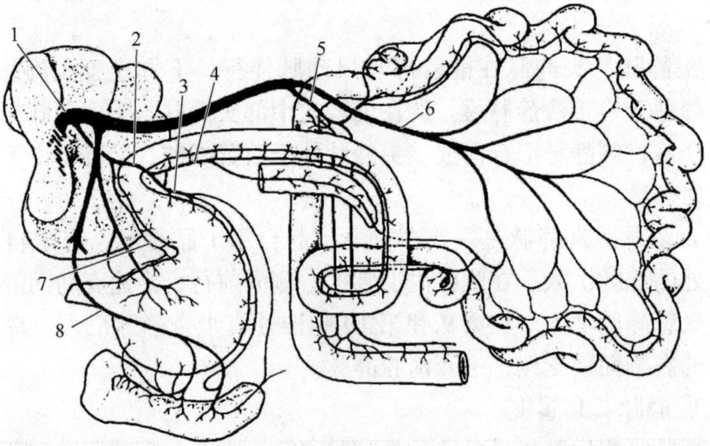

图 9－15　犬的门静脉半模式图（背侧观）

1—门静脉　2—胃十二指肠静脉　3—胃右大网膜静脉　4—胰十二指肠静脉
5—回结肠静脉　6—肠系膜前静脉　7—胃左静脉　8—脾静脉

直肠后部的静脉经阴部内静脉注入髂内静脉。

4. 心静脉

心脏的静脉分为心大静脉、心中静脉和心小静脉，心大静脉和心中静脉与冠状动脉并行，开口于冠状窦，心小静脉在冠状沟附近直接开口于右心房。

三、胎儿血液循环

胎儿在母体子宫内发育，所需要的全部营养物质和氧都是通过胎盘由母体供应，代谢产物也是通过胎盘经母体排出。所以胎儿血液循环具有与此相适应的一些特点。

（一）胎儿心血管的构造特点

1. 卵圆孔

胎儿心脏的房中隔上有一卵圆孔，沟通左、右心房。由于卵圆孔的左侧有一卵圆孔瓣，且右心房的血压高于左心房，所以血液只能从右心房流向左心房（图 9－16）。

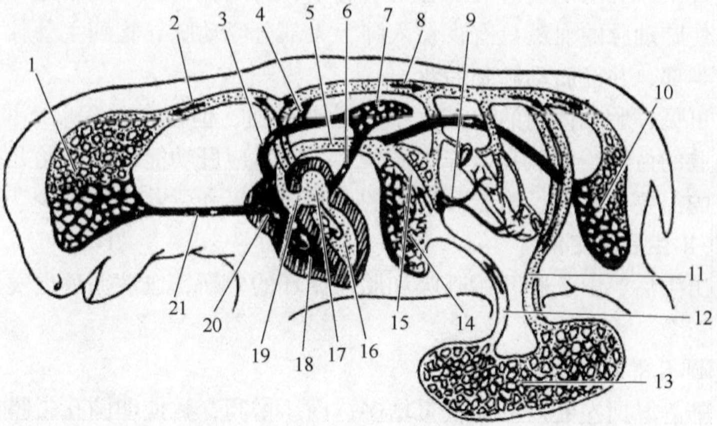

图 9－16　胎儿血液循环模式图

1—躯体前端毛细血管　2—走向躯体前部的动脉　3—肺动脉　4—动脉导管　5—后腔静脉　6—肺静脉　7—肺毛细血管　8—主动脉　9—门静脉　10—躯体后部毛细血管　11—脐动脉　12—脐静脉　13—胎盘毛细血管　14—肝毛细血管　15—静脉导管　16—左心室　17—左心房　18—右心室　19—卵圆孔　20—右心房　21—前腔静脉

2. 动脉导管

胎儿的主动脉和肺动脉之间以一动脉导管连通，因此来自右心室的大部分血液通过动脉导管流入主动脉，仅有少量血液入肺。

3. 静脉导管

胎儿的脐静脉经由肝的腹侧缘进入肝脏后，除与入肝血管及窦状隙连通外，还直接延续为静脉导管汇入后腔静脉，保证了脐静脉的胎盘来血迅速到达胎儿体循环，而不至于过久地停留于肝内。

4. 脐动脉和脐静脉

胎盘是胎儿与母体进行气体及物质交换的特有器官，以脐带与胎儿相连。脐带内有两条脐动脉和一条脐静脉。

脐动脉由髂内动脉分出，沿膀胱侧韧带到膀胱顶，再沿腹腔底壁向前伸延至脐孔，进入脐带，经脐带到胎盘，分支形成毛细血管网。

脐静脉由胎盘毛细血管汇集而成，经脐带由脐孔进入胎儿腹腔，沿肝的镰状韧带（正中矢状面上）伸延，经肝门入肝。

（二）胎儿血液循环的途径

脐静脉将胎盘内富有营养物质和含氧较多的动脉血引入胎儿体内，一部分血液经肝门入肝，在窦状隙与来自门静脉的血液混合后，再经肝静脉注入后腔静脉，与胎儿自身的静脉血混合。后腔静脉的血液注入右心房，大部分经卵圆孔到左心房，再经左心室到主动脉及其分支，大部分到头、颈和前肢。

来自胎儿身体前半部的静脉血，经前腔静脉入右心房。由于静脉间嵴的分流作用，进入右心房的血液大部分到右心室，再入肺动脉。因胎儿肺尚无功能活动，致使肺动脉的血液只有少量入肺，大部分经动脉导管到主动脉，进而到身体的后半部，并经脐动脉到胎盘。

由此可见，胎儿体内的血液大部分是混合血，但混合的程度不同。到肝、头颈和前肢的血液，含氧和营养物质较多，以适应肝功能活动和胎儿头部生长发育较快的需要；到肺、躯干和后肢的血液，含氧和营养物质较少。

（三）出生后的变化

胎儿出生后，由于肺开始呼吸和胎盘循环的中断，血液循环也发生了下列变化。

1. 卵圆孔的封闭

由于肺静脉回左心房的血液量增多，内压增高，致使卵圆孔瓣膜与房中隔粘连，结缔组织增生、变厚，卵圆孔闭锁形成卵圆窝。此后，心脏的左半部和右半部完全分开，左半部为动脉血，右半部为静脉血。

2. 动脉导管的封闭

由于开始呼吸，肺扩张，肺内血管的阻力减少，肺动脉压降低，动脉导管因管壁肌组织收缩，而发生功能性闭锁，继之以结构上的改变而完全闭塞，形成动脉导管索或动脉韧带。

3. 静脉导管的封闭

胎儿出生后静脉导管可退化封闭，但有的犬可出现静脉导管闭锁不全而造成的门静脉 - 腔静脉旁路，需要进行手术矫正。

4. 脐动脉和脐静脉的变化

胎儿出生后，脐带被切断，脐动、静脉血流停止，血管逐渐闭塞萎缩，在体内的一段形成韧带。脐动脉成为膀胱圆韧带，脐静脉成为肝圆韧带。

任务三 | 淋巴系统的解剖结构

淋巴系统由淋巴、淋巴管道、淋巴组织和淋巴器官组成，它不仅与心血管系统有着密切的关系，而且又是机体免疫功能的结构基础。淋巴是淋巴管道内流动的液体，是液态结缔组织；淋巴管道是起始于组织间隙、最后注入静脉的管道系统；淋巴组织存在于其他器官管壁之内，含有大量淋巴细胞的网状组织，包括弥散淋巴组织、孤立淋巴小结和集合淋巴小结；淋巴器官是以淋巴组织为主形成的实质性器官，按其功能不同，可将其分为中枢淋巴器官和外周淋巴器官，二者通过血液循环及淋巴回流互相联系。

一、淋巴管道

淋巴管道为淋巴通过的管道，根据汇集顺序、口径大小以及管壁厚薄，可分为毛细淋巴管、淋巴管、淋巴干和淋巴导管。

（一）毛细淋巴管

毛细淋巴管是淋巴管道的起始部，由单层内皮细胞构成的闭锁管道，以盲端起始于组织间隙，彼此吻合成网，除脑、脊髓、骨髓、软骨、上皮、角膜以及晶状体外，几乎遍及全身。

（二）淋巴管

淋巴管由毛细淋巴管汇合而成，形态结构与小静脉相似；但管径较细，数量较多，形成广泛的吻合。淋巴管内膜突入腔内形成丰富的瓣膜，瓣膜的出现是毛细淋巴管过渡到淋巴管的主要标志。瓣膜保证淋巴向心流动，防止淋巴逆流。回流较困难的部位，如四肢的淋巴管，瓣膜较多，致使淋巴管外形呈串珠状。淋巴管在向心流动的过程中，通常要通过一个或多个淋巴结。进出淋巴结的淋巴管称为输入和输出淋巴管，二者在淋巴结内形成淋巴窦。

（三）淋巴干

淋巴干为身体某一区域较粗大的淋巴管道，由浅、深淋巴管在向心过程中经过一系列的淋巴节后汇集而成。畜体共有 5 条淋巴干：左、右气管淋巴干（颈干），左、右腰淋巴干，单一的内脏淋巴干（图 9－17）。

（四）淋巴导管

淋巴导管是体内最粗大的淋巴管道，由淋巴干汇集而成，全身有两条淋巴导管，即右淋巴导管和胸导管（左淋巴导管）。右淋巴导管位于胸腔前口附近，由右气管淋巴干、右前肢和胸腔右半部器官的淋巴管汇合而成。收集右侧头颈部、肩带部、前肢和右半胸壁以及右心、右肺的淋巴，一般注入前腔静脉或颈静脉。胸导管是全身最大的淋巴管道，由乳糜池向前延续而成。

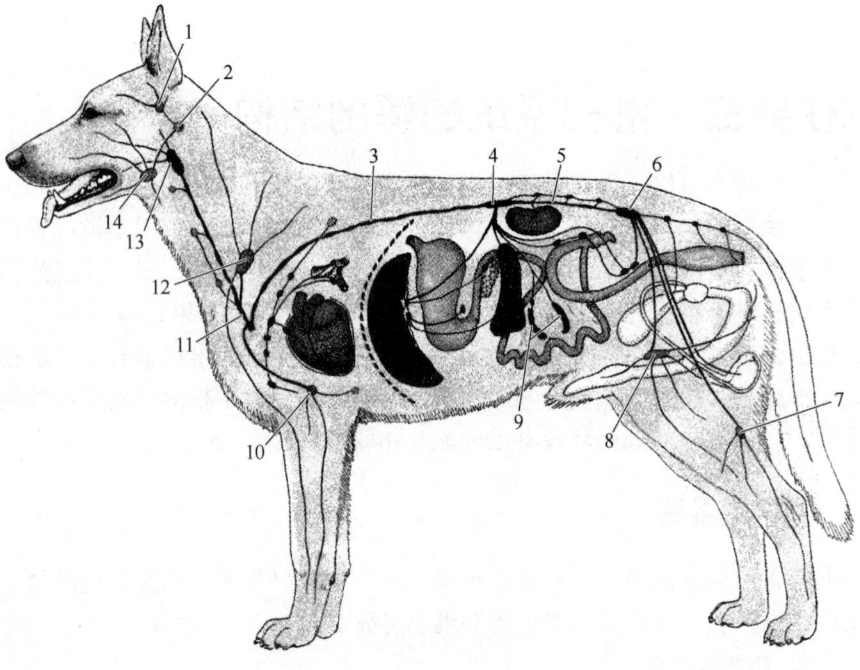

图 9－17　犬的淋巴系统组成模式图

1—腮腺淋巴结　2—咽后外侧淋巴结　3—胸导管　4—乳糜池　5—腰淋巴干
6—髂内淋巴结　7—腘淋巴结　8—腹股沟浅淋巴结　9—空肠淋巴结　10—腋淋巴结
11—气管淋巴导管　12—颈浅淋巴结　13—咽喉内侧淋巴结　14—下颌淋巴结

位于腹主动脉和右膈脚之间，进入胸腔后，沿胸主动脉右背侧前行，经食管和气管的左侧向下行，于胸腔前口处，注入前腔静脉或左颈静脉。有时胸导管分左、右两条，最后合并成一条。乳糜池一般位于最后胸椎和前 3 个腰椎腹侧，腹主动脉和膈脚之间，呈长梭形，左、右腰淋巴干和内脏淋巴干的淋巴注入其中。

二、淋巴器官

淋巴器官以淋巴组织为主要组织构成，是体内重要的免疫器官。根据发生和功能特点，可将其分为中枢淋巴器官（或初级淋巴器官）和周围淋巴器官（或次级淋巴器官）。犬类的中枢淋巴器官包括骨髓和胸腺，是免疫细胞发生、分化和成熟的场所，其共同特点是发生早、退化早；胸腺包括淋巴结、脾和血淋巴结等，它们是 T 细胞、B 细胞定居和抗原进行免疫应答的场所，其特点是发育较迟，形成于胚胎晚期，终身存在。

（一）骨髓

红骨髓是肉食动物形成各类淋巴细胞、巨噬细胞和各种血细胞的场所。淋巴细胞在骨髓内即可分化、成熟为 B 淋巴细胞，然后进入血液和淋巴，参与机体的免疫反应。

（二）胸腺

胸腺是犬猫形成成熟 T 细胞的中枢淋巴器官，位于颈部和胸腔纵隔内，呈红色或粉红色，质地柔软。胸腺还兼有内分泌功能，其网状上皮细胞可分泌胸腺素。来自骨髓的淋巴干细胞在胸腺中受胸腺素和胸腺生成素等的诱导作用，会增殖、分化、成熟为具有免疫功能的 T 细胞，然后进入外周淋巴器官，参与机体的免疫反应。犬的颈部胸腺早期退化，而胸部的胸腺则比较发达，分为较大的右叶和较小的左叶沿胸骨分布于心前纵隔，向后伸达心包。出生 2～3 个月以后开始退化，2～3 岁后被结缔组织或脂肪组织所代替，但并不完全消失。即使在老年期，在胸腺原位的结缔组织中，仍可找到小块有活动的胸腺结构。

（三）脾

脾脏是体内最大的淋巴器官，占全身淋巴组织总量的 25%，形态较长而狭窄，近似镰刀形，深红色。当胃充满时，脾的长轴方向与最后肋骨一致，较松弛地附着于大网膜上。上部较窄，其顶端与第 12、13 肋骨相对，在左肾前端与胃底之间伸达左膈脚。下部较粗大，向下伸延，可达肋弓以下，甚至到右侧肋软骨内侧。壁面朝外，与膈、肋弓和腹壁相接触，脏面朝内，以上下狭长的脾门区分为前边的胃面和后边的肠面，分别与胃和肠及左肾相接触。由于脾门呈上下狭长的隆起状，所以脾的横切面略呈边为“一凸两凹”的三角形。脾有造血、贮存血液、调节血量、参与识别和清除衰老死亡的红细胞等功能。

（四）淋巴结

淋巴结分布于淋巴管的行程中，大小不一，小的直径只有几毫米，大的可达几厘米。淋巴结的形状多样，有球形、卵圆形、肾形、扁平状等。淋巴结的一侧凹陷为门，是输出淋巴管和血管、神经出入之处（图 9－18）；另

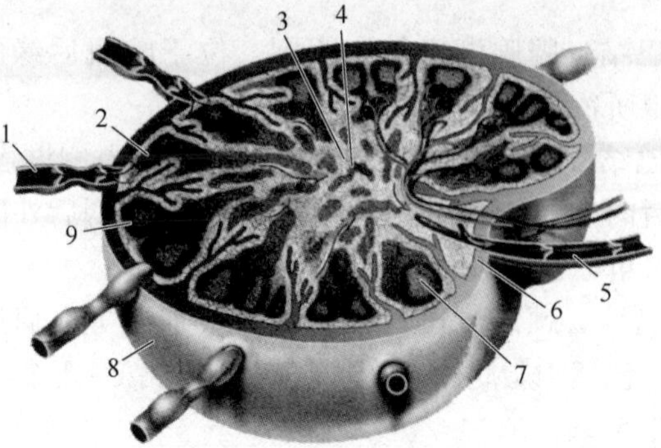

图 9－18 淋巴结的形态结构

1—输入淋巴管 2—皮质淋巴窦 3—髓质淋巴窦 4—髓索 5—输出淋巴管

6—淋巴门 7—淋巴小结 8—被膜 9—副皮质区

一侧隆凸，有多条输入淋巴管注入。淋巴结是位于淋巴管经路上的唯一淋巴器官，所以淋巴回流时必须通过淋巴结。淋巴结的数目较多，单个或成群地分布在身体的一定部位，多位于凹窝或安全部位，如腋窝、关节的屈侧、脏器门以及大血管附近。身体的每一个较大器官或局部都有一个主要的淋巴结群。

在动物，淋巴结或淋巴结群通常位于身体的同一部位，而且接受几乎相同区域的输入淋巴管。这种淋巴结或淋巴结群称为该区域的淋巴中心。

1. 头颈部的主要淋巴结

（1）下颌淋巴结　下颌淋巴结位于咬肌与颌下腺之间的角部，在面静脉的上方和下方，外表仅被皮肤和皮肌所覆盖（图9－19）。一般在两侧各有2个或3个。

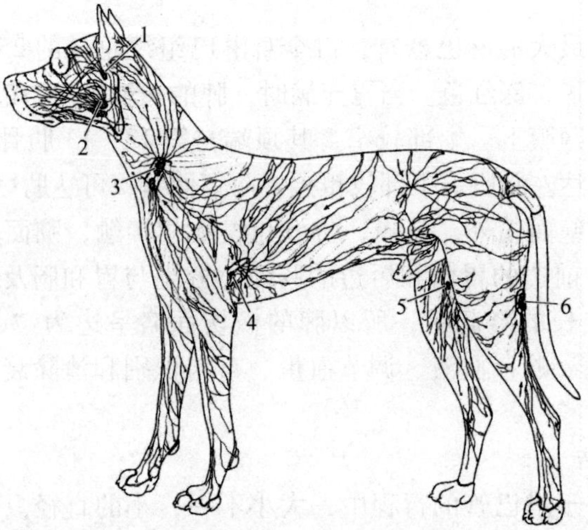

图9－19　犬的浅淋巴管和淋巴结

1—腮腺淋巴结　2—下颌淋巴结　3—颈浅淋巴结　4—腋副淋巴结　5—股淋巴结　6—腘淋巴结

（2）腮腺淋巴结　腮腺淋巴结小而圆，位于咬肌后缘的上部与腮腺间，部分或全部被腮腺所覆盖。

（3）咽后淋巴结　咽后淋巴结包括较大的咽后内侧淋巴结和较小的咽后外侧淋巴结。咽后内侧淋巴结位于环椎翼和咽之间，咽后外侧淋巴结位于腮腺和颌下腺的后缘，可以从体表触摸到。

（4）颈浅淋巴结　颈浅淋巴结位于肩关节前上方，肩胛横突肌的深面，在冈上肌的前缘，包埋于脂肪内（图9－20）。每侧1～3个，常有2个，一般为卵圆形，长约2.5cm。

2. 胸部的主要淋巴结

（1）纵隔淋巴结　犬类没有纵隔后淋巴结，位置和数目变化较大。一般有2个或3个淋巴结，位于气管、食管、臂头动脉的腹侧和前腔静脉的左

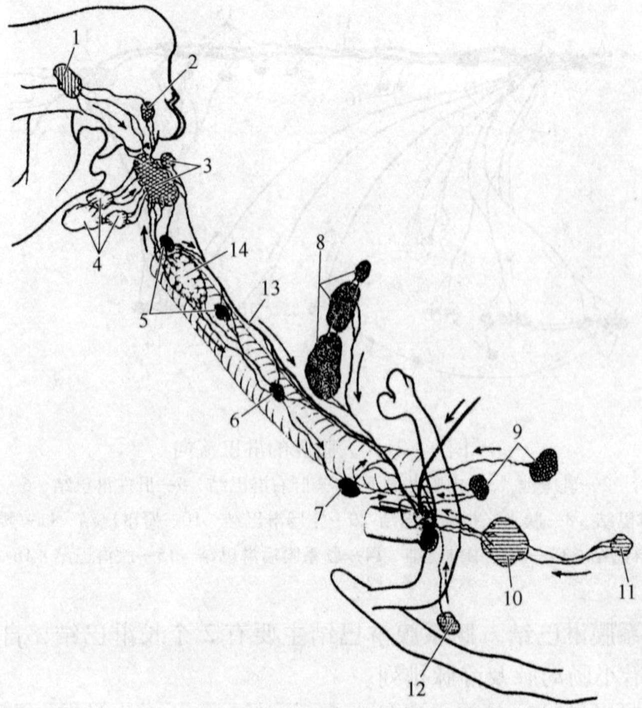

图 9－20　犬颈及胸前部的淋巴流向

1—腮腺淋巴结　2—咽后外侧淋巴结　3—咽后内侧淋巴结　4—下颌淋巴结　5—颈深前淋巴结　6—颈深中淋巴结　7—颈深后淋巴结　8—颈浅淋巴结　9—纵隔前淋巴结　10—腋淋巴结　11—腋副淋巴结　12—胸骨淋巴结　13—气管淋巴干　14—甲状腺

侧。另一些淋巴结常在臂头动脉的外侧面。在气管与前腔静脉间常有 1 个或 2 个淋巴结；在气管的右侧，右臂动脉的背外侧有 1 个或 2 个淋巴结；在气管表面，气管与奇静脉的交叉处也有淋巴结。纵隔淋巴结肿大可导致食管梗阻。

（2）支气管淋巴结　犬的支气管淋巴结常有 4 个，其中最大的是支气管中淋巴结，位于主支气管的分叉处，呈 V 形。左支气管淋巴结位于左侧支气管的分歧处，恰居于主动脉弓与左肺动脉所形成的角内。右支气管淋巴结比较小，位于右支气管的表面，食管的外侧，有的犬并不存在。尖叶支气管淋巴结位于尖叶支气管根部的前方，此淋巴结呈黑色。此外，还有小的淋巴结沿支气管分布于肺内。

3. 腹腔内的主要淋巴结

（1）肝门淋巴结　肝门淋巴结数目不固定，多分布在沿肝门静脉及其汇入支途上（图 9－21）。较固定和较大的淋巴结有在十二指肠的起始部和门静脉的左侧有 1 个；在门静脉的右侧常有 2 个。在网膜的胃脾附着部，沿脾静脉及其汇入支有大小不等、数目不定的淋巴结。

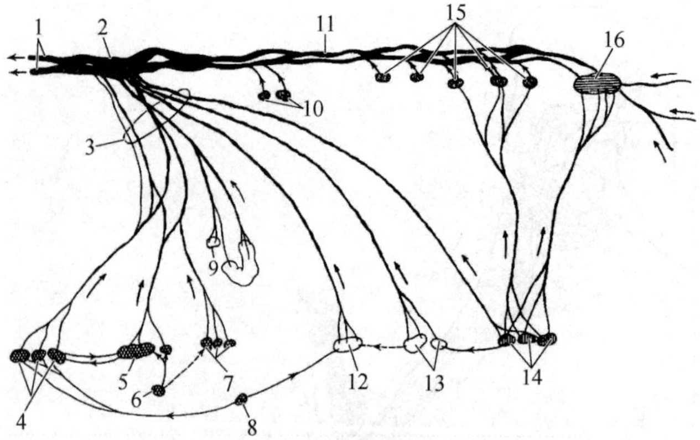

图 9－21　犬腹腔的淋巴流向

1—胸导管　2—乳糜池　3—内脏淋巴干　4—肝右淋巴结　5—肝左淋巴结　6—胃淋巴结　7—脾淋巴结　8—胰十二指肠淋巴结　9—空肠淋巴结　10—肾淋巴结　11—腰淋巴干　12—腹腔右淋巴结　13—腹腔中淋巴结　14—肠系膜后淋巴结　15—腰淋巴结　16—髂内淋巴结

（2）肠系膜淋巴结　肠系膜淋巴结主要有 2 个长淋巴结，自空肠、回肠系膜根起，沿小肠动脉及静脉排列。

（3）结肠淋巴结　结肠淋巴结数目 5～8 个，分布在结肠系膜内，在回盲结肠静脉起始部有 1 个或 2 个淋巴结。在横结肠系膜上常有 1～2 个淋巴结，其余 2～5 个分布在结肠的末端部。

此外还有脾淋巴结、胃淋巴结和胰十二指肠淋巴结等。

4. 盆腔内淋巴结

（1）髂内淋巴结　髂内淋巴结一般为 2 个大淋巴结。在大型犬，该淋巴结的长度 5～6 cm，宽 2 cm，其中右侧的一个位于后腔静脉及髂总静脉的后部，左侧的位于主动脉及左髂总静脉的附近。此外，有些犬的大淋巴结的前方，还有第 3 个小淋巴结，位于旋髂静脉的根部。

（2）髂外淋巴结和荐淋巴结　髂外淋巴结位于腰小肌的腹而面，在髂内、外静脉的分支处。荐淋巴结位于盆腔顶壁，由于常埋于脂肪内，所以不易看到，而且其数目及排列形式变化很大。一般位于荐尾腹侧肌前方，有 2～3 个淋巴结。

5. 四肢的淋巴结

腋淋巴结位于大圆肌远端内侧的脂肪内（图 9－22）。在大型犬呈圆盘状，约 2. 5cm 宽，有时还有 1 个小的淋巴结。

腘淋巴结在腓肠肌周围的脂肪内，在相当于膝关节水平的位置。位于股二头肌与半腱肌之间，卵圆形，长 4. 5 cm，宽 3 cm。

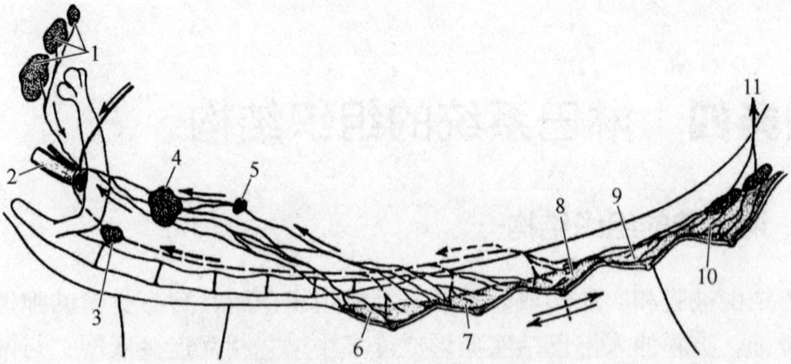

图 9－22　犬乳房的淋巴流向

1—颈浅淋巴结　2—胸导管　3—胸骨淋巴结　4—腋淋巴结　5—腋副淋巴结　6—胸前乳房　7—胸后乳房　8—腹前乳房　9—腹后乳房　10—腹股沟乳房　11—汇入荐髂淋巴结

任务四 | 淋巴系统的组织结构

一、淋巴结的组织结构

淋巴结由被膜和实质构成。被膜是结缔组织薄膜，含有少量的弹性纤维和平滑肌纤维。被膜伸入淋巴结实质形成许多小梁并相互连接成网，与网状组织共同构成淋巴结的支架。在小梁之间为淋巴组织和淋巴窦。淋巴结的实质可分为皮质和髓质两部分。

皮质位于淋巴结的外周，颜色较深，由淋巴小结、副皮质区和皮质淋巴窦构成。髓质位于中央部和门部，颜色较淡，由髓索和髓质淋巴窦组成。髓索是排列成索状的淋巴组织，彼此吻合成网状，髓质淋巴窦位于髓索之间和髓索与小梁之间，接受来自皮质淋巴窦的淋巴，并将其汇入输出淋巴管（图 9－23）。

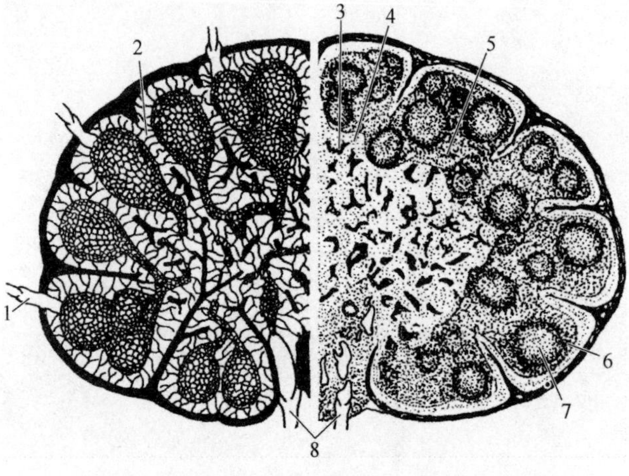

图 9－23 淋巴结的组织结构

1—输入淋巴管 2—皮质淋巴窦 3—髓索 4—髓质淋巴窦

5—副皮质区 6—淋巴小结 7—生发中心 8—输出淋巴

淋巴结位于淋巴回流的通路上。当病原体、异物等有害成分侵入机体内部浅层结缔组织时，这些有害成分很容易随组织液进入遍布全身的毛细淋巴管，随淋巴回流到达淋巴结。在淋巴窦中由于容积极大增加，淋巴的流速变得极为缓慢，使得淋巴中的有害成分在迂回曲折流动时，有充分与窦内的巨噬细胞接触的机会，绝大多数被清除或局限在淋巴结中，有效地防止了有害成分进入血液循环侵害机体的其他部位。

在机体体液免疫和细胞免疫等特异免疫反应中，淋巴结起着重要作用。淋巴回流使淋巴结能很快地接受侵入机体的抗原刺激，经过一系列复杂的细胞和体液因子的作用，发动了对此抗原特异性的免疫反应。淋巴结不仅能通过免疫反应消除进入淋巴结内的抗原成分，而且通过输出效应淋巴细胞或免疫活性成分，发动身体其他部位，特别是有害成分侵入区域的免疫反应，及时解除对机体的伤害。免疫反应后，淋巴结产生的抗原特异性记忆细胞又通过淋巴细胞的再循环随时对这些有害成分再次入侵进行监视。

二、脾脏的组织结构

脾脏是体内最大的淋巴器官，含有大量的淋巴细胞和巨噬细胞，是机体细胞免疫和体液免疫的中心。结构类似淋巴结，表面有结缔组织被膜，实质比较柔脆，分为红髓和白髓。

（一）被膜

脾脏的被膜是覆盖在脾脏表面的一层富含弹性纤维和平滑肌的结缔组织膜，其表面覆以浆膜。被膜伸入脾脏内部形成小梁，并吻合成网状，构成网状支架。被膜和小梁内的平滑肌舒缩，对脾脏的贮血量有重要的调节作用。

（二）实质

脾脏的实质又称脾髓，由淋巴组织组成，可分为红髓和白髓（图 9－24）。

1. 红髓

红髓位于白髓周围，由脾索和脾窦组成，因含有许多红细胞而呈红色。脾索为彼此吻合成网的淋巴组织索，除网状细胞外，还有 B 淋巴细胞、巨噬细胞、浆细胞和各种血细胞；脾窦即为血窦，分布于脾索之间，其形状、大小视血液充盈程度而变化。窦壁内皮细胞呈长杆状，沿脾窦长轴平行排列，内皮细胞之间有裂隙，基膜也不完整，这些均有利于血细胞从脾索进入脾窦。

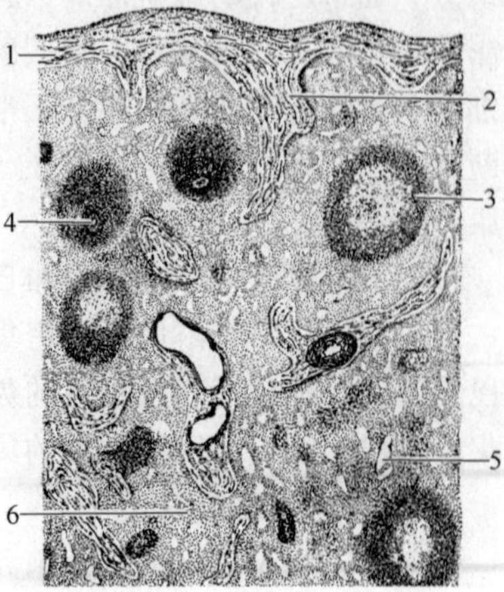

图 9－24 脾脏的组织结构

1—被膜 2—脾小梁 3—脾小体
4—中央动脉 5—脾窦 6—脾索

2. 白髓

白髓是淋巴细胞聚集之处，主要由密集的淋巴组织构成，沿着动脉分布，分散于红髓之间。它分为动脉周围淋巴鞘和淋巴小结。动脉周围淋巴鞘为长筒状，淋巴组织紧包在穿行的中央动脉周围，相当于淋巴结的副皮质区，主要是 T 细胞定居的地方，是脾的胸腺依赖区；淋巴小结又称为脾小体，结构与淋巴结的淋巴小结相似，位于淋巴鞘的一侧，也有生发中心，主要是 B 淋巴细胞。

脾脏是胚胎阶段重要的造血器官，胚后成为淋巴器官。但在成体脾脏中仍有少量造血干细胞，当动物体严重缺血或在某些病理状态下，可以恢复造血功能，产生红细胞、粒细胞及血小板。脾脏是血液，尤其是血细胞的重要贮存库，将血细胞聚集于脾索、脾窦之中，当某些紧急状态（如急性大失血），脾脏会收缩将血细胞释放到循环血液之中。脾脏还是血液有效的过滤器官，血液中的细菌、异物、抗原抗体复合物及衰老的血细胞在流经脾脏时，被大量的巨噬细胞吞噬和消化。脾脏有产生免疫反应的重要功能，血液中抗原在脾脏中可引起有力的细胞免疫和体液免疫反应。

三、淋巴组织

许多器官的结缔组织内常见数量不等的淋巴细胞，当许多淋巴细胞及浆细胞和巨噬细胞密集存在于网状组织内时，则构成了淋巴组织。淋巴组织多分布在管腔性器官的管腔大小和方向突然改变的部位，例如咽峡、回肠等处，其存在形式也多种多样。

（一）扁桃体

扁桃体因位置不同，可分为舌扁桃体（舌根部黏膜内）、腭扁桃体（舌腭弓后方两侧的扁桃体窦内）和咽扁桃体（咽腔背侧壁黏膜下），其中以腭扁桃体最大，通常所说的扁桃体即指腭扁桃体而言。扁桃体无输入淋巴管，又处于暴露位置，故抗原可从口腔直接感染。扁桃体可产生淋巴细胞和抗体，故具有抗细菌、抗病毒的防御功能。正常情况下，由于扁桃体表面上皮完整和黏液腺不断分泌，可将细菌随同脱落的上皮细胞从隐窝口排出，因此保持着机体的健康。

（二）孤立淋巴小结和集合淋巴小结

孤立淋巴小结是淋巴细胞密集排列所形成的球状结构，轮廓清晰，分布在淋巴结、脾、消化道和呼吸道的黏膜上。如果是多个淋巴小结聚成团的，则称为集合淋巴小结，如回肠黏膜的集合淋巴小结。

（三）弥散淋巴组织

弥散淋巴组织是以网状细胞和网状纤维为支架，内含淋巴细胞、浆细胞及巨噬细胞，所形成的一片以淋巴细胞为主的淋巴组织。淋巴细胞排列疏松，无特定外形，与周围结缔组织无明显的分界，主要分布于咽、消化管、呼吸道和泌尿生殖道等与外界接触较频繁的部位或器官的黏膜内，它们形成有害因子入侵的屏障，以抵御外来细菌或异物的侵袭。当抗原刺激使弥散淋巴组织增大时，则会出现淋巴小结。

四、淋巴

淋巴与血液一样，是一种液态结缔组织，只是它只有淋巴细胞一种有形成分，其他与血液几乎完全相同。淋巴既是免疫系统重要的组成部分，又是体内主要的体液之一，它在功能上和血液及组织液关系密切。淋巴液来源于组织液，组织液来源于血液，而淋巴液最后又回到了血液，三者密切相关，任何一方出现变化都将对其他方面发生影响。

淋巴细胞由淋巴器官产生，是机体免疫应答功能的重要细胞成分，它随血液周流全身，因而在机体的每个组织中都能找到。淋巴细胞不但能识别外来的“非己”物质，而且能辨别自己体内的成分，这种能力是淋巴细胞的主要特征，也是免疫反应的起点。淋巴细胞可分为 T 细胞、B 细胞、K 细胞和 NK 细胞等。

（一）T 细胞

T 细胞是胸腺依赖性淋巴细胞的简称。T 细胞是骨髓的淋巴干细胞在胸腺分化、成熟的，该细胞成熟后进入血液和淋巴液，参与细胞免疫。

（二）B 细胞

B 细胞是骨髓依赖性淋巴细胞（或囊依赖性淋巴细胞）的简称。B 细胞是淋巴干细胞直接在骨髓分化、成熟的。B 细胞进入血液和淋巴后，在抗原刺激下分化成浆细胞，并产生抗体，参与体液免疫。

（三）K 细胞

K 细胞又称杀伤细胞，是发现较晚的淋巴样细胞，分化途径尚不明确，具有非特异性杀伤功能。它能杀伤与抗体结合的靶细胞，且杀伤力较强。

（四）NK 细胞

NK 细胞又称自然杀伤细胞，它不依赖抗体，不需抗原作用即可杀伤靶细胞，尤其是对肿瘤细胞及病毒感染细胞具有明显的杀伤作用。

任务五 | 犬主要循环器官结构的识别

一、犬心血管和淋巴器官主要形态结构的识别

（一）目的要求

（1）掌握犬心脏的形态、位置和结构。

（2）掌握犬全身动、静脉血管主干的位置和分支分布情况。

（3）掌握犬主要淋巴器官的名称和位置。

（二）材料设备

犬、猫离体心脏和脾脏标本、模型，全身动、静脉和淋巴结的标本、模型，显示脾及胸腺位置的标本和模型。

（三）方法步骤

1. 心脏形态结构的观察和识别

观察心的形态、位置和结构。观察心壁的结构，观察左、右冠状动脉，观察心大静脉、心中静脉和传导系统。

2. 犬全身主要血管的识别

观察肺动脉、肺静脉、主动脉弓、臂头动脉总干、胸主动脉和腹主动脉。观察臂头动脉总干、左锁骨下动脉、臂头动脉、双颈动脉干和右锁骨下动脉。观察左颈总动脉、右颈总动脉、枕动脉、颈外动脉和颈内动脉。观察胸主动脉、支气管食管动脉和肋间动脉。观察腹主动脉、腹腔动脉、肠系膜前动脉、肾动脉、肠系膜后动脉、睾丸动脉（子宫卵巢动脉）和腰动脉。观察腋动脉、臂动脉和正中动脉。观察髂内动脉、髂外动脉、股动脉、腘动脉、胫前动脉、足背动脉的分支分布情况。观察前腔静脉、颈静脉、腋静脉、头静脉、隐静脉、奇静脉、后腔静脉、髂总静脉、髂内静脉、髂外静脉和肝门静脉。

3. 犬全身主要淋巴结的识别

观察下颌淋巴结、腮淋巴结、颈浅淋巴结、纵隔前淋巴结、支气管淋巴结、纵隔后淋巴结、腹腔淋巴结、胃淋巴结、肝淋巴结、肠系膜淋巴结、髂内侧淋巴结、腹股沟浅淋巴结、髂下淋巴结、固有腋淋巴结、第一肋腋淋巴结和腘淋巴结。

4. 犬脾脏和胸腺的识别

观察脾的形态、位置、色泽和质地。观察胸腺的形态、质地和位置。

（四）技能考核

（1）能正确地在心脏标本上指出心脏四个基本腔体，并说明各个腔体的主要结构。

（2）能在标本上找出全身各主要动脉、静脉和淋巴结。

（3）能在标本上指出胸腺和脾脏的所在位置，指出脾脏的主要结构。

（4）能在体表大致确定心脏和脾脏的投影位置。

二、脾脏和淋巴结主要组织结构的识别

（一）目的要求

（1）掌握犬脾脏的主要组织结构。

（2）掌握犬淋巴结的主要组织结构。

（二）设备材料

犬淋巴结切片、显微镜、投影或示教设备。

（三）方法步骤

1. 脾脏主要组织结构的识别

眼观犬脾脏 HE 染色切片有大量的紫红色部分，是红髓。红髓之间的蓝色区域是白髓。低倍镜下可见脾脏的被膜、小梁、白髓和红髓。高倍镜下可见表面被覆浆膜，浆膜下是致密结缔组织和大量的平滑肌纤维，这两层结构构成脾脏的被膜。致密结缔组织和平滑肌纤维深入实质形成脾小梁，内含血管。白髓由动脉周围淋巴鞘和脾小体构成。红髓主要由脾索和脾窦构成，呈红色。脾索为彼此吻合成网状的淋巴组织条索，脾窦是血窦即管径膨大了的毛细血管。

2. 淋巴结主要组织结构的识别

眼观淋巴结切片表面淡红色是被膜，周边蓝紫色是皮质，中央着色较浅的是髓质。低倍镜下可见被膜、小梁、皮质和髓质。高倍镜下可见被膜组织深入实质形成小梁。皮质主要由浅层皮质、深层皮质和皮质淋巴窦组成，髓质由髓索和髓质淋巴窦构成。浅层皮质的主要结构是淋巴小结，呈圆形或椭圆形，外周呈深蓝紫色，是多而密的小淋巴细胞；中央染色略浅，是生发中心，主要由中淋巴细胞、大型淋巴细胞和网状细胞构成。深层皮质是较疏松的淋巴组织，主要是 T 淋巴细胞。皮质淋巴窦内含疏松的网状组织及少量淋巴细胞和巨噬细胞。

（四）技能考核

（1）能正确地识别出淋巴结的组织切片，并能说出镜下所见的主要结构。

（2）能正确地识别出脾脏的组织切片，并能说出镜下所见的主要结构。

项目十 神经系统、感觉器官和内分泌系统

[知识目标]

1. 掌握中枢神经的形态结构。
2. 掌握外周神经的形态结构。
3. 掌握眼和耳的形态结构。
4. 掌握内分泌器官的形态结构。

[认知与解读]

神经系统和内分泌系统是高等动物机体功能调节的两个重要组成部分，与各器官系统的关系都很密切。犬类既是和人类生活及工作关系最密切的动物，也是各种感觉非常发达的动物，只有掌握中枢神经、外周神经和感觉器官的形态结构，才能为宠物养护及疾病诊疗防制活动奠定坚实的基础。

任务一 中枢神经的形态结构

神经系统是高等动物神经内分泌免疫网络的重要组成部分之一，其结构与功能与内分泌及免疫系统关系十分密切。而神经系统本身的作用，一是调节体内各器官系统的功能，使之协调一致；二是调节机体与外界环境之间的统一，使之适应外界环境的变化。

神经系统在形态和功能上虽然是一个整体，但为方便起见，常可分为中枢神经和外周神经两部分。中枢神经包括位于颅腔内的脑和椎管内的脊髓，二者在枕骨大孔相连；外周神经包括脑神经、脊神经和自主神经。

神经元的胞体主要位于中枢神经内，胞体集中的地方呈灰色，构成脑和脊髓的灰质。在脑干内神经元胞体的集团称神经核，被覆于大脑和小脑表面的灰

质称皮质或皮层。在外周神经中，神经元胞体集中的地方称神经节。神经元的突起，特别是长的突起构成神经纤维。在中枢神经内聚集成束的神经纤维称神经传导束（路），许多神经束聚集在一起，呈白色，称白质。在外周神经中，聚集成束的神经纤维称神经或神经干。

一、脊髓

（一）脊髓的形态位置

脊髓位于椎管内，其前端在枕骨大孔处与延髓相连，后端止于荐骨中部，呈背腹稍扁的圆柱状（图 10－1）。根据脊髓与脊柱的对应关系，可将脊髓分为颈部、胸部、腰部、荐部和尾部几段。脊髓全长粗细不等，有两个膨大部，位于颈后部和胸前部的称颈膨大，发出支配前肢的神经；位于腰荐部的称腰膨大，发出支配后肢的神经。脊髓的背侧正中有背正中沟，腹侧正中有腹正中裂。在背正中沟的左、右侧分别有脊神经背根（感觉根）发出，在腹正中裂的左、右侧分别有脊神经腹根（运动根）发出。

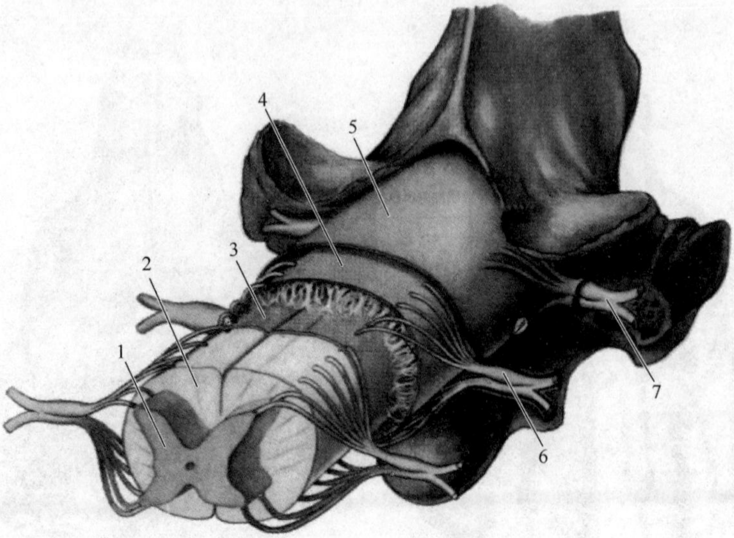

图 10－1　脊髓和脊髓膜模式图

1—灰质　2—白质　3—软膜　4—蛛网膜　5—硬膜　6—脊神经节　7—脊神经

（二）脊髓的结构

脊髓由灰质和白质构成，灰质呈 H 形，颜色灰暗，位于脊髓的中央；白质呈白色，位于灰质的外周。脊髓的中央是脊髓中央管，前通第四脑室，后达脊髓圆锥内的终室。

脊髓灰质由大量的神经元胞体、少量的神经纤维和神经胶质细胞构成。横切面上，可见每侧灰质都有背、腹侧两个突起，分别称为背角和腹角。在胸腰段灰质的外侧、腹角的基部有一浅的隆起称侧角。背角、侧角、腹角在脊髓前后连贯形成柱状，分别称为背侧柱、外侧柱和腹侧柱。背侧柱内主要由中间神经元的胞体构成，腹侧柱由运动神经元的胞体构成，外侧柱内含副交感神经节前神经元的胞体。

白质主要由有髓纤维构成的纤维束组成。根据位置不同，白质可分为背侧索、外侧索和腹侧索。背侧索是背侧柱和背正中沟之间的部分，由脊神经感觉神经元的中枢突构成，为感觉传导束；外侧索是背侧柱与腹侧柱之间的部分，由位于深层的运动传导束和位于浅部的感觉传导束组成；腹侧索位于腹侧柱和腹正中裂之间，主要由运动传导束构成。

二、脑

脑位于颅腔内，是神经系统的高级中枢，后端在枕骨大孔与脊髓连接。根据脑的外部形态和内部结构特征，可将脑分为大脑、小脑和脑干（图 10－2）。脑和脊髓外面包有脑脊髓膜。

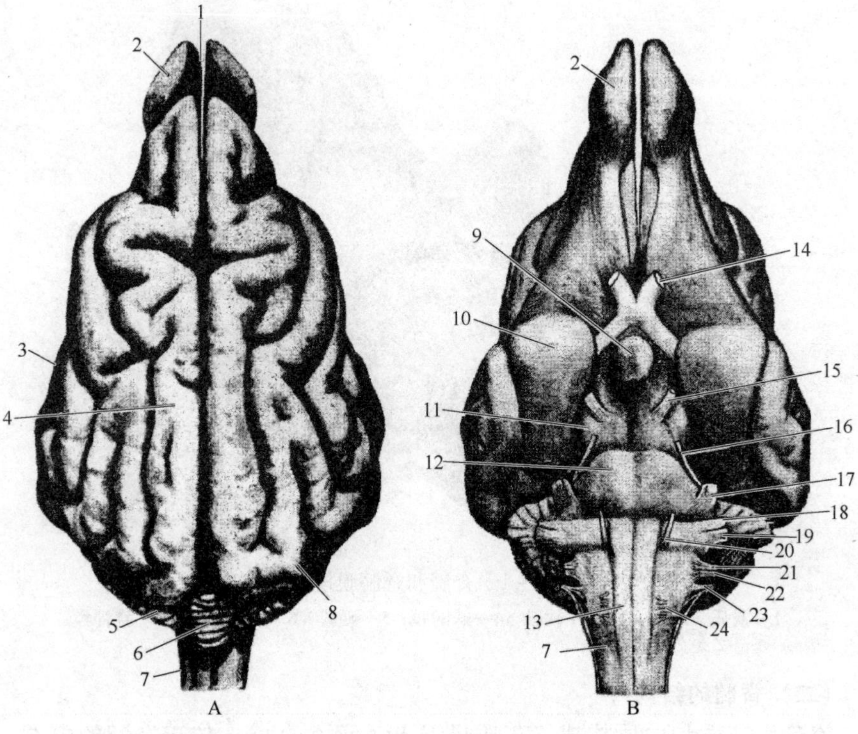

图 10－2　犬脑的背面和腹面

A—背面　B—腹面

1—大脑纵裂　2—嗅球　3—颞叶　4—顶叶　5—蚓部　6—小脑半球　7—延髓　8—枕叶　9—垂体　10—梨状叶　11—大脑脚　12—脑桥　13—锥体　14—视神经　15—动眼神经　16—滑车神经　17—三叉神经　18—面神经　19—前庭耳蜗神经　20—外展神经　21—舌咽神经　22—迷走神经　23—副神经　24—舌下神经

（一）脑干

脑干由后向前可依次分为延髓、脑桥、中脑和间脑四部分。大脑在前，脑干位于大脑和脊髓之间，小脑位于脑干的背侧和大脑之间。脑干是脊髓向前的直接延续，也由灰质和白质构成，灰质形成许多神经核团，位于白质中。脑干在结构上联系着视、听、平衡等感觉器官，是内脏活动的反射中枢，是联系大脑高级中枢与各级反射中枢的重要径路，也是联系大脑、小脑和脊髓之间的桥梁。

1. 延髓

延髓是脊髓向前的延续，形似脊髓，呈前宽后窄、背腹略扁的锥形体。在腹侧正中的两侧各有一条纵行隆起，称为延髓锥体，内有皮质脊髓束通过。在延髓和脊髓交界处，锥体内的大部分纤维越过中线，左右交叉，形成锥体交叉。延髓内有第 6 ~ 12 对脑神经核。此外，延髓内有网状结构，其中有许多是生命活动中枢，如心血管运动、呼吸运动中枢以及唾液分泌、吞咽、呕吐等反射中枢。

2. 脑桥

脑桥位于小脑的腹侧，前接中脑，后连延髓。腹侧面为横向隆起，内含横向纤维，与小脑相连。背侧面构成第四脑室底壁的前部（图 10 – 3）。

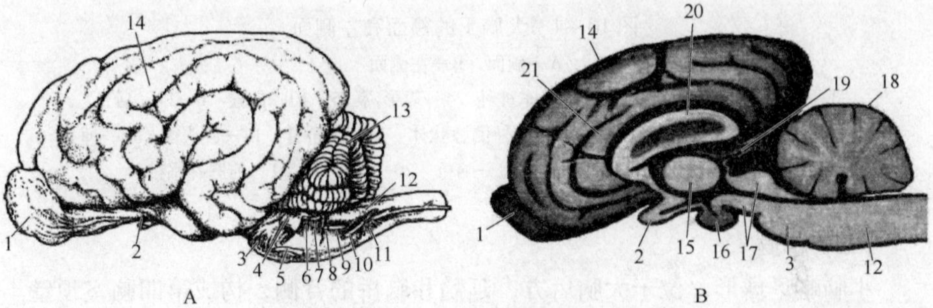

图 10 – 3 犬脑的左侧面和正中矢状面

A—左侧面 B—正中矢状面

1—嗅球 2—视神经 3—脑桥 4—三叉神经 5—外展神经 6—面神经 7—前庭耳蜗神经 8—舌咽神经 9—迷走神经 10—副神经 11—舌下神经 12—延髓 13—小脑半球 14—大脑半球 15—中间快 16—垂体 17—中脑 18—小脑中叶 19—松果体 20—胼胝体 21—边缘叶

3. 中脑

中脑位于脑桥和间脑之间，内部有一管腔，称为中脑导水管，前通第三脑室，后连第四脑室。腹侧面有两条短粗纵行纤维柱，称大脑脚。背侧有四个丘状隆起，称四叠体。前方一对较大为前丘，与视觉反射有关；后方一对较小为后丘，与听觉反射有关。

4. 间脑

间脑位于中脑和大脑之间，被两侧大脑半球所覆盖，其外侧部与大脑半球的实质愈合。间脑的室腔是第三脑室。间脑分为丘脑和丘脑下部（图 10 -4）。丘脑是一对卵圆形的灰质团块，也称侧块，其中央有一灰质形成的丘脑中间块连接左、右丘脑，其周围的环状裂隙是第三脑室。其前方经左、右室间孔通大脑半球内的侧脑室，后方经中脑导水管与第四脑室相通。丘脑后部背外侧、丘脑枕的后外侧有两个隆起，分别称内侧膝状体和外侧膝状体，内侧膝状体是听觉冲动传向大脑皮质的联络站，外侧膝状体是视觉冲动传向大脑皮质的联络站。在丘脑背侧后方与四叠体之间有一卵圆形小体，称松果体，属内分泌腺。丘脑下部（下丘脑）位于间脑的腹侧部，其主要结构有脑垂体、视交叉、调节内脏活动的较高级中枢以及视上核和室旁核等重要核团。

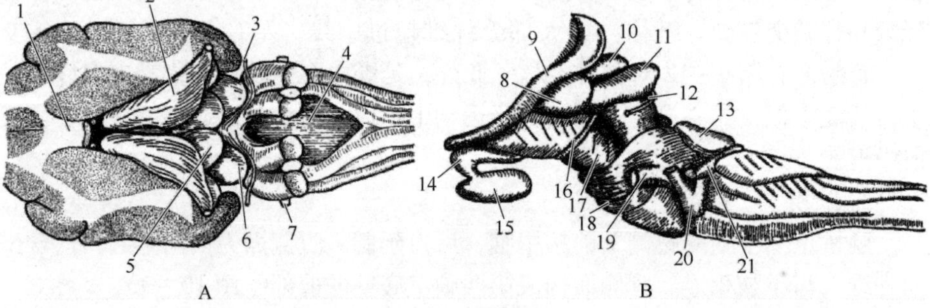

图 10 -4　犬脑干的额面和左侧面

A—额面　B—左侧面

1—胼胝体　2—丘脑　3、12—滑车神经　4—菱形窝　5、10—前丘　6、11—后丘　7、19—三叉神经　8—内侧膝状体　9—外侧膝状体　13—脑桥臂　14—乳头体　15—垂体　16—大脑脚横索　17—大脑脚　18—脑桥　20—面神经　21—前庭耳蜗神经

（二）小脑

小脑略呈球形，位于大脑后方，延髓和脑桥的背侧，构成第四脑室顶壁。

小脑表面有许多沟和回，被两条纵沟分为中间的蚓部和两侧的小脑半球。小脑的表面为薄层灰质，称小脑皮质；深部为白质，称小脑髓质。髓质呈树枝状伸入小脑皮质，形成髓树。小脑的主要功能是调节躯体运动的平衡。

（三）大脑

大脑又称端脑，位于脑干前背侧，后端以大脑横裂与小脑分开，背侧面被大脑纵裂分为左、右两个大脑半球，左、右大脑半球由横行纤维构成的胼胝体相连。两大脑半球内各有一不规则的腔隙称侧脑室，经室间孔与第三脑室相通。每侧大脑半球由大脑皮质和白质、嗅脑、基底核等结构组成。

大脑半球表层的灰质，称为大脑皮质，表面凹凸不平，凸起处称脑回，凹陷处称脑沟。皮质的深部是白质，白质中包有一些核团，称基底核。每一大脑半球根据功能和位置不同，一般分为额叶、枕叶、顶叶、颞叶和边缘叶。

大脑皮质深面的白质主要由三类纤维构成：联络纤维是连接同侧大脑半球

各叶之间的纤维；连合纤维是连接两大脑半球之间的纤维（如胼胝体）；投射纤维是大脑皮质与皮质下中枢相联系的纤维。这些纤维分上行纤维（感觉）和下行纤维（运动）两种。

嗅脑位于大脑腹侧，包括嗅球、嗅束、嗅三角、梨状叶和海马等结构。其中有些结构与嗅觉有关，有些则与嗅觉无关，属于大脑边缘系统，具有更为复杂的功能。

三、脑脊髓膜和脑脊髓液

脑和脊髓表面都有三层结缔组织膜，由内向外依次为软膜、蛛网膜和硬膜（图 10－5）。软膜薄而富含血管，紧贴于脑和脊髓的表面，分别称脑软膜和脊软膜。进入各脑室的脑软膜含有大量的毛细血管丛，称脉络丛，能产生脑脊液。蛛网膜较透明，包于软膜的外面，并以纤维与脑软膜相连，但不伸入脑沟内。蛛网膜与软膜之间的不规则腔隙称蛛网膜下腔，内含脑脊液。硬膜是白色的致密结缔组织膜，包于蛛网膜之外。脑硬膜紧贴于颅腔壁，其间无腔隙存在。而脊硬膜与椎管之间有一较宽的腔隙，称为硬膜外腔，内含静脉和大量脂肪，有脊神经通过。临床上常将麻醉药注入硬膜外腔，阻滞脊神经的传导作用。

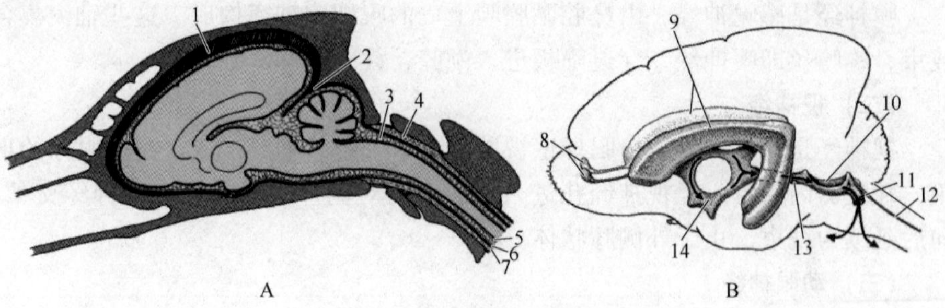

图 10－5　犬的脑膜和脑室

A—脑膜　B—脑室

1—大脑镰　2—小脑幕　3—蛛网膜下腔　4—硬膜外腔　5—软膜　6—蛛网膜
7—硬膜　8—嗅脑室　9—侧脑室　10—第四脑室　11—第四脑室外侧孔
12—中央管　13—中脑导水管　14—第三脑室

脑脊液是由各脑室内脉络丛产生，存在于各脑室、脊髓中央管和蛛网膜下腔的无色透明液体，具有运输营养物质和代谢产物的功能，并有减轻震荡、保护脑和脊髓的作用。

任务二 | 外周神经的形态结构

外周神经系统是指脑和脊髓以外的神经成分，包括神经节、神经干、神经丛以及神经末梢装置。在反射活动过程中，外周神经一方面使感受器与中枢神经系统连成一体，传入感觉冲动；另一方面使中枢神经系统与效应器联系起来，传出运动冲动。根据外周神经系统的连接部位、分布范围和功能的不同，外周神经系统可分为与脑相连的脑神经、与脊髓相连的脊神经以及随脑、脊神经出入于脑和脊髓的自主神经。

一、脑神经

脑神经是指与脑相连的外周神经，共12对。脑神经按其所含神经纤维成分不同，分为感觉性、运动性和混合性三类神经。其中第Ⅰ、Ⅱ、Ⅷ对脑神经是感觉神经；第Ⅲ、Ⅳ、Ⅵ、Ⅺ、Ⅻ对脑神经是运动神经；第Ⅴ、Ⅶ、Ⅸ、Ⅹ对脑神经是混合神经。第Ⅲ、Ⅶ、Ⅸ、Ⅹ对脑神经中还含有副交感神经纤维。

（一）嗅神经

嗅神经是感觉神经，由鼻腔黏膜嗅上皮的嗅细胞轴突构成。这些轴突集合成束，称嗅丝即嗅神经，穿过筛板进入颅腔，终于嗅球。

（二）视神经

视神经是感觉神经，由眼球壁视网膜上节细胞的轴突构成，穿过眼球的巩膜，在眶窝内后行，经视神经孔进入颅腔，与对侧神经共同形成视神经交叉，向后延续为视束，止于外侧膝状体。

（三）动眼神经

动眼神经是运动神经，含躯体传出（躯体运动）纤维和内脏传出（内脏运动）纤维两种纤维成分。其中躯体传出纤维是主要成分，起于动眼神经核，自大脑脚发出，经眶圆孔出颅腔，分为背侧支和腹侧支。背侧支较细而短，分布于眼球上直肌和上眼睑提肌；腹侧支较粗而长，分布于眼球下直肌、内侧直肌和眼球下斜肌。此外，动眼神经腹侧支上有睫状神经节，是副交感神经节。由神经节发出纤维分布于瞳孔括约肌和睫状肌，完成瞳孔对光反射和调节反射。

（四）滑车神经

滑车神经是运动神经，较细小，起于中脑滑车神经核，在前髓帆前缘出脑，经滑车神经孔出颅腔，分布于眼球上斜肌。

（五）三叉神经

三叉神经为混合神经，是最大的脑神经，以大的感觉根和小的运动根起于脑桥侧部。感觉根上有半月状神经节，感觉根是半月状神经的长树突，位于卵圆孔的内侧部；运动根由三叉神经运动核发出。两根合成一总干，向前伸延，分为三支，即眼神经（感觉支）、上颌神经（感觉支）和下颌神经（混合神经）（图10-6）。

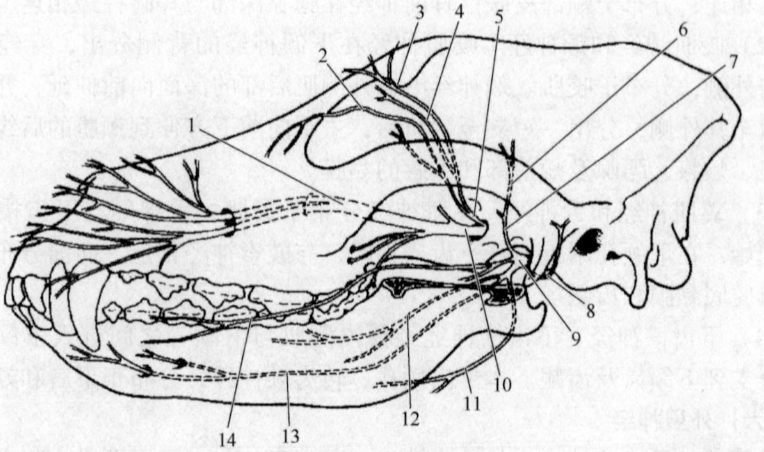

图10-6　犬的三叉神经

1—眶下神经　2—滑车下神经　3—额神经　4—泪腺神经　5—眼神经　6—颞深神经
7—咬肌神经　8—耳颞神经　9—下颌神经　10—上颌神经　11—颌舌骨肌神经
12—舌神经　13—下齿槽神经　14—颊神经

1. 眼神经

眼神经较细，经眶圆孔穿出颅腔，在出孔处附近分为泪腺神经、额神经和鼻睫神经。泪腺神经较细小，分布于泪腺和上眼睑；额神经（又称眶上神经）最粗，从眶上突前方伸延到上眼睑、颞部和额部的皮肤；鼻睫神经较粗，位于眼球上直肌的深面，在眼球内侧直肌和眼球上斜肌之间分为筛神经和滑车下神经，分布于鼻腔黏膜、眼内角皮肤、第三眼睑、结膜和泪阜等。

2. 上颌神经

上颌神经通过眶圆孔穿出颅腔，在蝶腭窝中分为颧神经、眶下神经和翼腭神经。颧神经从上颌神经分出，沿眼球外侧直肌伸向下眼睑；眶下神经与眶下动脉一起经上颌孔进入眶下管，在管内发出分支分布于臼齿、齿龈和上颌窦；本干出眶下孔分为鼻外侧神经、鼻前神经和上唇神经三支；翼腭神经又称蝶腭神经，出眶圆孔，紧贴蝶骨体向前伸延，在背侧缘分出许多小支，形成蝶腭神经丛，丛内含有小颗粒状的蝶腭神经节，属副交感神经节。翼腭神经在蝶骨窝处分为鼻后神经、腭大神经和腭小神经三支，分布于软腭、硬腭黏膜和鼻腔黏膜。

3. 下颌神经

下颌神经通过卵圆孔出颅腔，出孔后分为数支。分布于咀嚼肌的分支为运动神经，其他分支均为感觉神经，主要有耳颞神经、咬肌神经、颊神经和下齿槽神经等。

(1) 耳颞神经　耳颞神经又称颞浅神经，绕过下颌支后缘，在腮腺的深面分为面横神经和耳前神经。面横神经与面横动、静脉并列，向前与面神经的上颊支相连，分布于颊部皮肤；耳前神经在腮腺深部与耳睑神经相连。

(2) 咬肌神经和颊神经　咬肌神经在下颌神经的背侧分出，穿经下颌切迹走向外侧，分布于咬肌。颊神经沿翼外侧肌后部的深面向前伸延，并穿过翼外侧肌至其外侧，分出一短支至颞肌后，主干向前下方伸到颊肌的后缘，分布于颊肌、颊腺、腮腺及颊前部和下唇的黏膜。

(3) 翼肌神经和舌神经　翼肌神经分布于翼肌。舌神经与下齿槽神经以一干起始，在下颌孔附近离开下齿槽神经，与鼓索神经相连，向前分布于舌黏膜、口腔底黏膜和齿龈。

(4) 下齿槽神经　下齿槽神经经翼内侧肌与下颌骨之间进入下颌管，在管内分支到下颌齿及齿龈。本干出颏孔，转为颏神经，分布于下唇和颏部。

(六) 外展神经

外展神经是运动神经，与动眼神经、眼神经一起经眶圆孔进入眶窝，分布于眼球退缩肌和眼球外侧直肌。

(七) 面神经

面神经是混合神经，起于斜方体的两侧，由内耳道进入中耳的面神经管，在管内的面神经上有圆形的小神经节称膝神经节，由此神经节的神经元发出的突起组成岩大神经和鼓索神经。岩大神经出岩颞骨与来自颈内动脉神经丛的岩深神经相合，形成翼管神经。翼管神经经翼管到蝶腭窝，进入蝶腭神经丛，连于蝶腭神经节。翼管神经是混合神经，含有交感和副交感神经纤维，也含有感觉神经纤维；鼓索神经在面神经管的出口处，由面神经分出，出鼓室走向前下方，经上颌动脉的内侧与舌神经相连。鼓索神经大部分为感觉纤维，也含副交感神经纤维，分布于下颌腺和舌下腺，味觉神经分布于舌前部2/3的味蕾。面神经大部分由运动神经构成，分支有耳睑神经、上颊支和下颊支等，主要支配颜面肌肉的运动（图10－7）。

(八) 前庭耳蜗神经

前庭耳蜗神经又称位听神经，是听觉及平衡觉的神经。其纤维来自内耳的前庭、半规管和耳蜗的传入纤维，经由前庭神经节和螺旋神经节，止于延髓的前庭核和耳蜗核，传导平衡觉和听觉。

(九) 舌咽神经

舌咽神经为混合神经，其神经根与延髓相连，含有四种神经纤维。躯体传出纤维起自延髓的疑核，支配部分咽肌；内脏传出纤维起自后泌涎核，控制腮腺分泌。内脏传入纤维的胞体位于远（岩）神经节内，将舌后1/3部、咽部、颈动脉窦和颈动脉体等部的多种内脏感觉冲动传入脑，止于孤束核。躯体传入

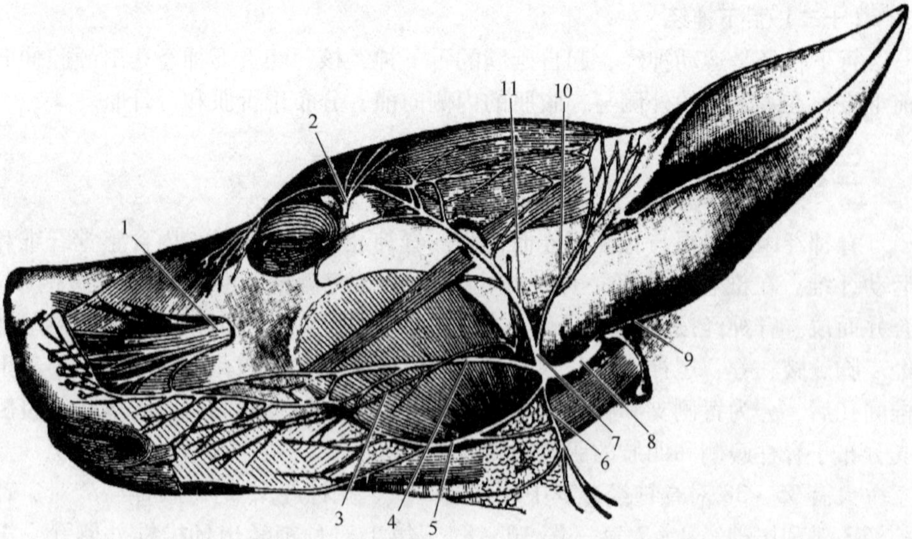

图 10－7　犬头部浅层的神经（已切除腮腺和皮肌）

三叉神经：1—眶下神经　2—额神经　3—面横神经

面神经：4—上颊支　5—下颊支　6—颈支　7—耳睑神经

8—面神经　9—耳后神经　10—耳支　11—颧支

纤维很少，胞体位于近神经节内，将耳后的皮肤感觉冲动传入脑，止于三叉神经脊束核。

舌咽神经由颈静脉孔出颅腔，在咽的外侧沿茎舌骨向下方伸延，分出鼓室神经、颈动脉窦支、咽支和舌支。

1. 鼓室神经

鼓室神经较细，起于远神经节，含副交感神经纤维，进入鼓室，参与形成鼓室丛。由丛发出岩小神经，出鼓室进入耳神经节，换神经元后分布于腮腺。

2. 颈动脉窦支、咽支和舌支

颈动脉窦支在鼓泡腹侧缘自舌咽神经分出，分布于颈动脉窦，把动脉压力刺激传导入脑。咽支 1 ~2 支，向前经茎舌骨肌的深面伸至咽，分布于咽肌和咽部黏膜。舌支是舌咽神经的终支，沿茎舌骨后缘向前下方伸至舌，分布于软腭、咽峡、扁桃体及舌根部黏膜和味蕾。

（十）迷走神经

迷走神经是混合神经，其神经根连接延髓。详情于副交感神经中叙述。

（十一）副神经

副神经是运动神经，起自颈部前段脊髓侧面和延髓的后段，与迷走神经一起经颈静脉孔出颅腔，分为内侧支和外侧支。内侧支并入迷走神经，分布于咽肌和喉肌。外侧支经下颌腺的深面向后伸延，分为 2 支：背侧支分布于臂头肌和斜方肌；腹侧支分布于胸头肌。

(十二) 舌下神经

舌下神经是运动神经，起自延髓的舌下神经核，经舌下神经孔出颅腔伸向前下方，在舌下肌的外侧与二腹肌的内侧向前，分布于舌肌和舌骨肌。

二、脊神经

脊神经因神经根与脊髓相连而得名。脊神经是混合神经，内含感觉纤维和运动纤维。在椎管中，每一脊神经由感觉根（背侧根）和运动根（腹侧根）合并而成。脊神经按部位不同分为颈神经、胸神经、腰神经、荐神经和尾神经。胸、腰、荐、尾神经，分别穿过其相对应椎骨的椎间孔出椎管。脊神经出椎间孔后，分为背侧支和腹侧支。背侧支分布于脊柱背侧的肌肉和皮肤；腹侧支分布于脊柱腹侧和四肢的肌肉及皮肤。

犬有 35 ~ 38 对脊神经，其中颈神经 8 对、胸神经 13 对、腰神经 7 对、荐神经 3 对和尾神经 4 ~ 7 对（图 10 - 8）。第 1 对颈神经出环椎椎外侧孔，第 2 ~ 7 对颈神经依次出相应的椎间孔，第 8 对颈神经出第 7 颈椎和第 1 椎之间的椎间孔。

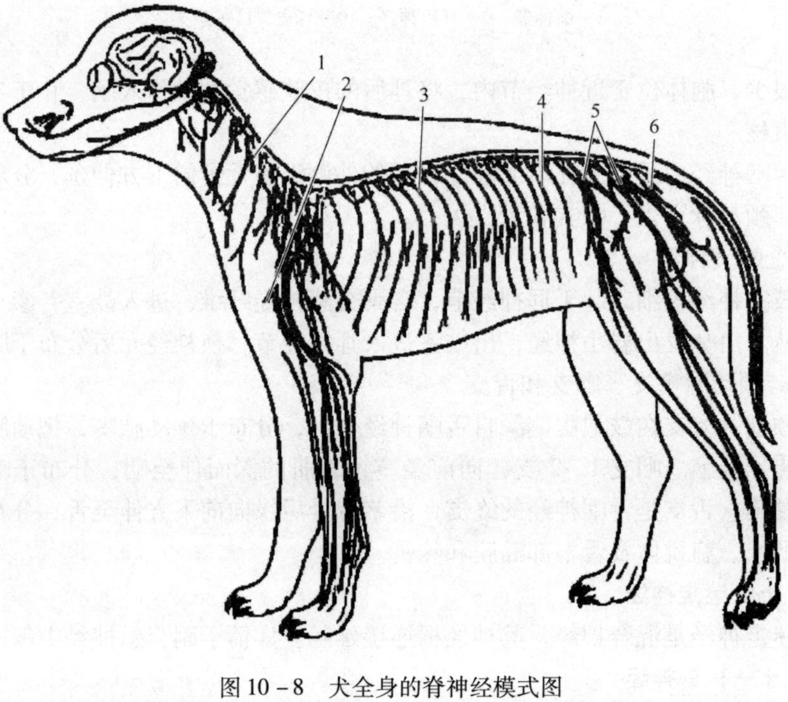

图 10 - 8　犬全身的脊神经模式图

1—颈神经　2—臂神经丛　3—胸神经　4—腰神经　5—腰荐神经丛　6—荐神经

(一) 颈神经

颈神经的背侧支分布于颈背外侧的肌肉和皮肤；腹侧支分布于颈腹外侧的

肌肉和皮肤。主要分支有耳大神经、颈横神经和膈神经。

1. 耳大神经和颈横神经

耳大神经来自第2颈神经，沿环椎翼外侧缘向耳郭伸延，分布于耳郭背面皮肤。颈横神经由第2颈神经的分支形成，走向下颌，主要分布于下颌间隙皮肤。

2. 膈神经

膈神经是运动神经，由第5～7颈神经的分支形成，沿斜角肌腹侧缘进入胸腔，在纵隔内向后行，横过心包，分布于膈。

（二）胸神经

胸神经的腹侧支又称肋间神经，沿肋骨的后缘向下伸延与同名血管并行分布于肋间肌、腹壁肌和躯干皮肤，第10～12肋间神经，除分布到胸壁之外，也分布到软腹壁（图10－9）；最后（第13）肋间神经又称肋腹神经，经腰方肌背侧面向外侧伸延，在第1腰椎横突顶端的前下方分为深、浅两支：深支沿最后肋骨后缘在腹内斜肌与腹横肌之间下行，进入腹直肌，并分支到腹内斜肌和腹横肌；浅支穿过腹外斜肌，在躯干皮肌深面下行，分布于腹外斜肌、躯干皮肌及皮肤。

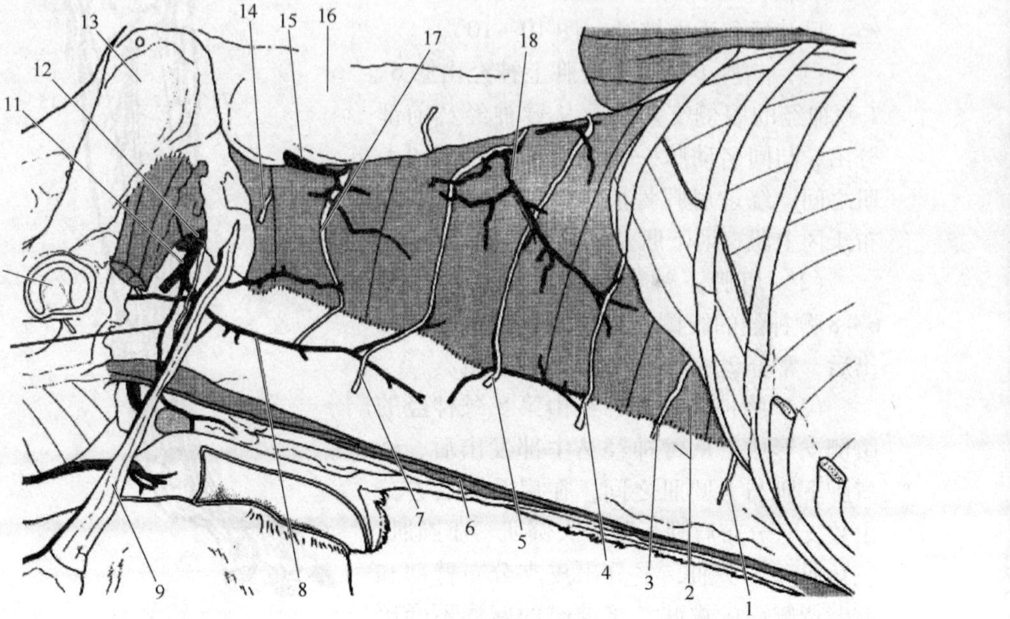

图10－9　犬腹壁的血管神经

1—第10肋间神经　2—腹横肌及其腱膜　3—第11肋间神经　4—第12肋间神经　5—肋腹神经（第13肋间神经）　6—腹直肌　7—髂腹下前神经　8—腹壁后动脉　9—鞘膜和精索　10—髋臼　11—股深动脉　12—髂外动、静脉　13—臀肌面　14—髂腹股沟神经　15—旋髂深动脉　16—胸腰筋膜　17—髂腹下后神经　18—腹前动脉

（三）腰神经、荐神经和尾神经

第 1 腰神经的腹侧支，又称第 1 髂腹后神经（髂腹下前神经）。第 2 腰神经的腹侧支，又称第 2 髂腹后神经（髂腹下后神经）。第 3 腰神经的腹侧支，又称髂腹股沟神经。上述三条神经和肋腹神经以及第 10～12 肋间神经共同分布于软腹壁。

一些腰神经和荐神经的腹侧支相互连接形成腰荐神经丛。尾神经的腹侧支形成尾腹侧神经，分布于尾腹侧肌肉和皮肤。

（四）臂神经丛和腰荐神经丛

1. 臂神经丛

臂神经丛由第 6～8 颈神经和第 1、2 胸神经的腹侧支形成，在斜角肌上、下两部之间穿出，位于肩关节的内侧。臂神经丛发出 8 支神经，即肩胛上神经、肩胛下神经、腋神经、肌皮神经、胸神经、桡神经、尺神经和正中神经（图 10－10）。

（1）肩胛上神经　肩胛上神经由第 6、7 颈神经的腹侧支形成。从臂神经丛前部分出，与同名动脉一起经肩胛下肌和冈上肌之间，绕过肩胛骨前缘伸向外后方，分布于冈上肌、冈下肌及肩关节。

（2）肩胛下神经　肩胛下神经由第 6～8 颈神经的腹侧支形成。自臂神经丛分出后，常分 2～4 支分布于肩胛下肌。

（3）腋神经　腋神经由第 8 颈神经的腹侧支形成。从臂神经丛中部发出后，经肩胛下肌与大圆肌之间，在肩关节后方分出数支，分布肩胛下肌、大圆肌、小圆肌、三角肌和臂头肌，并分出皮支分布臂部和前臂背侧面的皮肤。该神经的麻痹不会出现运动障碍。

（4）肌皮神经　肌皮神经由第 7、8 颈神经的腹侧支形成。从臂神经丛前部发出，分出分布到臂二头肌和喙臂肌的肌支后，在腋动脉下方与正中神经相连形成腋襻，其主干与正中神经一起沿臂动脉前缘下行，

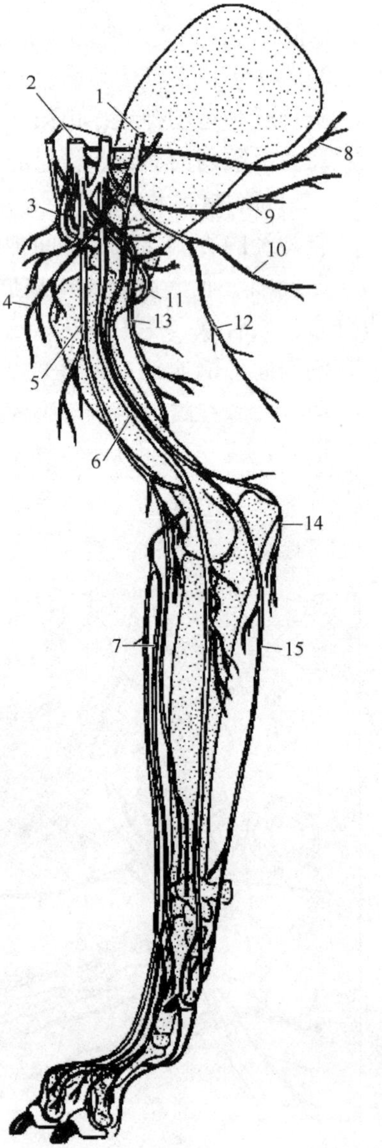

图 10－10　犬前肢神经（内侧）

1—第 1 胸神经　2—第 6、7、8 颈神经　3—肩胛下神经　4—胸前神经　5—肌皮神经　6—正中神经　7—前臂背侧皮神经　8—胸长神经　9—胸背侧神经　10—胸外侧神经　11—腋神经　12—胸后神经　13—桡神经　14—前臂后皮神经　15—尺神经

到臂下 1/3 处与正中神经分开，主要分布臂二头肌和臂肌，并分出皮支，即前臂内侧皮神经，在二肌之间走向前臂内侧面，分布前臂、腕、掌内侧皮肤。该神经的损伤可引发提举前肢障碍。

（5）胸肌神经　胸肌神经由第 7、8 颈神经和第 1 胸神经的腹侧支构成。分为前、后两部：前部称胸肌前神经，有数支，分布于胸浅肌和胸深肌；后部称胸肌后神经，除分布于胸深肌、皮肌和皮肤外，还分出胸长神经、胸背侧神经和胸外侧神经。胸长神经沿胸腹侧锯肌的表面后走，分布于此肌；胸背侧神经横过大圆肌，走向后上方，分布于背阔肌；胸外侧神经沿胸廓外静脉向后延伸，分布于躯干皮肌和皮肤。

（6）桡神经　桡神经由第 7、8 颈神经和第 1 胸神经的腹侧支构成，是臂神经丛中最粗的分支。从臂神经丛后部分出，沿尺神经后缘下行，进入臂三头肌长头与内侧头之间，通过臂肌沟出前肢的前外侧面，并在途中发出臂三头肌各头、前臂筋膜张肌及肘肌的肌支，出肌支后，在臂部的下部分布于包括腕尺侧伸肌在内的所有的腕关节和指关节伸肌。其皮支为前臂背侧皮神经，常常反转至前臂和腕部的背外侧。此神经容易在外伤时受损。

（7）尺神经　尺神经由第 8 颈神经和第 1 颈神经的腹侧支形成。从臂神经丛后部分出，起初与正中神经一起沿臂部下行，然后离开正中神经至肘突，横过肘关节的后面，主要分布于腕关节和指关节屈肌、骨间肌和掌外侧的皮肤。此神经出现麻痹后不会发生运动和站立姿势的障碍。

（8）正中神经　正中神经由第 8 颈神经和第 1 胸神经的腹侧支形成，是前肢最长的神经。从臂神经丛后部分出，沿臂动脉前缘与肌皮神经一起向下伸延，到肱骨中部与肌皮神经分离后，越过肘关节内侧副韧带，沿腕桡侧屈肌的深面至腕部。在前臂部或腕管内分成 2 支或更多支，穿过腕管，分布于掌侧面。正中神经与尺神经共同分布于腕关节和指关节所有屈肌。此神经的损伤不会引起运动障碍，但会出现站立时腕关节过度伸展，而出现前爪比正常翘起。

2. 腰荐神经丛

第 3 ~ 7 腰神经腹侧支和第 1 ~ 3 荐神经的腹侧支共同形成腰荐神经丛。腰神经腹侧支主要分出髂腹下神经、髂腹股沟神经、生殖股神经、股外侧皮神经、股神经和闭孔神经等分支；荐神经的腹侧支主要形成臀前神经、臀后神经、阴部神经、直肠后神经和坐骨神经等分支。

（1）生殖股神经　生殖股神经由第 2 ~ 4 对腰神经的腹侧支形成。起自腰神经丛，横过旋髂深动脉的外侧向下伸延，分为前、后 2 支，除分支到腹内斜肌外，2 支均通过腹股沟管。公犬分布于包皮、阴囊和提睾肌，母犬则分布到乳房。

（2）股外侧皮神经　股外侧皮神经由第 3、4 对腰神经的腹侧支形成。起自腰神经丛，沿腹横筋膜下行，在髋结节的下方穿通腹肌，经阔筋膜张肌内侧与旋髂深动脉后支并行，直至膝褶处，分布于股部外侧和膝关节前面的皮肤。

(3) 股神经　股神经由第 5 ~7 对腰神经的腹侧支形成。起自腰神经丛，是腰神经丛中最粗的神经。由髂肌和腹大肌之间穿出，有分支分布于髂腰肌，并分出隐神经，主干继续向下进入股直肌与股内侧肌之间，分为数支，分布于股四头肌。此神经发生功能障碍时，膝关节僵直、股内侧感觉丧失。

(4) 隐神经　隐神经由股神经横过腰大肌腱处分出，有分支进入缝匠肌，然后于股管中下行，从缝匠肌与股薄肌之间出于皮下，分布于股部及小腿内侧皮肤。

(5) 闭孔神经　闭孔神经由第 4 ~7 对腰神经的腹侧支形成。起自腰荐神经丛，沿髂骨体的内侧向闭孔伸延，出分支到闭孔内肌，主干从闭孔通出后分布于闭孔外肌和股内侧肌群。

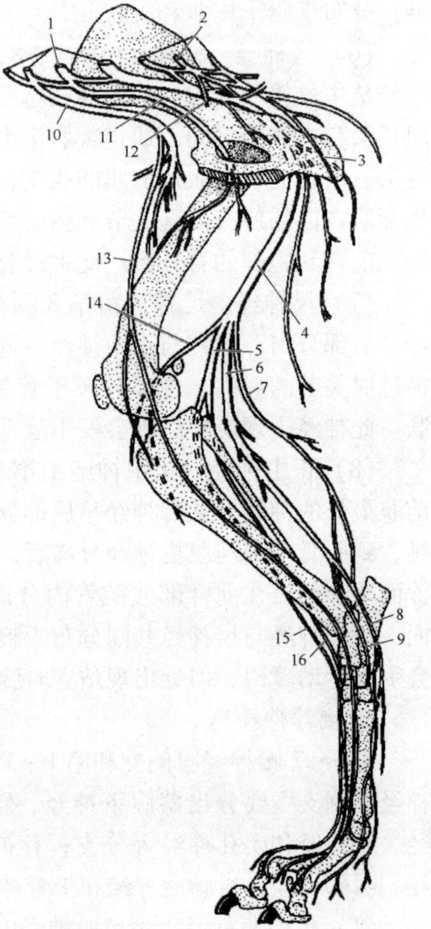

图 10 - 11　犬后肢神经（内观）

1—第 4 ~7 腰神经　2—第 1 ~3 荐神经　3—阴部神经　4—坐骨神经　5—腓总神经　6—胫神经　7—小腿后皮神经　8—跖内侧神经　9—跖外侧神经　10—股神经　11—闭孔神经　12—盆神经　13—隐神经　14—小腿外侧皮神经　15—腓浅神经　16—腓深神经

(6) 臀前神经　臀前神经由第 6、7 对腰神经和第 1 对荐神经的腹侧支形成。起自腰荐神经丛，与臀前动脉一起经过坐骨大孔穿出骨盆腔后，分布于阔筋膜张肌、臀中肌和臀深肌等。

(7) 臀后神经　臀后神经由第 1、2 对荐神经的腹侧支形成。起自腰荐神经丛，经坐骨大孔穿出骨盆腔，分支分布于臀浅肌、臀股二头肌、半腱肌和半膜肌等。

(8) 阴部神经　阴部神经由第 1 ~3 对荐神经的腹侧支形成。起自荐神经丛，在荐结节阔韧带内侧面走向后下方，出皮支分布于股后部的皮肤，然后分出会阴神经，分布于尿道、肛门和会阴等处，主干绕过坐骨弓出盆腔分布于外生殖器官等。

(9) 直肠后神经　直肠后神经来自最后荐神经的腹侧支。起自腰荐神经丛，通常有 2 支，均较细，在直肠与尾骨肌之间向后行走，分布于肛门、阴蒂和阴唇，还有小分支到尾骨肌及肛提肌。

(10) 坐骨神经　坐骨神经是全身最粗大的神经，由第 6、7 腰神经和第 1 ~3 对荐神经的腹侧支形成（图 10 - 11）。自腰荐神经丛，由坐骨大孔出骨盆腔，沿荐结节阔韧带外侧面走向后下方伸延，分出小支到髋结节及闭孔肌。主干经股骨大转子和坐骨结节之间绕至髋关节后方，在臀股二头肌和半膜肌之间下行，到股中部分为腓总神经和胫神经。此外，坐骨神经在股部分出大的肌支，分布于臀股二头肌、半腱肌和半膜肌。

①股后皮神经：起于坐骨神经起始部后缘，沿荐结节阔韧带外侧面向后伸延，与会阴神经或阴部神经的皮支相连，分布于股后部和会阴部的皮肤。

②腓总神经：在股中部与胫神经分开后，沿臀股二头肌和腓肠肌外侧头之间向前下方伸延，至胫骨外侧髁稍下方，分为腓浅神经和腓深神经。腓浅神经分布于小腿部以下背侧的皮肤；腓深神经分布于小腿背外侧的肌肉（跗关节屈肌和趾关节伸肌）。此神经发生麻痹时，引起跗关节轻度的过度伸展，而趾关节不能伸展。

③胫神经：与腓总神经分离后，进入腓肠肌两头之间，分出肌支分布于腘肌、比目鱼肌、腓肠肌及趾屈肌。本干在小腿内侧沟向下伸延至跟结节平位处稍下方，分为足底内侧神经和足底外侧神经。胫神经在起始部还分出小腿跖侧皮神经，沿小腿外侧沟下行，分布于小腿、跗部、跖部后外侧的皮肤。足底神经为感觉神经，分布于后肢的跖侧部。此神经发生障碍时，出现跗关节屈曲，在负重时跗关节接近地面。

三、自主神经

自主神经是指分布于平滑肌、心肌和腺体的传出神经。亦称植物性神经或内脏传出神经。

（一）自主神经与躯体运动神经的区别

自主神经支配平滑肌、心肌和腺体，躯体运动神经则支配骨骼肌；自主神经自中枢到效应器需要 2 个神经元来完成，第 1 个称节前神经元，其胞体位于部分胸腰段脊髓灰质外侧柱以及脑干和荐部脊髓的灰质内，由它发出节前纤维到自主神经节与第 2 个神经元形成突触，第 2 个神经元称节后神经元，其胞体位于自主神经节内，由它发出节后纤维，到达所支配的效应器，而躯体运动神经从中枢到效应器只有 1 个神经元，其胞体位于脑和脊髓；自主神经的节前纤维为细的有髓纤维，节后纤维为细的无髓纤维，而躯体运动神经纤维一般为粗的有髓纤维；自主神经在一定程度上不受意识的直接控制，具有相对的自主性，而躯体运动神经一般都受意识支配。

（二）自主神经纤维的一般特征

根据形态和功能的特点，自主神经分为交感神经和副交感神经。

1. 交感神经

交感神经的中枢位于脊髓第 1 胸段至第 3 腰段的灰质外侧柱内，外周部包括交感神经干、神经节（脊椎两侧椎神经节和椎下神经节）和神经丛等（图 10－12）。

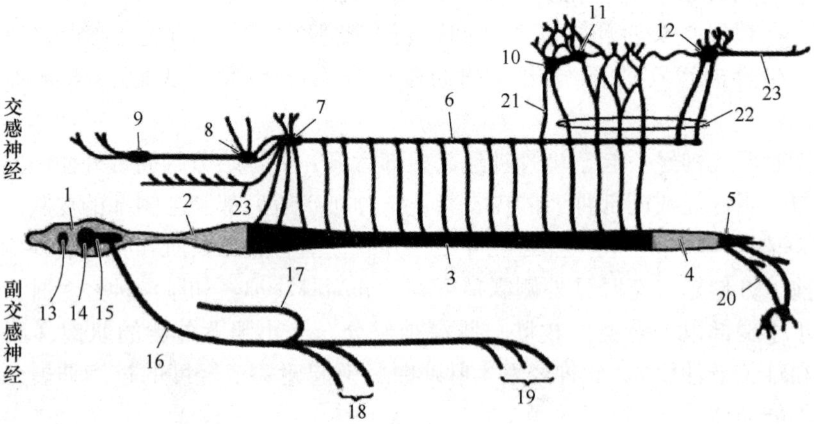

图 10－12　交感神经和副交感神经的发出与分布

1—脑干　2—颈部脊髓　3—胸腰部脊髓　4—荐部脊髓　5—尾部脊髓　6—交感神经链　7—颈胸神经节　8—颈中神经节　9—颈前神经节　10—腹腔神经节　11—肠系膜前神经节　12—肠系膜后神经节　13—动眼神经　14—面神经　15—舌咽神经　16—迷走神经　17—喉返神经　18—心肺神经丛　19—腹腔肠系膜神经丛　20—盆神经　21—内脏大神经　22—腰内脏神经　23—腹下神经

交感神经干位于脊柱的腹外侧，左右对称。按部位可分为颈部、胸部、腰部和荐尾部。

颈部交感神经干是由胸前部交感神经节前纤维发出的，左右两侧的颈部交感神经干都沿该侧颈总动脉的背侧向前伸延，一些动物颈部交感神经干常与迷走神经伴行，形成迷走交感神经干。颈部交感干上有颈前、颈中和颈后 3 个神经节。一些动物的颈后神经节与第 1、2 胸神经节合并成星状神经节，位于第 1 肋骨椎骨端的内侧，呈星芒状，向四周发出节后纤维。除分支到臂神经丛分布于前肢外，主要是参与构成心肺神经丛，分支分布于心、肺、血管和食管等器官。

胸部交感神经干位于胸椎的腹外侧。每一节有一个胸神经节，其中第 1、2 胸神经节常参与构成星状神经节。胸部交感神经干发出内脏大神经和内脏小神经，进入腹腔。

腰部交感神经干位于腰椎椎体的腹侧，主要发出腰内脏神经。内脏大神经和内脏小神经入腹腔后，在腹腔动脉和肠系膜前动脉根部形成腹腔肠系膜前神经节，分支分布于腹腔前、中部的肝、胃、脾、胰、小肠、大肠和肾等器官，并向肠系膜后动脉根部发出节间支。腰内脏神经和节间支在肠系膜后动脉根部形成肠系膜后神经节，分支分布于腹后部的结肠后段、精索、睾丸和附睾或卵巢、输卵管和子宫角等器官，并向后发出腹后神经（图 10－13）。

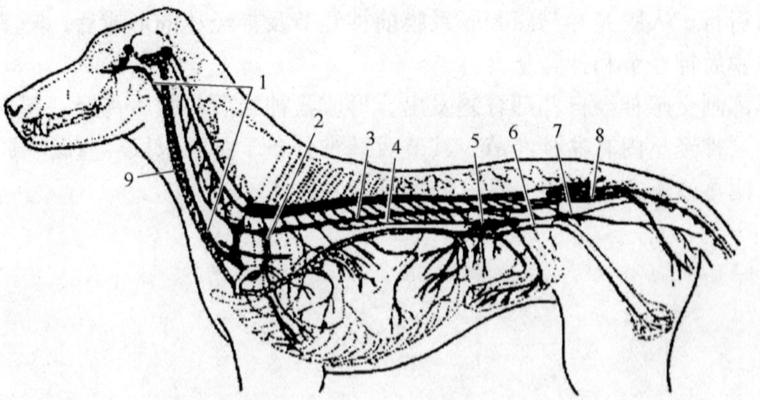

图 10-13 自主神经

1—颈部交感神经干 2—星状神经节 3—胸部交感神经干 4—内脏大神经 5—腹腔肠系膜前神经节 6—节间支 7—肠系膜后神经节 8—盆神经丛 9—迷走神经

2. 副交感神经

副交感神经和交感神经虽共同支配内脏器官，但其传出神经元所在位置和分布范围有所不同。交感神经节前神经元位于胸腰部脊髓，副交感神经节前神经元位于颅荐部中枢。交感神经节后神经元位于脊柱附近（形成椎神经节），而副交感神经节后神经元位于所支配器官附近或器官壁内（形成椎下神经节或终末神经节），所以交感神经节前纤维短，节后纤维长，而副交感神经节前纤维长，节后纤维短。副交感神经节前纤维分支少，作用范围不如交感神经广，如皮肤和肌肉的血管、汗腺、竖毛肌、肾和肾上腺髓质一般没有副交感神经支配。

颅部的副交感神经主要是动眼神经、面神经、舌咽神经和迷走神经，支配器官的运动或腺体分泌，其中迷走神经是体内分布最广、行程最长的混合神经（图 10-14）。迷走神经自延脑发出，出颅腔后除分布于头部一些器官外，主干向后下方进入颈部，与颈部交感神经干汇合为迷走交感神经干，与颈动脉伴行。除分布于颈部一些器官外，主干在入胸腔前与交感神经分离并随食管进入胸腔，与星状神经节共同发出心肺神经丛后，继续

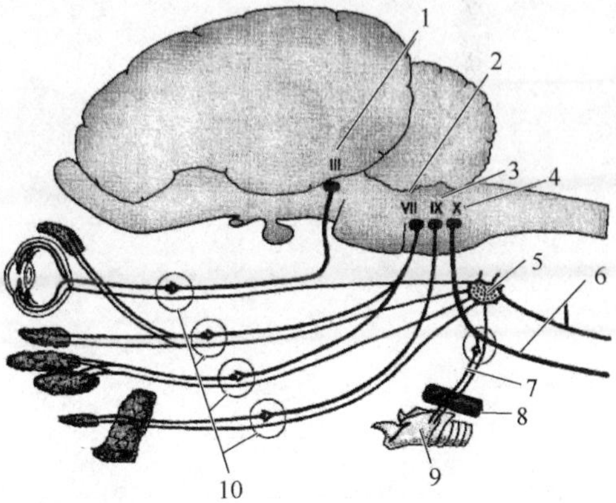

图 10-14 头部的自主神经模式图

1—动眼神经 2—面神经 3—舌咽神经 4—迷走神经 5—颈前神经节 6—颈迷走交感神经干 7—喉前神经 8—食管 9—喉 10—终末神经节

随食管后行。入腹腔参与腹腔肠系膜前神经节及神经丛的形成后，随节间支到达肠系膜后神经节和神经丛。

荐部副交感神经自荐部脊髓发出，形成盆神经后与腹后神经一起构成盆神经丛，盆神经丛内有盆神经节，其节后纤维分布于结肠末段、直肠、膀胱、前列腺、阴茎或子宫、阴道等骨盆腔器官。

任务三 | 感觉器官

动物的一些特殊感觉神经末梢和其他器官共同形成的专门收集感觉信息的装置称感觉器官。动物的感觉器官主要是视觉器官眼和位听觉器官耳。

一、眼

视觉器官能感受光波的刺激，经视神经传至中枢而产生视觉。眼可分为眼球和眼的辅助结构两部分。

（一）眼球

眼球位于眼眶内，呈前后略扁的球形，其前端眼睑裂裸露于外界，以接受光线，后端视觉与脑相连。眼球由眼球壁和眼球内容物两部分组成。

1. 眼球壁

眼球壁由三层构成，由外向内顺次为纤维膜、血管膜和视网膜（图 10－15）。

纤维膜是眼球壁外层，由致密结缔组织构成，厚而坚韧，有保护眼球内部结构和维持眼球外形等作用。纤维膜又分为前部的角膜和后部的巩膜两部分。角膜约占纤维膜的前 1/5，无色透明，具有折光作用。角膜无血管和淋巴管，富含感觉神经末梢。巩膜约占纤维膜的后 4/5，白色不透明，坚韧而厚，具有保护作用。

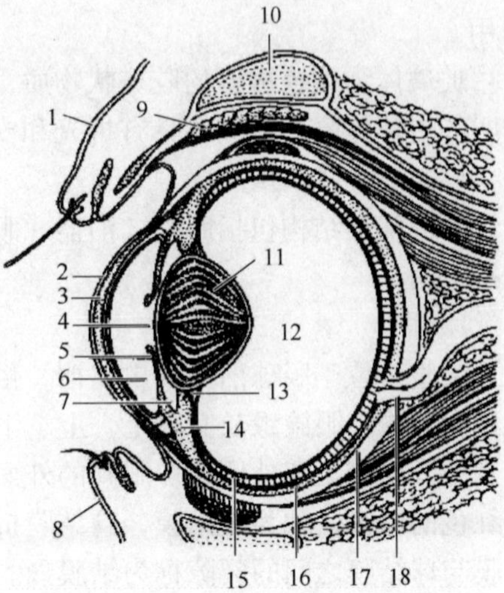

图 10－15　眼的结构模式图

1—上眼睑　2—球结膜　3—角膜　4—瞳孔　5—虹膜　6—眼前房　7—眼后房　8—下眼睑　9—泪腺　10—眶上突　11—晶状体　12—玻璃体　13—睫状小带　14—睫状体　15—视网膜　16—脉络膜　17—巩膜　18—视神经

血管膜是眼球壁的中层，位于纤维膜与视网膜之间，富含血管和色素细胞，有营养眼内组织和吸收散射光线的作用。血管膜由前向后分为虹膜、睫状体和脉络膜三部分。虹膜位于血管膜的最前部，呈圆盘状。中央有一孔，称为瞳孔。牛瞳孔的游离缘上有颗粒状突出物，称虹膜粒。睫状体是血管膜中部的增厚部分，位于虹膜与脉络膜之间，呈环状位于晶状体周围。在睫状体内有平滑肌称为睫状肌，受副交感神经支配。睫状体有产生房水和调节视力的作用。脉络膜位于眼球壁的后 2/3，衬于巩膜的内表面。内有丰富的血管和色素，呈棕黑色。其功能是供给眼球营养、吸收眼球内散射后的多余光线。

视网膜是眼球壁的最内层，分为视部和盲部。视部衬于脉络膜的内面，薄而柔软。活体内略呈淡红色，死后混浊，变为灰白色，易于从脉络膜上脱落。视部有视锥细胞和视杆细胞两种感光细胞。视锥细胞有感强光和辨别颜色的能力，视杆细胞有感弱光的能力。视网膜神经细胞的轴突向视网膜乳头集中，形成视神经。盲部覆盖在睫状体及虹膜的内表面，无感光作用，外层为色素上皮，内层无神经元。

2. 内容物

眼球内容物是指眼球内一些无色透明的折光结构，包括晶状体、眼房水和玻璃体，它们与角膜一起组成眼的折光系统。

晶状体位于虹膜和玻璃体之间，呈双凸透镜状，透明而富有弹性，其周围有睫状小带连于睫状体上，借睫状肌的伸缩调节晶状体表面的曲度。

眼房是位于角膜和晶状体之间的腔隙，被虹膜分为眼前房和眼后房两部分。眼房水为无色透明液体，充满于眼房内，主要由睫状体上的非色素上皮分泌产生。眼房水有运输营养物质和代谢产物、折光和调节眼压的作用。

玻璃体为无色透明的胶冻状物质，充满于晶状体与视网膜之间，外包一层透明的玻璃体膜。玻璃体具有折光和支持视网膜的作用。

（二）眼的辅助结构

眼的辅助结构包括眼睑、泪器、眼球肌和眶骨膜，对眼球起保护、运动和支持作用。

1. 眼睑

眼睑是位于眼球前面的皮肤褶，俗称眼皮，可分上眼睑和下眼睑，其游离缘称为睑缘，眼睑缘长有睫毛。上、下眼睑之间的裂隙称睑裂，其内、外两端分别称为内侧角和外侧角。眼睑的外面被覆皮肤，中间是眼轮匝肌，内层是淡粉红色的黏膜，称为睑结膜，睑结膜折转覆盖于巩膜前部，称为球结膜。在睑结膜与球结膜之间的裂隙称为结膜囊。在眼内侧角的半月状结膜褶称第三眼睑或瞬膜，常见色素，内含有一软骨，在软骨深部有第三睑腺围绕。

2. 泪器

泪器由泪腺和泪道组成。泪腺位于眼球的背外侧和额骨颧突之间，有多条导管开口于上眼睑结膜囊内。泪腺分泌泪液，具有湿润角膜、清除灰尘和杀菌作用。泪道为泪液排出的管道，由泪小管、泪囊、鼻泪管组成。

3. 眼球肌

眼球肌是一些使眼球灵活运动的随意肌，在眼眶内包围在眼球和视神经周围。共有7条，即上、下、内、外4条直肌和上、下两条斜肌和一条眼球退缩肌。眼球的正常转动即由这7条肌肉相互协作而完成（图10-16）。

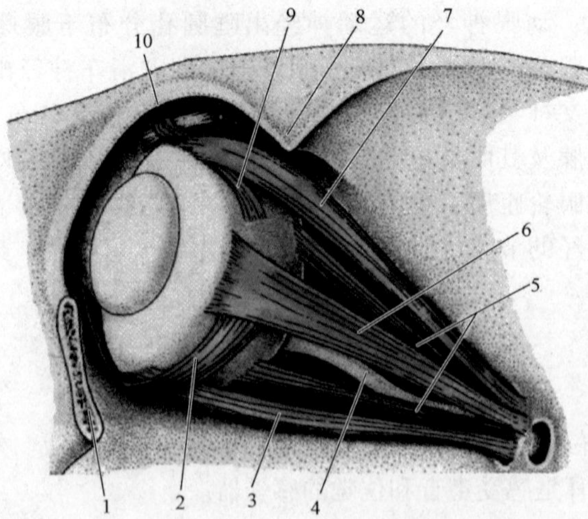

图 10－16　犬眼的肌肉模式图

1—颧弓的断端　2—下斜肌　3—下直肌　4—视神经　5—球缩肌　6—外直肌　7—上直肌　8—眶突　9—上斜肌　10—上斜肌腱及滑车

4. 眶骨膜

眶骨膜又称眼鞘，是致密坚韧的纤维膜，略呈圆锥形，包围着眼球、眼肌、神经、血管和泪腺。圆锥基附着在眶缘，锥顶附着在视神经附近。在眶骨膜内外有许多脂肪，与眶骨膜共同起着保护作用。

光线通过眼的折光系统到达视网膜成像，兴奋沿视神经传入中枢经丘脑的外侧膝状体换元后投射到大脑皮质枕叶的视觉区，产生视觉。

（三）眼的血管和神经分布

1. 眼的血管分布

犬的眼球及其辅助器官的血液供应，主要来自上颌动脉的眼外动脉和颧动脉及颞浅动脉的分支（图 10－17）。眼外动脉分出泪腺动脉；颧动脉分出第三眼睑动脉、下睑内侧动脉和眼角动脉；颞浅动脉分出上睑外侧动脉、下睑外侧动脉和泪腺支，这些分支分别分布于眼的各个部位。眼的静脉主要经颞浅静脉汇入上颌静脉。

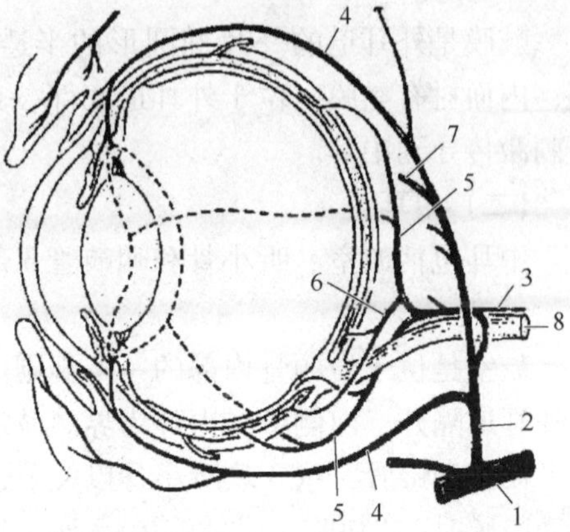

图 10－17　眼的主要动脉

1—颌内（上颌）动脉　2—眼外动脉　3—眼内动脉（退化）　4—睫状前动脉　5—睫状后长动脉　6—睫状后短动脉　7—泪腺动脉　8—视神经

2. 眼的神经分布

共有 6 个神经分布于眼球及其辅助器官。视神经经眼窝分布于视网膜，感受视觉；动眼神经的运动神经出眶圆孔分布于眼球内直肌、上直肌、下直肌和上眼睑提肌、下斜肌及眼球退缩肌；滑车神经出滑车神经孔分布于上斜肌；三叉神经的眼神经和上颌神经，分出分支分布于虹膜、角膜、结膜、眼睑、泪腺及其眼部皮肤；外展神经经眶孔分布于眼外直肌；面神经的耳郭眼睑支配眼轮匝肌；颈前神经节发出的节后纤维分布于眼肌和瞳孔散大肌；副交感神经的节前纤维在睫状神经节交换神经元后，支配睫状肌和瞳孔括约肌。

二、耳

耳是听觉和位觉的感觉器官，由外耳、中耳和内耳构成。外耳和中耳是声波传导器官，内耳是感受声音和位觉的感受器。

（一）外耳

外耳包括耳郭、外耳道、鼓膜3部分。

1. 耳郭

耳郭一般呈圆筒状，以耳郭软骨为支架，内、外被覆有毛皮肤而成。耳郭内面的皮肤长有长毛，基部毛少含有丰富的皮脂腺。耳郭的外围分布有许多耳肌，故其活动灵活，便于收集声波（图10－18）。

2. 外耳道

外耳道是耳郭基部到鼓膜的一条管道，分为软骨性外耳道和骨性外耳道2部分。外侧部是软骨管，内侧部是骨管，内面衬有皮肤，在软骨管部的皮肤含有皮脂腺和耵聍腺。耵聍腺分泌耵聍又称耳蜡。

3. 鼓膜

鼓膜是外耳道的一片椭圆形的半透明薄膜，坚韧而有弹性，外面被覆皮肤，内面衬有黏膜。位于外耳道底部、介于外耳与中耳之间，随音波振动把声波刺激传导到中耳。

（二）中耳

中耳包括鼓室、听小骨和咽鼓管3部分。

1. 鼓室

鼓室是位于岩颞骨内部的一不规则的腔隙，内面衬有黏膜。外侧壁以鼓膜与外耳道隔开，内侧壁与内耳为界。鼓室内有3块听小骨，由外向内依次为锤骨、砧骨和镫骨，这3块听小骨以关节连成一个听骨链（图10－19）。当声波振动鼓膜时，3块听小骨的连串运动，将声波的振动传入内耳。

2. 咽鼓管

咽鼓管又称耳咽管，是中耳与咽部的通道，是内衬黏膜的软骨管或骨性管，一端开口于鼓室的前下壁，另一端开口于咽侧壁。中耳与外界空气压力可通过咽鼓管取得平衡，防止鼓膜被冲破，利于鼓膜振动。

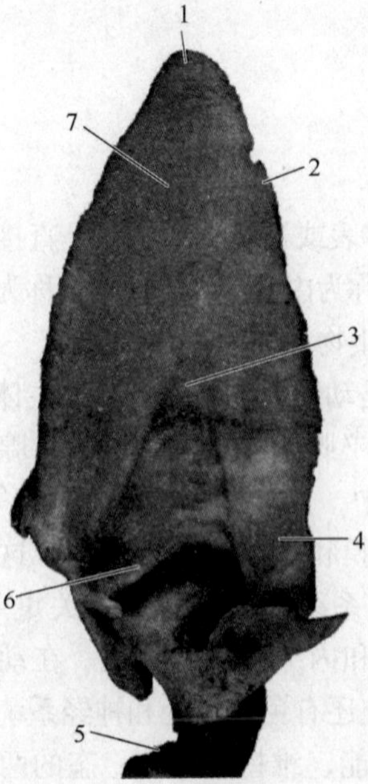

图 10－18　犬的耳郭

1—耳尖　2—耳轮边缘
3—耳舟　4—对耳屏
5—环状软骨　6—对耳轮
7—软骨

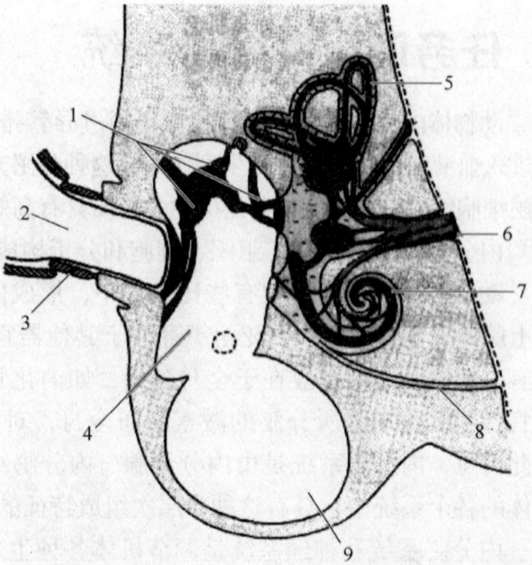

图 10－19　犬耳的内部构造

1—听小骨　2—外耳道　3—环状软骨　4—中耳鼓室
5—前庭迷路和半规管　6—前庭耳蜗神经　7—耳蜗
8—外淋巴管　9—鼓泡

（三）内耳

内耳是盘曲于岩颞骨内的管道系统，形态不规则，构造极复杂，由骨迷路和膜迷路构成。

由外耳传入的声波使鼓膜振动，并经听小骨传至前庭窗，导致前庭阶的外淋巴振动，再经前庭膜使蜗管的内淋巴液发生振动。前庭阶外淋巴的振动也经耳蜗孔传至鼓阶，使基膜发生共振，基膜的振动使盖膜与毛细胞的纤毛接触，引起毛细胞的兴奋，冲动经耳蜗神经传至中枢，产生听觉及听觉反射。

任务四 | 内分泌系统

动物体内一些细胞分泌的物质不通过导管排到体表或器官管腔，而是直接释放进入血液或组织液发挥其生理作用，这种分泌方式称为内分泌，这类细胞称为内分泌细胞。内分泌细胞所分泌的化学物质具有高效的生物活性，称为激素。

内分泌系统由器官、组织、细胞和分子构成，是动物完成体液调节的主体。

动物机体内分泌细胞有些比较集中，形成内分泌腺，如脑垂体、甲状腺和肾上腺等；也有一些内分泌组织存在于其他器官之中，如胰岛、黄体和卵泡等；还有一些内分泌细胞散在于全身各处，如消化管黏膜和肾脏等器官之中。这些器官、组织和细胞所分泌的激素遍布全身，对于本系统的调节作用至关重要。由此可见，内分泌系统是由内分泌腺、内分泌组织和内分泌细胞组成。在动物机体的各个系统中，具有这种多层次组成特征的系统还有免疫系统和神经系统。

内分泌系统和神经系统是调节机体各种生理功能、维持内环境稳态的两大调节系统，二者在功能上紧密联系，互相配合，其中，内分泌系统以激素的形式（神经系统则以神经冲动的形式）携带各种调节信息，通过体液途径，广泛、缓慢、持久地调节机体的新陈代谢、生长、发育和生殖等生命过程。

一、脑垂体

脑垂体位于蝶骨背侧的垂体窝之中，视神经交叉的后方，丘脑下部的腹侧正中（图 10－20）。脑垂体呈红褐色，借垂体柄（漏斗）连于丘脑下部。可分为腺垂体和神经垂体两大部分。腺垂体包括结节部、远侧部和中间部；神经垂体包括神经部和漏斗。其中远侧部和结节部称为脑垂体的前叶，中间部和神经部称为脑垂体的后叶。

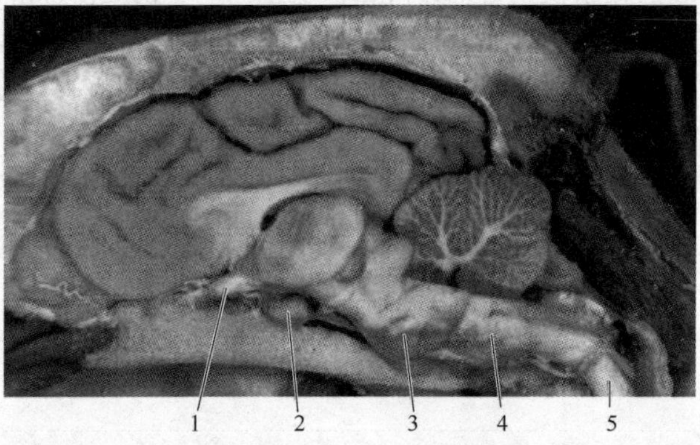

图 10－20　犬脑垂体的位置

1—视交叉　2—脑垂体　3—脑桥　4—延髓　5—脊髓

犬的脑垂体较小，呈一个卵圆形小腺体，位于间脑腹侧面和视交叉束的后方，悬挂在下丘脑向下伸出的漏斗的顶端，恰好嵌入颅腔内蝶骨垂体窝中，表面被一层纤维囊包绕，属于硬脑膜的一部分。中型犬的垂体约有 1cm×0.75cm×0.5cm 大小。

脑垂体在下丘脑的一些神经内分泌细胞及其激素的调控下分泌多种激素，主要作用是调节其他内分泌腺和内分泌组织的分泌活动，这些激素主要是生长激素、催乳激素、促甲状腺素、卵泡刺激素、黄体生成素和促肾上腺皮质激素等。

二、松果体

松果体又称脑上腺，是红褐色豆状小体，位于丘脑和四叠体之间，其一端借细柄与丘脑第三脑室顶相连，第三脑室凸向柄内形成松果体隐窝。

松果体和脑垂体一样，都是来自胚胎时期间脑神经外胚层的内分泌腺。松果体原基由间脑的丘脑上部顶板局部向外突起发育而成，而垂体的形成则与丘脑下部底板的腹外突有关。松果体随着动物年龄的增长而退化。

松果体表面的结缔组织被膜伸入实质内，将其分为许多不规则小叶，小叶主要由松果体细胞、神经胶质细胞和神经纤维等构成。松果体细胞呈圆形或不规则形。核较大，呈圆形、不规则形或分叶状，着色浅，核仁明显。胞质呈弱嗜碱性，内含少量脂滴。胞质有长短不一的突起，突起末端膨大，常止于血管周围。细胞质内有粗面内质网、高尔基复合体、线粒体、游离核糖体和小圆形分泌颗粒，颗粒内含有松果腺素。细胞膜常与神经末梢形成突触。

松果体的血管来自脉络膜后动脉的分支，后者在松果体实质细胞之间形成密集的毛细血管网。松果体的相对血流量超过大多数内分泌腺，而与脑垂体相当。

松果体能合成多种生物活性物质，其中主要是吲哚类和多肽类两类激素。松果腺素是由其分泌的吲哚类激素中最主要的一种。除松果体外，视网膜的某些细胞和大量的肠嗜铬细胞也能产生松果腺素。

松果体细胞从血液中摄取色胺酸，后者在色氨酸羟化酶的作用下转化为 5-羟色氨酸，并在脱羧酶的作用下进一步转化为 5-羟色胺（5-HT）。在松果腺细胞内 5-HT 是几种吲哚类化合物的前体，其中松果腺素的合成是一条主要生化途径，受 5-羟色胺 N-位乙酰基转换酶（sNAT）的调控。肾上腺素能激动剂（如 NA）能够刺激 sNAT 活性增高至 100 倍。在光照期，松果腺内 sNAT 的活性很低，因此 5-HT 的水平很高，而松果腺素的水平很低。进入黑暗期后 sNAT 的活性升高，而松果腺素合成增多。

松果体表面被覆一层疏松结缔组织膜，并深入到腺体实质将腺体分隔成许多不明显的小叶。小叶内最主要的细胞为松果体细胞，呈圆形或不规则形。松果体能分泌褪黑色激素，该激素在黑暗条件下分泌增加，可减弱细胞组织的活动，使其损伤得以修复，具有抗衰老、提高免疫力等作用。

三、甲状腺

犬的甲状腺位于前6、7个气管环的两侧和腹侧（图10－21）。腺体呈红褐色，由左、右侧叶和连接两侧叶的腺峡构成。侧叶长而窄，呈扁平椭圆形，腺体的峡部形状不定，大型犬峡部宽度可达1cm，中小型犬常无峡部。同属于甲状腺组织的还有副甲状腺——多为小腺体，分布在甲状腺附近的气管表面，每侧3～4个，其中正中的一个靠前，接近舌骨。

甲状腺外表被覆一层致密结缔组织膜，被膜伸入腺体实质构成腺体小梁，将实质分为许多腺小叶。小叶中含有大小不等的腺泡，腺泡腔内充满胶体，腺泡上皮能分泌甲状腺素（图11－22）。腺泡周围由基膜和少量结缔组织围成，并有丰富的毛细血管和淋巴管。在腺泡上皮和基膜之间还有一种胞质染色较浅的细胞称滤泡旁细胞，滤泡旁细胞能分泌降钙素。

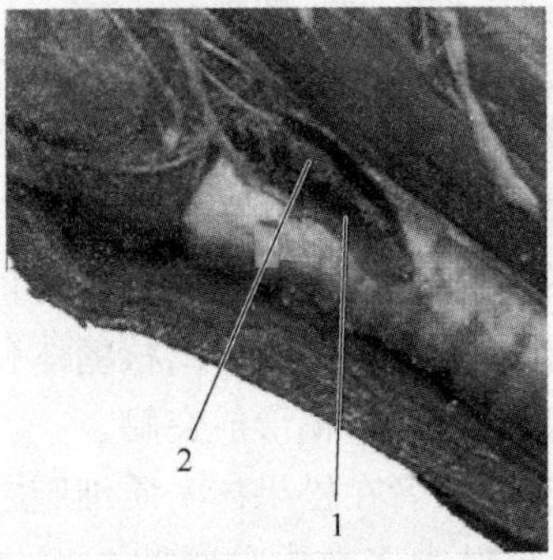

图10－21　犬的甲状腺和甲状旁腺

1—甲状腺　2—甲状旁腺

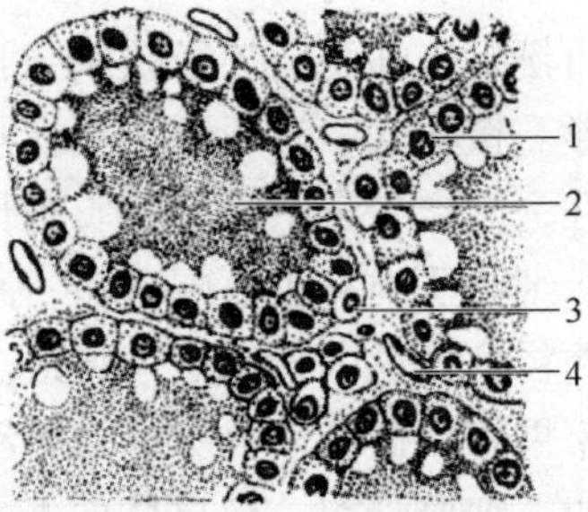

图10－22　甲状腺的组织结构

1—滤泡上皮　2—胶质

3—滤泡旁细胞　4—毛细血管

四、甲状旁腺

甲状旁腺为内、外2对小腺体，体积似粟粒，犬的甲状旁腺位于2个甲状腺相对的两端上面，即2个甲状腺的外上方，而另外2个在其内下方。

甲状旁腺外被覆一层结缔组织膜，结缔组织伸入实质形成间质。甲状旁腺细胞排列成团块状或索状，细胞间有少量结缔组织和丰富的毛细血管。甲状旁腺细胞主要有主细胞和嗜酸细胞2类。主细胞数量多，体积小，呈圆形或多边形，能够分泌甲状旁腺激素。嗜酸细胞数量少，功能尚不清楚。甲状旁腺一般都很小，被膜很薄，实质的腺细胞密集排列，有主细胞和嗜酸细胞 2 种。

五、肾上腺

肾上腺左、右各一，右肾上腺位于右肾内缘前部与后腔静脉之间，肝尾叶的背侧，略呈菱形，前后两端尖细。左肾上腺在腹主动脉和左肾内缘与腹主动脉之间，胰左叶和结肠的背侧，自肾静脉向前伸延，前后较长，背腹略扁，腹侧有一浅沟，是膈腹静脉通过的地方（图 10－23）。肾上腺皮质苍白，稍带黄色，髓质呈深褐色。

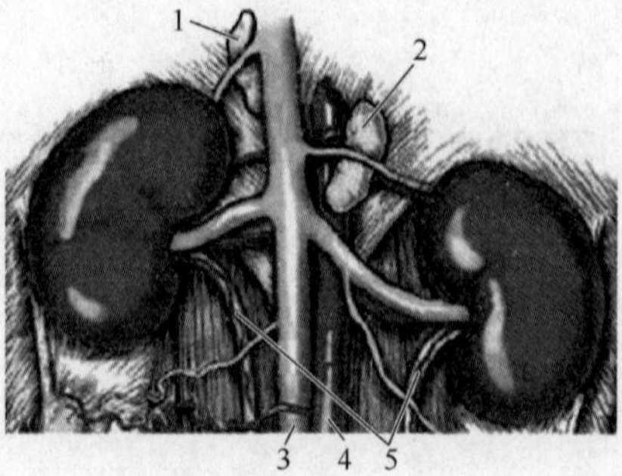

图 10－23　犬肾上腺的位置

1—右肾上腺　2—左肾上腺　3—腹主动脉
4—后腔静脉　5—输尿管

肾上腺表面被覆一层结缔组织膜，被膜中含有血管、淋巴管、神经和少量的平滑肌。被膜伸入实质到皮质部。肾上腺实质分为皮质和髓质 2 部分。肾上腺皮质部细胞从外向内可分为弓形区、束状区和网状区（图 10－24）。弓形区细胞高柱状，排列呈弓形，分泌盐皮质激素。此区与束状区之间还可分出犬和马特有的中间区，此区细胞较小，柱状或立方形，胞核小而染色深。束状区细胞排列呈索状，细胞索呈辐射状排列，分泌糖皮质激素。网状区细胞索相互吻合成网状结构，细胞索之间有宽大的窦状隙。细胞呈多边形，能够分泌雌激素和雄激素。

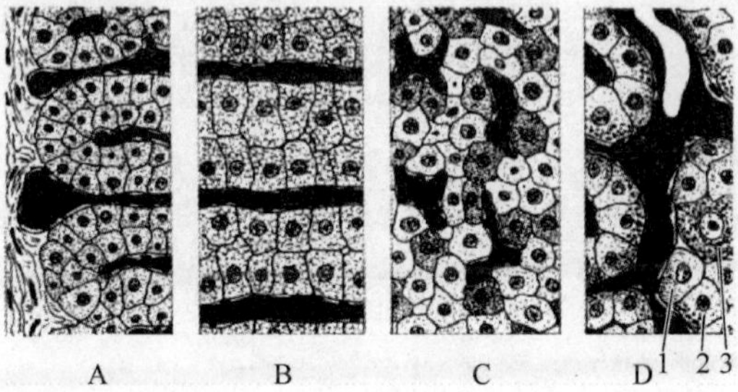

图 10－24　肾上腺的组织结构

A—被膜和弓状带　B—束状带　C—网状带　D—髓质
1—肾上腺素细胞　2—去甲肾上腺素细胞　3—交感神经节细胞

六、内分泌组织

内分泌组织主要包括包含于胰腺内的胰岛、睾丸内的睾丸间质细胞和卵巢内的内分泌组织等。胰岛是胰腺的内分泌部，是分散在胰腺腺泡之间不规则的细胞团索，主要分泌胰岛素和胰高血糖素。睾丸间质中的间质细胞是填充在睾丸曲细精管之间的细胞群，能分泌雄激素。卵巢中的内分泌组织包括卵泡和黄体，卵泡膜细胞能分泌雌激素，排卵后的黄体细胞能分泌孕酮等激素。

任务五 | 犬神经和内分泌腺主要结构的识别

一、犬神经和内分泌腺主要形态结构的识别

（一）目的要求

（1）掌握犬脑和脊髓及脑脊髓膜的形态结构。

（2）掌握犬主要脑神经、脊神经和自主神经的位置和分支分布。

（3）掌握犬甲状腺和肾上腺的形态位置。

（二）设备材料

犬脑和脊髓标本和模型，显示脑神经、脊神经和自主神经分布的标本。

（三）方法步骤

1. 中枢神经主要结构的识别

观察延髓、脑桥、中脑、间脑、大脑和小脑。观察大脑半球、脑沟、脑回，观察小脑半球、蚓部。观察嗅球、锥体、脑神经根、胼胝体和扣带回。观察大脑皮质、白质、小脑皮质、白质（髓树）、丘脑、松果体和丘脑下部。观察侧脑室、第三脑室、中脑导水管和第四脑室。

观察脊髓颈膨大、腰膨大、脊髓圆锥、终丝和马尾。观察硬膜、蛛网膜、软膜、硬膜外腔、硬膜下腔和蛛网膜下腔。观察脊髓背侧柱、腹侧柱、外侧柱、中央管、背侧索、外侧索和腹侧索。

2. 外周神经主要结构的识别

观察三叉神经、面神经和副神经等脑神经的分支分布。观察脊神经背侧支和腹侧支的分布规律，观察膈神经、肋间神经及腰神经的分支分布。观察腋神经、桡神经、尺神经、肌皮神经、正中神经的分支分布。观察股神经、坐骨神经、胫神经和腓总神经的分支分布。

观察交感神经干、星状神经节、腹腔肠系膜前神经节和肠系膜后神经节的形成、位置和分支分布情况。观察迷走神经的行程和分支分布。观察盆神经和盆神经丛的位置和分支分布。

3. 甲状腺和肾上腺的形态位置观察

观察犬甲状腺和肾上腺的形态位置，注意其与周围器官间的毗邻关系。

（四）技能考核

（1）能在中枢神经和外周神经的标本上找出其主要结构，能正确认定与脊髓膜有关的几个腔体。

（2）能在体表确定甲状腺的位置，能和在标本上找出肾上腺。

二、甲状腺和肾上腺主要组织结构的识别

（一）目的要求

掌握甲状腺和肾上腺的组织结构。

（二）设备材料

犬甲状腺和肾上腺的组织切片、显微镜、投影或显微示教设备。

（三）方法步骤

1. 犬甲状腺主要组织结构的识别

低倍镜观察甲状腺切片组织表面被膜深入腺内部，把实质分为许多小叶。小叶内有大小不等、圆形或椭圆形的甲状腺滤泡切面。高倍镜观察滤泡壁由单层立方上皮组成。

2. 犬肾上腺主要组织结构的识别

眼观肾上腺组织切片周围着色深的区域是皮质，中间着色较浅的是髓质。低倍镜下可见被膜、皮质和髓质。高倍镜下可见被膜由致密结缔组织构成。皮质由外向内可分为弓形区、束状区和网状区。髓质细胞排列成不规则的团或索。细胞呈多边形，核大而圆，染色深，细胞团间有血窦。

（四）技能考核

能正确地识别甲状腺和肾上腺的切片，并说出镜下所见主要组织结构的名称。

项目十一 血液循环

［知识目标］

1. 掌握血液生理的有关基本概念。

2. 掌握血液各有形成分的形态特征和功能。

3. 掌握血液凝固的基本原理。

4. 掌握心动周期、心音、心率、心电、心输出量和心肌的生理特点。

5. 掌握血压、微循环、组织液生成与回流和心血管活动调节的基本概念、原理和影响因素。

［认知与解读］

心脏、血管和血液有机结合所构成的血液循环系统，使血液在周身循环，是高等动物机体最基本的生命活动之一，不仅与呼吸等其他生命活动联系广泛，而且与宠物养护及疾病诊疗防控的关系十分密切，是宠物养护及医疗等技术的重要基础。

任务一 ｜ 血液

血液是一种循环流动的液态结缔组织，充满于心血管系统中。血量和血液成分的相对稳定是动物生命活动正常进行的基本条件。动物有机体含有大量的水分，这些水分及溶解于水中的物质称为体液，占体重的60% ~70%。其中存在于细胞内的称细胞内液；存在于细胞外的称细胞外液，包括血浆、组织液、淋巴液和脑脊液等。细胞内液是细胞内各种生化反应进行的场所，细胞外液也称为机体的内环境，是细胞直接生活的体内环境，细胞与外界环境之间的物质交换只能通过细胞外液间接进行（图 11 -1）。内环境的稳定是确保生理系统活动处于正常范围的必要条件。

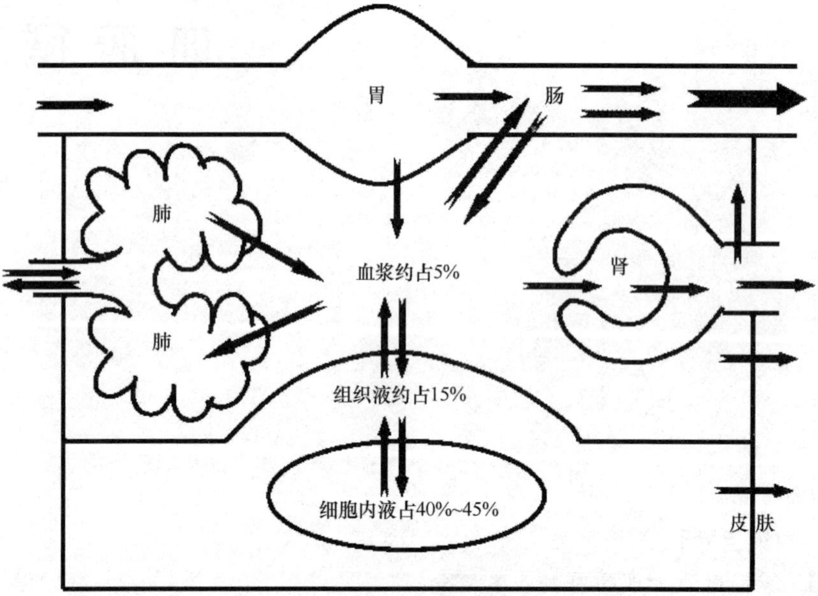

图 11－1 体液分布与物质交换示意图

一、血液的有形成分

血液由液体的血浆和悬浮于其中的有形成分组成。犬类的血液有形成分由血细胞和血小板构成，血细胞分为红细胞和白细胞。

（一）红细胞

大多数哺乳动物的成熟红细胞表面光滑，双凹扁圆盘状，中央较薄，周缘较厚，无细胞核和细胞器，细胞质内充满大量血红蛋白（Hb）。Hb 由亚铁血红素和珠蛋白结合而成。犬红细胞的平均寿命约为 120d。

正常情况下，红细胞内外液体的渗透压相等，使红细胞能保持一定的形态和大小。如将红细胞置于 0.9% NaCl 溶液或 5% 葡萄糖溶液中，它能维持正常形态而不变形。所以，通常把 0.9% NaCl 溶液和 5% 葡萄糖溶液都称为等渗溶液，而 0.9% NaCl 溶液又称生理盐水。如将红细胞置于高渗溶液中，则红细胞内的水分逐渐外移而皱缩，严重时即丧失功能；如将红细胞放入低渗溶液中，则溶液中的水分逐渐渗入红细胞内，引起其膨胀甚至破裂，血红蛋白释放到溶液中，这种现象称为溶血。正常情况下，红细胞具有悬浮于血浆中并不很快下沉的特性，称为红细胞的悬浮稳定性。

红细胞的主要功能是结合和运输 O_2 和 CO_2，保证组织呼吸的需要；另外对血液酸碱度具有缓冲作用。这些作用主要是通过形态正常的红细胞内的血红蛋白来完成的。

红骨髓是生成红细胞的主要器官。造血过程中需要供应造血原料和促进红细胞成熟的物质，如蛋白质、铁、维生素 B_{12}、叶酸和 Cu^{2+} 等，一旦这些物质供应不足或摄取不足，造血将发生障碍，出现营养性贫血。红细胞的生成受到促红细胞生成素（EPO）以及雄激素的调节。

（二）白细胞

白细胞（WBC）是血液中无色、有核的细胞，体积一般比红细胞大。按其细胞质有无颗粒和染色特点，可分成两大类：一类是粒细胞，包括嗜中粒细胞、嗜酸粒细胞和嗜碱粒细胞三种；另一类是无颗粒的白细胞，包括淋巴细胞和单核细胞两种。

1. 粒细胞

（1）嗜中粒细胞　嗜中粒细胞是粒细胞中数量最多的一种，胞质呈淡粉红色，内含细小的淡紫红色中性颗粒。根据发育过程和核型，嗜中粒细胞可分为幼稚型、杆状核和分叶核三种类型。核的形状因细胞的成熟程度不同而异，幼稚型的核多呈肾形，进而分化为马蹄形或腊肠状，称杆状核的嗜中粒细胞。随着细胞的进一步成熟，核通常分为几个叶，叶间有染色质丝相连，称分叶核的嗜中粒细胞。

嗜中粒细胞具有很强的变形运动和吞噬能力，当机体的局部受到细菌侵害时，嗜中粒细胞对细菌产物和受损组织所释放的某些化学物质有趋向性，聚集到病变部位吞噬细菌和清除组织碎片。骨髓中贮备着大量的嗜中粒细胞，血管中约一半附在小血管壁上，一半随血液循环。嗜中粒细胞具有活跃的变形能力，以变形运动穿出毛细血管，吞噬微生物病原体（特别是急性化脓性细菌），也能吞噬机体本身各种坏死的细胞及衰老、受损的红细胞。解体时释放酶，参与形成脓汁。在急性化脓性炎症时，嗜中粒细胞显著增多。

（2）嗜酸粒细胞　嗜酸粒细胞数量较少，细胞呈圆球形。胞质内充满粗大的圆形嗜酸颗粒，一般染成亮橘红色。

嗜酸粒细胞能以变形运动穿出毛细血管进入结缔组织，在过敏性疾病或某些寄生虫疾病时明显增多。它能吞噬抗原抗体复合物，释放组胺酶，灭活组胺，从而减轻过敏反应。

（3）嗜碱粒细胞　嗜碱粒细胞数量最少，细胞呈球形。胞质中存在中等大小、染色很深的碱性颗粒。颗粒内含有肝素和组织胺。嗜碱粒细胞参与体内的脂肪代谢，食物中脂肪在肠吸收后，周围血液中的嗜碱粒细胞数随即增加，释放出肝素，阻止血凝。

嗜碱粒细胞释放的组织胺能引起局部毛细血管舒张，血管通透性增大，加强渗出，促进炎性反应，也与某些异物引起过敏反应的症状有关。

嗜碱粒细胞被激活时还释放一种称为嗜酸粒细胞趋化因子 A 的小肽，这种因子能把嗜酸粒细胞吸引过来，聚集于局部以利于其他细胞的吞噬活动。

2. 无颗粒的白细胞

（1）单核细胞　单核细胞是体积最大的白细胞，呈圆形或椭圆形。胞核呈肾形、马蹄形或扭曲折叠的不规则形，着色较浅。胞质较多，呈弱嗜碱性，染成浅灰蓝色。

单核细胞由骨髓产生释放至血液后，很快进入肝、脾和淋巴结等很多器官组织内，转变为体积大、含溶酶体多、吞噬能力强的巨噬细胞。巨噬细胞是体内吞噬能力最强的细胞，能吞噬较大的异物和细菌。血中单核细胞与各器官组织中的巨噬细胞构成单核巨噬细胞系统，是免疫系统的重要组成部分。

（2）淋巴细胞　淋巴细胞数量较多，细胞呈球形。胞核圆形、椭圆形或肾形。淋巴细胞按其直径大小可分为大、中、小三种。中淋巴细胞和大淋巴细胞核多为圆形，核染色质较疏松，着色较浅，有时可见核仁。胞质相对较多，胞核周围的淡染晕比较明显。小淋巴细胞核多为圆形或椭圆形，核的一侧有小凹陷，核染色质呈致密的块状，染成深蓝紫色。胞质很少，仅在核周围有一薄层，呈嗜碱性，染成天蓝色。健康动物血液中，大淋巴细胞极少，中淋巴细胞较少，主要是小淋巴细胞。淋巴细胞是淋巴中唯一的细胞成分，因此，其分类等详见淋巴系统。

（三）血小板

哺乳动物的血小板由骨髓内巨核细胞的胞质脱落而成，表面有完整的细胞膜，但无胞核，体积比红细胞小。血小板在血液中呈两面凸起的圆盘形或椭圆形。在血涂片上，其形状不规则，常成群分布于血细胞之间。中央部分有蓝紫色颗粒，称颗粒区。颗粒中贮存有 5 - 羟色胺（5 - HT）等。

正常情况下，血小板有黏着、聚集、收缩、释放反应等生理特性，对保持血管内皮细胞的完整以及在血管创伤修复、生理止血过程中发挥重要作用。

犬的红细胞数为550 万 ~850 万个/mm^3，白细胞总数为6 000 ~17 000 个/mm^3，血红蛋白含量在13 ~13.5g/100mL。中性分叶核粒细胞为60% ~77%，中性杆状核粒细胞为30%，嗜酸粒细胞为2% ~10%，嗜碱粒细胞为0 ~1%，淋巴细胞为20% ~30%，单核细胞为4% ~10%，血小板15 万 ~30 万个/mm^3，凝血时间为6.5 ~9s。

二、血浆

血浆占血液容积的55% ~66%，犬血浆的相对密度为1.029 ~1.034。血浆除绝大部分是水（91% ~92%）外，还含有多种化学物质，如无机盐和蛋白质等有机物。离体血液如不作抗凝处理，将很快凝固成胶冻状的血块，并逐渐紧缩析出淡黄色的透明液体，称为血清。血清与血浆主要区别在于，血浆中含有可溶性的纤维蛋白原，而血清中没有。

血浆蛋白是血浆中多种蛋白质的总称，血浆蛋白分为白蛋白（又称清蛋白）、球蛋白和纤维蛋白原等。血浆蛋白主要生理功能是运输、免疫、参与血液凝固和纤维蛋白溶解过程以及维持血液胶体渗透压。血浆中除蛋白质之外的含氮物质常被称为血浆非蛋白含氮化合物（或血浆非蛋白氮），主要有氨基酸、氨、尿素和尿酸等。另外血浆中还含有糖类、脂肪和维生素等。血液中的糖绝大多数情况下都是葡萄糖。体内各组织细胞活动所需的能量大部分来自葡萄糖，所以血糖必须保持一定的水平才能维持体内各器官和组织的需要，健康犬类血糖为 3.30% ~6.70%，血清无机磷 0.81 ~1.87 mmol/L，血清氯化物 104~116 mmol/L，血清钠 138 ~156 mmol/L，血清钾 3.80 ~5.80 mmol/L，血清钙 2.57 ~2.97 mmol/L，血清镁 0.79 ~1.06 mmol/L，血浆总蛋白 60 ~78 g/L，白蛋白 29 ~40 g/L。

三、血液的理化特性

（一）血液的相对密度和黏滞性

血液的相对密度主要与红细胞数量和血浆蛋白浓度有关。相对密度是决定相对黏度的主要因素，如以水的黏度为 1，则血液的黏度为 4 ~5。血液流动时，由于内部分子间相互摩擦产生阻力，表现流动缓慢和黏着的特性，称为黏滞性。血液黏滞性是形成血压的重要因素之一。

（二）血液的渗透压

使水或低浓度溶液的水分子透过半透膜向高浓度溶液中渗透的力量称为渗透压。渗透压的高低取决于溶液中溶质颗粒的多少，而与溶质的种类和颗粒的大小无关。血液的渗透压由晶体渗透压和胶体渗透压两部分构成。晶体渗透压是由血浆中的无机离子、尿素和葡萄糖等晶体物质构成的，约占总渗透压的 99.5%，主要影响细胞内外水分交换；胶体渗透压主要由血浆蛋白构成，仅占总渗透压的 0.5%，主要影响血浆和组织液间的水分交换。血液总渗透压与 0.9% 的 NaCl 溶液或 5% 的葡萄糖溶液相等，凡与血液总渗透压相等的溶液都称为等渗溶液。血液渗透压过高会因夺取细胞内的水分而使之发生皱缩，而过低则会因大量水分进入血细胞而发生溶血。

（三）血液的酸碱度

动物的血液呈弱碱性，pH 在 7.35 ~7.45。在正常情况下，血液 pH 之所以保持稳定，是因为血液中含有许多既可中和酸又可中和碱的缓冲对。如 $NaHCO_3/H_2CO_3$、Na_2HPO_4/NaH_2PO_4、Na^+蛋白质/H^+蛋白质等，其中以 $NaHCO_3/H_2CO_3$ 最为重要。临床上把每 100 mL 血浆中含有的 $NaHCO_3$ 的量称为碱贮。在一定范围内，碱贮增加表示机体对固定酸的缓冲能力增强。

四、血液凝固

血液由液体状态凝结成血块的过程，称为血液凝固，简称凝血。凝血过程是一种多因子参与的一系列酶促反应，最后使血浆中呈溶胶状态的纤维蛋白原转变成为凝胶状态的纤维蛋白。纤维蛋白呈丝状交错重叠，将血细胞网罗其中，成为胶冻样血凝块。

（一）凝血过程

血浆与组织中直接参与凝血的物质，统称为凝血因子。到目前为止，除血小板外，已发现有 12 种凝血因子，除因子Ⅲ需由损伤组织释放外，其余都存在于血浆中。凝血过程大体上经历三个主要步骤：第一步为凝血酶原激活物的形成；第二步为凝血酶原激活物催化凝血酶原转变为凝血酶；第三步为凝血酶催化纤维蛋白原转变为纤维蛋白，至此血凝块形成。凝血酶原激活物的形成根据其始动原因和参与因子的不同，可分为内源性和外源性两条途径。内源性途径只需血浆中的因子参加，即可形成凝血酶原激活物；外源性途径除血浆中的凝血因子外，尚需受损伤组织释放的因子Ⅲ的发动，才能形成凝血酶原激活物。

（二）血液中的抗凝物质和纤维蛋白溶解

血浆中含有多种抗凝血物质，主要是肝素和抗凝血酶。纤维蛋白被分解液化的过程，称为纤维蛋白溶解，简称纤溶。纤溶系统的物质主要包括纤溶酶原及其激活物。体内局部凝血过程所形成的血凝块中的纤维蛋白，在完成其防止出血的功能之后，最终需要清除，以利于组织再生和血流通畅，这就需要纤溶物质来完成。

（三）抗凝和促凝措施

延缓凝血最有效的抗凝剂是肝素，也可采用移去 Ca^{2+} 的方法达到抗凝目的，常用的移钙抗凝剂有柠檬酸钠（又称枸橼酸钠）、草酸钾和草酸铵等。凝血过程是一系列酶促反应，而酶的活力明显受温度影响，因此将盛血容器置于低温环境中，可以延缓凝血过程。

血液加温能提高酶的活性，加速凝血反应。接触粗糙面，可促进凝血因子的活化。手术中应用温热生理盐水纱布压迫术部，能加快凝血与止血，这是因为除了温度因素外，纱布表面粗糙也是促凝的因素。许多凝血因子合成过程需要维生素 K 的参与，补充维生素 K 能促进凝血。

五、血量

正常血量随动物的种类、性别、年龄、营养状况、妊娠、泌乳和所处的外界环境而发生变化。绝大部分血液在心血管系统中循环流动着，这部分称为循环血量；其余部分主要是红细胞贮存在肝、脾和皮肤中，称为贮存血量；当动物剧烈运动或大出血时，贮存血量可释放出来，以补充循环血量之不足。

动物体内的血液总量称为血量，是血浆量和血细胞量的总和，犬的总血量一般占体重的 7.7%（5.6%～8.3%），即体重的 1/13 左右，其中全身循环血量占 50%，脾脏贮藏量占 16%，肝脏贮藏量占 20%，皮肤贮藏量占 10%，其他占4%。

血量的相对恒定对于维持正常血压、保证各器官的血液供应非常重要。如动物一次失血量不超过总血量的10%，对生命活动没有明显影响，所失血液中的水和无机盐可在1～2h内由组织间液渗入血管得到补充，血浆蛋白由肝脏加速合成，可在几天内恢复，红细胞也能在一个月内恢复；如一次失血量达20%，就会对生命活动产生显著影响。如一次急性失血量达25%～30%，可引起血压急剧下降，导致脑和心脏等重要器官的血液供应不足而危及生命。

任务二 | 心脏生理

一、心肌细胞的生理特性

心脏所以能有节律地收缩和舒张并完成泵血功能，其主要原因在于心肌细胞具有独特的生理特性。心肌具有兴奋性、自律性、传导性和收缩性等特性，它们共同构成心肌活动的基础。

（一）兴奋性

心肌细胞具有对刺激发生反应的能力，即具有兴奋性。心肌细胞也和其他可兴奋细胞一样，发生一次兴奋后，兴奋性也要经历有效不应期、相对不应期和超长期的变化之后，才恢复正常。

（二）自律性

心肌细胞在没有外来刺激的条件下，能自动地发生节律性兴奋的特性，称为自动节律性，简称自律性。心脏的自律性组织包括窦房结、房室交界、房室束及浦肯野纤维。这些组织的节律性高低不一，以窦房结最高，房室交界次之，浦肯野纤维最低。正常情况下，窦房结发出的兴奋依次传导给心房，房室交界及心室传导组织等，引起整个心脏的兴奋和收缩。可见窦房结是主导整个心脏兴奋和跳动的正常部位，故称正常起搏点，所形成的心脏节律称为窦性心律。其他自律性较低的组织，总是处于窦房结控制下，只起传导兴奋的作用而不表现其自身的节律性，故称潜在起搏点。但在某些情况下，如窦房结起搏点功能不全，冲动下传受阻，或某些心肌组织兴奋性异常升高时，潜在起搏点也可表现其自律性，引发部分或全部心肌细胞活动，而成为异位起搏点，所形成的心律称为异位心律。

（三）传导性

心肌细胞具有传导兴奋的能力，称为传导性。正常起搏点（窦房结）发出的兴奋，主要是通过心脏的特殊传导系统传布到整个心脏，引起心房肌、心室肌的兴奋和收缩。在生理情况下，窦房结发出的兴奋先沿心房肌和结间束迅速传向左、右心房和房室结，引起左、右心房几乎同时收缩。兴奋还从房室结继续沿房室束和浦肯野纤维等迅速传到心室肌，引起左、右心室同时收缩。心脏各部分传导兴奋的速度不一，房室交界处兴奋传导的速度最慢，形成一个时间延搁，称为房室交界延搁（房室延搁）。其生理意义在于心房兴奋收缩后，要经过较长时间才引起心室兴奋收缩，这样，心房收缩可进一步将血液挤入心室，使心室在收缩前有充分的血液充盈，有利于射血。

（四）收缩性

心肌的收缩性是指心房和心室工作细胞具有接受刺激产生收缩反应的能

力。正常情况下，心肌工作细胞仅接收来自窦房结节律兴奋的刺激。心肌细胞收缩机制与骨骼肌相同，但有其特点，主要表现在心肌不产生强直收缩。

二、心动周期、心率和心音

（一）心动周期

心脏每收缩和舒张一次，称为一个心动周期。左、右心房或左、右心室的收缩和舒张几乎是同步的。每个心动周期分为三个时期：心房收缩期（心室舒张）、心室收缩期（心房舒张）和舒张期（心房和心室都舒张）。由于在心动周期中心室收缩时间长，收缩力也大，它的收缩与舒张是推动血循环的主要因素（图 11 -2）。

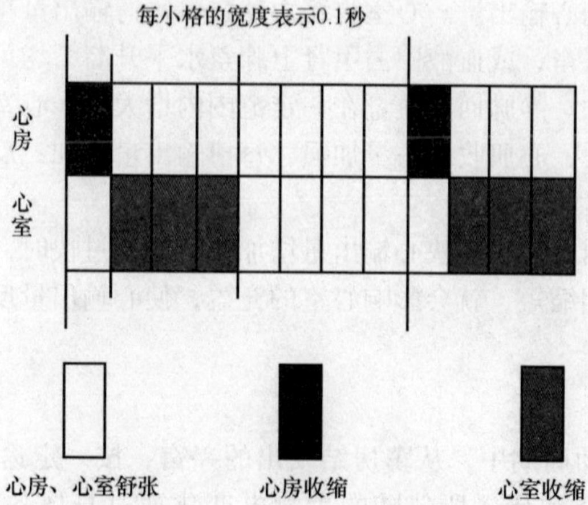

图 11 -2　心动周期示意图

（二）心率

每一分钟内心脏搏动的次数，称为心率。心率快慢直接影响每个心动周期的时间，心率越快，每个心动周期的持续时间越短；心率越慢，心动周期持续时间就越长。由于在一个心动周期中，心脏收缩的时间较短，因此，在心率加快、心动周期缩短的情况下，被缩短的主要是心脏舒张期。由此可见，过快的心率不利于心脏的舒缓休息。动物的心率因种族、品种、性别和年龄不同而异。犬的正常心率为 70 ~120 次/min。

（三）心音

在心动周期中，因心肌收缩、瓣膜关闭和血流冲击心室壁所引起的震动称为心音。心音可直接或间接听到，分第一心音和第二心音。第一心音是类似“通”的声响，持续时间长，音调低，发生在心室收缩期，又称心缩音或缩期心音，是由于心室收缩，房室瓣关闭、振动，动脉壁受到从心室射出的血流的冲击所产生的。第二心音是类似“塔”的声响，持续时间短，音调较高，发生在心室舒张期，又称心舒音或舒期心音，是由于心室舒张，半月瓣（主动脉瓣和肺动脉瓣）关闭、振动，动脉根部受到倒流的血液的冲击所产生的。

三、心输出量

心脏的功能是将血液定向地射入动脉，以推动血液循环。因此，心输出量的多少是衡量心脏功能的重要指标之一。一个心动周期中一侧心室射出的血量，称每搏输出量。正常情况下，两侧心室的射血量是相等的。每分钟射出的血量，称为每分输出量，等于每搏输出量与心率的乘积。一般所说的心输出量即是指每分输出量而言。

心输出量的大小取决于每搏输出量和心率，因此凡能影响每搏输出量或心率的因素都会影响心输出量。心室收缩力越强，每搏输出量越大，心输出量也越大。交感神经兴奋，或血液中去甲肾上腺素水平升高，均可使心室收缩力增强，心输出量增加。静脉回心血量在一定范围内增大时，心室充盈良好，心室舒张末期容积增大，心肌收缩力量加强，每搏输出量增加；反之，每搏输出量减少。

在一定范围内，心率加快心输出量增加。但心率过快时，由于心动周期缩短，特别是舒张期缩短，就会影响心室的充盈，使心输出量反而减少。

四、心电图

在每一个心动周期中，从窦房结发出的兴奋，按一定途径顺序向整个心脏扩布，这种兴奋和传播所伴随的生物电变化通过身体各部组织传导到全身，使身体各部在每一心动周期中都发生有规律的电变化。这种变化是有心脏活动产生并传播开来的，所以能够从一个特殊的角度反映心脏的健康与病态。用引导电极放置在犬类肢体或躯干的一定部位所记录到的心电变化曲线，称为心电图（ECG）。描记心电图时把几个电极安放在动物体不同部位上，用导线把它们与心电图机之间连成电路，开动机器进行描记。其中电极在动物体上的安放方法称为导联，目前常用的有标准导联、加压单极肢体导联和胸导联。

以Ⅱ导联（左后肢连正极，右前肢连负极）为例，心电图主要由P波、QRS波群和T波构成（图11－3）。

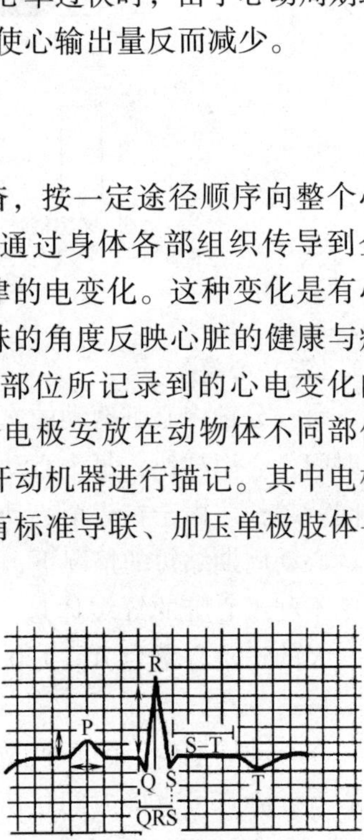

图11－3　Ⅱ导联心电图

一般认为P波的前半部表示右心房肌去极化时的电位变化，后半部表示左心房肌去极化时的电位变化。P波的持续时间（P波时限）表示兴奋在两个心房内传导的时间。

QRS波群又称QRS综合波、QRS复波、心室综合波或心室波群。由向下的Q波、陡峭向上的R波与向下的S波组成，代表心室肌去极化过程中产生的电位变化。QRS波群的宽度（QRS波群时限）表示激动在左、右心室肌传导所需的时间。

T波是继QRS波群后的一个振幅较低、时限较长的波，代表左、右心室肌复极化过程的电位变化。T波可为正向、负向或双向几种。

任务三 | 血管生理

血管是血液循环的管道，可分为动脉、毛细血管和静脉三大类。大动脉是弹性血管，小动脉是阻力血管，毛细血管是交换血管，静脉是容量血管。

一、动脉血压和动脉脉搏

（一）动脉血压

血压是指血管内的血液对于单位面积血管壁的侧压力，也即压强。按照国际标准计量单位规定，压强的单位为帕（Pa），帕的单位较小，血压数值通常用千帕（kPa）表示（1 mmHg = 0.133 kPa）。

通常所说的血压，是指体循环系统中的动脉血压。在每一心动周期中，动脉血压随心室的舒缩活动而发生波动。心室收缩时，动脉血压所达到的最高值称为收缩压；心室舒张时，动脉血压下降所达到的最低值称为舒张压；收缩压与舒张压的差值称为脉搏压，简称脉压，可按下式计算：

平均动脉压 = 舒张压 + 1/3 脉搏压

动脉血压数值以收缩压/舒张压 kPa 的方式表示。犬的正常血压一般是16/9.3kPa。

循环系统内足够的血液充盈量是形成动脉血压的前提，而心脏射血和外周阻力是动脉血压形成的两个基本条件。

影响动脉血压的主要因素有每搏输出量、心率、外周阻力、大动脉管壁弹性及循环血量等。在心率和外周阻力基本不变的条件下，每搏输出量增加可使动脉内血容量加大，收缩压升高，在一定范围内，心率加快时，心输出量增加，血压升高，但心率过快时心舒期过短，心室充盈不足，每搏输出量显著减少，血压反而下降；如果心输出量不变，而血管收缩，外周阻力增加时，动脉血流向外周的阻力加大，使心舒期之末动脉内血量增加，使舒张压升高；大动脉管壁弹性扩张主要是起缓冲血压的作用，使收缩压降低，舒张压升高，脉搏压减小；循环血量增加可使血压升高。

（二）动脉脉搏

心室收缩时血液射进主动脉，主动脉内压升高，使管壁扩张；心室舒张时，主动脉压下降，血管壁弹性回缩而复位。这种随着心脏节律性泵血活动，使主动脉管壁发生的扩张 - 回缩的振动，以弹性波形式沿血管壁传向外周，即形成动脉脉搏。每分钟脉搏数等于心率。凡能够影响动脉血压的因素都能够影响动脉脉搏。犬的脉搏一般在股动脉处触诊。

二、静脉血压与静脉血流

（一）静脉血压

血液通过毛细血管后，绝大部分能量都消耗于克服外周阻力，因而到了静脉系统后血压已所剩无几，到腔静脉时血压更低，到右心房时血压已接近于零。通常将右心房和胸腔内大静脉内的血压称为中心静脉压；将各器官静脉的血压称为外周静脉压。中心静脉压的高低取决于心泵血功能与静脉回心血量之间的相互关系。

（二）静脉血流

单位时间内，由静脉回流到心脏的血量等于心输出量。心输出量取决于外周静脉压和中心静脉压的压力差，以及静脉管内外的阻力。

动物躺卧时，全身各静脉大都与心脏在同一水平，所以单靠静脉系统中各段静脉的血压差就足以推动血液回流入心脏；但在站立时，由于重力影响，大量血液将沉积在心脏水平以下的腹腔和四肢的末梢静脉中，而不利于静脉血回流，以致影响心输出量，这就需要外力作用来克服重力的影响。这些外力主要是骨骼肌收缩的挤压作用和胸内负压的抽吸作用。

三、微循环

微循环是指微动脉和微静脉之间的血液循环。血液循环的血液与组织之间的物质交换功能就是通过微循环实现的。

依靠血管管壁平滑肌的调节作用，微循环的血液可经营养通路、直捷通路和动－静脉短路三条途径从微动脉流向微静脉（图 11－4）。

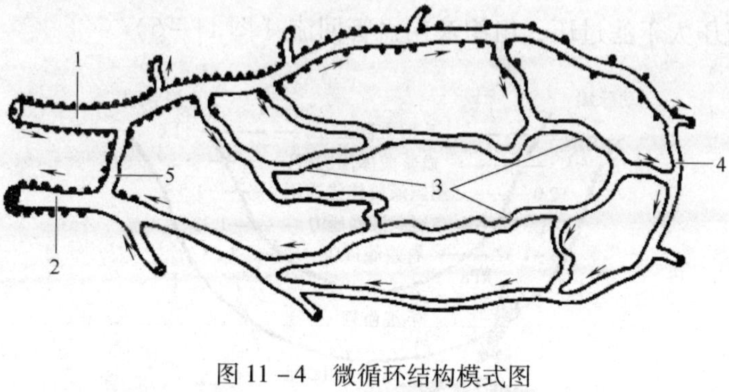

图 11－4　微循环结构模式图

1—微动脉　2—微静脉　3—营养通路　4—直捷通路　5—动－静脉短路

（一）营养通路

营养通路（迂回通路）是血液从微动脉经后微动脉和由真毛细血管构成的毛细血管网到微静脉的通路。此通路迂回曲折，穿插于细胞间隙，血流缓慢，并且毛细血管管壁薄，通透性好，所以是血液和组织细胞进行物质交换的主要部位。

（二）直捷通路

直捷通路是血液从微动脉经后微动脉、通血毛细血管而回到微静脉的通路。此通路经常处于开放状态，血流速度较快，很少与组织细胞进行物质交换。直捷通路在骨骼肌的微循环中较多见，主要作用是使一部分血液迅速通过微循环由静脉回流入心。

（三）动-静脉短路

动-静脉短路是血液从微动脉经动-静脉吻合支直接流回微静脉的通路。此通路的血管壁厚，血流迅速，完全不进行物质交换。在一般情况下，动-静脉短路经常处于关闭状态。

四、组织液的生成与回流

存在于血管外组织细胞间隙中的液体，称为组织液（细胞间液）。组织液是组织细胞与血液之间进行物质交换与气体交换的媒介。

组织液呈胶冻状，不能自由流动，不会因重力作用而流至身体的低垂部位，同时也无法用注射器抽出。因为组织液是血浆成分通过毛细血管的滤过作用进入细胞间隙而生成的，所以组织液的成分与血浆相似，但蛋白成分较少。这种滤过作用的动力来源于有效滤过压，而有效滤过压的形成取决于四个相互作用的力：毛细血管血压、组织液静水压、血液的胶体渗透压和组织液胶体渗透压，其中毛细血管血压和组织液胶体渗透压是促使血浆从血液向组织液过滤的力，称滤过压，而血液胶体渗透压和组织液静水压是促使组织液向血液回渗的力，称回流压，两种力量的差（滤过压-回流压）即有效滤过压。有效滤过压如果为正，则滤过压大于回流压，组织液由血管生成；有效滤过压如果为负，则回流压大于滤过压，组织液向血管回流（图11-5）。

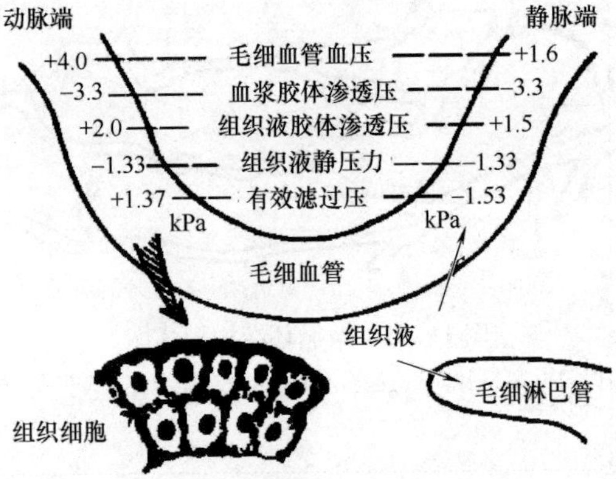

图11-5 组织液生成与回流示意图

一般情况下，其他三个因素较稳定，而血压在毛细血管动脉端较高，所以血浆中的液体向组织间隙滤过，生成组织液。而静脉端的毛细血管血压较低，所以组织液中的一部分会渗回血液中。通常组织液的这种生成与回流保持着动态的平衡，从而维持了机体内环境的稳定，保证了细胞的生活环境。

动物的生活中，无论何种因素，只要引起上述四种力量发生变化，均可引起组织液数量的变化。另外，组织液的生成与回流是以毛细血管的通透性为前提的，当毛细血管通透性改变时，也必将影响组织液生成的质和量。如当组织缺氧、组织胺增多时，因毛细血管通透性加大、滤过作用加强，因而组织液生成增加；而肾炎时，因形成蛋白尿，导致血浆蛋白丢失过多，使血浆胶体渗透压下降，组织液生成过多而形成水肿。

任务四 | 心血管活动的调节

动物有机体内外环境发生变化时，为了满足机体对血液循环的需要，心脏和血管的活动将随之发生适应性改变，这种适应性改变，主要是通过神经调节和体液调节实现的。

一、神经调节

（一）中枢、传出神经和感受器

调节心血管活动的中枢分布在大脑皮质、丘脑下部、延髓和胸腰段脊髓中。延髓有心加速和抑制两个中枢。当兴奋心加速中枢时，通过交感神经来影响心脏，使心跳加强加快；当兴奋心抑制中枢时，通过迷走神经使心跳减慢减弱。心抑制中枢和心加速中枢的作用是相互拮抗的，但又是相互依赖、相互配合的。当心抑制中枢兴奋时，心加速中枢的活动受到抑制；而当心加速中枢兴奋时，心抑制中枢的活动受抑制。两个中枢的活动是在大脑皮质的调节下既对立又统一，共同调节心脏活动，以适应机体的功能状态。

血管运动中枢主要是位于延髓的缩血管中枢。它通过交感神经作用于全身血管（特别是小动脉）平滑肌，使血管收缩。正常情况下，缩血管中枢不断发出冲动，通过交感神经，使血管保持一定程度的收缩状态。当这种活动增强时，交感神经缩血管纤维的传出功能增高，使小动脉进一步收缩，外周阻力增大，同时小静脉也收缩，血管容量变小，回心血量增加，从而使动脉血压增高。缩血管中枢活动降低时，交感神经传出冲动减少，引起血管舒张，外周阻力减少，血压下降。

在血管壁内有一种能接受压力刺激的感受器，这种压力感受器以颈动脉窦和主动脉弓这两个部位最为敏感。

（二）压力感受性反射和化学感受性反射

由于主动脉弓和颈动脉窦存在的压力感受器对血压变化非常敏感，因此，当动脉内血压升高时，主动脉弓和颈动脉窦的压力感受器受刺激而引起兴奋，经传入神经传入到延髓的心跳中枢和血管运动中枢，通过副交感神经引起心跳减慢减弱，血管舒张，血压下降；相反，当动脉内血压降低到一定水平时，压力感受器所受的刺激减少，引起心加速中枢和缩血管中枢兴奋，兴奋通过交感神经传至心脏和血管，使心跳加强加快，血管收缩，结果血压上升，使血压能维持在相对恒定的水平。

除压力感受器外，血管壁的某些部位还存在着化学感受器，称为颈动脉体和主动脉体。在正常情况下，化学感受器反射对正常血压调节不起重要作用。

当流过主动脉弓或颈动脉窦区的血液内二氧化碳分压升高或氧的分压降低时，这些感受器就发出冲动，兴奋由传入神经传到延髓中枢，一方面引起呼吸中枢兴奋性升高，使呼吸加强；另一方面引起心跳和血管运动中枢发生变化，使心跳加强加快，血管收缩，血压上升。

二、体液调节

体液调节是指血液和组织液中的某些化学物质、激素和代谢产物通过血液循环对心和血管的调节作用。体液中影响心血管活动的主要物质有肾上腺素和去甲肾上腺素。肾上腺素主要是对心脏起作用，使心搏加快加强，心血输出量增加，因而使动脉血压升高；去甲肾上腺素对血管作用很强，除心脏、脑、肺血管外，对体内大多数器官均有显著的缩血管作用，使外周阻力增大，因而使血压升高。

组织缺氧和代谢产物（如二氧化碳和乳酸等）能直接引起局部血管舒张，这种作用对活动器官的血液供应和代谢产物的运输十分有利。肾脏缺血时，肾小球旁复合体分泌一种蛋白分解酶（肾素），作用于血浆中的一种α球蛋白，形成血管紧张素。血管紧张素有广泛的缩血管作用，能引起全身小动脉收缩，血压上升。

任务五 | 犬的血浆分离和血涂片制作及观察

一、犬的血浆分离

（一）目的要求

掌握犬血浆分离和血液抗凝的方法，掌握血液的组成。

（二）设备材料

草酸钾结晶、注射器和离心机等。

（三）方法步骤

1. 采血、抗凝

一人将犬抱于怀中保定，前肢臂头静脉剪毛消毒，在近心端结扎止血带，术者用注射器抽取血液，向底部放有约 5 mg 草酸钾结晶的试管内注入约 5 mL 血液，立即以拇指按住管口，反转混匀。

2. 离心、测定

取抗凝血 5 mL 置于刻度离心管中，用离心机以 3 000 r/min 的速度离心 20～30 min。取出观察，管内自上而下分为三层：血浆、白细胞和血小板、红细胞。记录红细胞容积，再离心 5 min，至两次读数相同为止。计算此时红细胞占全血容积的百分比即为此份血样的红细胞比容。

（四）技能考核

对每组学生的团队协作、操作过程和测量结果进行考核，在学生自己总结互评的基础上综合评定成绩。

二、犬的血涂片制作和观察

（一）目的要求

1. 掌握血涂片的制作方法。

2. 掌握血液各有形成分的形态特征。

（二）设备材料

载玻片、酒精、瑞氏染液、滤纸、蒸馏水和显微镜等。

（三）方法步骤

1. 采血

采血方法同上，但不加抗凝剂，无须混匀等。

2. 推片

把准备好的血样滴一滴在载玻片的一端，把另一玻片作为推片，将其一端的边缘先放于血滴之前稍远处，向后移动推片到接触血滴为止，使血液均匀分散在推片与载玻片接触处。然后使推片与载玻片间朝血滴方向成30°～40°角，平稳地向前推出。涂片推好后，迅速在空气中摇动，使之自然干燥。

3. 染色

用特种玻璃铅笔在血膜两侧画两条线，防止染液外溢。再将瑞氏染液滴在血膜上，至染液淹没全部血膜，染 0.5 min。加等量蒸馏水与染液混合再染5 min。最后用蒸馏水把染液冲掉，用吸水纸吸干，自然干燥后，即可观察。

4. 观察

将血涂片置于显微镜载物台上进行观察。红细胞数量最多，淡红色，无核，是双凹扁圆体。嗜中粒细胞在白细胞中数量较多，体积略大于红细胞，核常可分为1～5叶。嗜酸粒细胞较少，略大于嗜中粒细胞，胞质充满大而圆的嗜酸颗粒，颗粒被染成鲜红色。嗜碱粒细胞最少，体积略小于嗜酸粒细胞，细胞质中有大小不等被染成紫色的颗粒。淋巴细胞较多，大小不等，小的最多，胞核与胞质均较蓝，核大质少。单核细胞体积最大，数量较少，胞质染成灰色。染色略浅于淋巴细胞的核。血小板是不规则小体，最小。

（四）技能考核

选择典型视野和所见细胞，仿绘各种有形成分的示意图。

项目十二 呼 吸

[知识目标]

1. 掌握肺通气、胸内压、肺换气和组织换气的原理。
2. 掌握呼吸式及其意义。
3. 掌握氧气和二氧化碳的运输原理。
4. 掌握呼吸运动的调节方式。

[认知与解读]

呼吸主要包括肺通气、肺换气、气体运输和功能调节几个环节，其中涉及胸内压、呼吸式、呼吸和呼吸频率，与宠物养护打理及疾病防制关系十分密切，同时学习呼吸生理时还应注意其与循环等功能的密切联系。

任务一 呼吸运动和肺通气

机体与外界环境之间的气体交换过程，称为呼吸。通过呼吸，机体从外界吸入 O_2，由血液沿心血管系统运送至全身的组织和细胞，经过代谢，产生各种生命活动所需的能量并形成 CO_2 等代谢产物，而 CO_2 又通过血液经心血管系统运至呼吸系统，排出体外。这样才能维持机体正常生命活动的进行。因此，呼吸是维持体内新陈代谢和其他功能活动所必需的生理过程之一。高等动物完整的呼吸过程由三个相互衔接并且同时进行的环节来完成，即外呼吸、气体运输和内呼吸（图 12－1）。

外呼吸又称肺呼吸，指外境环境与血液在肺部实现的气体交换，包括肺通气和肺换气。肺泡气与外界空气之间进行的气体交换过程称为肺通气；肺泡气与肺毛细血管之间进行的气体交换过程称为肺换气。

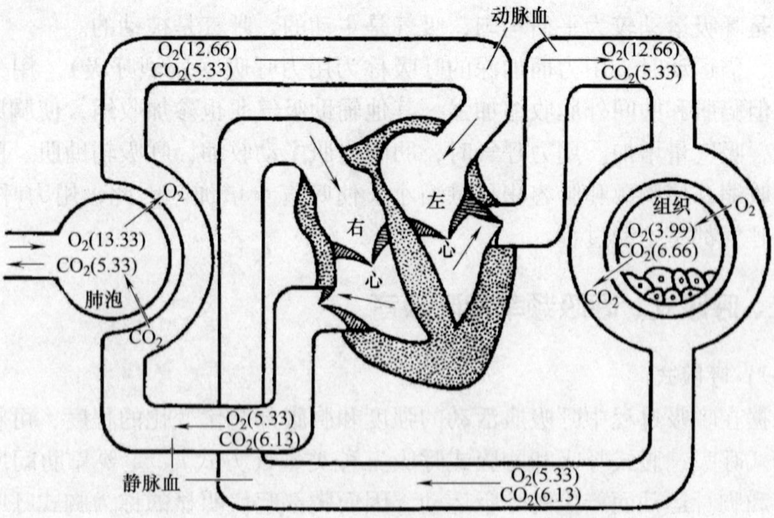

图 12－1 气体交换与运输模式图（单位：kPa）

气体运输是通过血液循环，将从肺泡摄取的 O_2 由肺毛细血管运送至全身毛细血管，同时把组织细胞产生的 CO_2 由全身毛细血管运送至肺毛细血管。进入毛细血管血液中的 O_2 先进入组织液后再被组织细胞摄取，组织细胞代谢中产生的 CO_2 先释放入组织液，再进入毛细血管血液之中。

内呼吸也称组织呼吸，指组织细胞与组织毛细血管血液之间的气体交换过程，又称组织换气。

肺通气是血液与肺泡之间进行气体交换的前提，也是呼吸的第一步。气体进出肺取决于气体流动的动力和阻力之间的相互作用，只有在动力克服阻力的情况下，才能实现肺通气。

大气和肺泡气之间的压力差是气体进出肺的直接动力。当肺扩张、肺泡内的压力低于大气压时，空气就顺此压差进入肺，称为吸气；当肺缩小、肺泡内压高于大气压时，肺内气体顺此压差排出肺，称为呼气。由于肺本身没有主动张缩能力，在自然条件下，它的张缩是由胸廓的扩大和缩小被动引起的，而胸廓的扩大和缩小又是由呼吸肌的收缩和舒张所引起，所以，呼吸运动是肺通气的原动力。

一、呼吸运动

在呼吸运动过程中，呼吸肌的收缩和舒张引起胸廓节律性的扩大和缩小，称为呼吸运动。呼吸运动可分为平静呼吸和用力呼吸两种情况。安静状态下的呼吸称为平静呼吸，它由膈肌和肋间外肌的收缩而引起胸廓的前后径和横径增大，胸廓体积增大，肺内压下降，肺内压低于外界大气压，导致吸气；当膈肌和肋间外肌舒张时，上述过程发生相反的变化而导致呼气。可见平静呼吸的主要特点是呼吸运动较为平衡均匀，吸气是主动的，呼气是被动的。

犬、猫运动时，用力而加深的呼吸称为用力呼吸（剧烈呼吸）。用力吸气时，不但膈肌和肋间外肌收缩加强，其他辅助吸气肌也参加收缩，使胸廓进一步扩大，吸气量增加。用力呼气时，肋间内肌主动收缩，呼吸辅助肌、腹壁肌也协同收缩，使胸廓和肺容积尽量缩小，使呼气量增加。因此，用力呼吸时，吸气和呼气都是主动过程。

二、呼吸式、呼吸频率和呼吸音

（一）呼吸式

根据在呼吸过程中呼吸肌活动的强度和胸腹部起伏变化的程度，可将呼吸分为胸式呼吸、腹式呼吸和胸腹式呼吸三种类型（方式）。主要靠肋间肌舒缩使肋骨和胸骨运动而产生的呼吸运动，因而胸部起伏明显的称为胸式呼吸；主要靠膈肌收缩运动，因而呼吸时腹部起伏明显的称为腹式呼吸；肋间外肌和膈肌都参与呼吸活动，胸腹部都有明显起伏运动的称为胸腹式呼吸。健康动物多数是胸腹式呼吸，只有在胸部或腹部活动受到限制时，才可能单独出现胸式呼吸或腹式呼吸。如母兽妊娠后期、或患有胃扩张等疾病时，腹部运动受到限制，呼吸主要靠肋间外肌的活动来完成，因而以胸式呼吸为主；反之，患胸膜炎或肋骨骨折等疾病时，胸部运动受到限制，呼吸主要靠膈肌活动来完成，因而以腹式呼吸为主。正常犬的呼吸式比较特殊，是胸式呼吸。

（二）呼吸频率和呼吸音

动物每分钟的呼吸次数称为呼吸频率。呼吸频率可因运动强度、种别、年龄、外界温度、海拔、新陈代谢强度以及疾病等的影响而发生变化。如幼犬呼吸频率较成年同种犬高；动物发生肺水肿时，呼吸频率可高于健康犬的4～5倍。正常犬的呼吸频率为10～30次/min。

呼吸运动时气体通过呼吸道出入肺泡时，因摩擦产生的声音称为呼吸音，常于胸廓的表面或颈部气管附近听取。临床工作中对喉音、气管音和肺泡音等均有具体描述，当这些部位患有疾病时，如炎症、肿胀、炎性分泌物渗出或管道狭窄及肺泡破裂等发生时，可以根据呼吸音的异常变化进行诊断分析。

三、肺内压和胸内压的变化

（一）肺内压和胸内压

在呼吸运动过程中，肺随胸廓的运动而运动，这是因为在肺和胸廓之间存在密闭的胸膜腔和肺本身有可扩张性的缘故。一般情况下，两层胸膜之间没有气体，仅有少量浆液，浆液一方面起润滑作用，以减小摩擦；另一方面，使两层胸膜黏附在一起，不易分开。

胸膜腔内的压力称为胸内压或胸内负压，可用连有检压计的针头刺入胸膜腔内直接测定。测定结果表明，无论是吸气还是呼气过程，胸内压始终低于大气压，即为负压。

胸膜壁层的表面受到胸廓组织（骨骼和肌肉）的保护，故不受大气压的影响。胸膜脏层表面的压力有两个：一是肺内压，它使肺泡扩张，在吸气末和呼气末与大气压相等；二是肺的回缩力，它使肺泡缩小，其作用方向与肺内压相反。因为肺的回缩力克服了一部分肺内压，因此胸内压在呼吸时始终小于大气压，这就是胸内负压形成的原因。

（二）胸内负压的生理意义

胸内负压的生理意义首先是使肺处于持续扩张状态，不致因回缩力而完全塌陷，从而能持续地与周围血液进行气体交换。其次是使胸腔内大的腔静脉血管、淋巴管处于扩张状态，有助于静脉血和淋巴液的回流及右心充盈；尤其是在做深吸气时，胸内压更低，进一步促使血液回心。另外胸内负压还可以使胸部食管处于扩张状态，有利于自胃经胸腔向食管和口腔的逆呕。

如果胸膜腔因某种原因使密闭性被破坏，外界气体将立即进入胸膜腔，即形成气胸。气胸时，胸内负压消失，两层胸膜彼此分开，肺将因其本身的回缩力而塌陷，发生呼吸功能障碍。这时，尽管呼吸运动仍在进行，肺却减小或失去了随胸廓运动而运动的能力，其程度视气胸的程度和类型而异。显然，气胸时，肺的通气功能受到明显影响，胸腔大静脉和淋巴液回流也将受阻，甚至因呼吸、循环功能严重障碍而危及生命。

任务二 | 气体的交换与运输

一、肺换气

气体交换包括肺换气和组织换气。肺换气是肺泡与其周围的肺泡隔毛细血管之间的气体交换；组织换气是血液与全身组织液以及组织细胞之间的气体交换。两处交换都是 O_2 和 CO_2 之间的交换，其原理都可分为膜对气体的透性和膜两侧两种气体的分压差两个方面。

肺换气的原理首先是呼吸膜对 O_2 和 CO_2 的透性很强，因为构成呼吸膜的肺泡上皮、肺泡上皮基膜、血管内皮基膜和血管内皮都很薄且透性很强（图 12－2）；其次是肺泡内的 O_2 分压大于血液 O_2 分压，而血液 CO_2 分压大于肺泡 CO_2 分压，结果血液以 CO_2 从肺泡内换回了 O_2。在动物机体发生水肿、某些肺部疾病和循环障碍时，会因呼吸膜厚度增加、面积减小和膜两侧气体分压差的改变而影响肺的换气。

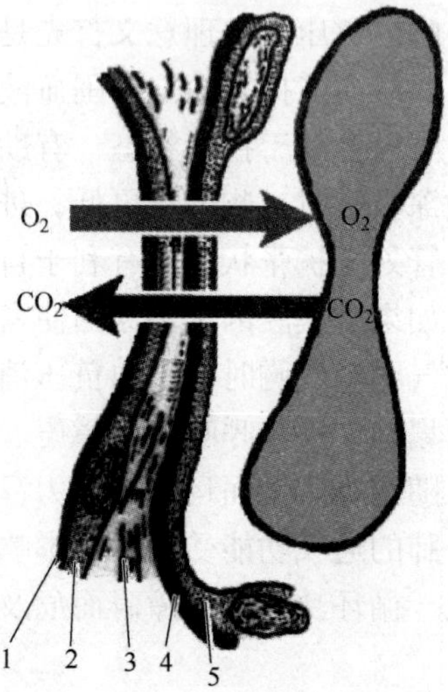

图 12－2　呼吸膜示意图

1—液体分子层　2—肺泡上皮　3—间隙　4—内皮基膜　5—血管内皮

二、气体运输

气体在血液中的运输是实现气体交换的一个重要环节。血液运输气体有两种方式：一种是以物理溶解方式；另一种是以化学结合方式。其中化学结合占绝大部分，物理溶解的量很少，但却很重要。这是因为物理溶解方式不仅是以化学结合方式运输的中间阶段，也是最终实现气体交换的必经步骤。进入血液的气体首先溶解于血浆，提高其分压，然后才进一步成为化学结合状态。气体从血液释放时，也是溶解的先逸出，分压下降，化学结合状态再分离出来补充失去的溶解气体。溶解和化学结合二者之间处于动态平衡。

（一）氧的运输

O_2 在血液中运输时首先是溶解于血浆之中，这虽然也是 O_2 在血液中的一种运输方式，但数量较少。当 O_2 通过血浆进入红细胞后，与血红蛋白（Hb）结合为氧合血红蛋白（HbO_2），这是 O_2 的主要运输方式。Hb 由一分子珠蛋白和四分子的亚铁血红素结合而成。每个亚铁血红素又由 4 个中心含亚铁（Fe^{2+}）的吡咯基组成。当 O_2 进入血液与红细胞 Hb 中的 Fe^{2+} 结合后，Fe^{2+} 仍保持亚铁形式，无电子的转移，因此不是氧化反应，是一种疏松的结合，称为“氧合”。这种结合非常迅速，不需要酶的催化，是一种可逆反应，既易结合又易分离，主要受 PO_2 的影响。当血液流经肺毛细血管与肺泡交换气体后，血液中 PO_2 升高，Hb 与 O_2 结合，生成氧合血红蛋白（HbO_2）；当 HbO_2 经由血液运送到组织毛细血管时，由于组织代谢耗氧，组织内 PO_2 低，于是 HbO_2 便解离为脱氧（还原）血红蛋白（Hb 或 HHb），释放出的 O_2 供组织代谢。

HbO_2 呈鲜红色，动脉血中含量较多；HHb 呈暗红色，静脉血中含量大。因此，动脉血较静脉血鲜红。当皮肤或黏膜表层毛细血管中 HHb 含量增加到较高水平时，皮肤或黏膜会出现青紫色，称为发绀，是缺氧的表现。另外，CO 也能与 Hb 结合成碳氧血红蛋白（HbCO），而且 CO 与 Hb 的结合力比 O_2 大 210 倍，所以可使 Hb 失去运输 O_2 的能力。由于 HbCO 呈樱桃红色，因此动物虽缺氧却不出现发绀。

（二）二氧化碳的运输

CO_2 在血液中也以物理溶解和化学结合两种形式运输，其中以物理溶解形式运输的量仅占血液总运输 CO_2 量的 5%，而以化学结合形式运输的量则高达 95%。化学结合的运输形式又可分为形成碳酸氢盐形式（88%）和氨基甲酸血红蛋白形式（7%）两种。

以氨基甲酸血红蛋白形式运输的 CO_2，比例虽小，效率却很高，占肺排出 CO_2 的 20% ~30%。

组织细胞代谢产生大量的 CO_2，进入血液后首先溶解于血浆中，然后与水反应生成 H_2CO_3，并迅速解离为 H^+ 和 HCO_3^-，催化此反应的碳酸酐酶主要在红细胞内，因此反应速度比血浆快 13×10^3 多倍，可见碳酸氢盐是血中 CO_2 的一种重要运输方式，红细胞对这种运输方式所起的作用很重要。

另外碳酸氢盐也构成血浆中的 $NaHCO_3/H_2CO_3$ 缓冲对，因此血液在运输 CO_2 的同时，也对机体的酸碱平衡起重要的调节作用。

三、组织换气

组织换气的原理首先在于全身毛细血管管壁和细胞膜对于 O_2 和 CO_2 的透性很强；其次是血液 O_2 分压大于组织液，组织液 O_2 分压大于细胞内液，而细胞内液的 CO_2 分压大于组织液，组织液 CO_2 分压大于血液。结果是血液以 O_2 从组织液换回了 CO_2，而组织液则以 O_2 从细胞内液换回了 CO_2。某些疾病时，会由于组织器官毛细血管通透性及管壁两侧气体分压的改变而影响组织换气的正常进行。

任务三 | 呼吸运动的调节

一、神经调节

呼吸运动分为随意运动和自主运动。前者是在清醒状态下，由大脑皮质控制的随意性呼吸，后者是指在脑干低位中枢的控制下，相对自发的节律性呼吸，不受大脑皮质的随意控制。

中枢神经系统内产生和调节呼吸运动的神经细胞群，称为呼吸中枢。神经中枢分布在大脑皮质、间脑、脑桥、延髓和脊髓等部位，但调节呼吸运动的基本中枢是延髓中的吸气中枢和呼气中枢，而脑桥中的呼吸调整中枢则具有抑制延髓的吸气中枢，使吸气向呼气转化的作用。

呼吸的反射性调节主要是肺牵张反射、喷嚏和咳嗽等防御性呼吸反射。

（一）肺牵张反射

肺的牵张反射是肺扩张或缩小时引起对吸气和吸气的反射性呼吸变化。当吸气终末肺扩张到一定程度时，肺牵张感受器受到刺激而兴奋，发放冲动增加冲动沿迷走神经传入纤维到延髓，通过呼吸中枢，经过脊髓，抑制了支配肋间外肌和膈肌的肋间神经和膈神经，使吸气终止，转入呼气，此过程称为肺扩张反射（图 12 - 3）。当呼气终末时，发生与上述活动相反的调节过程而导致呼气，此过程称为肺缩小反射。平静呼吸时，主要是由肺扩张反射与脑桥的呼吸调整中枢配合，维持呼吸节律。

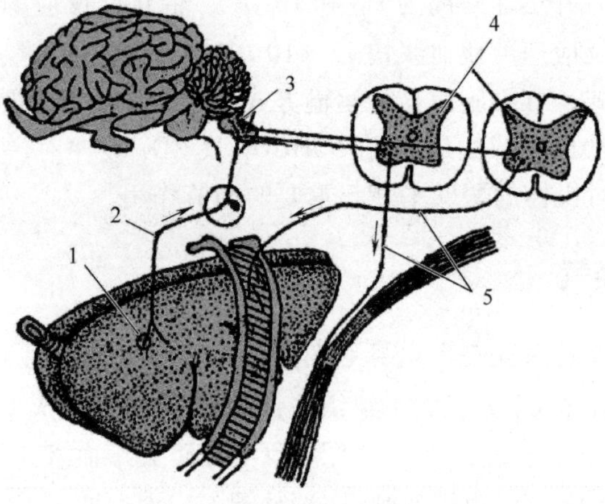

图 12 - 3　肺牵张反射示意图

1—牵张感受器　2—迷走神经　3—延髓呼气中枢和吸气中枢

4—脊髓　5—肋间神经和膈神经

（二）防御性呼吸反射

防御性呼吸反射主要有咳嗽反射和喷嚏反射等。

1. 咳嗽反射

喉、气管和支气管的黏膜上都有能对机械和化学刺激敏感的感受器，当大支气管以上呼吸道受到灰尘刺激、或二级以下支气管受到炎性分泌物刺激时，会沿迷走神经向中传入纤维达延髓引发咳嗽。

2. 喷嚏反射

鼻黏膜感受器受异物或气体分子刺激后，经三叉神经向中传递，引发喷嚏。

二、化学因素调节

血液中化学成分的改变，特别是 O_2、CO_2 和 H^+ 浓度的变化，可刺激化学感受器，引起呼吸中枢活动的改变，从而调节呼吸的频率和深度，增加肺的通气量，维持着血液中 O_2、CO_2 和 H^+ 浓度的相对稳定。当血液中 CO_2 和 H^+ 浓度在一定范围内升高，O_2 浓度一定范围内下降时，通过外周化学感受器和传入神经以及经血流直接作用于中枢感受器两种方式，作用于延髓的中枢，使之兴奋导致呼吸加深加快，维持血液中 O_2、CO_2 和 H^+ 浓度的相对稳定。

当血液中 O_2、CO_2 和 H^+ 浓度变化幅度过大时，会由于呼吸中枢受到抑制而导致呼吸困难、昏迷等中枢症候的出现。

任务四 | 犬胸内压的观察和呼吸运动的调节实验

一、犬胸内压的观察

（一）目的要求

利用胸腔插管插入胸膜腔，直接观察水检压计 U 形管两端液面的升降变化，借以分析因胸膜腔内压与大气压的差别和呼吸运动过程中的变化。

（二）设备材料

实验动物、固定器、粗注射针头、胸腔插管、橡皮管和水检压计等。

（三）方法步骤

1. 麻醉保定

将犬用口笼（或其他）保定，或麻醉后将其仰卧固定于小动物手术台上。

2. 安装检压计

将钝尖大号注射针头经胶管连通到水检压计上，向水检压计内注入指示液体并使液面位于“0”处。

3. 接通胸膜腔

将针头在第 4 ~5 肋间或倒数第 8 ~9 肋间插入胸膜腔，如果检压计液面未见稳定的升降变化，则反复调整针尖的方向和位置，直到液面出现稳定的升降变化为止。

4. 观察胸内压的变化

观察水检压计 U 形管两端液面的升降，比较连接动物胸腔和通外界的两端页面高低的差别，注意这种差别的变化，观察该变化与“呼”与“吸”之间的时间关系。

（四）技能考核

对各组学生的操作情况进行考察，根据操作情况和学生自评与互评进行综合成绩评定。

二、犬呼吸运动的调节实验

（一）目的要求

利用气管插管和生物功能实验系统，通过记录呼吸通道气压变化，直接观察动物的呼吸曲线及在几种神经体液因素作用下的呼吸变化，分析呼吸运动的调节方式和影响因素。

（二）设备材料

犬、固定器、手术器械、气管套管、胸腔插管、橡皮管和生物功能实验系统（或二导记录仪）等。

（三）方法步骤

教师指导，学生分组操作，具体步骤如下。

1. 麻醉保定

将犬保定麻醉后将其仰卧固定于固定器上。

2. 气管插管

剖开颈部皮肤，分离出气管和两侧迷走神经，穿线备用；切开气管，插入气管套管，用棉线结扎固定，将生物功能实验系统的换能器固定于胸壁上，以便记录呼吸运动强度。

3. 描记曲线

开动记录仪，描记一段正常呼吸曲线，并观察呼吸运动与曲线的关系。

4. 夹闭橡皮管

用止血钳夹闭气管套管上的橡皮管约 20 s，观察呼吸运动的变化。

5. 增大无效腔

用橡皮球套在气管套管上，让其在橡皮球内呼吸观察呼吸运动的变化。

6. 切断迷走神经

切断一侧迷走神经，观察呼吸运动的变化；再切断另一侧迷走神经，观察呼吸运动的变化。分别刺激迷走神经的向中枢端、离中枢端，观察呼吸运动的变化。

（四）技能考核

对各组学生的操作情况进行考察，根据操作情况和学生自评与互评进行综合成绩评定。

项目十三 消化吸收

[知识目标]

1. 掌握采食、咀嚼和吞咽特征。
2. 掌握唾液、胃液、胆汁和胰液的主要成分和作用。
3. 掌握单胃和小肠的几种运动方式和及其作用。
4. 掌握小肠和大肠消化的特点。
5. 掌握各种营养物质的吸收和消化功能的调节。

[认知与解读]

动物通过消化管的运动、消化液的作用和消化管内的生物对食物进行消化，在口、咽、食管、胃、小肠、大肠和肛门等部位有明显的侧重与分工。犬的消化功能既具有机械、化学和生物消化的一般特征，又具有肉食动物的各种特点，这些特点几乎都与养护打理实践，与临床疾病防制、营养指导及宠物食品生产经营等直接相关。

任务一 | 消化的基本方式

机体在生命活动中，需要不断从外界摄取各种营养物质，以供给机体正常生命活动和组织生长所需要的物质和能量。机体所需要的营养物质包括蛋白质、脂肪、糖类、维生素、无机盐和水等。其中蛋白质、脂肪和糖类都是结构复杂的大分子物质，不能直接被动物吸收利用，必须经过消化系统一系列物理的、化学的和微生物的复杂作用，分解为结构简单的小分子物质，才能被机体吸收。食物在消化管内被分解成为能吸收的小分子物质的过程，称为消化。动物的消化分为化学消化、机械消化和微生物消化三种方式。

一、化学消化

化学消化主要是指食物在消化管内由消化腺分泌的消化酶和植物性食物本身的酶对食物中的大分子、难溶解和难吸收的营养成分进行分解的一种消化方式，而消化液中的其他成分，如水分、黏液、溶菌酶、碳酸氢钠、盐酸和胆盐等虽然也有重要的消化作用，但对大分子降解起不到直接的催化作用，所以只有广义的消化意义或与吸收有关。消化酶能将结构复杂的营养物质分解成简单的物质以便吸收利用，如蛋白质在蛋白酶的作用下分解成小分子的氨基酸；多糖在糖酶的作用下分解成单糖；脂肪在脂肪酶作用下分解成甘油和脂肪酸等。

二、机械消化

机械消化是指通过消化器官的运动，改变食物物理性质的一种消化方式。动物通过用牙齿咬断食物，在口腔内咀爵、吞咽进入胃，通过胃、肠运动等，将大块食物变为小块，并沿消化管向后移行，同时与消化液充分混合，使食糜与消化管壁充分接触，以利于营养物质的吸收。最后把消化和吸收后的残渣通过肛门排出体外。

三、微生物消化

微生物消化指动物消化管内的微生物对食物进行消化的一种方式。犬的微生物消化在大肠，且此功能并不发达，主要是对纤维素进行消化作用。

上述三种消化方式是相互作用、相互协调的，它们的共同作用，把食物由大变小并向后推送，使消化管中的食物与消化液充分混合，达到被充分消化和吸收的目的。

任务二 | 消化管各部的消化

一、口腔、咽和食管的消化

消化过程从口腔开始，口腔的消化作用首先是饮水和采食，其次是咀嚼和分泌唾液。而吞咽是口腔配合咽和喉及食管来完成的，食管的作用则是输送水和食团。

动物主要依靠视觉和嗅觉寻找和选择食物，采食是动物消化代谢过程的首要环节。各种动物的食性不同，采食方式也不同，但主要的采食器官是唇、舌、齿，通过唇、舌、齿的互相配合将食物和水送进口腔。犬采食时靠口腔上下颌及头颈部的特殊动作及前肢的配合，特别是尖锐的犬齿的撕咬，也体现了肉食动物的凶猛争斗习性。犬啃咬骨头时，上下齿（尤其是后臼齿）之间的压力可达165 kg。犬饮水时，将舌深入水中卷成匙状，迅速带水入口。

咀嚼是在齿、舌、唇、颊的协同作用下完成的，它一方面可以将食物粉碎和破坏，增加食物和消化液的接触面积，有利于消化；另一方面，可以反射性地引起各种消化液的分泌和促进胃肠运动，为食物的进一步消化做准备。犬的臼齿没有特别复杂的咀嚼面，咀嚼很不充分，靠下颌猛烈的上下运动压碎食物。

唾液是由唾液腺分泌的无色透明略带黏性的液体，由约99.4%的水分和0.6%的无机物及有机物组成。无机物有钾、钠、钙、镁的氯化物，磷酸盐和碳酸氢盐等；有机物主要是黏蛋白和溶菌酶。唾液的分泌受生理状态和食物组成的影响，食物的气味、形状及饲喂信号等均可促进唾液的分泌。唾液主要有下列作用：浸润口腔和饲料，便于咀嚼和吞咽；溶解饲料中的可溶性物质，刺激味蕾引起食欲，促进各种消化液的分泌；唾液中含溶菌酶，具有抗菌作用；清洁口腔和散热作用。犬的唾液腺发达，能分泌大量唾液，湿润口腔和食物，便于咀嚼和吞咽。唾液中还含有溶菌酶，具有杀菌作用。在炎热的季节，借助唾液中水分的蒸发，以调节体温，是很重要的一种散热方式。

犬吞咽时先将食物送到咽部，进入食管上端，咽部感受器受到刺激后，反射性提举软腭，关闭鼻后口（图13-1）。舌根后移，会厌翻转，在杓状软骨的配合下关闭喉口。食管口舒张，咽肌收缩，食物进入食管始部。食管蠕动，将食团推送至开放了的贲门，进入胃内。犬不善咀嚼，是典型的“狼吞虎咽”。食管有丰富的横纹肌，呕吐中枢发达，吃进毒物后能引起强烈的呕吐反射，把胃内的毒物排出，是一种比较独特的防御本领。

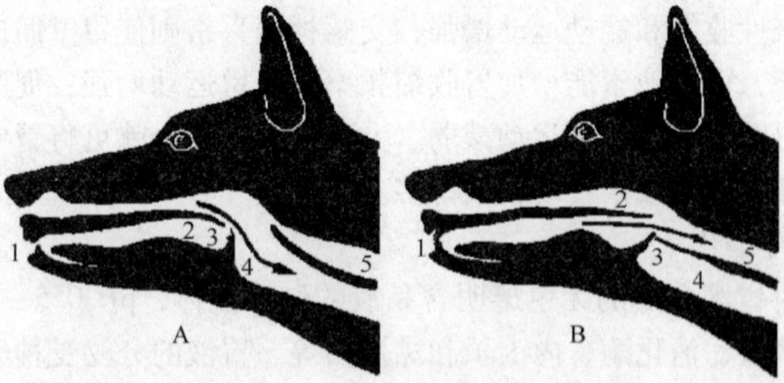

图 13－1　吞咽动作模式图

A—休息时　B—吞咽时

1—口腔　2—软腭　3—会厌　4—喉　5—食管

二、胃的消化

犬的胃是单室胃，其消化方式主要是机械消化和化学消化。

（一）机械消化

单室胃的消化主要包括容纳性舒张、紧张性收缩和蠕动、排空。

1. 容纳性舒张

动物在咀嚼和吞咽食物时，刺激了咽和食管等处的感受器，反射性地通过迷走神经控制胃体部和底部肌肉舒张，称为容纳性舒张。它使食物按进入先后在胃体部形成同心圆，先进入的食物在中心，后进入的食物在外周，从而使胃容纳一次进食大量食物。

2. 紧张性收缩和蠕动

胃在消化时的运动主要有两种方式：一种是紧张性收缩，即整个胃壁肌肉呈现持续而缓慢收缩，并逐渐加强，使胃内压力逐渐增高，以使食物与胃液充分混合，并向幽门移动；另一种是蠕动，这是胃壁的环形肌交替收缩和舒张产生的运动形式，一般从贲门向幽门呈波浪式推进，运动力由小到大，到胃体中部逐渐明显，到幽门极为有力。如果是自幽门向贲门方向则是逆蠕动。

3. 排空

随着胃运动的不断加强，胃内压逐渐升高，当胃内压大于肠内压时，胃内食糜分批排入十二指肠的过程，称为胃排空。胃排空的速度取决于胃收缩运动的动力、食物的性质及动物的生理状况。蛋白性食物、脂肪性食物和固体性食物排空较慢，糖类食物、半液态和液态物质排空较快。酸性并含有脂肪的食糜进入小肠可引起幽门括约肌的收缩和胃运动的抑制，暂停排空。当胃排空后数小时，胃体出现节律性蠕动收缩，这种收缩为饥饿性收缩，动物感到有饥饿感。

4. 胃运动的调节

胃运动受迷走神经和交感神经双重支配。迷走神经对胃运动有兴奋作用，可使胃的紧张性收缩和蠕动运动增强；交感神经兴奋则使胃壁肌肉舒张，胃运动减弱。此外，促胃液素能增加胃收缩频率，使胃运动增强；促胰液素和抑胃肽能则抑制胃的收缩，使胃运动减弱。犬在食后5～7h就可将胃中的食物全部排空，要比其他草食或杂食动物快许多。

（二）化学消化

胃液是由胃腺分泌的无色透明含黏液的酸性液体，pH 0.5～1.5，主要成分包括水、盐酸、消化酶、内因子和黏蛋白等。胃液的分泌受神经和体液的调节，副交感神经兴奋，胃液分泌增加。但食物的特征对胃液的分泌具有重要的影响，长期饲喂某一特定食物，能使胃腺的分泌活动形成定型。

1. 胃酸

盐酸主要由胃腺中的壁细胞分泌，又称胃酸，对胃的消化具有十分重要的作用：能激活胃蛋白酶原和凝乳酸原，并为胃蛋白酶活动提供所需要的酸性环境；促进蛋白质膨胀变性，以利于胃蛋白酶对其消化分解；能抑制和灭杀胃内的细菌；盐酸进入小肠后，可刺激促胰液素的分泌，从而促进胰液、胆汁及肠液的分泌，并刺激小肠运动。犬胃液中盐酸的含量为0.4%～0.6%，在家畜中居首位，犬对蛋白质的消化能力很强，这是其肉食习性的基础。

2. 消化酶

消化酶由胃腺主细胞分泌，主要包括胃蛋白酶、凝乳酶和胃脂肪酶等。胃蛋白酶在较强酸性环境（pH 1.8～3.5）下将蛋白质水解为蛋白际和蛋白胨；但刚分泌的胃蛋白酶原无活力，只有在胃酸或已被激活的胃蛋白酶的作用下转变为具有活力的胃蛋白酶后才有活力。凝乳酶在哺乳期动物胃液中含量高，能将乳中的酪蛋白原转变为酪蛋白，酪蛋白与钙离子结合成不溶性酪蛋白钙而凝固，延长了乳在胃内的停留时间，以利于胃液对它充分消化。胃脂肪酶含量少，活力弱，幼犬较多，只能将乳化的脂肪分解成甘油和脂肪酸。

3. 黏液

黏液主要成分是蛋白，覆盖在胃黏膜表面，形成中性或弱碱性的黏液层，一方面有润滑胃表面，使食物易于通过，起到保护胃黏膜不受食物中坚硬物质损伤的作用；另一方面还可防止酸和酶对黏膜的侵蚀。

4. 内因子

内因子是一种相对分子质量为100000的糖蛋白，能和食物中的维生素B_{12}结合成复合物，保护维生素B_{12}，使之不受破坏；当内因子缺乏时，可影响维生素B_{12}的吸收而造成贫血。

三、肠的消化

小肠是消化吸收的重要部位，大肠主要是吸收水分，形成粪便。

（一）小肠的消化

小肠的消化主要靠肠管运动和消化液的消化作用。

1. 小肠的运动

食糜进入小肠，刺激小肠壁的感受器，引起小肠运动。小肠壁内有内环外纵两层平滑肌，外层收缩时使肠管的长度缩短，内层收缩时使肠管直径缩小，两层平滑肌复合收缩，肠管产生各种运动形式，主要包括蠕动、分节运动、钟摆运动三种基本形式。小肠的运动能使食糜与消化液充分混合，使消化产物与肠壁黏膜密切接触以便充分吸收，并推送食糜在肠中移动。

（1）蠕动　蠕动是由肠壁相邻环行肌依次收缩、舒张的运动。小肠某一部分的环行肌收缩，邻近部位的环行肌舒张，接着邻近部位原来舒张的环行肌又收缩，这种收缩和舒张运动连续进行，从外观上看呈波浪状，形似蠕虫运动。小肠蠕动的方向一般是从胃向大肠的，有时会产生方向与之相反的逆蠕动。

（2）分节运动　分节运动是以环行肌的自律性舒缩为主的运动。当食糜进入肠管的某一段后，这段肠管的环行肌在多处表现自律性的收缩与舒张，这样将肠管内的食糜分成许多节段。随后原先收缩的环行肌舒张，舒张的环行肌则收缩，使原来的小节分为两半，后一半与后段的前一半合并形成新小节。小肠这样有节律性的运动，使食糜切断、合拢、翻转与肠壁黏膜充分接触，有利于营养物质吸收进肠壁毛细血管内。

（3）钟摆运动　钟摆运动是以纵行肌的自律性舒缩为主的运动。当食糜进入小肠后，小肠的一侧纵行肌发生节律性的舒张或收缩，对侧发生相应的收缩或舒张，使肠段左、右摆动，肠内容物随之充分混合并与肠壁充分接触，以利于营养物质的消化和吸收。这种节律性运动的次数和强度由前向后逐渐减弱。

小肠运动所产生的声响称小肠肠音，因为小肠内液体成分较多，肠壁较薄，所以声音相对比较清脆，可以与大肠肠音相区别。

2. 小肠的化学消化

食糜经胃消化后逐渐进入小肠，在小肠消化液的作用下进一步消化。小肠内的消化液有胰液、胆汁和小肠液。

（1）胰液　胰液是胰的外分泌部分泌的消化液，经胰管进入十二指肠参与小肠内消化。胰液是无色、无臭、黏稠的碱性液体，pH 7.2 ~ 7.4，主要由有机物、无机物和水组成，其中无机物主要为碳酸氢盐和少量氯化物，能中和进入十二指肠的胃酸，使肠黏膜免受强酸的侵蚀；同时也为小肠内多种消化酶的活动提供了最适的 pH 环境。有机物主要是大量的消化酶，如胰蛋白分解酶、胰脂肪酶、胰淀粉酶及糖酶等。这些酶进入小肠后在肠激酶和胆盐的作用下产生活力，能分解蛋白、脂肪及糖类物质。

胰液中的胰蛋白分解酶主要有胰蛋白酶、糜蛋白酶和羧基肽酶等，这些酶或自动激活或靠其他酶类激活，有的将蛋白质消化到多肽阶段，有的主要使多肽降解为氨基酸，它们共同作用使蛋白质分解为氨基酸。胰脂肪酶在胆盐的共同作用下，分解脂肪为三酰甘油和脂肪酸，三酰甘油主要形成乳糜微粒，经淋巴途径吸收。胰淀粉酶是一种 α 淀粉酶，在 Cl^- 存在下，能水解淀粉颗粒为糊精麦芽糖。

胰液的分泌是在神经和激素的控制下完成的。饥饿时犬很少或不分泌胰液，进食后数分钟，胰液的分泌开始增加，初始阶段是由迷走神经反射来调节的，而后则由十二指肠释放的促胰液素来调节。

（2）胆汁　犬的肝脏比较大，约为体重的3%，分泌的胆汁有利于脂肪的消化和吸收。

胆汁是具有强烈苦味的黏性液体，由肝细胞分泌，一般呈黄绿色至暗绿色。由肝细胞刚刚分泌出来的胆汁呈弱碱性，而贮存在胆囊内的胆汁呈弱酸性。肉食动物的胆囊对胆汁具有明显的浓缩作用，其胆囊胆汁的浓度可比肝胆汁高 10 ~20 倍。犬胆汁分泌速度可达 7 ~14mL/h。进食后 2 ~5h，胆汁分泌达到最高（100 ~400mL/24h）。胆汁中没有消化酶，其主要成分是胆色素、胆酸、胆固醇、卵磷脂、脂肪、胆酸盐及矿物质等。胆汁的消化和吸收作用有以下几方面：胆酸盐是胰脂肪酶的辅酶，能增加脂肪酶的活性，促进脂肪的消化和吸收；胆酸盐能降低脂肪滴表面的张力，乳化脂肪，增加脂肪与脂肪酶的接触面积；胆汁中的碱性成分作为缓冲液，中和胃酸，维持小肠的碱性环境；胆酸盐能与脂肪酸结合成水溶性复合物，促进脂肪酸的吸收；促进脂溶性维生素 A、维生素 D、维生素 E、维生素 K 的吸收；胆汁可刺激小肠的运动。

（3）小肠液　小肠液是小肠黏膜内各种肠腺的分泌物，是无色或灰黄色混浊液，呈弱碱性。小肠液中含有肠激酶、肠肽酶、肠脂肪酶和肠糖酶等各种消化酶，其主要作用是对前部消化器官初步分解过的营养物质进行彻底的消化，如肠肽酶能把多肽分解为氨基酸，肠脂肪酶能把脂肪分解为甘油和脂肪酸，肠双糖分解酶能将双糖分解为葡萄糖。

（二）大肠的消化

食糜通过小肠消化和吸收后，其残存部分被送到大肠。由于大肠腺只能分泌少量碱性黏稠的消化液，其中含消化酶很少或者不含，所以大肠的消化除依靠随食糜而来的小肠消化酶继续作用之外，主要靠微生物进行生物学消化。犬的肠管较短，一般只有体长的 3 ~4 倍（马和兔虽然也是单胃动物，但因食草其肠管长度却是体长的 12 倍）。

大肠受食糜的机械、化学刺激，也和小肠一样产生蠕动，但其蠕动速度较小肠慢，强度较弱，加之内容物相对干硬，所以其所产生的大肠肠音音调相对比较低沉。结肠除蠕动外，还有逆蠕动。食糜在大肠内停留较长时间，这样能使细菌消化纤维素，并保证挥发性脂肪酸和水分的吸收。犬对蛋白质和脂肪能很好地消化和吸收，但因咀嚼不充分和肠管短，没有发酵能力，故对粗纤维的消化能力差。因此，给犬喂蔬菜时应切碎、煮熟，不宜整块、整棵地喂。此外，还有一种进行得很快的蠕动，称集团蠕动，它能把粪便推向直肠引起便意。大肠运动受两种神经支配：副交感神经兴奋时运动加强，交感神经兴奋时则运动减弱。

任务三 | 吸收与排粪

食物经过复杂的消化过程后，分解为小分子物质，这些物质及水分和盐类等通过消化管黏膜进入血液和淋巴的过程，称为吸收。被吸收的营养物质经血液循环输送到全身各部，供组织细胞利用。

一、吸收的部位

消化管的不同部位吸收的程度是不同的，这主要取决于该部位的组织结构、食物在该部位被消化的程度以及停留的时间。食物在口腔和食管基本不吸收，反刍动物的前胃可吸收大量的挥发性脂肪酸，皱胃及单室胃的吸收也很有限，一般只吸收少量水分、醇类和电解质，小肠可吸收大量的营养物质和水。

小肠是营养物质吸收的主要部位。这主要是因为：小肠很长，黏膜表面有许多环状皱褶和密集的肠绒毛，大幅度增加了肠内表面的吸收面积；此外，食物在小肠内停留的时间也最长，且已被消化到适于吸收的状态。

二、吸收的机制

消化管内的各种营养物质是通过被动转运和主动转运两种方式被吸收的。

被动运转是指可被吸收的物质，顺浓度梯度透过消化管黏膜进入血液的过程。被动转运包括单纯扩散（滤过、弥散和渗透）和易化扩散作用。肠黏膜上皮是一层薄的通透性膜，允许小分子物质通过。当肠腔内压力超过毛细血管和毛细淋巴管内压时，水和其他一些物质可以滤入血液和淋巴液，这一过程称滤过作用；当肠黏膜两侧压力相等、但浓度不同时，溶质分子可从高浓度一侧向低浓度一侧扩散，这一过程称弥散作用；当肠黏膜两侧的渗透压不同时，水则从低渗透压一侧进入高渗透压一侧，直至两侧溶液渗透压相等，这一过程称渗透作用。易化扩散是一种顺浓度梯度进行转运的过程，但需特异性载体参与。

主动转运是由于细胞膜上存在着一种具有“泵”样作用的转运蛋白，可以逆浓度梯度转运 Na^+、Cl^- 和 K^+ 等电解质及单糖和氨基酸等非电解质。主动转运的必需条件，一是需要细胞膜上特异性载体；二是需要 ATP 酶。载体系统具有明显的特异性，每个系统只能运载某一些特定物质，如葡萄糖转运载体、氨基酸转运载体。各类氨基酸都有相应的特殊载体。

三、各种营养物质的吸收

（一）水分的吸收

动物体内的水分主要是在小肠和大肠吸收，胃吸收的水分较少。水分经过胃黏膜时，借助于滤过、渗透吸收；肠壁吸收水分的动力是渗透，当肠黏膜吸收大量的营养物质时，使肠壁上皮细胞内渗透压升高，促使水分被吸收。

（二）糖的吸收

可溶性糖（主要是淀粉）在胰淀粉酶和肠双糖分解酶的作用下，分解为单糖（葡萄糖、果糖、半乳糖）被吸收；纤维素在微生物的作用下，分解成挥发性脂肪酸被吸收。单糖和挥发性脂肪酸被吸收后进入肠毛细血管，经门静脉入肝。少部分单糖经小肠绒毛的中央乳糜管进入肠毛细淋巴管经淋巴入血。

（三）脂肪的吸收

脂肪分解为甘油和脂肪酸。甘油和脂肪酸被吸收进入肠黏膜上皮细胞后，少部分直接进入血液，经肝门入肝；大部分在细胞内重新合成中性脂肪，经中央乳糜管进入肠毛细淋巴管经淋巴入血。

（四）盐类的吸收

盐类主要以钠、铁、钙等离子的形式被小肠吸收。不同的盐类被吸收的难易程度不同，氯化钠、氯化钾最易被吸收，其次是氯化钙和氯化镁，而磷酸盐和硫酸盐最难被吸收。

（五）蛋白质的吸收

蛋白质在胃蛋白酶、胰蛋白酶、羧肽酶和肠肽酶的作用下，分解为各种氨基酸。氨基酸被肠黏膜吸收入血，经门静脉入肝。

（六）维生素的吸收

脂溶性维生素 A、维生素 D、维生素 E、维生素 K 的吸收部位主要在小肠前段，这类维生素的吸收与脂类吸收有密切关系。脂溶性维生素在肠道中被吸收后进入肠壁黏膜上皮细胞，再经淋巴循环进入血液送至全身。水溶性维生素包括维生素 C 和维生素 B 族，一般以简单的扩散方式吸收。

四、粪便的形成和排泄

经消化吸收后的食物残渣一般在大肠内停留 10 h 以上，大部分水分在此被吸收，其余经细菌发酵和腐败作用后，残渣逐渐浓缩而形成粪便。

排粪是一种复杂的反射动作。直肠内存在许多感受器，肛门括约肌正常处于收缩状态。当残渣积聚到一定量时，刺激肠壁压力感受器，通过盆神经传至腰荐部脊髓的排粪中枢，再传至延脑和大脑皮质的高级中枢，由中枢发生冲动传至大肠后段，引起肛门括约肌舒张和后段肠壁肌肉的收缩，且在腹肌收缩配合下，增加腹压进行排粪。犬的排粪中枢不发达，不能像其他家畜那样在行进状态下排粪。

任务四 | 消化管运动和消化腺分泌的调节

无论是消化管各段的消化功能之间，还是各种消化方式之间，无论是消化与吸收之间，还是消化吸收与其他生理功能之间，都是一个整体，它们分工合作、协调统一，保障机体很好地适应内外环境，完成生命的各种活动。这种协调统一，主要是靠神经和体液调节来实现的。

一、神经调节

消化管的运动和消化腺的分泌受自主神经支配，当副交感神经（主要是迷走神经）兴奋时，末梢释放乙酰胆碱，而交感神经兴奋时释放去甲肾上腺素。乙酰胆碱的作用一般是使胃肠道的普通平滑肌运动增强，括约肌收缩性减弱，消化腺的分泌增加，加强消化吸收；而去甲肾上腺素的作用一般是使胃肠道的平滑肌运动减弱，括约肌收缩性增强，消化腺分泌减少，从而起到减缓消化吸收的作用。

肠壁黏膜下层和两层平滑肌之间都有少量的神经元胞体，以其为核心所形成的黏膜下神经丛和肌间神经丛也有一定的局部反射性调节作用，直接受到内容物的刺激而不经中枢就发生反应。小肠平滑肌在适宜的条件下，可以离开神经支配而运动，具有自动节律性。

二、体液调节

消化管与消化腺的体液调节主要是由一些激素来完成的，这些激素称胃肠激素。产生这些激素的是散在于消化管黏膜上皮和腺体内的、大量的内分细胞，即消化管内分泌细胞。其分泌物主要有胃肠动素、促胃液素等兴奋性胃肠激素和生长抑素、抑胃液素等抑制性胃肠激素。

任务五 | 犬小肠运动和吸收的观察实验

一、犬小肠运动的观察

（一）目的要求

认识小肠运动的各种形式和神经、化学介质对小肠运动的调节作用。

（二）设备材料

犬或家兔、固定器、解剖器械、生理多用仪、结扎线、0.01%肾上腺素、0.06%乙酰胆碱等。

（三）方法步骤

教师指导，学生分组操作，具体步骤如下。

1. 称重麻醉

将称重后的动物进行麻醉，背位固定于固定器上，颈部和腹部剪毛。

2. 分离迷走神经

自颈中部切开皮肤，分离出迷走神经，于其下穿一提线并打虚结备用。

3. 观察肠管的正常运动

沿腹中线剖开腹腔，暴露小肠。对小肠运动进行腹腔内直接观察后，拉出一段空肠，堆于部分夹闭的腹壁创口和创巾之上，尽量保持其温度、湿度和渗透压等环境条件，观察肠管的运动。

4. 观察迷走神经的调节作用

用适宜的感应电刺激迷走神经，观察小肠运动情况。

5. 观察乙酰胆碱和肾上腺素的调节作用

取0.01%乙酰胆碱数滴滴加在小肠表面，观察小肠运动情况，然后用温生理盐水冲洗肠管，待小肠运动恢复后，再向肠表面滴加0.01%肾上腺素，再进行观察。

（四）技能考核

根据实验记录，分析并整理撰写实验报告。

二、犬小肠吸收实验

（一）目的要求

掌握不同物质在动物小肠吸收的难易程度差别。

（二）设备材料

犬或家兔、固定器、结扎线、5% NaCl、0.9% NaCl、蒸馏水和饱和硫酸镁等。

（三）方法步骤

教师指导，学生分组操作，具体步骤如下。

1. 称重麻醉

将称重后的动物进行麻醉，背位固定于固定器上，颈部和腹部剪毛。

2. 结扎注射

沿腹中线剖开腹腔，将小肠分等长数段结扎，在各段肠管中分别注入等量0.9% NaCl、5% NaCl、蒸馏水及饱和硫酸镁。

3. 结果观察

将经过结扎注射后的肠管做好标记后，除一线头（便于下步迅速找到结扎注射处）外全部还纳回到腹腔，用止血钳暂时闭合腹壁。10 ~ 20min 后打开并拉出实验段肠管，观察吸收情况。

（四）技能考核

记录结果，分析原理，撰写实验报告。

项目十四 泌尿和体温

［知识目标］

1. 掌握尿的成分和理化特性。
2. 掌握原尿生成和终尿生成的过程、原理和影响因素。
3. 掌握尿生成的调节和尿的排放。
4. 掌握正常体温、体温恒定的机制和影响因素。

［认知与解读］

动物有机体代谢产物的排泄途径很多，如通过肺从呼吸管排出二氧化碳、少量水分和一些挥发性物质；通过消化管排出胆色素、无机盐等；通过汗腺以汗液的形式排出一部分水、少量尿素、无机盐等；通过肾脏以尿的形式排出代谢产物、水和药物等。其中尿液的排泄物，不仅种类多，而且数量大，因此肾脏是机体最重要的排泄器官；同时肾脏在完成排泄功能过程中，对机体的渗透压、水和无机盐的平衡调节起着重要的作用，从而维持机体内环境的相对稳定，保证新陈代谢的正常进行。所以泌尿活动具有特别重要的生理意义。体温既是新陈代谢的结果，又是进行新陈代谢和正常生命活动的重要条件。

任务一｜泌尿

一、尿的成分和理化特性

（一）尿的成分

尿是由水、无机物和有机物组成的。无机物主要是氯化钠、氯化钾，其次是碳酸盐、硫酸盐和磷酸盐。有机物主要是尿素，其次是尿酸、肌酐、肌酸、氨和尿胆素等。在使用药物时，尿液成分中还会出现药物的残余排泄物。

（二）尿的理化特性

犬的尿液一般呈较透明的淡黄色。影响尿量的因素很多，如进食量、饮水量、外界温度、运动及汗液分泌情况等。一般犬每昼夜排尿 2 ~ 4 次，尿量为每昼夜 20 ~ 100 mL/kg 体重，一般 24 h 排尿量可达 500 ~ 2 000 mL。排尿的地点，在一定程度上，可受到人类调教的控制而在固定地点排尿。剧烈腹泻、缺乏饮水、大量出汗和体温升高时，尿量减少，尿色变深。排出的尿液在空气中暴露一段时间之后，会因尿胆素原被氧化而使尿色变深。

尿的性质和组成在一定程度上能反映体内代谢的变化和肾的机能，故在临床实践中，常采用化验尿的办法，进行某些疾病的诊断。

正常犬尿的相对密度为 1.015 ~ 1.060，一般尿量多时相对密度稍低。尿的 pH 5.7 ~ 7.0。

二、尿的生成

尿的生成是由肾单位和集合管活动完成的：一是肾小球的滤过作用，生成原尿；二是肾小管和集合管的重吸收、分泌和排泄作用，生成终尿。

（一）肾小球的滤过作用

当血液流经肾小球毛细血管时，由于血压较高，除了血细胞和大分子蛋白质外，血浆中的水和其他物质（如葡萄糖、氯化物、无机磷酸盐、尿素和肌酐等）都能通过滤过膜滤入肾小囊腔内，即形式原尿。原尿的生成取决于两个条件：一是肾小球滤过膜的通透性；二是肾小球的有效滤过压。前者是原尿产生的前提条件，后者是原尿滤过的必要动力。

肾小球滤过膜由肾小球毛细血管的内皮细胞、内皮基膜和肾小囊脏层细胞三层构成，这三层结构的透性很强，各层膜都有大小不等的裂隙，其中以基膜上的裂隙最小，它对大分子物质的通过起着主要的机械屏障作用。滤过膜上还覆盖有带负电荷的糖蛋白结构，由于静电斥力作用，可阻抗负电荷物质透过，成为一种电学屏障，如血浆白蛋白带负电，因此原尿中血浆白蛋白的含量极低。

肾小球滤过作用的动力是滤过膜两侧的压力差，这种压力差称为肾小球的有效滤过压。由于肾小球滤过膜对蛋白质的通透性极低，肾小囊内蛋白质很少，其胶体渗透压可忽略不计（图 14 - 1）。因此肾小球的有效滤过压可用下式表示：

肾小球有效滤过压 = 肾小球毛细血管血压 - （血浆胶体渗透压 + 肾小囊内压）

正常情况下有效滤过压为 5.3 kPa，即血浆胶体渗透压与肾小囊内压之和

(阻止滤过的压力)小于肾小球毛细血管血压(促进滤过的压力),从而保证了原尿生成。

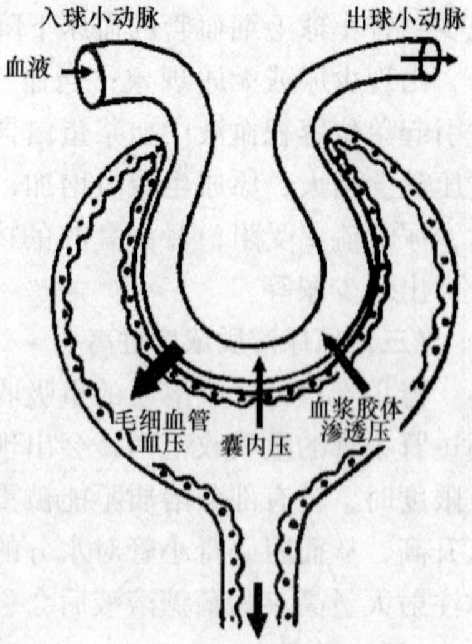

图 14-1 肾小球有效滤过压示意图

(二)肾小管和集合管的重吸收、分泌、排泄作用

肾小球滤出的原尿流经肾小管和集合管时,其中的绝大部分物质被重新吸收回血液中,称为重吸收作用。肾小管和集合管的重吸收作用具有一定的选择性。凡是对机体有用的物质,如葡萄糖、氨基酸、钠、氯、钙和重碳酸根等,几乎全部或大部分被重吸收;对机体无用或用处不大的物质,如尿素、尿酸、肌酐、硫酸根和碳酸根等,则只有少许被重吸收或完全不被重吸收。

肾小管和集合管能将血浆或肾小管上皮细胞内形成的物质,如 H^+、K^+ 和 NH_4^+ 等分泌到肾小管腔中;同时也能将某些不易代谢的物质(如尿胆素、肌酸)或由外界进入体内的物质(如药物)排泄到管腔中。习惯上把前者称为分泌作用,后者称为排泄作用。

原尿经过肾小管和集合管的重吸收、分泌与排泄作用后形成终尿,终尿由输尿管输送到膀胱贮存,膀胱内的尿液充盈到一定程度时,再反射性地由尿道排出体外。

三、影响尿生成的因素

(一)滤过膜通透性的改变

在正常情况下,滤过膜的通透性比较稳定,但当某种原因使肾小球毛细血管或肾小囊脏层细胞受到损害时,会影响滤过膜的通透性。如机体内缺氧或中毒时,肾小球毛细血管壁通透性增加,使原尿生成量增加,同时,一些原来不能通过肾小球滤过膜的血细胞、大分子蛋白质会通过肾小球滤过膜进入到原尿中,出现血尿或蛋白尿;在发生急性肾小球肾炎时,由于肾小球内皮细胞肿胀,滤过膜增厚、通透性减小,从而导致原尿生成减少,进而出现少尿或无尿。

(二)有效滤过压的改变

在正常情况下,有效滤过压比较稳定。但当肾小球毛细血管血压、血浆胶体渗透压和囊内压三个因素发生变化时,有效滤过压也随之发生变化,影响肾小球的滤过作用,进而影响尿的生成。如当动物大量失血时,流入肾的血液量减少，肾小球毛细血管的血压下降，有效滤过压降低，从而导致原尿生成量减少，出现少尿或无尿现象；当血浆蛋白含量减少时（如静脉注射大量生理盐水引起单位容积血液中血浆蛋白含量减少），血浆胶体渗透压会降低，有效滤过压就会增大，原尿生成量增加，出现多尿；当输尿管结石或肿瘤压迫肾小管时，尿液流出受阻，肾小囊腔的内压增高，有效滤过压降低，原尿生成量减少，出现少尿等。

（三）原尿溶质浓度过高

肾小管对原尿中溶质的重吸收有一定的限度，如原尿中葡萄糖浓度过高，超过肾小管的重吸收范围，会出现糖尿。当原尿中溶质的浓度超过肾小管重吸收限度时，会有部分溶质不能被重吸收而留在原尿中，这些溶质使原尿的渗透压升高，从而阻碍肾小管对水分的重吸收，引起多尿，这称渗透性利尿。如静脉注射大量高渗葡萄糖溶液后会引起多尿。

（四）激素

肾小管上皮细胞的功能状态和激素的作用也会影响尿的生成。影响尿生成的激素主要有抗利尿激素和醛固酮。

抗利尿激素的作用是改变远曲小管和集合管上皮细胞对水的通透性，从而影响这些部位对水的重吸收功能。在反刍动物中，抗利尿激素还能增加 K^+ 的排出。血浆渗透压升高和循环血量的减少，都可引起抗利尿激素的释放，创伤及一些药物也能引起抗利尿激素的分泌，减少排尿量。

醛固酮对尿生成的调节是促进远曲小管和集合管对 Na^+ 的主动吸收和对 K^+ 的排出，即醛固酮有排钾保钠作用。

任务二 | 体温

体温来源于代谢过程中所产生的热量，在异化过程中，物质分解产生的能量一部分被利用掉，另一部分就以热的方式散失。

一、正常体温

在实际工作中，一般以直肠温度作为犬体深部的体温指标。体温因个体、品种、年龄、性别及环境温度、活动状况等因素的影响而异。一般幼龄动物的体温比成年动物的高些；雄性动物比雌性动物的高，但雌性动物在发情、妊娠等时期的体温又比平常要高一些；白天比夜间高，而早晨最低。

体温的恒定是保证机体正常生命活动的一个重要条件。机体新陈代谢过程中所释放的能量，除一小部分转变为对外的活动外，其余的绝大部分都是以热的形式向外界发散的。在产热和散热的过程中，机体得以经常地保持体温的恒定。新陈代谢一旦停止，体温也就不复存在了。犬类都具有很强的体温调节机制，体温经常维持在一定的范围内（37～42℃），称为恒温动物（表 14－1）。在新陈代谢过程中需要酶的参与，而它们活动的最适宜温度范围是 37～40℃，过高或过低都会影响酶的活力，或使其活力丧失，致使机体的各种代谢发生紊乱，甚至危及生命。犬患病时，中枢神经系统常受到明显影响，从而使体温调节机制发生紊乱，体温会发生升高或降低。因而，观察犬类体温的变化，往往是宠物养护和动物医生进行临床检查的一个重要的参考指标。

表 14－1　不同体型幼犬和成犬的体温

体型	幼犬/℃	成犬/℃
小型犬	38.5～39	38～39
中型犬	38.5～39	38～38.5
大型犬	38.2～39	37.5～39

机体的代谢强度（产热水平）还随环境温度而改变，环境温度低、代谢加强；环境温度高，代谢可以适当地降低。因此在适当的环境温度范围内，动物的代谢强度和产热量可保持在生理的最低水平，而体温仍能维持恒定，这种环境温度称动物的等热范围或代谢稳定区。环境温度在等热范围内时，饲养动物最为适宜，经济上也最为有利。气温过低时，机体需通过提高代谢强度与增加产热量来维持体温，因而增加饲料的消耗；反之，气温过高时，则会因耗能散热而降低动物的生产性能。犬的等热范围为 15～25℃。

二、产热和散热

正常体温的维持，有赖于机体产热过程和散热过程的动态平衡。机体在新陈代谢过程中，不断地产生热量，用于维持体温；同时，体内热量又由循环血液带到体表，通过辐射、传导、对流以及蒸发等方式不断地向外界散发，产热过程与散热过程达到动态平衡，体温就可维持在一定的水平上。

（一）产热

机体在新陈代谢过程中，一切组织和器官都在不断地产生热量，但由于营养物质的种类不同，不同组织器官中氧化分解的强度不同，因而产生的热量也就不同。在整个机体内，肌肉、肝脏、腺体代谢产生的热量最多，特别是骨骼肌，动物在工作时肌肉的产热量占总产热量的2/3以上，剧烈运动时的产热量还要增加4~5倍之多。一些外界因素，如热的饲料、饮温水、外环境温度增高等，都可以成为体内产热的一部分来源。当环境温度降低时，机体靠两种方式来维持体温的恒定：一是物理性调节，即体表血管收缩、被毛竖立、腺体分泌减少；二是化学性调节，即靠机体内物质代谢的增强，使体热增加。化学性调节是在物理性调节已不能维持体温的恒定时才开始起作用。

（二）散热

机体不仅要产生热量，而且还要不断地将所产生的热量散发掉，这样才能维持体温的相对恒定；否则，体热在体内蓄积会导致死亡。机体主要通过皮肤、呼吸道、排粪、排尿的途径来散热，其中以皮肤散热为主。机体通过皮肤散热的方式有辐射、传导、对流和蒸发四种。

1. 辐射

辐射是机体以红外线的方式直接将热量散发到环境中的一种方式。体表的温度与周围空气或环境物体之间的温度差异越大，辐射所能散发的热量就越多。因此，低温的空气及寒冷的地面，都可增加机体的辐射散热；反之，机体不但不能利用辐射散热，反而会吸收环境的热而使体温升高。

2. 传导

传导是机体靠与较冷物体接触而将体热传出的一种散热方式。机体本来就是热导体，体热是通过血液循环传导至皮肤表面的，然后再由皮肤传给所接触的物体。与皮肤接触的物体的导热性和温度是影响传导散热效果的两个因素。与皮肤接触的物体导热性越好，温度越低，传导所散失的热量就越多。水的导热性比空气好，因此在炎热的夏季动物喜欢水浴。

3. 对流

对流是机体靠周围环境中冷热空气的流动将体热散失的一种方式。动物体周围与体表接触的空气，由于受到体热的加温密度变小而逐渐上升，被冷空气取代。这样冷热空气的不断对流就把动物的体热给带走了。影响这一散热方式的因素主要是空气的流动速度及其温度的高低。在一定限度内，对流速度（风速）越大，散热也就越多。

4. 蒸发

蒸发是当机体所处环境的温度等于体温或超过体温时，机体由皮肤表面蒸发水分和由呼吸道呼出水蒸气的一种散热方式。这些水分来源于机体组织，通过皮肤角质层透出一部分，另外就是皮肤的汗腺所分泌的汗液。1 g 水分在蒸发时，可以散失 2.43kJ 的热量，所以出汗是一个很重要的散热途径。而犬的被毛较厚，靠大量排汗散热不是很好的散热方式，汗腺不发达代之以唾液蒸发来散热，尤其外界气温高于体表温度时，其余的三种散热方式的散热量急剧减少，这一方式显得更为重要。

三、体温的调节

体温的恒定是机体内产热和散热的动态平衡，而能保持这种平衡，是中枢神经系统精确调节的结果。在此过程中，中枢神经系统不断地接受来自内外感受器的温度变化及血液的温度变化，从而发出冲动传递给神经或神经体液来改变相关的活动。

（一）体温调节中枢

体温调节中枢在下丘脑。下丘脑存在着热敏感神经元和少数的冷敏感神经元。当热敏感神经元兴奋时，可使机体的散热量加强；而冷敏感神经元兴奋时，会引起机体的产热反应加强。由这两种神经元共同构成了机体的体温调节中枢。

动物体的体温之所以能保持在一个稳定的范围内，还由于下丘脑的体温调节中枢存在着调定点，调定点的高低决定体温的高低。下丘脑的热敏感觉神经元就是起调定点的作用。热敏感神经元对温热的感受有一定的阈值，动物不同阈值不同，这个阈值就称为该动物的体温稳定调定点。当中枢的温度升高时，热敏感神经元冲动发放的频率就增加，使散热增加；反之则发出的冲动减少，产热增加，从而达到调节体温的作用，使体温保持了相对的恒定。

（二）体温调节的过程

正常情况下，当体内外温度降低时，皮肤、内脏的温度感受器接受刺激发出神经冲动，并沿着传入神经到达下丘脑的热敏感神经元；或血液温度降低直接刺激热敏感神经元和冷敏感神经元，分别使其抑制或兴奋，从而共同作用于下丘脑的体温调节机构。此时，皮肤的血管收缩，减少皮肤的直接散热，全身骨骼肌紧张度增强，发生寒颤，同时在中枢的支配下还能促进肾上腺素和甲状腺素分泌的增加，使机体的代谢增强，产热量增加。另外动物行为方面会表现出被毛逆立，挤在一起，采取蜷缩姿态等来减少散热；反之，当外界环境温度与血液温度升高时，则可通过相反的途径增加散热，减少产热，维持体温。

任务三 | 犬体温、脉搏和呼吸数的测定

体温、脉搏、呼吸数是宠物生命活动的重要生理指标。在正常情况下，除受外界气温及运动、使役等环境条件的暂时性影响外，一般在一个较为恒定的范围内波动。

一、犬体温的测量

（一）目的要求

掌握犬体温的测量方法。

（二）设备材料

体温计、口笼等保定器材、实验动物。

（三）测量方法

1. 简单判定

判定犬发热的简单方法是从犬的鼻、耳根及精神状态来分析。正常犬的鼻端发凉而湿润，耳根部皮温与其他部位相同。如果发现鼻端（鼻镜）干而热，耳根部皮肤温度较其他部位高，精神不振、食欲不良而渴欲增加时，则表明该犬体温高。

2. 准确测量

准确测量犬的体温时，术者将体温表的水银柱甩到35℃以下，用酒精棉球擦拭消毒，并涂少量润滑剂（液状石蜡），由助手对宠物适当保定，测温者将尾稍上提，把体温表缓缓插入肛门内。插入后要防止体温表脱落，5min左右即可取出，读取度数。应当注意的是，当宠物兴奋、紧张和运动后，或外界气温升高等，直肠温度可能有轻度的升高。

（四）技能考核

根据操作过程考察、结构准确性对比和结合操作的口试评定成绩。

二、犬脉搏数的测定

（一）目的要求

掌握犬脉搏的测量方法。

（二）设备材料

实验动物、口笼等保定器械。

（三）测量方法

犬在股动脉处测定脉搏数，进行脉搏检查时，检查者一只手（左手）握住宠物的后肢跖部，另一只手（右手）的食指和中指放于股内侧的股动脉上，

拇指放于股外侧。

脉搏检查要注意计算脉搏的频率，感知脉搏的性质（搏动的大小、强度、软硬及充盈状态等）及有无节律的变化。犬的脉搏可因品种、年龄、性别以及妊娠等生理因素和运动、兴奋及外界温度的变化而略有不同。

动物的脉搏数也可结合听诊心音来确定。

（四）技能考核

根据操作过程考察、结构准确性对比和结合操作的口试评定成绩。

三、犬呼吸数的测定

（一）目的要求

掌握犬呼吸数的测量方法。

（二）设备材料

实验动物、口笼等保定器械。

（三）测量方法

检查者站于犬的一侧，观察胸腹部的起伏动作，一起一伏为一次呼吸。冬季寒冷天气条件下，可通过观察呼出气流的次数来测定犬的呼吸次数，还可对肺进行听诊来测定呼吸音的次数，据此来确定呼吸数。

（四）技能考核

根据操作过程考察、结构准确性对比和结合操作的口试评定成绩。

项目十五 神经生理

［知识目标］

1. 掌握突触传递的和神经纤维传导的原理。
2. 掌握自主神经对内脏的调节作用。
3. 掌握特异性传导系统和非特异性传导系统的作用和关系。
4. 掌握皮质下中枢和大脑皮质的主要作用。
5. 掌握条件反射的形成原理。
6. 掌握神经型的分类。

［认知与解读］

高等动物的神经调节功能高度发达，无论对内外环境各种要素的感觉、信息在外周与中枢间的传导，还是对机体各器官系统乃至组织细胞调控，都是低等动物无法比拟的。犬的神经功能既与各器官系统的功能调节密切相连，又与工作生活实际直接相关，还与内分泌及免疫关系密切，是学习犬类生理的难点。

学习这部分内容的基本纲要是反射活动的几个基本环节和神经系统解剖组织构成。神经系统对机体各种生命活动的调节都是通过反射活动实现的，所以神经系统的生命活动主要包括神经纤维的传导、突触传递、感觉功能、躯体运动调节、内脏活动的调节和中枢的调节作用。

任务一 | 反射弧和神经纤维传导

一、反射弧

神经系统对机体各种生命活动的调节作用都是通过反射活动实现的，反射

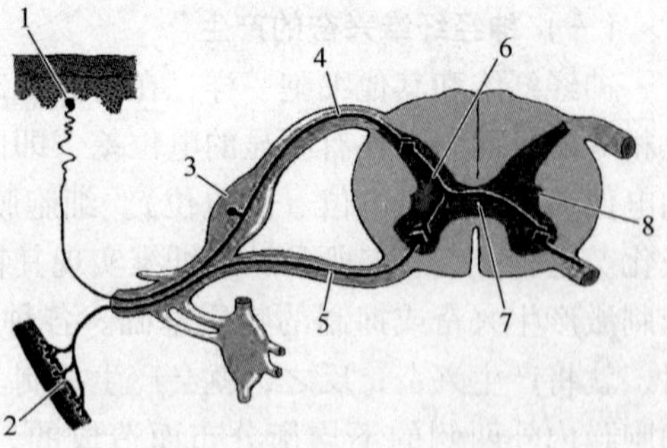

图 15－1 反射弧模式图

1—感受器 2—效应器 3—脊神经节 4—传入神经元 5—传出神经元 6—联络神经元 7—脊髓中央孔 8—脊髓侧角

是动物机体对刺激发生反应的生理过程。刺激是机体内外环境的变化，反应则是机体受刺激后所发生的功能改变。反射活动的组织结构基础是反射弧，反射弧由感受器、传入神经、中枢、传出神经核效应器组成（图 15－1）。机体通过神经系统的反射活动来调节各器官系统的功能，这种调节方式称为神经调节。

（一）感受器和效应器

感受器是感觉神经末梢在其他组织器官中与其附属结构共同形成的换能装置。感受器的种类较多，结构有的简单、有的复杂，但都具有将内外环境的变化转化为神经冲动的作用。根据所收集的信息源的位置可把感受器分为距离感受器、外感受器、本体感受器和内感受器四种。距离感受器如视感受器、听感受器和嗅感受器，能够感受与自身有一定距离的信息。外感受器如皮肤、舌等器官内的触觉、痛觉、温觉和味觉等感受器，能够接受机体表面的信息。本体感受器如肌肉、肌腱、关节和内耳等处的肌梭等感受器，能够接受空间位置和运动等信息。内感受器主要是分布在内脏和血管等处的感受器，能够接受机体内部各种内环境变化信息。

效应器是传出神经纤维末端与肌组织和腺上皮之间所形成的、能将神经冲动转化成细胞组织功能变化的换能器。神经能够直接支配（形成效应器）的组织只有横纹肌、心肌、平滑肌和腺上皮。横纹肌完成躯体运动的调节，心肌、平滑肌和腺上皮完成内脏的功能调节。

（二）传入神经、传出神经和中枢

传入神经和传出神经是联系中枢与感受器或效应器的神经纤维，它能够将感受器所接受的信息传递给中枢，或把中枢的指令传递给效应器。虽然其信息传递的方向是双向的，但实际神经冲动经常产生于一端，即其在反射弧中所处的位置决定了其传递信息的方向性。

中枢是脑和脊髓内传入神经和传出神经径路上的一团相互间联系复杂的神经细胞团，它能够分析感觉信息，发出指令以调节相应器官的活动。

反射性调节（神经调节）比体液调节迅速、准确、范围小、持续时间短。

二、神经纤维传导

神经纤维具有高度的兴奋性和传导性。生理上把沿着神经纤维传导的兴奋称为神经冲动。兴奋源于动作电位，而动作电位是基于静息电位的。

（一）神经纤维兴奋的产生

神经纤维和其他细胞一样，在静息状态下，细胞膜表面上各点之间的电位是相等的，而膜内外有明显的电位差，即内负、外正的电位，这种细胞膜内外的电位差，称静息电位（膜电位）。细胞膜保持内负、外正的这种状态，称为极化。这种极化状态既是神经纤维实现其特殊传导功能的先决条件，也是它对于刺激产生兴奋或抑制的物质基础。各种因素凡能消除或降低这种极化状态时，就将产生兴奋；反之，就会产生抑制。静息电位的产生是由于一些离子在细胞膜内外两侧的不均衡分布而造成的，膜内的 K^+ 浓度高于膜外，而膜外 Na^+ 浓度高于膜内。静息状态下，膜对 K^+ 的通透性高，使膜内 K^+ 移向膜外，但带负电荷的大分子蛋白不能通过膜而留在膜内，这样形成膜内负外正的电位，即为静息电位。

神经或肌肉细胞在兴奋时所产生的可传播的电位变化，称为动作电位。当神经纤维受到刺激而兴奋时，引起细胞膜的通透性改变，此时膜对 Na^+ 的通透性突然发生瞬间增大。膜外的 Na^+ 就依靠膜内外原有的 Na^+ 浓度差和外正内负电位差的推动，迅速向膜内扩散，先使膜内外原有的电位差迅速缩小，直至消除静息时膜两侧的极化状态，这个过程称为去极化；随着更多的 Na^+ 继续进入膜内，去极化进一步发展，从而使膜内带正电位，膜外带负电位，这个过程称为反极化；最后，细胞膜恢复原来的通透性，又恢复外正内负的静息状态电位水平，这个过程称为复极化。发生这一可传播的特殊电位变化，即为动作电位。在生理学上常把动作电位看做是细胞兴奋的标志。所以，兴奋性就是细胞受到刺激时产生动作电位的能力。

（二）神经纤维传导兴奋的特征和速度

神经纤维只有在结构和功能上都完整时才能传导兴奋。如果神经纤维受压迫、损伤或被切断，或因局部受麻醉药、冷冻等因素的作用，丧失了完整性，兴奋传导将受阻。神经纤维传导兴奋时具有完整性、绝缘性、双向性、不衰减性和相对不疲劳性的特点。

神经纤维传导速度与纤维的直径、有无髓鞘及温度有关。纤维直径越大，传导速度越快；有髓神经纤维比无髓神经纤维的传导速度快；温度在一定范围内升高可使传导速度加快，温度降低可使传导速度减慢，甚至出现传导阻滞，如临床上利用低温进行麻醉。

任务二 | 突触传递和中枢生理

一个具体的反射弧最少须由三个神经元构成，实际上复杂的反射需要很多神经元来完成，而神经元之间的信息传递就靠突触来完成。这些神经元之间的复杂联系，主要是在脑和脊髓灰质及神经核内，在生理上通常把中枢神经系统（脑和脊髓）内具有某一功能调节作用的神经细胞团称为中枢。

一、突触传递

突触传递是神经系统中信息交流的一种重要方式。反射弧中神经元与神经元之间、神经元与效应器细胞之间都通过突触传递信息。

（一）突触的种类

突触可按传递原理、结构特征和作用结果分类。

1. 按传递原理分类

根据突触信息传递方式可将突触分为化学突触和电突触两种。化学突触靠突触前神经元末梢以出胞作用的方式释放突触小泡，由小泡中的化学介质（神经递质）到达突触间隙，作用于突触后膜上的受体，使突触后神经元接收到相应的信息；而电突触则通过突触前后膜之间的缝隙连接，以离子交换方式将电冲动传递给突触后神经元。动物体内多数是化学突触。

2. 按结构特征分类

根据突触后神经元形成突触的部位可将突触分为轴体突触、轴轴突触和轴树突触。三种突触的突触前神经元都是以其轴突终末所形成的突触小结来参与突触的构成的。轴体突触的突触小结附着在突触后神经元的胞体上，轴树突触的突触小结附着在突触后神经元的树突上，轴轴突触的突触小结则附着在突触后神经元的肘突上（图 15－2）。

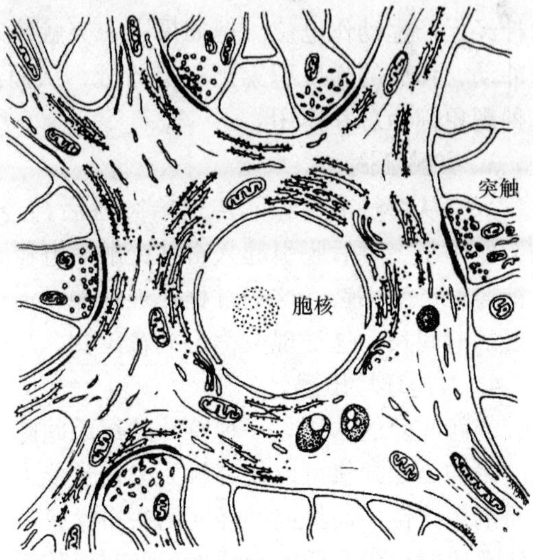

图 15－2 神经元胞体和突触超微结构模式图

3. 按作用结果分类

从功能的角度，按照突触后神经元的功能变化特点可把突触分为兴奋性突触和抑制性突触。兴奋性突触传递的结果是使突触后神经元兴奋，抑制性突触传递的结果是使突触后神经元抑制。

（二）兴奋性和抑制性突触的传递

1. 兴奋性突触

兴奋性突触兴奋时，突触前膜释放某种兴奋性递质，作用于突触后膜上的特异受体，提高了后膜对 Na^+ 和 K^+ 的通透性，特别是对 Na^+ 的通透性升高，引起 Na^+ 内流，使突触后膜发生局部去极化，突触后神经元的兴奋性提高，称为兴奋性突触后电位，这个过程称兴奋性突触传递。

2. 抑制性突触

抑制性突触兴奋时，突触前膜释放的递质是抑制性递质，与突触后膜受体结合后，可提高后膜对 Cl^- 和 K^+ 的通透性，尤其是对 Cl^- 的通透性升高；由于 Cl^- 的内流与 K^+ 的外流，突触后膜发生局部超极化，从而使突触后膜难以发生去极化，结果降低了突触后神经元的兴奋性。

（三）突触传递的特点

冲动在突触上的传递与在神经纤维上的传递相比，具有单向传递、突触延搁、总和作用，兴奋节律改变和对内环境变化的敏感及易疲劳等特征。

1. 单向传递

突触传递只能从突触前神经元传递给突触后神经元，而不能逆传。突触前膜释放的化学介质与突触后膜的特殊受体相结合，引起突触后膜产生兴奋；而突触后膜兴奋时，不能释放化学递质，所以不能反过来引起突触前膜兴奋，这就是在突触处只能是单向传递的原因。由于这一特性，使神经冲动在反射弧中能沿着特定方向和途径传导。

2. 总和作用

突触前神经末梢传来一次冲动及其引起递质释放的量，常不足以引起突触后神经元产生动作电位。但如果同一突触传来一串冲动，或者许多突触同时传来冲动，释放的递质积累到一定的量，从而激发突触后神经元产生动作电位，这种现象称为总和作用。

3. 突触延搁

兴奋从突触前神经元传递给突触后神经元，要经过化学介质的释放和扩散，作用于突触后膜引起兴奋性突触后电位，然后在总和的基础上才能使突触后神经元产生兴奋。这些过程使神经冲动通过突触所花的时间比通过神经纤维需要的时间长，这种现象称为突触延搁。

4. 对内环境敏感

突触间隙的本质是一种特殊的组织间隙，因此最容易受内环境理化因素变化的影响。如缺氧可以使突触失去传递能力；碱中毒可以提高突触后膜对化学介质的敏感性，而提高神经元的兴奋性，严重时会诱发惊厥；酸中毒可以降低突触后膜对化学介质的敏感性，使突触传递停止，严重时会导致昏迷；血液中某些离子浓度或比例稍有改变，也会显著影响神经元及其突触的兴奋性。

5. 对化学物质敏感

突触对某些化学物质的敏感性不同，有的引起兴奋，有的引起抑制。如咖啡因或茶碱等能提高突触后膜对兴奋性介质的敏感性，即提高神经元的兴奋性，对大脑中的突触作用尤其明显，所以这类药物常被用做大脑的兴奋药。巴比妥类药物能降低突触后膜对兴奋性介质的敏感性，或加强抑制性化学介质的作用，从而降低神经元的兴奋性，达到镇静或麻醉目的，故常被用做麻醉药。

（四）突触传递的递质和受体

突触传递的递质主要有胆碱类的乙酰胆碱，胺类的多巴胺、去甲肾上腺素、肾上腺素、5－羟色胺和组胺及氨基酸类的天冬氨酸、谷氨酸、甘氨酸、γ－氨基丁酸等。

突触传递的受体主要有胆碱能受体和去甲肾上腺素能受体两类。胆碱能受体主要有毒蕈碱受体（M 受体）和烟碱受体（N 受体）两种，去甲肾上腺素能受体主要分为 α 受体和 β 受体两种。

二、中枢生理

（一）中枢神经系统的感觉功能

感觉的产生主要是由感受器接受信息，经传入系统向中枢传递，在中枢特定区域形成感觉。中枢神经系统的感觉功能主要由特异投射系统、非特异投射系统和大脑皮质感觉区构成。

特异投射系统是指机体各种感受器（除嗅觉感受器外）传入的神经冲动进入中枢神经后，均沿专一特定的传入通路到达丘脑，并在丘脑内更换神经元，再由丘脑发出上行纤维到达大脑皮质的特定区域引起特异性感觉的传导束（图 15－3）。其功能是引起各种特定感觉，并激发大脑皮质发出传出神经冲动。

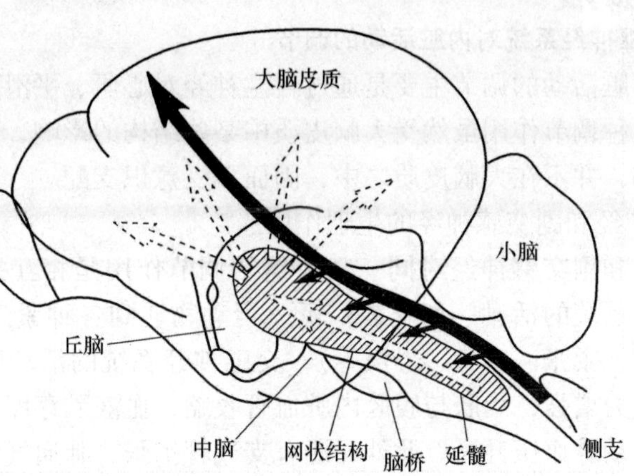

图 15－3　特异和非特异投射系统模式图
实线箭头表示特异投射系统，虚线箭头表示非特异投射系统

非特异投射系统是指机体各种感受器传入的神经冲动，途经脑干时发出侧支与脑干网状结构的神经元发生突触联系，在网状结构内反复换元前行，抵达丘脑，从丘脑再发出纤维弥散地投射到大脑皮质广泛区域。因此，这一感觉投射系统失去了专一的特异感觉传导功能，其功能是提高大脑皮质的兴奋性，维持觉醒状态。

特异投射系统与非特异投射系统二者之间具有密不可分的联系。正常情况下，这二者之间相互作用与配合使大脑皮质既能处于觉醒状态，又能产生各种特定感觉。

大脑皮质是神经系统感觉功能的重要区域，数量庞大的神经元能对传入信息进行精确的分析和综合，不同的皮质区域有不同的感觉功能侧重。

犬对声波的感受范围是16～36000Hz，犬类鼻甲复杂，嗅觉灵敏。

（二）中枢神经系统对躯体运动的调节

小脑具有调节肌紧张的功能，维持身体平衡，并使各种随意运动准确和协调。

大脑是中枢神经系统控制和调节躯体运动的最高级中枢，它对躯体运动的调节是通过锥体系和锥体外系而实现的。

锥体系是由大脑皮质运动区发出的控制躯体运动的下行系统，此系统的一部分神经纤维经脑干交叉到对侧与脊髓运动神经元相联系，调节骨骼肌的精细动作，如锥体系统受损则随意运动受影响；同时还能使躯体运动具有合适的强度，保持运动的协调性。

锥体外系是指锥体系以外的调节躯体运动的下行系统，其主要作用是调节肌紧张、维持身体姿势和协调肌群的运动。

肌肉受牵拉时，所发生的轻度持续性收缩称肌紧张，其作用主要是维持肌肉形状和身体姿势。

（三）中枢神经系统对内脏活动的调节

机体对内脏活动的调节主要是通过自主神经对心肌、平滑肌和腺体的作用来实现的。这种调节作用虽然受大脑皮质中某些结构的影响，但其基本中枢主要在丘脑下部，并不在大脑皮质之中，因而不受意识支配。

1. 交感神经和副交感神经的生理作用

交感神经和副交感神经对同一效应器的调节作用是相互拮抗、协调统一的。交感神经系统的活动一般比较广泛，当动物遇到各种紧急情况时（如剧烈运动、失血、紧张、窒息、恐惧等），交感神经系统的活动明显增强，使心率增快，心缩力增强，皮肤与腹腔内脏血管收缩，血液贮存库排出血液以增加循环血量，使动脉血压升高。此外，还有支气管扩张、肺通气量增加、胃肠道活动抑制、肾上腺素分泌增加等反应。其主要作用是动员体内许多器官的潜在能力，帮助机体度过紧急情况，以提高机体对环境急变的适应能力。副交感神经的作用范围比较局限，往往在安静时活动较强，主要作用是保护机体、休整恢复、促进消化、积聚能量以及加强排泄和生殖等方面的功能。例如，副交感神经活动加强，可使心脏活动抑制、瞳孔缩小、消化功能增强以促进营养物质吸收和能量补充等（自主神经的生理作用见表 15－1）。

表 15－1 自主神经的生理作用

功能	交感神经	副交感神经
心搏动、心率	加强加快	减慢减弱
腹腔血管	收缩	舒张
肌肉血管	舒张	部分血管收缩
支气管平滑肌	舒张	收缩
呼吸道黏液腺	分泌减少	分泌增加
胃肠平滑肌	舒张	收缩
消化腺分泌	减少	增加
消化道扩约肌	收缩	舒张
膀胱平滑肌	舒张	收缩
膀胱扩约肌	收缩	舒张
瞳孔	散大	缩小
竖毛肌	收缩	舒张
汗腺分泌	增加	减少
肾上腺髓质分泌	增加	减少
糖原分解	加强	减弱
血糖浓度	升高	降低

2. 自主神经的末梢递质

自主神经末梢与躯体运动神经末梢兴奋传递一样，都是通过释放某些化学递质来实现的。全部自主神经的节前纤维和副交感神经的节后纤维末梢所释放的化学递质都是乙酰胆碱，支配汗腺的交感神经的节后纤维末梢也释放乙酰胆碱，大多数交感神经的节后纤维末梢释放的递质去甲肾上腺素。凡释放乙酰胆碱作为递质的神经纤维，称为胆碱能纤维；凡释放去甲肾上腺素作为递质的神经纤维，称为肾上腺素能纤维。

3. 自主神经的中枢

脊髓中有排粪中枢、排尿中枢、勃起中枢和竖毛反射等初级中枢，在高级中枢的控制下进行相应的调节活动。中脑、脑桥和延髓也称低位脑干，其中有心血管运动、呼吸、呕吐和吞咽等中枢，能够完成比较复杂的内脏反射活动，一旦受损，可危及生命，有“生命中枢”之称。下丘脑是脑干的较高级部位，可整合内脏活动和躯体运动及内分泌活动，对水盐代谢、体温、摄食行为和内分泌等复杂活动进行调节，是自主神经较高级中枢的所在部位。大脑边缘叶为核心的边缘系统，是内脏活动调节的高级中枢。

任务三 | 条件反射和神经型

一、条件反射

动物机体的反射活动分为非条件反射和条件反射。非条件反射是通过遗传获得的先天性反射。条件反射是后天获得的，是脑的高级神经活动，是大脑皮质特有的反射活动。

（一）条件反射和动力定型的形成

条件反射建立在非条件反射的基础上，动物采食时，食物进入口腔引起唾液分泌，这是非条件刺激引起的非条件反射。如果每次食物入口之前或同时，都看到食物的形状、嗅到食物的气味、看到熟悉的主人或饲养员和食具，或者到了饲喂时间，最初并没有引起动物特殊的行为反应和唾液的分泌，而经过一段时间以后，只要有这些非条件刺激，即便并没有饲喂，也会引起一系列的食欲及唾液分泌等消化反应，这就是条件刺激所引起的条件反射。

动物在一系列有规律的条件刺激与非条件刺激结合的作用下，经过多次反复强化，神经系统能够相当巩固地建立起一整套与刺激相适应的功能，并表现出一整套有规律的条件反射活动。在这种情况下所形成的整套条件反射，使大脑皮质的活动定型化，称为动力定型。所说的“习惯成自然”和“熟能生巧”就是动力定型的结果。动力定型的原理对宠物饲养管理和疾病防制实践有重要的指导意义，人们可利用有规律的饲养管理方法，建立和巩固动物的动力定型，并使动物的各种生理活动最大限度地适应其生活环境。

（二）条件反射的泛化、分化和消退

当一种条件反射建立后，若给予和条件刺激相近似的刺激，也可获得条件刺激的效果，引起同样条件反射，这种现象称为条件反射的泛化，它是由于条件刺激引起大脑皮质兴奋向周围扩散的结果。如果这种近似刺激得不到非条件刺激的强化，该近似刺激就不再引起条件反射，这种现象称为条件反射的分化。在条件反射建立以后，如果仅使用条件刺激，而得不到非条件刺激的强化，条件反射的效应就会逐渐减弱或消失，而出现条件反射消退的现象。条件反射的分化和消退都是大脑皮质发生抑制过程的表现，前者是分化抑制，后者为消退抑制，二者都是条件反射性抑制。分化抑制是大脑皮质对各种传入冲动具有高度精确的分辨能力的生理基础，分化抑制的建立对动物的正常活动具有重要意义，动物可借助它把内外环境中无数类似的刺激区别开来，对某些有信号意义的刺激产生兴奋性反应，而对其余类似刺激发生抑制性反应。消退抑制也是动物适应不断变化的环境的重要生理机制，动物可以根据环境的变化建立

新的条件反射。

（三）条件反射的意义

宠物对内外环境的适应都是通过非条件反射和条件反射来实现的。条件反射与非条件反射相比，无论在数量上还是在性质上都有很大的区别。非条件反射的数量有限，而条件反射的数量几乎是无限的；非条件反射比较恒定，而条件反射具有很大的可塑性，既可以建立，也可以消退。因此条件反射具有较广泛、精确而完善的适应性。此外，条件反射使动物具有预见性，能更有效地适应环境。例如，依靠食物性条件反射，家畜不再是消极地等待食物入口，而是根据食物的形状和气味去主动寻找；也不再是等食物入口后才开始消化活动，而是在此之前就做好消化的准备。

二、神经型

在实践中，动物个体之间的表现是有一定差别的，有的活泼、有的安静、有的胆大、有的胆小。造成这些个体表现差异的原因虽然是多方面的，但主要与动物的神经型有关。动物的神经型分为兴奋型、活泼型、安静型和抑制型四种。

（一）兴奋型

兴奋型也称强而不均衡型，这种类型的特点是兴奋过程和抑制过程都很强，但兴奋过程略强于抑制过程。动物表现为兴奋性高、充满活力、奔放不羁，并能根据外界刺激调整自身的活动，对恶劣环境刺激有较高的抵抗能力。

（二）活泼型

活泼型又称强而均衡型，这种类型的特点是兴奋过程与抑制过程都比较强，而且二者均衡并容易转化，同时灵活性也很好。动物表现为活泼，对于一切刺激反应很快，动作迅速敏捷，能适应变化的外界环境。

（三）安静型

安静型又称不强而均衡型，这种类型的特点是兴奋过程和抑制过程都不强，而且二者均衡，但相互转化较困难。动物具有较强的忍受性，但灵活性不好，行动特征与活泼型完全相反，表现为安静、沉着、反应较为迟缓，不太容易适应迅速变化的环境。

（四）抑制型

抑制型又称弱型，这种类型的特点是兴奋和抑制过程都很弱，过强的刺激容易引起疲劳，甚至引起神经衰弱。动物表现为胆小畏缩、反应速度缓慢，难以适应迅速变化的环境。

任务四 | 犬条件反射的建立和神经型的识别

一、犬条件反射的建立

（一）目的要求

通过对犬的训练掌握建立反射的基本方法。

（二）实训材料

犬、食物、哨子、项圈和2m长的绳子。

（三）方法步骤

利用哨声寻找物品并以口衔回和给予食物的多次结合，训练犬听到哨音就懂得将相关物品寻回的条件反射。

（四）技能考核

每小组完成一份实训报告，根据训练结果进行考核。

二、犬神经型的识别

（一）目的要求

通过观察犬对各种刺激的反应，学会区分犬的神经类型。

（二）实训材料

不同类型的犬各1只，共4只，玩具手摇机枪4支或小鞭炮若干、步表4只、项圈4个、2m长的绳子4根。

（三）方法步骤

1. 判定犬兴奋过程强度的方法

（1）利用响声刺激判定兴奋过程的强度　当犬进食，犬的主人以急响器或鞭炮等由远及近地在食物盆旁发出响声，观察犬对这一声音刺激的反应。如果犬表现对此音响无反应而继续吃食；听到响声就停止吃食但不离开食盆，仅表示探求反应后又继续吃食；在最初听到响声而离开食盆，然后又走近食盆照常吃食并不再对音响发生反应。这些说明犬的兴奋过程是强的和比较强的。如果犬被这种声音刺激所抑制而不再吃食，说明犬的兴奋过程比较弱。

（2）利用步表判定犬的兴奋过程的强度　把步表挂在犬的颈上，并将犬用长约66cm的铁链（绳子）拴在某一固定的物体上，然后，让犬的主人持食物，在距离犬230~260cm的地方反复唤犬的名字，并让犬看到食物（犬必须是饥饿的）。约2min后，检查步表上所记录下来的犬运动的次数。步表上所记录的次数越多，说明犬兴奋过程强度越强，应属于运动兴奋性高的类型。如没有步表，则可以用心计数。

（3）利用威胁音调口令刺激判定犬的兴奋过程的强度　兴奋过程强的犬，不会被大声的口令所抑制；而兴奋过程弱的犬，却表现为极度的抑制甚至停止活动。兴奋过程强的犬，在同一刺激频繁作用下，以及在鉴别、追踪等较为复杂困难的训练课目中，不容易产生超限抑制；反之，兴奋过程弱的犬，就常常不易负担。

2. 判定犬抑制过程强度的方法

判定犬抑制过程的强度，可以在训练某些具有抑制性质的科目中看出。例如，鉴别、追踪［分化抑制或使犬坐着不动（延缓抑制）进行判定］，具有强抑制过程的犬，能够很快地而且比较准确地完成上述科目。但是，抑制过程弱的犬完成上述科目就比较慢，而且抑制过程易被解除。

3. 判定犬神经过程灵活性的方法

在训练中，有的犬表现能很迅速地从一种神经过程转变为相反的神经过程。例如，灵活性好的犬，当训练员发出“非”的（抑制性）口令以后，立即又发出“来”的（兴奋性）口令，犬能很快地从抑制状态中解脱出来，并迅速地靠近训练员。但是，灵活性差的犬却在一个较长的时间内始终处于抑制状态，不能立即按照另一口令做出动作。

灵活性好的犬，也表现在能很容易习惯于从某一生活环境转移到另一新的环境。对于更新主人也表现能很快的熟悉，这种犬在消退某些不良联系时也很快。灵活性不好的犬则与此相反。

（四）技能考核

每小组完成一份实训报告，根据判定实施过程进行考核。

项目十六 内分泌

[知识目标]

1. 了解激素的分类和作用原理。
2. 掌握下丘脑、脑垂体和松果体的生理功能。
3. 掌握甲状腺、甲状旁腺和肾上腺的生理功能。
4. 掌握胰岛和性腺的内分泌功能。
5. 了解神经、内分泌和免疫功能之间的密切关系。

[认知与解读]

内分泌是动物完成体液调节的主体。内分泌与各器官系统的功能调节关系十分密切，是宠物养护与疾病防治，尤其是与营养代谢及繁殖等相关的技术的基础。

任务一 激素的分类和作用

一、激素的分类

激素的种类繁多，来源复杂，按其化学性质可分为肽类和蛋白质激素、胺类和氨基酸衍生物类激素、类固醇激素和脂肪酸衍生物类激素四种，前两种也可合称为含氮类激素。

肽类和蛋白质激素，主要有下丘脑调节肽、腺垂体激素、神经垂体激素、胰岛激素、甲状旁腺激素、降钙素以及胃肠激素等。胺类和氨基酸衍生物类激素，包括肾上腺素、去甲肾上腺素和甲状腺激素等。类固醇激素是由肾上腺皮质和性腺分泌的激素，胆固醇的衍生物——1,25－二羟胆钙化醇（又称1,25－二羟维生素D3）也可作为激素。脂肪酸衍生物类激素只有前列腺素。

二、激素作用的特点和原理

（一）激素的作用特点

激素只对特定的靶细胞产生作用，只调节细胞内生理反应的速度，而不能发动新的反应。微量激素即能起显著的作用，分泌速率不均一，常表现间断性和周期性分泌，通过代谢在肝脏或靶组织内失活或排泄。

（二）激素的作用机制

1. 含氮类激素的作用机制

含氮类激素特别是肽类和蛋白质激素分子较大，且不能溶解于脂类，因此无法直接通过靶细胞质膜进入细胞。当激素达到靶细胞时，首先与细胞膜上的特异受体结合，形成激素受体复合物，并通过G－蛋白激活胞内腺苷酸环化酶，催化ATP生成环一磷酸腺苷而发挥调节作用（图16－1）。

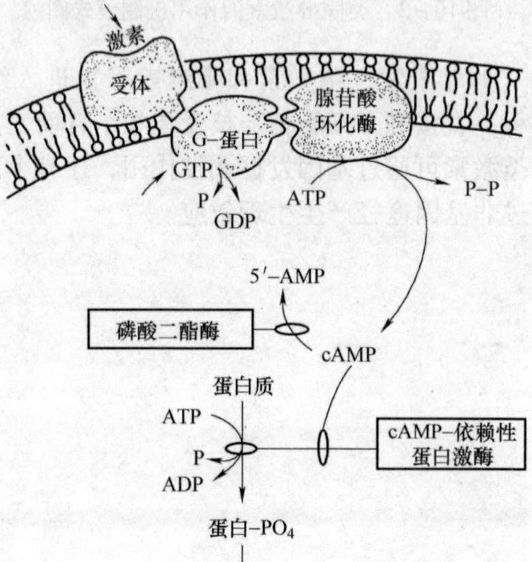

图16－1 含氮类激素的作用机制模式图

2. 类固醇激素的作用机制

类固醇激素分子较小且易溶于脂类，当其到达靶细胞时，可以穿过细胞膜进入细胞内，与细胞浆中的特异受体结合成激素－胞浆受体复合物（图16－2）。受体蛋白发生构型变化后，能使激素受体（胞浆受体）复合物进入细胞核，与细胞核内的核受体结合成有活性的激素受体复合物（活性复合物）。活性复合物附着于DNA上，启动DNA的转录过程，从而促进mRNA

的形成。mRNA 转入细胞质后，与核糖体结合，诱导新蛋白质的生成。新生成的蛋白质或酶参与生理活动过程，支持该激素的作用。

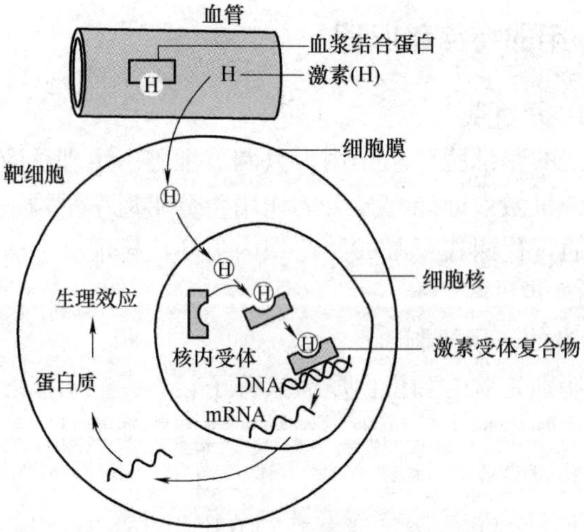

图 16－2　类固醇激素的作用机制模式图

也有一些激素（如雌激素、孕激素和雄激素等）进入细胞质后，没有与胞浆受体结合的过程，直接进入细胞核与核受体相结合而发挥作用。

另外有的多肽类激素可通过基因发挥调控作用，还有个别类固醇激素可作用于靶细胞膜，通过非基因途径产生生理效应。

任务二 下丘脑和各内分泌腺的生理作用

一、下丘脑的内分泌功能

下丘脑与神经垂体和腺垂体的联系非常密切，如某些神经核的神经元轴突延伸终止于神经垂体，形成下丘脑－垂体束。在下丘脑与腺垂体之间也通过垂体门脉系统发生功能联系。下丘脑的一些神经元既能分泌激素（神经激素），具有内分泌细胞的作用，又保持典型神经细胞的功能。它们可将从大脑或中枢神经系统其他部位传来的神经信息转变为激素的信息，起着换能神经元的作用，从而以下丘脑为枢纽，把神经调节与体液调节紧密联系起来。所以，下丘脑与垂体一起组成下丘脑－垂体功能单位。下丘脑主要分泌促甲状腺激素释放激素、促性腺激素释放激素、生长素释放激素和促肾上腺皮质激素释放激素等对垂体的激素分泌起调节作用的激素。

二、脑垂体的内分泌功能

脑垂体虽然是丘脑的一个组成部分，但无论腺垂体还是神经垂体都具有内分泌作用，脑垂体与下丘脑之间联系密切，有特殊的垂体门脉循环。脑垂体主要分泌和释放促性腺激素、促肾上腺皮质激素、促甲状腺激素、生长素、催乳素、加压素和催产素。

（一）促性腺激素（GTH）

GTH 是一种糖蛋白，可分为卵泡刺激素（FSH）和黄体生长素（LH）两种。

FSH 在 LH 的协同作用下，对卵巢的作用是促进卵泡细胞增殖和卵泡生长，并引起卵泡细胞分泌雌性激素；对睾丸的作用是作用于曲精细管的生殖上皮，促进精子的生成，并在睾酮的协同作用下使精子成熟，因此在雄性动物，FSH 又被称为精子生成素。

LH 在 FSH 的协同作用下，对卵泡有明显的促生长作用，并促进卵泡雌性激素合成和卵泡成熟，并激发排卵。排卵后的卵泡在 LH 作用下转变成黄体，LH 有刺激黄体分泌孕酮的作用。LH 对睾丸的作用是促进睾丸间质细胞增殖和合成雄激素。因此，在雄性动物，LH 又被称为间质细胞刺激素。

（二）促肾上腺皮质激素（ACTH）

ACTH 是含有 39 个氨基酸的多肽，主要作用是促进肾上腺皮质细胞增生以及糖皮质激素的合成和释放。在应激时，ACTH 分泌增加。

（三）促甲状腺激素（TSH）

TSH 是一种糖蛋白，分子质量约为 25000。主要作用是加速甲状腺细胞增生及其活动，促进甲状腺激素的合成和释放。

（四）生长激素（GH）

GH 是由一条肽链构成的单纯蛋白质。各种动物的 GH 大约由 190 个氨基酸组成，有明显的种族特异性。近年利用 DNA 重组技术可以大量生产 GH，供临床应用。GH 的生理作用是促进物质代谢与生长发育，对机体各个器官与各种组织均有影响，尤其对骨骼、肌肉及内脏器官的作用最为显著。

1. 促进生长

由于 GH 能促进骨、软骨、肌肉以及其他组织细胞分裂增殖、蛋白质合成增加，从而增加细胞的体积和数量。但离体软骨培养实验发现，GH 对软骨的生长并无直接作用，而必须依靠正常动物血浆中存在的某种促进生长作用的因子。实验研究证明，GH 主要诱导肝产生一种具有促生长作用的肽类物质，称为生长介素（SM），生长介素主要的作用是促进软骨生长，它除了可促进硫酸盐进入软骨组织外，还促进氨基酸进入软骨细胞，增强 DNA、RNA 和蛋白质的合成，促进软骨组织增殖与骨化，使长骨加长。

2. 促进代谢

GH 可通过生长介素促进氨基酸进入细胞，加速蛋白质合成，包括软骨、骨、肌肉、肝、肾、心、肺、肠、脑及皮肤等组织的蛋白质合成增强；GH 促进脂肪分解，增强脂肪酸氧化，抑制外周组织摄取与利用葡萄糖，减少葡萄糖的消耗，提高血糖水平。

另外 GH 还具有促进胸腺基质细胞分泌胸腺素，参与机体免疫功能的调节作用。

（五）催乳素（PRL）

PRL 的名称来自它能刺激鸽嗉囊的上皮细胞增生，生成嗉囊乳。PRL 是一种单纯蛋白质激素。羊的催乳素已被提纯，含有 206 个氨基酸，其他哺乳类的 PRL 大约由 200 个氨基酸组成。在哺乳动物，PRL 的生理作用是在其他激素参与下，发动和维持泌乳（故名催乳素）。另外 PRL 有促进性腺发育、调节水盐代谢等作用。

（六）加压素（ADH）

加压素的主要生理作用是调节血浆渗透压、血容量和血压。由于其促使肾远曲小管和集合管对水重吸收，减少尿量，具有抗利尿效应，因此又称为抗利尿激素。正常时加压素的主要生理功能是抗利尿效应，而对维持血压并不起明显作用，只有其为药理剂量时，通过促使血管平滑肌收缩，引起升血压效应。

（七）催产素（OXT）

催产素的主要作用是促进子宫肌收缩，促使胎儿、胎衣排出及产后止血。此种作用与子宫的功能状态有关，催产素对非孕子宫的作用较弱，而对妊娠子宫的作用较强。雌性激素能增加子宫对催产素的敏感性，而孕激素则相反。另外，催产素还能促使乳腺腺泡周围的肌上皮收缩，促进排乳。也有报道认为，中枢内释放的催产素与学习、记忆、母性行为有关，可提高学习和记忆能力，产生母性行为。

由于催产素与加压素的化学结构相似，因此它们的生理作用有一定程度的交叉。升压素还能促进子宫和乳腺肌上皮收缩，但活性只有催产素的3%左右；同样，催产素也有升压和抗利尿效应，活性大约分别为升压素的1%和0.5%。

三、甲状腺的生理功能

腺泡腔内的胶质是腺泡上皮细胞的分泌物，主要成分为甲状腺球蛋白。滤泡旁细胞分泌降钙素。甲状腺激素主要有四碘甲腺原氨酸（T_4）和三碘甲腺原氨酸（T_3）两种，它们都是酪氨酸碘化物。甲状腺激素没有特异的靶细胞，而是影响机体内的几乎每一个器官，其作用特点是范围广、持续时间长，主要调节新陈代谢、生长、发育等生理过程。

（一）调节代谢

甲状腺激素能促使机体内某些组织的耗氧量和产热量增多，细胞内氧化速率增加，提高有机体的基础代谢率（BMR）。甲状腺功能亢进时，产热量增加，基础代谢率升高，动物喜凉怕热易出汗。

甲状腺激素能促进小肠黏膜对葡萄糖和半乳糖的吸收，并能增强肾上腺素、胰高血糖素、皮质醇、生长激素等的生糖作用，从而升高血糖；同时又能促进糖的分解代谢，加速脂肪、肌肉等外周组织对葡萄糖的摄取和利用以降低血糖。

甲状腺激素促进脂肪酸氧化，增强儿茶酚胺与胰高血糖素对脂肪的分解作用，使血浆中游离脂肪酸的浓度增加。T_4 与 T_3 既能促进胆固醇的合成，又可通过肝加速胆固醇的降解，加速胆固醇从胆汁中排出，但对脂肪总的效应是分解作用大于合成作用。

一般是生理状况下，甲状腺激素可使肌肉、肝与肾的蛋白质合成增加，细胞数量增多，体积增大，尿氮减少，表现为正氮平衡。甲亢（或大剂量）时加速蛋白质分解，尤其骨骼肌蛋白质大量分解，使肝酐含量降低，肌肉收缩无力，尿酸含量增加，动物消瘦。当饲料中含有足够蛋白质时，甲状腺激素常促使蛋白质分解；而当饲料蛋白质不足时，则能促进蛋白质合成。

动物甲状腺功能亢进时，由于蛋白质、糖和脂肪的分解代谢增强，所以患病动物易饥饿，食欲旺盛，且有明显消瘦。

甲状腺激素具有利尿作用，缺乏时可见组织特别是皮下组织发生水盐滞留，同时有大量黏蛋白沉积而引起黏液性水肿。给予甲状腺激素后黏蛋白被氧化或排出，同时水盐排出增加，黏液性水肿消除。甲状腺激素还能加速骨溶解，使尿中钙、磷排出增多，并促进 K^+ 从细胞内释放和排出。

甲状腺激素过多或过少都可影响维生素代谢而造成相对维生素缺乏症。在甲状腺功能亢进时，由于代谢旺盛，对许多维生素需要量增加，而常出现维生素 B 族、维生素 C 及维生素 A、维生素 D、维生素 E 缺乏症；而当功能低下时，则由于吸收或酶转化过程受阻，可出现叶酸和维生素 A 缺乏症。

（二）调节发育和生殖

甲状腺激素是机体生长、发育和成熟的重要调节因素，可促进细胞分化和组织器官的发育，特别在神经、肌肉和骨的正常发育中起着重要作用。幼龄动物缺乏甲状腺激素可见生长发育障碍，尤其表现脑发育不全、生长受阻、性腺发育停止、不出现副性征。

机体的正常生长发育一般由甲状腺激素和生长激素协同调控完成。生长激素主要促进组织生长，而甲状腺激素促进器官、组织的分化。生长激素的生长促进作用，需要有适量的甲状腺激素存在，即甲状腺激素对生长激素有“允许作用”。

甲状腺激素对中枢神经系统的发育和功能有重要影响。在胚胎期和幼龄动物甲状腺激素缺乏，可导致大脑生长和神经纤维髓鞘形成迟缓，脑细胞体积减小，轴突和树突数量减少，传导和反应能力降低，代谢率降低，发生“呆小症”。成年后甲状腺功能异常，同样可见中枢神经系统功能改变。甲状腺功能亢进时，可见兴奋性提高，表现不安和过敏等。

甲状腺激素对泌乳有促进作用，乳牛甲状腺功能不足，可见产乳量和乳脂率下降，喂以甲状腺制剂或甲状腺激素可恢复产乳量和乳脂含量。

四、甲状旁腺素与钙磷代谢的调节

骨和牙齿主要由钙和磷的化合物构成，也是机体钙的储存库，分布在体液中的钙对维持毛细血管的通透性、神经肌肉的兴奋性以及血液的凝固等都有重要的作用。正常情况下血钙水平是相对恒定的，这主要有赖于激素的调节。健康犬的血钙浓度为 8.4 ~ 11.2mg/dL，如果母犬血钙浓度下降到低于 7mg/100dL，就会发病。

参与钙磷代谢调节的激素主要是甲状旁腺素、1,25 - 二羟维生素 D_3[1,25 - $(OH)_2-D_3$]和降钙素。

维生素 D_3，在肝初次羟化后，再到肾进行二次羟化才生成有活性的 1,25 - 二羟维生素 D_3，因此可把 1，25 - 二羟维生素 D_3 视为由肾脏分泌的激素。

甲状旁腺素和 1,25 - 二羟维生素 D_3 的靶器官主要是肠道、骨骼和肾脏，二者的协同作用主要是促进钙磷吸收、促进骨钙释放和促进钙的重吸收，结果是升高血钙。而甲状腺滤泡旁细胞分泌的降钙素则与前二者恰好相反，起到降低血中钙磷浓度的作用。

五、肾上腺的生理功能

肾上腺皮质分泌的皮质激素分为三类即盐皮质激素、糖皮质激素和性激素。肾上腺髓质主要分泌肾上腺素和去甲肾上腺素，也分泌多巴胺，它们都属于儿茶酚胺类化合物。

（一）皮质激素

1. 盐皮质激素

盐皮质激素属于类固醇激素，在天然皮质激素中对水盐代谢调节作用最显著的是醛固酮，其主要作用是促进肾的远曲小管和集合管重吸收钠、水，同时排出钾，即具有“保钠、保水、排钾”作用。此外，盐皮质激素还可刺激大肠重吸收钠并降低汗腺和唾液腺对钠的分泌。随着钠的被保留，机体可保留较多的水分。当醛固酮分泌过多时，将使钠和水贮留，引起高血钠、高血压和血钾降低。相反，醛固酮缺乏时则钠与水的排出过多，血钠减少，血压降低，而尿钾排出减少，血钾升高。

2. 糖皮质激素

糖皮质激素主要为皮质醇，皮质醇对糖、蛋白质、脂类和水盐代谢都有影响，并参与应激反应和免疫调节。

（1）对糖代谢的作用　糖皮质激素是调节机体糖代谢的重要激素之一，主要是促进糖异生、抑制糖利用、引起血糖升高。

（2）对蛋白质代谢的作用　糖皮质激素既抑制蛋白质合成，又加速蛋白质分解，从而造成负氮平衡，其中对骨骼肌、骨、淋巴器官等的蛋白质代谢以促进分解为主，而对肝、胃、肠、泌尿和生殖等器官的蛋白质代谢则以抑制合成为主。

（3）对脂肪代谢的作用　糖皮质激素动员脂肪分解，使血中游离脂肪酸增多，并促进脂肪酸在肝内氧化供能。但由于在皮质醇作用下，血糖浓度升高，而刺激胰岛素分泌，胰岛素有强烈刺激脂肪合成的效应，所以皮质醇对脂肪代谢总的效应是促进脂肪合成。

（4）参与应激反应　当机体受到各种有害刺激时（如缺氧、麻醉、创伤、疼痛、感染、中毒、手术、饥饿、恐惧、寒冷和高温等），均能引起下丘脑－腺垂体－肾上腺皮质系统功能活动加强，使ACTH分泌增多，血中糖皮质激素浓度升高（但并不表现皮质功能亢进的特征），并由此而产生一系列代谢改变和其他全身反应，这称为机体的应激反应或抗紧张作用。此时机体对糖皮质激素的需要量增加，使能量代谢以糖代谢为核心，从而保持葡萄糖对重要组织器官（如脑和心）的供应。

（5）抗炎和抗免疫作用　糖皮质激素对炎症的发生和发展有抑制作用，可使炎症早期的红、肿、热、痛症状得到缓解，并防止炎症晚期形成肉芽和减少疤痕。抗免疫作用表现为对抗原的处理和识别能力下降，减少淋巴细胞增殖，使体液免疫和细胞免疫功能降低。

3. 性激素

正常时因性激素分泌量少并不产生明显效应；过量分泌时因性别、年龄不同而引起机体的异常改变。

（二）髓质激素

肾上腺髓质激素包括肾上腺素和去甲肾上腺素，它们总的效应是与交感神经系统协同动员机体应付紧急情况。机体受到伤害性刺激如疼痛、恐惧、寒冷、缺氧、失血等时，交感－肾上腺髓质系统（有学者根据肾上腺髓质的胚胎来源和结构与功能特点，认为肾上腺髓质的细胞团与主动体和颈动脉体都是副神经节）活动加强，引起心率加快，心输出量增多，血压上升，循环加速，支气管舒张，肺通气量加大；皮肤、黏膜血管收缩，心脏、脑、骨骼肌血管舒张，血液重新分配；糖原和脂肪分解加强，产热增多，从而增强机体对伤害性刺激的耐受力。肾上腺髓质激素的生理作用主要有以下三个方面。

1. 对心血管系统的作用

肾上腺素和去甲肾上腺素都能使心肌收缩增强、心率加快、心输出量增多，从而使血压升高，但肾上腺素增加心率的作用较大，升高血压主要通过增加心输出量，表现收缩压升高；去甲肾上腺素对心率影响较小，升高血压主要通过缩血管作用增加外周阻力，表现舒张压升高。

2. 对代谢的作用

肾上腺素和去甲肾上腺素都能刺激代谢，促进肝糖元和脂类分解，增加血糖和血浆游离脂肪酸的浓度，增加组织的耗氧量，提高基础代谢率。不过作用的强度肾上腺素大于去甲肾上腺素。

3. 对神经系统和其他器官组织的作用

肾上腺素和去甲肾上腺素都能提高中枢神经系统的兴奋性，使动物警觉和清醒，对外界刺激的反应性增加；都可刺激呼吸中枢，增强呼吸，使支气管平滑肌扩张，通气量加大；还能使皮肤血管、竖毛肌、眼扩瞳肌以及胃肠道和泌尿道的括约肌收缩，但对胃肠道和膀胱平滑肌则表现抑制作用。

六、松果体的内分泌功能

松果体能合成多种生物活性物质，其中主要是吲哚类和多肽类两类激素。松果腺素也称褪黑素或 *N*－乙酰－5－甲氧色胺，是松果体所分泌的吲哚类激素中最主要的一种。

松果体细胞从血液中摄取色胺酸，最后转化为松果腺素。在光照较强时，松果腺素合成很少，光照变弱后松果腺素合成增多。松果腺素不具备贮存机制，分子较小并具有良好的脂溶性，容易通过细胞膜，因此可通过被动弥散而快速释放到细胞外。松果腺素的生理作用主要是调节生物钟和内分泌、提高免疫力、防癌抗衰老、调节毛皮生长和生殖功能等。

（一）调整生物钟和睡眠

松果腺通过松果腺素分泌的昼夜变化，把光照信息转化为动物表达黑暗的化学信号，是生物体与自然环境变化同步的重要环节。

哺乳类动物都能够运用光照周期的信息即日夜的长短变化，来预示即将来临的季节变化，相应地调节各种生理功能，从而适应自然环境的季节变化，最典型的例子是动物的冬眠。松果腺素调节机体的主要生物钟——视上核，在视上核已发现密集的松果腺素受体，并且具有直接抑制视上核的代谢活性及蛋白合成的作用。

（二）调整内分泌

松果体有神经内分泌腺之称，有人认为动物内分泌系统的调控中心既不是下丘脑，也不是脑垂体，而是松果体，是松果腺素调节下丘脑的分泌活动，再由下丘脑调控脑垂体，进而支配其他内分泌器官的分泌活动。

（三）提高免疫力

松果腺素具有调节免疫功能的作用。研究表明松果腺素具有抗病毒能力，具有增加肿瘤坏死 α 因子、干扰素 -γ 和白介素 -2 分泌的能力，具有提高单核细胞对皮肤癌的杀伤性的能力。

松果体作为神经—内分泌—免疫网络的成员之一，对机体免疫功能的调节起着重要的作用。机体神经内分泌免疫网络功能的紊乱是很多复杂性疾病的重要因素之一，这些疾病症状有所不同，但是发病机制方面有神经内分泌免疫网络调节紊乱的共性。

（四）促进动物毛皮生长

动物毛皮生长的周期性变化是受光照周期所制约的。日照时间增长可抑制松果腺素的合成，反之就会减轻这种抑制，松果腺素是促进冬毛生长的重要调节性因素。

（五）调节动物生殖功能

经过一定时间必要的长日照刺激后，松果体能通过人为加强短日照或给予外源松果腺素来缩短乏情期向繁殖期的过渡时间，使繁殖季节提前到来。

任务三 | 内分泌组织的生理作用

胰脏中的胰岛、卵巢中的卵泡和黄体以及睾丸间质组织，并没有形成独立的器官，但仍具有明显而重要的内分泌功能。

一、胰岛的生理作用

胰岛是胰腺的内分泌部分，是散在腺泡细胞之间的细胞群，能分泌多种蛋白质或肽类激素，参与机体代谢的调控。胰岛的细胞至少有四种：A 细胞分泌胰高血糖素，B 细胞分泌胰岛素，D_1 细胞分泌生长抑素，PP 细胞分泌胰多肽。

（一）胰岛素

胰岛素由 51 个氨基酸组成，分为 A、B 两条肽链。A 链有 21 个氨基酸残基，B 链有 30 个氨基酸残基，两条肽链通过两个二硫键连接，A 链的第 6 和第 11 个氨基酸之间也有一个二硫键（图 16－3）。不同种属动物的胰岛素分子结构大致相同，除豚鼠外，其他哺乳动物之间无明显的种间差异。

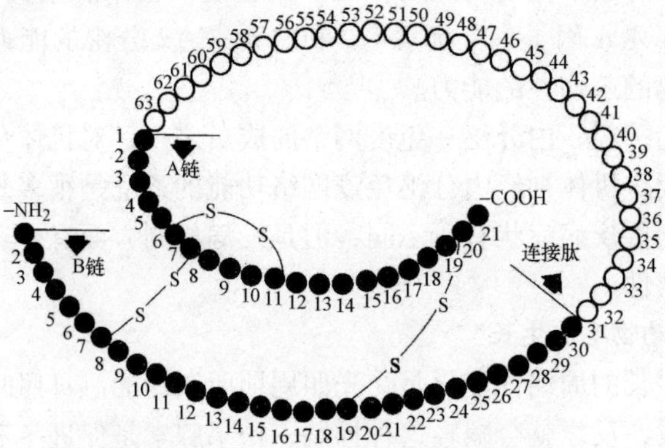

图 16－3　胰岛素的结构示意图

胰岛素是调节三大营养物质代谢的重要激素，特别是对糖代谢的调节尤为重要。总的来说，胰岛素可促进三大代谢性营养物质以不同的形式在体内贮存，故胰岛素有“储存激素”之称。

1. 调节糖代谢

胰岛素具有很强的降低血糖浓度的作用。这是由于胰岛素一方面促进血液中的葡萄糖进入肝、肌肉和脂肪等组织，并在这些细胞内合成糖原，氧化分解或转化为脂肪；另一方面又有抑制糖原分解以及糖的异生作用。通过上述途径胰岛素既增加血糖的去路，又减少血糖的来源，因而使血糖浓度下降。当胰岛素分泌不足时，血糖浓度升高，当超过肾糖阈时，则大量的糖自尿中排出，发生依赖性胰岛素糖尿病。

2. 调节脂肪代谢

胰岛素对脂肪代谢的作用主要有促进肝细胞和脂肪细胞内脂肪酸的合成；促进葡萄糖进入肝细胞并使其转化为中性脂肪；抑制脂肪酶的活性，从而抑制贮存脂肪的分解；促进肝脏胆固醇的合成。总的作用是促进体内脂肪的贮存，抑制贮存脂肪的水解，使血中游离脂肪酸减少，抑制酮体形成。

3. 调节蛋白质代谢

胰岛素既可以促进蛋白质的合成和贮存，又抑制组织蛋白的分解。胰岛素促进氨基酸进入细胞，促进蛋白质的合成，抑制组织蛋白质的分解，促进RNA 和 DNA 的合成。总的作用为使氨基酸进入细胞加快，促进细胞内蛋白质的合成。

（二）胰高血糖素

胰高血糖素可激活肝细胞磷酸酶，加速糖原分解，促进肝内葡萄糖的异生作用，使血糖浓度升高；可活化脂肪组织中的脂肪酶，促进脂肪分解，增加血浆中游离脂肪酸浓度；可促进组织蛋白质的分解和抑制蛋白质的合成，同时还可促进肝脏合成尿素。此外，胰高血糖素还具有强心和增加心率等作用，同时还能促进胰岛素、生长激素、甲状旁腺素、降钙素和肾上腺皮质激素的分泌。由于胰高血糖素对三大营养物质的作用主要是促进分解，所以，有人把胰高血糖素称为“动员激素”。

二、性腺的内分泌功能

性腺是产生性细胞和性激素的器官，即雄性动物的睾丸和雌性动物的卵巢。

性激素主要指由睾丸和卵巢分泌的一些激素，也包括一些不是由睾丸、卵巢分泌的性激素。性激素可分为雄激素、雌激素、孕激素和松弛激素四大类。雄性动物体中以雄激素为主，也有少量雌激素；雌性动物体中以雌激素为主，也有少量雄激素。

睾丸的间质细胞能分泌雄激素（主要是睾丸酮）。卵巢的内分泌细胞是卵泡内膜细胞和黄体细胞，卵泡内膜细胞分泌雌激素，黄体细胞分泌孕激素（主要是孕酮）。

（一）雄激素的生理作用

雄激素主要是睾丸酮，其作用是促进雄性副性器官生长发育，并维持成熟状态；刺激公畜产生性欲和发生性行为；促进精子发育成熟，并延长附睾内精子的寿命；促进雄性副性征出现，并维持其正常状态；促进蛋白质合成，使肌肉骨骼发达，体脂减少；促进公畜皮脂腺分泌。

（二）雌激素的生理作用

雌激素主要是雌二醇，其作用主要是促进雌性生殖器官生长发育；促进雌性副性征出现，并维持正常状态；促进母畜发情；刺激母畜发生性欲和性兴奋。

（三）孕激素的生理作用

孕激素主要是孕酮，其作用主要是在雌激素的基础上，促进子宫增殖肥厚，促进子宫腺体分泌为受精卵定植和发育准备条件；抑制子宫平滑肌的自然活动和对催产素的反应，保证胚胎安全发育；在雌激素的基础上，进一步刺激乳腺腺泡的生长发育，使乳腺发育完全，准备泌乳。

（四）松弛激素的生理作用

松弛激素主要是由黄体分泌的，是一种由两个亚基经二硫键连接而成的多肽类激素。其作用主要是松弛荐髂关节和骨盆缝，加宽硬产道，扩张子宫颈，放松软产道，利于分娩。此外还与雌激素和孕激素协同，促进乳腺生长。

任务四 | 神经内分泌免疫网络

近年来，人们发现内分泌、神经和免疫系统能够共享某些信息分子和受体，并且通过类似的细胞信号转导途径发挥作用，因此趋于将免疫系统也纳入机体的调节系统范畴之内。而神经—内分泌—免疫网络概念的提出及相关研究证明，神经、内分泌、免疫三大系统各司其职，又相互调节、相互制约，构成了一个整体性的功能活动调剂网络，是保持机体内环境稳定并适应外环境变化的整合与调控系统。该网络中任何环节的紊乱均不可避免地影响其他系统的功能，导致相关疾病的产生。

神经内分泌免疫网络这一重要概念的提出，不仅为细胞间的通讯联络这一高等生命基本活动增添了新的内涵，为动物机体系统的划分提出了新的观点，也为很多临床实际问题的解决开辟了新的领域。

一、神经系统与内分泌系统的相互作用

几乎所有内分泌腺都受自主神经的直接支配，或受神经对腺体内部血流调控的间接影响。而激素也能影响中枢神经系统的功能，如行为、情绪、欲望等。下丘脑是神经和内分泌发生联系的重要枢纽，与外周感觉传入和高级中枢下行通路之间都有广泛的联系。各种信息都有可能经下丘脑引起反应，如精神紧张可使皮质醇分泌增加，对动物生殖道的机械刺激可引起排卵等。集中分布在下丘脑的神经分泌细胞更易受神经活动的影响，能将中枢神经活动的电信号转化为激素分泌的化学信号，充当电能转变成化学能的换能器角色。不仅下丘脑释放的神经肽可通过垂体门脉系统调节腺垂体的内分泌活动，腺垂体细胞也直接受神经的支配与调节。这些活动有助于在外环境发生变化时内分泌系统进行高级的整合，如促肾上腺皮质激素释放激素（CRH）-促肾上腺皮质激素（ACTH）-皮质醇轴在应激反应中的激活。再如，肾上腺髓质激素的分泌直接受交感神经节前纤维的控制；甲状腺、胰岛以及胃肠内分泌细胞等的功能活动也都受自主神经的支配和调节。

广泛地存在于中枢和外周神经系统中的多种激素能参与神经信息的传输，使神经调节更加精确和完善。例如在中枢神经系统内有促甲状腺激素释放激素（TRH）的广泛分布，并参与如抗抑郁、促觉醒、促运动和升体温等活动的神经性调节。糖皮质激素对于交感神经末梢释放的去甲肾上腺素缩血管效应表现允许作用，否则去甲肾上腺素缩血管效能降低。

二、神经系统与免疫系统的相互作用

动物的免疫反应可形成条件反射，这是中枢神经系统作用于免疫系统的一个有力的直接证据。条件反射也可引起免疫增强的效应。动物的免疫器官都受自主神经支配，如支配胸腺的交感神经具有促进胸腺细胞发育、T 细胞成熟等作用。但实验表明，交感神经对免疫反应的调节主要是抑制性的，而副交感神经则能增强免疫功能。

中枢神经不同脑区的损伤都可能影响免疫功能。如大面积损坏小鼠左侧大脑皮质后，T 细胞的数目和反应性降低，NK 细胞的活性降低，但对 B 细胞和巨噬细胞无影响；右侧大脑皮质可能通过调节左侧大脑皮质的传出信号，起相反的作用。表明大脑皮质对免疫反应的调节存在分布上的差异。

免疫对神经系统的调节主要是通过细胞因子实现的，表现在：免疫细胞产生的细胞因子等免疫调节物以及神经活性物质和激素，在调节免疫系统自身功能的同时也调节神经内分泌系统的功能；神经元存在细胞因子受体；淋巴细胞可通过血脑屏障，在中枢神经系统内发挥免疫监视作用。

三、内分泌与免疫系统的相互作用

免疫系统是机体应对细菌、病毒、肿瘤及其他抗原刺激反应的调节系统，在机体受到相应刺激时，细胞或体液中介的免疫反应被激活。这些信息使免疫细胞分泌细胞因子和肽类激素等，并作用于下丘脑，影响下丘脑神经激素的释放，进而改变垂体激素的分泌。细胞因子也可直接刺激垂体、甲状腺、胰腺、肾上腺和性腺等，调节这些内分泌腺体的分泌活动。免疫细胞也能释放与下丘脑和垂体释放的相同的肽类物质。巨噬细胞/单核细胞分泌的白细胞介素 -1 不仅能活化 T 淋巴细胞，还能刺激下丘脑释放 CRH，进而使血液 ACTH 水平升高，维持皮质醇的高度分泌，并刺激胰岛 B 细胞分泌胰岛素。TRH 能刺激 T 淋巴细胞释放 TSH，进而促使 B 细胞产生抗体。

作为组成内分泌的分子成分，激素也能从不同水平直接或间接调制免疫功能。多数激素具有免疫抑制作用，能使淋巴细胞的增殖力减弱、减少抗体生成和抑制吞噬功能等，如生长抑素、ACTH、糖皮质激素、性激素、前列腺素等，都属于免疫抑制激素；但血液中少量的糖皮质激素却能刺激淋巴细胞增生以及抗体的合成等，起免疫增强作用。少数激素具有免疫增强作用，如生长激素、催乳素和甲状腺激素等能促进淋巴细胞的增殖力，使抗体生成增加，还可使巨噬细胞活化，吞噬能力增强。特别是生长激素具有广泛的免疫增强作用，几乎促进所有免疫细胞的分化，并增强它们的功能。因此，生长激素缺乏会导致机体免疫功能减退。

四、共同的信号分子与受体

神经、内分泌和免疫三大调节系统共用一些化学信号分子进行经常性的交流与协调，构成一个整体性的功能活动调制网络。三大系统通过各自释放的信息物质经体液传递，作用于相应的受体，是各调节系统协同作用的关键因素。内分泌、神经和免疫系统组织都存在共有的激素、神经递质、神经肽和细胞因子，而且细胞表面都分布有相应的受体，如淋巴细胞和巨噬细胞等存在生长激素（GH）受体、促肾上腺皮质激素（ACTH）受体和内啡肽受体等。中枢神经系统也存在白细胞介素和干扰素等细胞因子。在正常情况下，内分泌系统就存在一些细胞因子，而且经诱导后还可以产生许多细胞因子。

项目十七 生殖和泌乳

[知识目标]

1. 掌握初情期、性成熟和体成熟的基本概念。
2. 掌握犬交配和精液的特征。
3. 掌握犬的发情季节和发情周期。
4. 掌握受精、妊娠、分娩和泌乳的生理特征。

[认知与解读]

公犬在生殖活动中主要是完成交配并以精液即精子的方式为后代提供遗传资源，母犬的生理特点是周期性地发情。生殖是雌雄两性由生殖器官产生生殖细胞（精子和卵子），进行交配并受精后，母畜完成妊娠、分娩和哺乳。这些生殖活动与繁殖期养护打理及围生期疾病防治息息相关，是犬的重点生理内容之一。由于犬类是季节性单次发情多胎动物，其很多生殖活动与猪和牛羊等家畜有明显的差别，无法盲目参照。

任务一 | 性成熟和体成熟

一、初情期

动物各器官系统的胚后发育并不是完全同步的，犬出生后6～10月龄进入初情期，公犬初次射精，母犬初次发情。犬的发情表现为公犬到处排尿，留下自己的气味；喜欢用前腿扒住人的手臂，后腿内侧在人的腿脚处摩擦；爬跨母犬。发情的母犬从阴门中流出分泌物，粉红色；喜欢接近公犬，并愿意接受公犬的爬跨；主动将后躯朝向公犬；有的母犬甚至爬跨其他母犬，或主动嗅公犬的生殖器。

进入初情期的动物开始出现各种性反射，有性的要求和交配欲望，但生殖能力却不一定发育到完善的状态。母犬此期体重通常仅达到体成熟时的30%。

不同个体进入初情期的时间差异与品种、气候、管理水平和营养程度等有关，一般大型犬、寒冷地区和营养水平较差的犬初情期相对比较滞后。

二、性成熟

动物生长发育到一定时期，生殖器官基本发育完全，并具备繁殖的能力，这一时期称为性成熟。犬性成熟后，经过一段时间的发育，公犬能够产生具有正常性行为，并产生正常的精液和精子，母犬有正常的性周期和排卵。

不同个体达到性成熟的时间也因品种、环境、气候、地区、管理水平及营养状况而异，即使是同品种且同窝的母犬也存在着个体差异，一般为8~18月龄，某些犬可提前到6月龄。公犬的性成熟一般稍晚于母犬，常在12~16月龄。通常母犬达到性成熟阶段时体重已达到成年体重的50%。

三、体成熟

性成熟后，机体其他器官系统继续发育，直到具有成年动物固有的形态和结构特点，这一阶段称体成熟。体成熟时，不仅生殖功能早已达到成熟阶段，而且各器官系统几乎都已达到成熟阶段，再不会由于生殖活动（尤其是母犬妊娠后期）影响其他器官的发育了。

公犬的可交配年龄一般是2周岁，小型犬可稍提前，可利用年限一般到10岁。母犬可交配月龄一般在18个月（通常是第三次发情）以后，繁殖期可持续达到8~9岁。

任务二 | 公犬的生殖生理

一、公犬的性行为

公犬的性行为主要是爬跨反射、交媾反射和射精反射。

(一) 爬跨与交配

爬跨是公犬的基本性行为方式。5 周龄的小公犬就能表现出爬跨动作，但这只是游戏行为，是对成年性行为的一种模拟和演习。随着成长，同许多其他哺乳动物一样，公犬的爬跨行为也被用做优势的信号，而服从者允许较优势的个体爬跨，但优势个体在爬跨时并不立定。当公犬有交配行为时，雄性体内还不一定能产生成熟的精子，用这样的公犬交配有可能使母犬空怀。年轻公犬在没有优势个体的压制时其性成熟可稍提前。社会接触对公犬正常性行为能力的形成是必须的。公犬养在与社交隔绝的环境中，长大以后可能表现出不正常的爬跨方向，甚至不会爬跨母犬。

公犬愿意爬跨稳定站立的母犬，然后用前肢抱紧母犬的骨盆，随后抽动阴茎（图 17－1）。由于阴茎骨的作用，公犬交配时阴茎不需勃起，即可插入母犬的阴道内，在阴茎插入后其抽动速度更快。由于阴茎球海绵体的膨大和在插入后引起母犬阴道肌的收缩，便造成犬科动物交配时所特有的连锁现象。连锁之后公犬爬下来与母犬成相反方向，连锁时间一般为 10～30min，平均14min。公犬在 1d 之内能连锁的次数的最高纪录为 5 次。

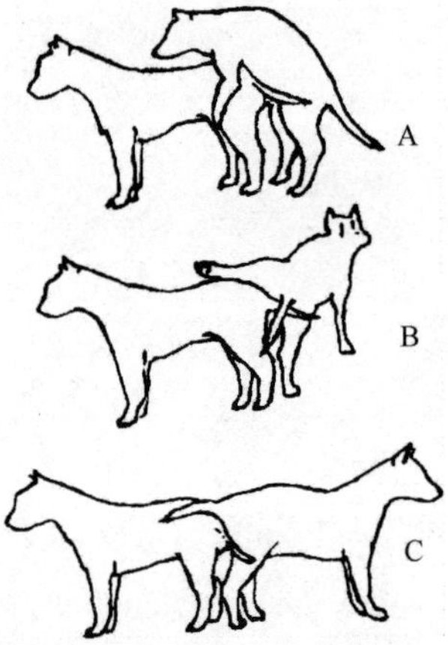

图 17－1　犬的交配姿势

A—爬跨和插入　B—转向　C—连锁

（二）影响公犬性行为的主要因素

1. 母犬外激素的刺激作用

公犬的求爱行为能被母犬引发。公犬性成熟后随时可产生性欲，最能引起公犬性欲的刺激因素是嗅到发情母犬尿中所含外激素的气味。发情母犬尿中含有甲基（对）羟苯甲酸，是一种体外激素，有吸引公犬的作用，它在尿中的含量比阴道分泌物中多。把这种化学物质涂抹到未发情母犬阴唇上也能引起公犬的性行为。公犬性行为表现比较灵活，变化较大。不同个体的性欲水平高低不同，有的公犬对母犬特别感兴趣，有的则不然。公犬的性欲水平可被口服或注射雄性激素等外源激素所加强。

2. 个体嗜好与性经验

有的公犬有时不受某只或某些母犬的欢迎，即使发情也不接受该公犬的交配。有时即使是优势的公犬，也可能不受母犬的喜爱。影响公犬性行为的因素很多。把陌生公母犬放在一起使其熟悉，比起让它们仓促相遇更容易解除交配的阻碍。没有性经验的小公犬在其初次交配时如果与凶暴的母犬相遇，会给它留下消极的记忆，从而影响以后交配的积极性。

3. 环境影响

公犬交配过程中易受外界环境的干扰。如果公犬与母犬居所相距很远，应尽量避免把公犬带到母犬处，最好是把母犬带到公犬处，以免陌生的环境影响公犬的性欲。怕主人的公犬交配时，如果主人站在它前面，可能使犬感到首领在旁而性欲受压抑；但也有的公犬则喜欢主人在旁为之壮胆。有的公犬在与母犬交配前有挑逗游戏行为，有的则没有，但都不影响达到成功的交配。有的公犬用鼻子嗅母犬外阴或舐耳朵，这些游戏行为或嗅闻母犬的时间长短，与公犬过去的经验、社会地位以及母犬的发情阶段和双方的性欲水平都有关系。

二、射精

犬的射精在插入后即开始，此时射出的精液0.4~2.9mL，呈清水样液体，没有精子。此后由于阴道的节律性收缩与抽动，使附睾中射出乳白色精液，含有大量精子，这部分精液0.5~2.5mL。利用白细胞稀释管进行精子计数，一般正常犬的精液的精子密度为每毫升1亿个以上。最后一部分精液在连锁阶段射出，主要是前列腺的分泌物。

在射精逐渐结束的过程中，阴道的收缩和阴茎海绵体的勃起都趋于消退，阴茎才能从阴道抽出，交配才告结束。

壮年公犬每天交配1次，隔3~4d应休息1d，偶尔在1d内交配2次，应间隔6h以上，次日必须休息。年轻公犬和老龄公犬配种频率还要降低。

有的公犬会发生性行为反常。由于器质性疾病能造成公犬阴茎不能勃起或丧失性欲，很多是由于骨骼、肌肉疾病、关节炎以及后躯外伤造成的疼痛所致。公犬在幼年时缺少与同类的社交接触，也会影响其成功的交配。

有的公犬有自淫行为，这虽然不会影响到精液质量和作为种犬的使用价值，但不雅观，去势可以消除这种行为。性成熟前公犬去势能消除性欲，由于爬跨在犬的个体行为发育中是争斗行为的一个组成部分，所以去势并不能完全消除爬跨。有人研究在公犬性成熟后去势所造成的影响，发现90%的公犬去势后漫游行为减少，60%的公犬与同性间的争斗明显减少，在家里用尿做标记的行为减少了一半，67%的公犬爬跨次数减少。但也有人报道，有的去势公犬不但仍保持爬跨，而且与母犬连锁及射精，只是交配行为的频率降低。

三、精液

精液是雄性生殖道产生的液态组织，其细胞成分是睾丸产生的精子，即雄性生殖细胞，而液体成分主要是由副性腺分泌的精清。精清的主要化学成分有糖类、蛋白质、氨基酸、酶类、脂类、维生素和其他有机成分及无机离子等。精清的作用主要是稀释、调整 pH 值、促进精子的运动、提供营养和保护作用等。

精液的理化性状包括精液的外观、气味、精液量、精子相对密度、黏度、相对密度、渗透压及 pH 等（表 17－1）。温度、pH、渗透压、电解质、振动、光照和常用化学药物等环境条件都是可能影响精子生命活动的因素。

表 17－1　犬精液的主要成分和性状

成分或性状	平均值	范围
精子数/(百万/mL)	12.5	1.0～25.0
精液相对密度	1.011	
pH	6.4	6.1～7.0
水分/%	96	96～97
磷总量/(mmol/L)	4.2	
无机磷/(mmol/L)	0.32	
钙/(mmol/L)	150	
氯/(mmol/L)	0.6	0.5～0.7
钾/(mmol/L)	8	
钠/(mmol/L)	90	56～124
蛋白质/(g/L)	23	11～36
总脂/(g/L)	1.82	

精子在附睾内贮存时活动力微弱，当射精时与副性腺分泌物混合就具有了活动能力，而且在一定范围内，随温度的升高活力增强。但精子的活力与代谢能力有关，活力越强精子消耗的能量越多，存活的时间就越短。精子活动的基本形式有直线运动、摆动和转圈运动，只有直线运动才是正常的活动方式。精子对外界环境因素比较敏感，在人工授精时应防止有害因素，正确利用有利因素，使精子保存在合适的环境之中，延长其保存时间。

任务三 | 母犬的生殖生理

一、繁殖季节和性周期

（一）犬的繁殖季节

犬是季节性单次发情动物，野生状态下犬一般在春季3～5月和秋季9～11月各发情一次。但圈养犬的发情却没有明显的季节性，在全年每个月都有可能发情，但两次发情的间隔时间仍然是6个月，与野生状态下犬相同，因此可以说犬的性周期是6个月。

（二）发情周期

雌性动物的发情周期也称性周期，动物从上一次发情开始到下一次发情开始的间隔时间，称为发情周期。发情周期分为发情前期、发情期、发情后期和休情期四个阶段。

1. 发情前期

母犬在发情前期的前几周有增加食欲和被毛光泽的变化，外出散步时到处嗅闻，并增加排尿次数，喜欢与公犬嬉戏而讨厌与其他母犬为伍。进入此期的最明显标志是阴门开始有血迹。发情前期可持续5～20d，平均10d。临床表现为阴门肿大，由阴道流出血状液体，对公犬产生吸引力。体内的生殖器充血，卵泡迅速发育，子宫黏膜增生，阴道有角质化上皮细胞和大量红血球、白血球散在，阴道上皮增殖，厚达6～8层。

2. 发情期

发情期是征兆最明显并接受交配的时期，持续6～14d。母犬主动接近公犬，当公犬爬跨时主动下蹋腰部，臀部对向公犬，将尾偏向一侧，阴门开启，允许交配。发情后2～3d，母犬开始排卵，是交配的最佳时期。进入此期的最明显标志是接受公犬的爬跨。临床表现为阴唇肿大、阴道排出物减少。这时体内的卵泡发育成熟并排卵，黄体开始发育，子宫有蠕动，并有上皮细胞增殖和分泌现象，雌激素减少，黄体激素达到最高峰，孕激素开始增加。阴道有角化上皮细胞和红血球及嗜酸细胞，阴道上皮肥厚达10～20层。

排卵是发情期最重要的生命活动，卵子随卵泡液排出到卵巢之外的生理过程称为排卵。成熟卵泡发育到后期，卵泡压力下降，卵巢被膜和卵泡壁相继出现孔洞，卵泡液逐渐流出，卵子与卵丘分离，随卵泡液排出于卵巢之外，吸附于卵巢表面，被紧贴于卵巢表面的输卵管伞，借助于管壁平滑肌和上皮纤毛的运动而收集进入输卵管的腹腔口。母犬一般在排卵前11d左右，卵泡开始发育，排卵前2～3d内卵泡迅速生长，发育到成熟卵泡阶段。在发情期的1～4d

内排卵，每次发情排卵 1～8 枚。排卵可持续 14d，但 80% 在前 2d 内排。排卵受 LH 等激素的调节，一般年龄较小的犬排卵比年龄较大的快。卵子在输卵管中可存活 4～8d，在 108h 内可保持受精能力。

3. 发情后期

发情后期的母犬已不接受公犬的爬跨，如果未交配或配后未孕，一般可持续 30～90d，平均 60d。如果怀孕，发情后期则是从妊娠到分娩和泌乳期；如果是假妊娠，此期则是空怀妊娠期。此期黄体开始退化，子宫内膜发生分泌、剥离及修复过程；体内孕激素停止或减少分泌；阴道内出现各种白血球和细胞碎片。

4. 休情期

休情期又称乏情期，此期是从母犬断乳算起，如果未孕则从为期 60d 的发情后期算起。休情期为 90～140d，平均 130d。临床表现同往常，行为举止、形体外貌均正常；体内的卵胞缓慢发育，子宫内膜开始微有增殖，雌激素略有增加；阴道中有泡沫状细胞和各种白血球；阴道上皮薄，只有 2～3 层。

母犬的性周期为 120～240d，平均 180d。

二、妊娠

排出的卵子如果受精，则母犬进入妊娠期，胚胎在母犬体内发育的生理过程称妊娠，俗称怀孕。妊娠自受精开始，到分娩结束。母犬的妊娠期为 58～60d，但一般情况下很难判断排卵和受精的确切时间，而从配种到分娩需要 59～68d，平均 63.6d。多胎的妊娠期较短，单胎的妊娠期较长。精子在母犬生殖道内的寿命可达 6d，甚至可达 1d，因此有人认为母犬发情停止前 3～11d 的一次交配可得到最高受胎率。

母犬妊娠的征兆在交配后的 1 周左右出现，主要是阴部迅速收缩、呕吐、食欲不振等妊娠反应和乳房胀大，乳头呈桃红色，手摸母犬腹部子宫位置，可感觉到有如鸡蛋大小的胚胎。

受精卵在输卵管向子宫运行 1～8d，交配后 4～10d 受精卵进入子宫，在妊娠 5～12d 发育为桑葚胚，在子宫中游离 6～20d，7～21d 附植，胚胎先是梨形然后经过球形变为 21～35d 的卵圆形，35d 后具有犬的形状，并可辨出性别，40d 开始生长被毛，并隐约可辨毛色，50d 可隔腹壁触摸进行妊娠判定，55d 被毛生长完整，63d 体温下降到最低点。母犬体温下降到 37℃时，24d 以内即可分娩。

母犬妊娠时的多数器官系统都有变化，特别是生殖器官。

（一）妊娠母犬的全身变化

妊娠母犬行动缓慢、谨慎，温驯、安静、嗜睡，喜温暖安静处，食欲增强，采食量明显增加。可能出现孕吐现象，此时，食欲下降，短期内即可恢复正常。妊娠后期腹内压增高，呼吸式、呼吸次数改变，粪尿频数。体尺和体重增加，体重增加的原因一是子宫内容物，包括胎儿、胎膜、胎盘和液体，二是母犬本身增重，妊娠期间母体内代谢增强，采食量及饲料的利用率提高，保证母子营养需要。

吸收的营养物质除了能满足胎儿生长发育的需要外，在雌犬体内也有一定的蓄积。

（二）妊娠母犬生殖器官的变化

卵巢中卵泡停止发育，雌激素水平下降，出现妊娠黄体，孕激素增加，维持妊娠。随着胎儿体积的进一步增大，胎儿向腹腔下部移动，卵巢也随之下沉，以至于卵巢的位置和形状有所变化，阴道受到牵拉，子宫颈口方向改变。

随着妊娠时间推移，子宫逐渐扩大以满足胚胎生长的空间及营养需要，子宫的变化有增生、生长和扩张。

胚胎附植前，子宫内膜由于孕酮的作用而增生，其特征性的变化是血管分布增加、子宫腺增长、腺体卷曲以及白细胞浸润。胚胎附植后，子宫开始生长，包括子宫肌层的肥厚、结缔组织基质的增加、纤维成分及胶原含量的增加。在妊娠前半期，子宫体积的增长主要是子宫肌纤维的肥大及增长；后半期，则是由于胎儿使子宫壁扩张，因此子宫壁变薄。子宫颈内膜的腺管数量增加，并分泌黏稠的黏液，形成子宫栓塞。同时子宫颈的括约肌收缩得很紧，子宫颈管完全封闭，防止外界细菌、异物进入。子宫阔韧带因平滑肌及结缔组织增生而变厚。子宫因重量增加而下垂，所以子宫阔韧带伸长并且绷得很紧。子宫阔韧带和子宫壁血管变直，分支增加而变粗，振动加强，产生特殊的脉搏。

受精后雌犬外阴迅速回收，阴门紧闭。阴道黏膜上覆盖有从子宫颈分泌出来的浓稠黏液。在妊娠末期，外阴部水肿并且柔软，为分娩做好准备。

三、分娩

分娩是母犬将发育成熟的胎儿和胎膜（胎衣）排出体外的过程，一般可分为产道扩张期、胎儿排出期和胎衣排出期三个阶段。

（一）产道扩张期

产道扩张期是指子宫开始收缩起，到子宫颈口完全开张，与阴道的界限消失为止，犬的产道扩张期一般为 3 ~ 24h。母犬表现为轻度的烦躁不安，时起时卧，来回走动，频做排尿姿势，呼吸和脉搏加快，喉咙发出声响，阴道有透明液体流出。子宫的收缩是间歇性的，收缩与舒张交替发生，把这种收缩称为阵缩，即阵发性的收缩。分娩开始时阵缩的特点是收缩较弱，间歇期较长。继而则收缩逐渐加强，间歇期缩短。阵缩是由子宫角端向子宫颈发生波状收缩，使胎水和胎儿向子宫颈移动，并逐渐使胎儿的前置部分进入子宫颈管和阴道。

（二）胎儿排出期

胎儿排出期指从子宫颈口完全开张到胎儿都排出为止，此期长短主要与一胎产仔数有关，犬一般不超过 6 ~ 12h。此期的特点除了阵缩的强度和间隔变化之外，还有用力排粪样全身动作，称为努责。子宫的阵缩和努责共同构成产力，其中努责是排出胎儿的主要力量。此前胎儿的前置部分已进入产道，犬分娩时常带着羊膜和羊水一起排出。当产出第 1 个包有胎膜的胎儿时，母犬会将胎膜用牙齿撕破并舔舐仔犬的被毛；当第 2 只仔犬要娩出，而又发生阵缩时，母犬会暂时不顾已产出的仔犬，来处理即将产出的仔犬。如此反复直到仔犬全部产出。前后两只仔犬的产出间隔一般为 10 ~ 30min，最长可达 1 ~ 2h。

犬是多胎动物，每胎产仔数一般为 4 ~ 9 只，少则 1 ~ 2 只，多则 16 只，最高纪录为 25 只。如产 5 ~ 6 只仔犬，需 3 ~ 4h。产出几只仔犬后，犬会安静下来，只是不断地舔舐仔犬。2 ~ 3h 不见努责，一般不会再有未产胎儿了。

（三）胎衣排出期

在胎儿产出时，随胎儿排出到体外的主要是羊膜，并不是全部胎膜。从胎儿排出到胎衣完全排出的时期称为胎衣排出期。此期努责基本消失，阵缩的持续时间和间歇期都变长。一般胎衣在每个胎儿排出 15min 之内完成，或与下一只仔犬同时娩出。犬类有吃掉胎衣的习性，胎衣和胎盘营养丰富，含有激素，吞食过多也可导致母犬腹泻。

引发分娩的因素一方面是胎儿、胎水、胎膜的膨胀，胎儿缺氧所引发的反射性活动对子宫的刺激；另一方面催产素、孕酮和雌激素等很多激素的调节作用，特别使子宫平滑肌兴奋性增强的作用。

四、产后恢复和哺乳

从分娩结束到生殖器官完全恢复的时期是产后期，此期母犬的产后恢复主要是卵巢、子宫的恢复和恶露的排出。

（一）产后恢复

1. 子宫和卵巢的变化

子宫从产后状态向正常状态的转变过程称子宫的复旧。产后子宫迅速缩小，黏膜更新，部分实质变性、萎缩、吸收，黏膜表层脱落。但总体形状并不能完全恢复到初次妊娠之前的状态，要大而松弛、下垂一些。

子宫恢复与卵巢的变化有关，产后卵巢出现卵泡，即使不能排卵也可通过激素的作用使子宫收缩并促进子宫的其他变化。如无卵泡发育，特别是有持久黄体，则可使子宫长期松弛，易发不孕。

2. 恶露的排出

产后恢复阶段，母体胎盘变性脱落，随残存于子宫内的血液、胎水及子宫腺体分泌物排出，称为恶露（古代中医的名词）。犬的恶露排出期短则约 1 周，长则约 4 周。

（二）哺乳

哺乳是哺乳动物最突出的生理特征，哺乳期是宠物养护的重要时期之一。

1. 乳腺发育和乳汁的分泌

雌性动物的乳腺随着机体的生长而逐渐发育。性成熟前，主要是结缔组织和脂肪组织增生；性成熟后，在雌激素的作用下导管系统开始发育；妊娠后，乳腺组织生长迅速，不仅导管系统增生，而且每个导管的末端开始形成无分泌腔的腺泡；妊娠中期，导管末端发育成为有分泌腔的腺泡，此时，乳腺的脂肪组织和结缔组织逐渐被腺体组织代替；妊娠后期，腺泡的分泌上皮开始分泌初乳；分娩后，乳腺开始正常的泌乳活动；经过一定时期的泌乳活动后，腺泡的体积又逐渐缩小，分泌腔逐渐消失，细小输乳导管萎缩，于是腺体组织逐渐又被脂肪组织和结缔组织所代替，乳房体积缩小，乳汁分泌停止。待下一次妊娠时，乳腺组织又重新形成，腺泡腔重新扩大，并开始再次泌乳活动。如此反复进行，直到失去生殖能力。

乳腺组织的分泌细胞从血液中摄取营养物质生成乳汁后，分泌入腺泡腔内，这一过程称为泌乳。乳的生成过程是在乳腺腺泡和细小输乳管的分泌上皮细胞内进行的。生成乳汁的各种原料都来自血液，其中球蛋白、酶、激素、维生素和无机盐等均由血液直接进入乳中，是乳腺分泌上皮对血浆选择性吸收和浓缩的结果；而乳中的酪蛋白、乳白蛋白、乳脂和乳糖等，则是上皮细胞利用血液中的原料经过复杂的生化反应合成的。乳汁中含有仔犬生长发育所必需的一切营养物质，是仔犬理想的营养物。犬的泌乳期一般约60d。

2. 排乳

在仔犬吮乳之前，乳腺腺泡上皮细胞生成的乳汁连续地分泌到腺泡腔内。当腺泡腔和细小输乳管充满乳汁时，腺泡周围的肌上皮细胞和导管系统的平滑肌反射性收缩，将乳汁转移入乳导管和乳池内。乳腺的全部腺泡腔、导管、乳池构成蓄积乳的容纳系统。当哺乳或挤乳时，使贮积在腺泡和导管系统内的乳汁迅速流向乳池并排出，这一过程称为排乳。

排乳是复杂的反射过程。由于哺乳或挤乳刺激了雌性动物乳头的感受器，反射性地引起腺泡和细小输乳管周围的肌上皮收缩，于是腺泡乳流入导管系统，接着乳道或乳池的平滑肌强烈收缩，乳池内压迅速升高，乳头括约肌反射性弛缓，乳汁就排出体外。在挤乳期间，乳池内压力保持较高水平，并在一定范围内波动，可保证乳汁不断流出。最先排出的乳是乳池内的乳，之后排出的是乳腺腺泡及乳导管所获得的乳，称为反射乳。哺乳可引起犬的排乳反射。

3. 初乳和常乳

分娩后最初3～5d以内乳腺产生的乳称为初乳，此后所产生的乳称为常乳。初乳较黏稠、浅黄，如花生油样，稍有咸味和臭味，煮沸时凝固。初乳内含有丰富的蛋白质、无机盐（主要是镁盐）和免疫物质。初乳中的蛋白质可被消化管迅速吸收入血液，以补充仔犬血浆蛋白质的不足；镁盐具有轻泄作用，可促进胎粪的排出；免疫物质被吸收后，使新生幼犬产生被动免疫，增加抵抗疾病的能力。因此，初乳是初生仔犬不可替代的食物，喂给初生仔犬以初乳，对保证仔犬的健康成长具有重要意义。

各种动物的常乳，均含有水、蛋白质、脂肪、糖、无机盐、酶和维生素等。蛋白质主要是酪蛋白，其次是白蛋白和球蛋白。当乳变酸时（pH4.7），酪蛋白与钙离子结合而沉淀，致使乳汁凝固。乳中还含有来自食物的各种维生素和植物性饲料中的色素（如胡萝卜素、叶黄素等）以及血液中的某些物质（抗毒素、药物等）。犬乳中脂肪含量是107mmol/L，蛋白质是93g/L，乳糖是90.5mmol/L，灰分是12g/L。

母犬虽然每年可以繁殖两胎，但生育过密，对母犬和仔犬的体质都有影响。根据母犬的年龄和健康状况，可掌握两年繁殖三胎或一年一胎比较适宜。超过7岁的母犬一般不宜再繁殖。

项目十八 猫的解剖生理特征

［知识目标］

1. 掌握猫骨骼和肌肉的形态特征。
2. 掌握猫内脏的形态结构和功能特征。
3. 掌握猫循环、神经和内分泌系统的形态结构和功能特征。

［认知与解读］

猫和犬类同属食肉动物，很多基本形态结构和功能都很类似，其差别主要是猫饲养用途比较单一，主要作为伴侣动物。

家猫的寿命一般为 13～18 岁（犬 15～20 岁），野猫更短。正常体温（直肠）38.0～39.5℃。体型相对较小，大小差异不大，体长一般 40～45cm，尾长 15～30cm，公猫体重 3.5～7kg，母猫体重 2.5～4.5kg。

任务一｜猫体壁的形态结构特征

一、骨骼

猫的骨骼和犬相似，但也有一些细微的差别，包括阴茎骨在内共有 230～247 枚（其中籽骨和人字形骨除外）骨构成（图 18－1）。

猫的面部缩短，引起腭变短，头骨近似圆形，无鼻额阶。齿系减少，呈扇形。扩大的眼眶有基本完整的骨质边缘，多面向前侧，使猫具有所有食肉动物所具有的高度发达的双目视觉。外侧矢状嵴较短，位于颅骨底部，中耳腔的鼓泡明显变大。猫具有明显的、相对较大的颅腔和额窦腔。

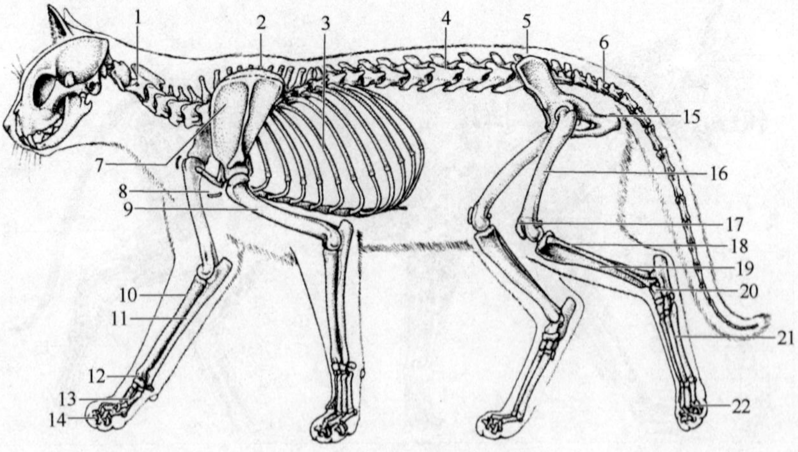

图 18－1　猫的全身骨骼

1—颈椎　2—胸椎　3—肋　4—腰椎骨　5—荐骨　6—尾椎　7—肩胛骨　8—锁骨　9—臂骨　10—桡骨　11—尺骨　12—腕骨　13—掌骨　14—指骨　15—髋骨　16—股骨　17—膝盖骨　18—腓骨　19—胫骨　20—跗骨　21—跖骨　22—趾骨

猫的脊柱包括颈椎、胸椎、腰椎、荐椎和尾椎，其脊柱式为 C7、T13、L7、S3 和 Cy21～23。猫的胸廓相对犬的胸廓较窄细，并且长一些。颈部可旋转 180°以上。

胸骨由 8 个节片骨组成，呈圆柱状。头侧第 1 个节片骨形成明显突出的胸骨柄。

猫的肩胛骨相对纤细，肩峰具有大的钩突和钩上突。锁骨已退化成一枚细长而弯曲的小骨，埋藏在肩部前方的肌肉内。臂骨无滑车上孔，而具有髁上孔，是肱动脉和正中神经的通路。副腕骨不如犬的明显，尺骨肘突较短。

二、肌肉

猫全身约有 500 块肌肉。

（一）前臂和胸部的肌肉特征

胸前壁肌构成胸肌群最浅的扁平肌，较小，起于胸骨柄的外侧面，止于肱骨远端。胸大肌分为浅层与深层，变化较大，有时可分为三、四个部分，因为它们有相同的起点、终点和几乎平行的纤维，所以实际上是一块肌肉。起于胸骨腹侧中线，止于臂二头肌和臂肌之间。胸小肌是一大块扁平的扇状肌，比胸大肌略厚，起于胸骨体最前面的侧半部或剑突，止于肱骨的正中央或胸大肌终点的下面，与胸大肌一起插入肱肌与肱二头肌之间，常可分为头部与尾部，它们的肌纤维以薄腱止于终点。剑肱肌是一块窄长而薄的肌肉，可以认为是胸小肌的一部分，起于胸骨剑突的中缝或腹直肌中线的角上，以长腱止于肱骨，恰好在胸小肌终点的内侧面，被胸大肌的终点覆盖（图 18－2）。

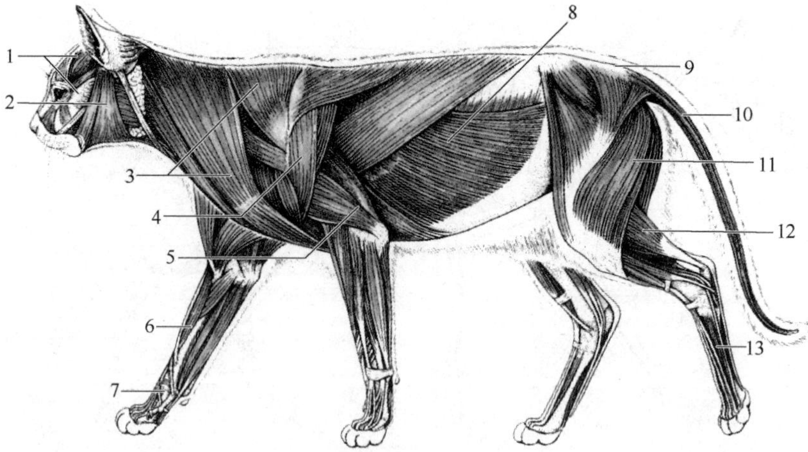

图 18－2　猫的全身浅层肌肉

1—面肌　2—咀嚼肌和下颌肌　3—肩带肌　4—肩关节肌　5—肘关节肌　6—腕关节肌和指长肌　7—指短肌　8—腹部肌　9—臀肌　10—尾肌　11—股二头肌　12—跗关节和趾关节肌　13—趾短肌

（二）胸壁肌的特征

肋横肌是一小块薄的扁平肌，贴于胸前部的侧面，覆盖腹直肌的前端，极易与腹直肌前端的薄腱相混，起于第 3～6 肋骨之间胸骨侧面的腱上，止于第 1 肋骨及其肋软骨的外侧部。肋提肌是一系列的小块肌肉，其延续部分与肋间外肌相接，起于胸椎横突，止于紧接起点后部的肋骨角。胸横肌相当于腹横肌的胸部，由 5 个或 6 个扁平的肌纤维束组成，位于胸壁的内表面，起于胸骨背面的外侧缘，对着第 3～8 肋骨的肋软骨附着点，止于肋软骨。膈的中央由腱所组成，此腱薄而不规则，呈新月状，称半月腱（中央腱）。腱腹面有一大孔，即后腔静脉裂孔。从中央腱到体壁为放射状的肌纤维，称肌部。膈脚分为左、右两个，右膈脚较大。

三、被皮系统

猫的皮肤松弛而强韧，被毛分为较粗的针毛和细而密的绒毛，华丽而保暖。触须发达，两侧共有 16～20 根，伸展总宽度恰与身体宽度接近，用以感知事物，干扰猎物的视觉。触须和睫毛在黑暗条件下，通过空气压力的轻微变化来感知风向和难以看见的物体。

猫的皮肤腺分为泌离腺、外分泌腺和皮脂腺。泌离腺分布于颌部、颞部和尾根等处，开口于毛囊，即可产生具有特殊香味的乳样分泌物，又可吸引异性和标记领地。外分泌腺只分布于脚垫上，格斗或发热时才分泌汗液。皮脂腺与毛囊相通，分泌有皮脂，在被毛外面形成一层防水膜，使被毛油光发亮。毛囊内含胆固醇，随皮脂腺分泌到被毛，在日光作用下转化为维生素 D，舔舐被毛可获得维生素 D。

猫四肢足部枕发达，缓冲消音效果好，且能感知小型动物行走所产生的地面振动。前肢有 5 个爪，后肢有 4 个爪，呈长钩状，很锋利，能随意伸缩，平时缩在趾球套中，攻击或攀援时立即伸出，经常用爪抓挠木板等物，将爪磨得更加锋利。

任务二 | 猫内脏的结构与功能特征

一、消化系统

（一）口腔

猫舌上的丝状乳突（也称突蕾）被有厚的角质层，呈倒钩状，便于舐刮骨上的肉，甚至可把猎物的骨头表面挫平。但这些朝向咽的“小刺”也不利于吐出误入口腔的尖锐物体，常因误咽而造成胃肠内部创伤。特殊的舌面构造还用于梳理被毛，舔舐伤口，配合唾液中的溶菌酶共同防止伤口感染。舌较长，且可弯曲成匙状，以便把液体送进口内。

猫的门齿细小，犬齿最长，通常是用来抓住或咬住东西的利器。前臼齿较小，主要功能为磨碎食物。后臼齿则可以将食物切成小碎片而容易吞食。

猫的乳齿从4月龄开始更换，一直到6月龄几乎都会换成恒久齿，此时最常发生恒齿已经长出、乳齿却还没掉下来的现象，如果两颗牙齿同时占据一个位置，就应该拔除其中的一颗。

另外，咬合不良或牙齿不对称在某些品系的猫种中是很常见的现象（例如波斯猫），这种情形并不一定需要矫正。

猫的恒齿式 $2\left(\frac{3\quad 1\quad 3\quad 1}{3\quad 1\quad 2\quad 1}\right)=30$

猫的乳齿式 $2\left(\frac{3\quad 1\quad 3\quad 0}{3\quad 1\quad 2\quad 0}\right)=26$

猫的口腔腺很发达，包括耳下腺、颌下腺、舌下腺、臼齿腺和眶下腺。

（二）胃

猫的胃是单室臂，呈梨形囊状，约能容纳1/3 L的食物，位于腹腔的前部，几乎全部在体中线的左侧（图18－3）。贲门部宽阔，位于左背侧；幽门部较狭窄，伸向右腹侧，接十二指肠。胃小弯向前并朝向右扭转；胃大弯较长，突向左后方。胃体占胃的大部分，胃底突出于贲门部背侧。胃的内表面从幽门部开始沿着胃大弯到贲门部有纵行的皱褶。纵褶的突出程度与胃的扩张有关，当充满食物时，纵褶较浅。幽门部与十二指肠相连接处有一刻痕，它标明幽门瓣的位置。幽门瓣是由消化管较厚的环行肌纤维所组成的，位于胃与十二指肠相连处。环行肌纤维形成的括约肌致使黏膜突向管腔。胃由大网膜及胃肝韧带（小网膜）悬挂着，由胃十二指肠韧带与十二指肠相连，由胃脾韧带与脾相连。

（三）肠

十二指肠全长14～16cm，第一部分与胃幽门部形成一角度，在幽门部向后8～10cm处形成一个U形的弯曲，然后再伸向左侧，通向空肠。十二指肠背壁离幽门部约3cm的黏膜上，可见一个略为突起的乳头，称十二指肠大乳头，其顶端可见一卵圆形的开口，总胆管和胰管均开口于此。

盲肠约2cm长，呈较短的、朝左弯曲的圆锥形，表面与结肠之间无清晰界限，主要靠回盲口区分。

结肠全长约23cm，直径约为回肠的3倍，与回肠连接处有回结肠间瓣，此瓣是由回肠进入结肠处的环肌层与黏膜层显著突起于肠腔而形成的。结肠最初在腹腔右侧，先朝头侧伸延，然后转向左侧，成为横结肠，在接近中线时伸至腹壁的背部，再转向尾侧，沿左侧腹壁后行进入骨盆腔。

家猫肠道全长约1.8m，野猫约1.2m。大网膜特别发达，起固定和缓冲胃、肠、脾、胰，减缓剧烈跳跃的影响的作用。

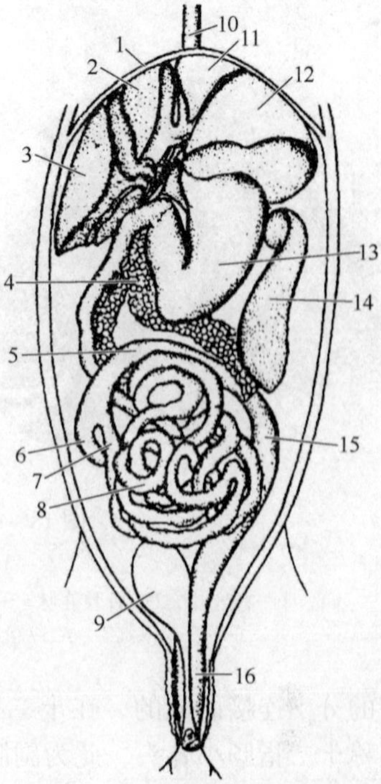

图18－3　猫的腹腔浅层器官

1—膈　2—肝右内叶　3—肝右外叶　4—胰　5—横结肠　6—盲肠　7—回肠　8—空肠　9—膀胱　10—食管　11—肝左内叶　12—肝左外叶　13—胃　14—脾　15—降结肠　16—直肠

（四）肝

猫的肝脏很发达，位于腹腔前部、膈的后方，伸展至胃的腹面，遮盖除幽门部外的整个胃壁面。肝脏重量平均约95.5g，占体重的3.11%。肝脏被背腹悬韧带区分为左、右两叶，左叶分为左内叶和左外叶，右叶分为右内叶和右外叶。左、右两叶之间的部分被肝门分为后上方的尾叶和前下方的方叶（图18－4）。猫的肝脏形成左、右两个肝管，胆囊比较发达，位于肝门腹侧，方叶和右内叶之间。

（五）胰

猫的胰脏位于十二指肠弯曲部分，是一个扁平、致密的小叶状腺体，边缘不规则，长约12cm，宽1～2cm。它的中部弯曲几乎成直角。胰脏可分为两部，即胃部和十二指肠部（图18－5）。胃部位于大网膜的降支，接近胃大弯并与其平行，此部游离端与脾脏相接。十二指肠部位于十二指肠U形边界之间的十二指肠网膜内，同时到达U形的底部。胰脏有两个导管，一个胰管和一个副胰管。胰管是一根短粗的导管，先由十二指肠部及胃部的许多小导管联合成两个较大的导管，然后在靠近腺体角部再合并成胰管，所以胰管收集两部分腺体所分泌的胰液。胰管与总胆管一起开口于十二指肠大乳头。副胰管是由

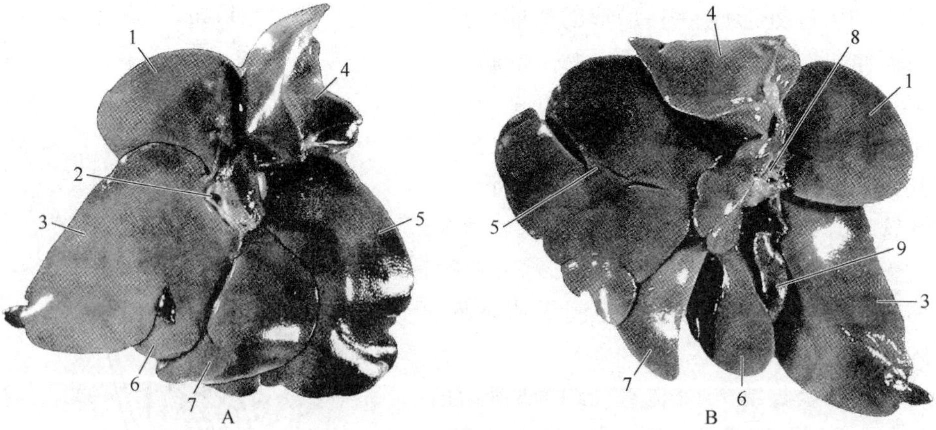

图 18－4　猫肝的膈面和脏面

A—膈面　B—脏面

1—右外叶　2—后腔静脉　3—肝右内叶　4—尾叶　5—左外叶　6—方叶

7—左内叶　8—肝门　9—胆囊

胰管的分支连接而成的，在十二指肠大乳头后方腹面约 2cm 处还有一小的乳头，称十二指肠小乳头，此为副胰管在十二指肠的开口。副胰管一般是很明显的，但有时缺如。

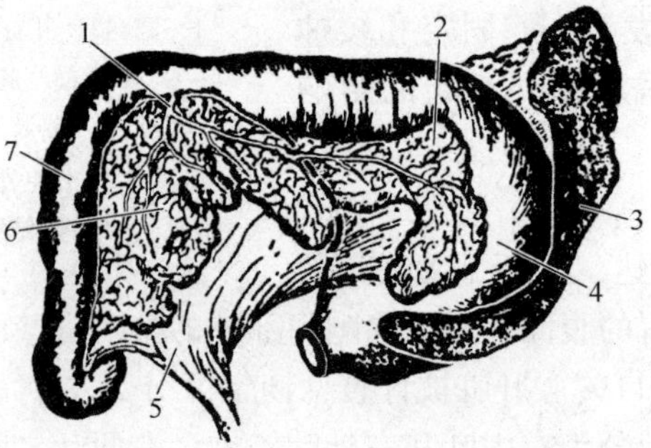

图 18－5　猫的胰和脾（食管已切除，胃转向后）

1—胰管　2—胰的胃部　3—脾　4—胃　5—十二指肠网膜　6—胰的十二指肠部　7—十二指肠

（六）猫的消化生理特点

猫的消化功能与犬比较相似，但也有一些不同。猫虽然也像犬那样能吃各种食物，但还是比犬更加偏爱肉食。捕猎是其本能，家养后仍然喜欢小鸟、小鱼和小鼠等小动物，即便连毛吃下也不会发生消化障碍。猫的下颌是用来撕碎食物的。唾液中没有消化酶，食物不经过口腔的预消化，总是有一口吞下猎物的习性。能感知苦、酸和咸味，对甜味不敏感，采食时不像犬那样猛吞，而是把食物切撕成小块。猫的胃相对比较小，胃液中盐酸含量高，有利于蛋白质的分解消化。肠道相对很短，不适于消化大量谷类，但是肠壁厚吸收能力强。肝脏比较大，分泌的胆汁有利于脂肪的吸收，所以猫对蛋白质和脂肪能很好的消化吸收，不适合消化大量淀粉和粗纤维类食物。

掩埋粪便的行为是猫在野生状态下防止被其他动物发现所形成的。

二、呼吸系统

（一）鼻腔

猫的左右鼻腔几乎被筛骨鼻甲、上鼻甲和下鼻甲所填满。上鼻甲从鼻骨的腹面突入背面部分；下鼻甲从上颌骨的内侧面突入腹面部分，因此将鼻腔分为3个鼻道：上鼻道、中鼻道和下鼻道。猫的中鼻道仅仅是上鼻道与下鼻道之间一条狭窄的缝隙。鼻腔的腔面衬以黏膜，在鼻孔处与皮肤相连；同时从内鼻孔通到咽，覆盖内鼻孔的筛骨鼻甲，此为鼻腔的呼吸部。鼻腔的背后部为嗅黏膜所覆盖，有嗅神经分布，具有嗅觉功能，为鼻腔的嗅觉部。

（二）喉

会厌软骨位于舌根部舌骨体后约1cm处，呈三角形叶状，略弯曲，顶尖向前。从会厌每一侧面的基部向后延伸到杓状软骨的基部都有一黏膜褶，称杓状会厌褶，此褶和会厌构成喉门的边界。猫的喉腔可分为三部分，上部的腔为喉的前庭，它的尾缘为假声带。假声带是从会厌靠基部处伸展到杓状软骨尖端的黏膜皱襞。猫由于假声带的振动而发出咕噜咕噜的声音，假声带向后，又有两条黏膜皱襞从杓状软骨的顶尖延伸到甲状软骨，此为真声带。假声带与真声带之间的空腔为喉腔的第二部分。真声带之间的裂隙为声门，由于肌肉的颤动而使声门变窄和变宽。喉腔的第三部分为声带与气管第一软骨环之间的空腔，很狭窄。

（三）气管和支气管

猫的气管共有38~43个软骨环。气管的第1软骨环比其他软骨环宽些。气管从喉伸至第6肋骨处分叉成为左、右2根支气管（图18-6）。右侧支气管进入肺后再分为2个分支，位于肺动脉前面的称动脉上支气管，动脉上支气管直接再分为许多小支气管，位于肺动脉后面的另一分支称动脉下支气管，动脉下支气管先分出3个分支，然后再分为许多小支气管。因此，可以认为右侧支气管有4个分支，而左侧支气管则为3个分支，然后

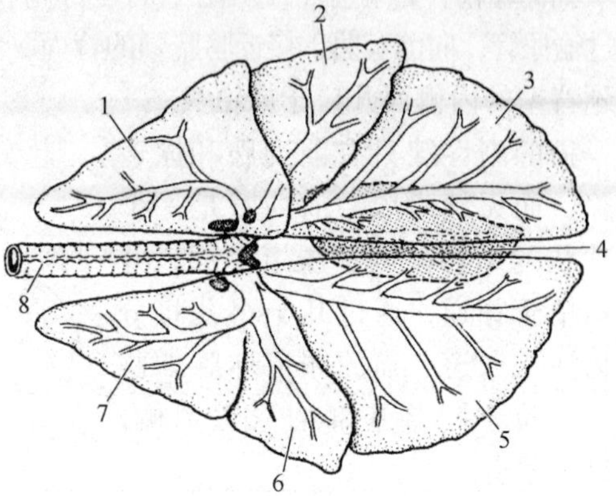

图18-6 猫肺的分叶和支气管

1—右肺前叶 2—右肺中叶 3—右肺后叶 4—副叶 5—左肺后叶 6—左肺前叶后部 7—左肺前叶前部 8—气管

直接分成许多小支气管。

（四）肺

猫右肺外侧自前向后依次为前叶、中叶和后叶，内侧还有副叶。左肺分为前叶和后叶，前叶又分为前部和后部，两部之间在近肺门处融为一体，其余部分明显分开。猫肺的全部重量约19g，左肺7.9g，右肺11.1g。肺的全部肺泡展开后，其总面积可达7.2m^2。猫的呼吸频率是24~42次/min。

三、泌尿系统

猫的肾是光滑单乳头肾，呈蚕豆状。猫两肾重量约为体重的0.34%。右肾位于第2腰椎与第3腰椎之间，左肾相当于第3腰椎与第4腰椎的水平。肾脏边缘常有脂肪堆积，以肾的头端脂肪最多。在腹膜内，肾由疏松的被膜完全包围着，被膜内可见有丰富的被膜静脉，被膜静脉是猫肾的独有特征。

输尿管向后通到含有脂肪的腹膜褶。输尿管在接近末端处，向背面穿过输精管，再转向前腹面，在膀胱颈部附近斜穿入膀胱的背壁。在膀胱的内侧，两输尿管的开口相距约5cm，每个开口周围环绕着一个白色、环状的隆起。

猫的膀胱呈梨形，位于腹腔后方直肠的腹面，与耻骨联合相距很近。膀胱由3条腹膜褶所悬挂，腹面的一条是从膀胱的腹壁穿到腹白线的下面，称悬韧带，侧面一对称侧韧带，它们各自从膀胱两侧穿过直肠两侧而到达背体壁。

四、生殖系统

（一）公猫生殖系统

猫的睾丸位于肛门下、阴囊内，贴近身体，略呈椭圆形，成猫双侧睾丸共重4~5g，大小约为14mm×8mm。

猫的输精管始端盘曲，从附睾的尾部与精索动脉、精索静脉一起走向精索，越过输尿管，向前弯曲，接近膀胱颈的背面，穿过前列腺（图18-7），然后在膀胱颈背壁的内侧面开口于尿道。

猫的副性腺只有前列腺和尿道球腺，而无精囊腺。前列腺是一个双叶状的结构，位于尿道背面，并与输精管相通，通过几个小孔将分泌物注入尿道。猫的尿道球腺如豌豆大，位于阴茎基部的尿道两侧，开口于尿道。

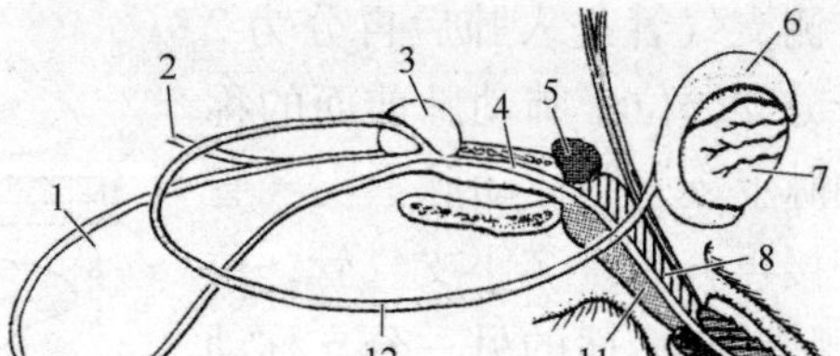

图18-7 公猫的生殖系统

1—膀胱 2—输尿管 3—前列腺 4—尿生殖道 5—尿道球腺 6—附睾 7—睾丸 8—尿道海绵体 9—包皮 10—阴茎 11—阴茎海绵体 12—输精管

猫的阴囊位于肛门的腹面，对着坐骨联合的中线，其正中缝很明显。猫的阴茎平时是朝后下方的，位于包皮之内，呈圆柱形尖端朝后，排尿也是朝后下方的，勃起可使阴茎方向变得朝前。阴茎龟头表面有100~200个角质化乳头，长度约为0.75mm，6~7月龄时这种乳头最大。

（二）母猫生殖系统

1. 形态结构

猫的卵巢呈椭圆形，长6~9mm，宽3~5mm。一对卵巢的重量为1.2g，其表面可见许多突出的白色小囊。卵巢由子宫阔韧带及卵巢韧带固定在肾的后方，第3~4腰椎下，卵巢横卧在由阔韧带所形成的短的卵巢囊内（图18-8）。发情时有3~7个卵泡发育到成熟，直径可达2~3mm。

猫的输卵管长4~5cm，顶部呈喇叭状，称喇叭口，位于卵巢前端外侧面，紧贴着卵巢。输卵管从喇叭口向前转，然后向内侧面再转向后，呈盘曲状，其后端与子宫角相连。输卵管的前2/3直径较大，后1/3则较小。

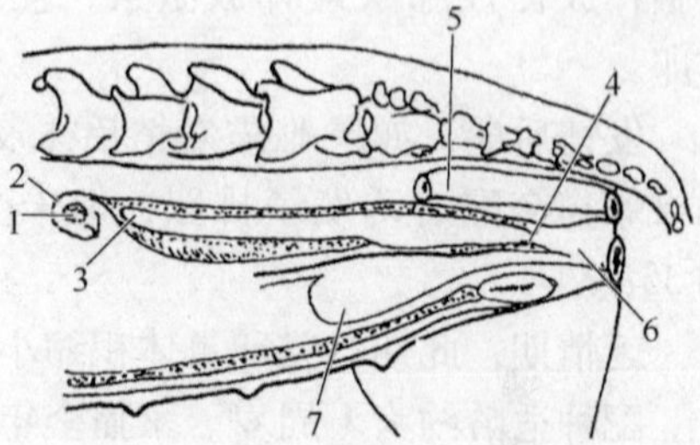

图18-8　母猫的生殖系统
1—卵巢　2—输卵管　3—子宫角　4—子宫颈
5—直肠　6—阴道　7—膀胱

猫的子宫呈Y形，中部为子宫体。从子宫向两侧延伸至输卵管的部分即子宫角，长度为9~10cm。子宫体位于腹腔中直肠的腹面，长约4cm。子宫的后端突入阴道，与阴道相通的部分即子宫颈，子宫颈与阴道之间有V形开口，口向后下方，顶尖朝前下方。阴道向后延伸而成尿殖窦，长约1cm，尿殖窦向后通到阴门。

2. 生殖生理

（1）发情

①初情期：猫在野生状态下，是季节性多次发情和诱发排卵动物。初情期受出生季节、品种、饲养方式和断奶时间等因素影响，一般在7~12月龄。

多次发情是指在一个发情季节出现多次发情表现。诱发排卵又称刺激性排卵，必须通过交配或其他途径使子宫颈受到机械性刺激后才排卵，并形成功能性黄体。因此，猫发情周期没有严格的周期性，其持续时间取决于是否交配、排卵、妊娠以及分娩后是否泌乳等。

②发情周期：猫的发情周期一般为21d左右，发情持续时间为3~6d，具有持续交配能力的时间为2~3d。如果发情期未能排卵，则发情周期为2~3周。如果出现持续发情，周期就会延长。如果交配后排卵但未受孕，则发情周期延长至30~75d，平均为6周。根据发情症状与卵巢的变化可将发情周期分为以下5个时期。

发情前期，卵巢上有3~7个卵泡得到发育，直径增大到2mm；阴门水肿不明显，阴道无血红色恶露；喜欢受人抚摸，排尿频繁，持续1~8d。

发情期是猫性欲达到高潮的时期。此期的特征是：雌猫嗷嗷叫，性格变得较温顺，精神振奋，食欲下降，若以手压其背部，有踏足举尾巴的动作，尾巴弯向一侧愿意接受雄猫交配；会阴部前后移动，如果轻敲骨盆区，表现更为明显；阴门红肿、湿润，甚至流出黏液，卵泡发育至直径为2～3mm。此期的持续时间因季节不同和是否排卵而异。在春季，持续时间延长（5～14d），在其他季节发情期缩短（1～6d）。如果交配后排卵，则发情期持续5～7d，于交配后24～48h消失；如果未能排卵，则发情一般要持续8d。然而，有时无论排卵与否，发情期都一样长；而未交配的猫，发情期却较短。

排卵期，猫的排卵发生在交配后24～50h。交配刺激阴门和阴道，引起下丘脑释放促性腺激素释放激素，促进促黄体激素的分泌和释放，从而诱发排卵。

发情后期，如果雌猫发情后未交配，发情后期持续14～28d，平均21d；如果雌猫交配后诱发了排卵，但未受精，则导致假妊娠，持续30～73d，平均35d。

乏情期，此期雌猫卵巢体积缩小，卵泡直径为0.5mm，无发情表观。

配种适龄约为1周岁。家猫全年均可发情，但在较热的地区，三伏天很少发情。性周期平均14d，发情持续3～7d。

（2）交配　猫的交配行为受交配经验及体内激素水平的影响。处女猫对雄猫，开始时抵抗，通过接触次数的增多才慢慢接受。因此，让雌猫与雄猫多接触，有助于交配的顺利进行。在乏情期和发情后期，雌猫和雄猫之间无性吸引。在发情前期和发情期，雌猫主要是通过叫声、行为以及尿味等来吸引雄猫的注意。

雌猫在发情时，阴道分泌物中含有戊酸。戊酸作为一种外激素，不但可吸引雄猫，而且可刺激雌猫发情。此外，雄猫的气味也是由外激素产生的，这种气味用于雌猫识别一个雄猫的活动范围，并能促进雌猫发情。

雌猫进入发情期后，主要表现为活跃、紧张和鸣叫不断，到处摩擦头部，并在地上打滚。当雄猫接近时，这种表现更为突出。如果听到雄猫的叫声或雄猫接近时，雌猫表现为腰部下弯，骨盆区抬高，尾巴弯向一侧，后脚作踏步运动，接受交配。如果轻敲或触摸雌猫腰部或骨盆区，或抓住雌猫颈部皮肤和轻击会阴部，均会出现上述行为。

猫的交配一般发生在光线较暗、安静的地方，以夜间居多。交配期平均2～3d。交配时，雄猫骑在雌猫的身后，用牙齿紧咬住雌猫颈部，前爪前腿抱住雌猫胸部，而后爪着地。在平时，雄猫阴茎方向朝后；而交配时，阴茎稍勃起，方向朝前下方，与水平方向呈20°～30°。阴茎进入阴道后立即射精。交配后，雌猫哀鸣，称为交配哀鸣，可能是由阴茎上角质化的球状突起刺激所致。一旦交配结束，雄猫立即走开，以避免雌猫的攻击。此时雌猫会妩媚地炫耀自己，脚趾张开，爪子伸展，打滚，摩擦身体，伸懒腰并舔舐阴门区，5～

10min 后，再次开始交配。发情期间，雌猫一天可以交配多次，通常由雌猫决定终止交配。

（3）妊娠和分娩先兆　猫的妊娠期的长短因品种、母猫年龄和环境等因素而异，一般 57～71d，平均 63d。

雌猫交配后 40d，即可观察到孕猫腹部逐渐膨大、下垂，两排乳头逐渐肿胀。在临产前数日内，猫的活动量减少。随着产期的临近，雌猫表现为不安、不停地变换姿势、呜叫或者蹲在地上，从腹壁上可以看到胎儿的运动，会阴部肌肉松弛变软，部分孕猫有乳汁自流现象。孕猫临产时出现造窝行为，对陌生人的敌对情绪增强。有些猫直肠温度降低，食欲减退或消失。

（4）分娩过程　宫颈开张期，胎膜由子宫角挤入子宫颈时开始，可能延续 6h，这时子宫肌肉收缩，呼吸开始加快，喉咙传出呼噜呼噜的响声，但并不痛苦。此外，可以看到阴道有透明的液体流出。宫颈开张期结束时，阴道流出透明或有点混浊的液体，有时还夹有一些血液。

胎儿娩出期，子宫颈完全开张到排出胎儿为止。此阶段持续 10～30min。这一阶段开始时，由于仔猫及胎膜刺激母体，使雌猫腹壁肌肉收缩加强。此时，雌猫开始舔外阴部，一个混浊的灰色胎泡在外阴部出现，这是包裹仔猫的胎膜出现的最初迹象。雌猫腹壁肌肉收缩的时间间隔逐渐缩短，从起初的每 15～30min 收缩一次直到每 15～30s 一次。露出胎膜后，可以看到仔猫的部分身体，最后一阵挛缩以后仔猫就排出来了。

在胎衣娩出期，胎膜和胎盘往往随之很快排出体外。

每只仔猫出生都要经过这 3 个阶段，都有自己的胎膜和胎盘，只有同卵孪生仔猫例外，它们共有一组胎膜和胎盘。仔猫一出生，雌猫立即开始舔它，咬断脐带。在大多数情况下，雌猫将胎膜吃掉。

仔猫出生相隔的时间不确定，少则 5min，多则 2h，一般在产出 3～4 只仔猫后，经 1h 不再见雌猫努责，表明分娩已结束。但有些猫排出前 1～2 个胎儿后，分娩出现不明原因的生理性中断，12～24h 后再分娩其余的仔猫。

猫每胎产仔 1～6 只，平均 4 只，哺乳期 60d。

任务三 | 猫其他器官系统的结构与功能特征

一、循环系统

（一）心脏

猫的心脏侧面和背面大部分被肺所覆盖，前端的腹面有胸腺。心脏大约在第 4 或第 5 肋骨到第 8 肋骨之间，其心尖部稍向左偏，并接触膈。

猫的心率为 120 ~ 140 次/min。

（二）血管

猫的主动脉口的每一个瓣膜都部分地隐蔽一个主动脉窦。在左面瓣膜的主动脉窦内有冠状动脉的开口，肺静脉分 3 组进入左心房，第 1 组来自右肺的前叶和中央叶，第 2 组来自左肺相应的叶，第 3 组来自肺的尾叶，每组由 2 ~ 3 条静脉组成，由肺门出肺后注入左心房。

1. 动脉

腹主动脉主要分支有腹腔动脉、肠系膜前动脉、肾上腺腰动脉、肾动脉、肠系膜后动脉、髂腰动脉、腰动脉、髂外动脉和髂内动脉等。

精索内动脉或子宫卵巢动脉起自大约与肾尾端同一水平的腹主动脉，侧向走行，在雄性达腹股沟管和阴囊，雌性则达卵巢和子宫。

2. 静脉

无名静脉有两条，在第 1 肋间隙的对侧相汇合，形成前腔静脉。每条无名静脉从前腔静脉头端向头侧方走行，达第 1 肋骨小头端一短距离的部位同颈外静脉和锁骨下静脉相汇合。无名静脉汇集来自椎静脉、肋颈静脉、锁骨下静脉和颈外静脉的血液。

猫的后腔静脉约在最后一个腰椎水平、两髂总静脉汇合处开始形成，在背中线附近向头端走行，先位于腹主动脉的背部，而后到其右侧，再到其腹面，在肝尾叶的背面进入肝脏。通过肝后，在中心腱腹侧边缘附近穿过膈肌进入胸腔，最后进入右心房。猫的后腔静脉主要收集膈静脉、肝静脉、肾静脉、精索内静脉（雌猫为卵巢静脉）、腰静脉、髂腰静脉、髂总静脉和髂外静脉的血液。

猫的正常收缩压为 15.73kPa（11.73 ~ 18.93kPa），舒张压为 9.33kPa（7.47 ~ 11.33kPa）。猫的血液总量为体重的 6.2%，RBC 数为 700 万 ~ 1000 万/mm^3，WBC 为 9000 ~ 24000/mm^3，Hb 含量为 13.8g/mL。

（三）淋巴系统

猫的胸腺是重要的淋巴器官，幼猫发育良好，成年后部分或全部退化。猫的胸腺呈灰红色，分左、右两叶，左叶比右叶稍大，一般位于胸腔纵隔内，夹于两肺之间，前端有的个体可以突出胸前口而形成颈部，后端伸达心包后缘。

重要的体壁淋巴结有下颌淋巴结、颈浅淋巴结、髂下淋巴结、腘淋巴结、腹股沟浅淋巴结（阴囊淋巴结或乳房淋巴结）等。

重要的内脏淋巴结有支气管淋巴结、肠系膜淋巴结、肝淋巴结、肾淋巴结、肛门直肠淋巴结等。

扁桃体位于口咽部，可分为腭扁桃体、舌扁桃体和咽扁桃体等。

猫脾扁平细长而弯曲，其左侧末端较宽，深红色，位于胃的左侧，平行于胃大弯，悬挂在大网膜的降支内，胃大弯的后面。

二、神经系统

猫的脊髓与延髓在外形上分界不明显，第 1 对颈神经根部的起点可作为二者的区分标志。

猫的小脑较发达，向外、向前、向后扩展，从背面观，小脑遮盖了中脑和间脑，也覆盖延髓的较大部分。平衡觉和呕吐中枢发达，容易晕车晕船，不易摔伤或摔死，这就是"猫有九命"之说的解剖生理依据。

猫的听觉发达，嗅觉发达，鼻腔深部的嗅黏膜面积为 20～40cm，比人类大 2 倍，约有 2 亿多个嗅觉细胞，能嗅出稀释 1/8 000000 的麝香气味。特别是对发情异性的气味辨别力很强，去势猫可因缺乏标明性别的气味而遭到同类攻击。第三眼睑发达。猫的视觉非常发达，单眼视野约 150°，双眼共同视野约 200°，光线折射和散瞳能力极强，有利夜视。猫几乎色盲，善于观察运动物体。视觉需足够的牛磺酸来维持，食物中牛磺酸含量不应低于 0.1%。

猫的感情丰富，在意宠爱，嫉妒、自我意识强。猫对下雨、洪水及地震有一定的预感能力。

三、内分泌系统

猫的脑垂体是一个小的圆锥体，位于视交叉的后方，在蝶骨的蝶鞍内，其背部与漏斗相连。漏斗是中空的，贴在灰结节的腹正中，是由第 3 脑室底部向腹面延伸而形成的，是构成第 3 脑室顶部的一部分。

猫的肾上腺位于肾脏前内侧，靠近腹腔动脉基部及腹腔神经节，因而常不与肾脏相接。外部为卵圆形，长径约 1cm，重量为 0.3～0.7g，黄色或淡红色，常被脂肪包埋，腹面被腹膜覆盖。

猫的甲状腺位于气管与食管两侧，由两个侧叶和中间的峡部组成。每一侧叶长约 2cm，宽约 0.5cm，而峡部是一个细长的带，宽约 2mm。连接于两个侧叶的尾端而横过气管的腹面。甲状腺全重为 0.5～2.8g。

任务四 | 猫主要器官的解剖观察

一、猫体表和浅层结构的观察和解剖

（一）目的要求

1. 掌握猫的主要被皮结构。

2. 掌握猫的全身浅层结构。

（二）设备材料

实验动物、解剖台和解剖器械等。

（三）方法步骤

1. 活体状态观察

观察猫的精神状态、被毛状态和行为动作等活体状态，触摸识别体表主要结构，对主要内脏器官进行体表投影位置的确定。

2. 放血

采用扎口和徒手法相结合保定，股动脉放血，当血液流出时注意血流有否强弱变化，并分析原因。当失血量达到一定程度时，注意观察瞳孔及呼吸的变化。放血致死后注意观察枕和爪等被皮结构。

3. 剥皮

自下唇起沿腹侧中正中矢状线向后切开皮肤到尾根，途经天然口处环形绕开，并在前后肢内侧处，自上述切口向四肢末端分支切开 4 个位于四肢内侧自近向远的纵向切口，从上述 5 条切口向背侧剥开皮肤，遇到天然孔环形绕开，切断耳根和尾根，在接近腕关节和跗关节处切断并取下皮肤，观察皮肌是在躯干上还是在皮肤上。

4. 浅层结构观察

观察浅筋膜和各体节的皮神经，清理浅筋膜观察皮肌后清理皮肌，观察全身浅层肌肉、骨的突起、腺体和淋巴结等结构。

（四）技能考核

根据操作过程考察，结合操作过程的口试评定成绩。

二、猫主要内部器官的解剖观察

（一）目的要求

（1）掌握猫体各部的解剖方法。

（2）掌握猫各主要内部器官的形态、位置和结构。

（二）设备材料

实验动物、解剖台和解剖器械等。

（三）方法步骤

1. 头颈部解剖

清理浅层肌肉，解剖观察淋巴结、唾液腺、浅部血管神经、内分泌腺，剪断（可用骨剪）颧弓，解剖深部血管神经、颞下颌关节、颞窝和眼眶，取下一侧下颌骨，解剖下颌间隙和口、咽、喉、胸腺、甲状腺、颈部食管和气管等器官。解剖观察喉、气管和食管的腔体。

颅腔及鼻腔的解剖也可安排在胸腹等部解剖之后进行。

2. 胸部解剖

清理、解剖、切断肩带肌，取下前肢。清理、解剖观察胸壁肌、臂神经丛和前肢动静脉根部，剪下肋骨，观察取下的胸侧壁内表面，观察肺、心包和膈的表面。

分清左肺各大叶并尽量看清连接心脏与肺脏的血管和肺门淋巴结后，切断左肺根，取下肺脏，观察各叶的膈面和纵膈面，切下一块肺组织，放入水中，观察其沉浮状态。

清理、解剖、观察纵隔内器官，注意先解剖观察比较细小而易被忽略的自主神经干和神经节，然后再解剖其他器官。

3. 腹部解剖

清理解剖腹壁的肌肉、血管、神经和腹膜，清理解剖观察阴囊、腹股沟管和精索。打开腹腔，观察网膜，移开网膜，观察腹腔腹侧器官的表面形态，移除网膜，将大部分空肠移到腹腔一侧，寻找盲肠、胃和脾脏，将空肠与十二指肠之间及与回肠之间的大致界限找到后，在上述两处进行双重结扎并切断，分离空肠系膜与肠管的联系，将空肠移到另一解剖盘中。继续清理观察盲肠的形态及其与结肠和回肠的通连关系，清理观察肾脏、肾上腺、神经干、神经节、十二指肠、结肠、胃、脾、胰、肝和大血管之间的位置关系。解剖观察卵巢、输卵管、子宫、输尿管、输精管和膀胱。进一步解剖肾脏、十二指肠、盲肠、结肠、胃、脾、胰和肝。

4. 前肢的解剖

清理残余的肩带肌，解剖观察肩胛部、臂部和前臂部的肌肉和血管神经，剥开前脚部皮肤，解剖观察腕部、掌部和指部的肌腱和血管神经，解剖观察前肢各关节。

5. 盆腔和后肢解剖

清理、解剖、观察荐臀部、股部、小腿部浅层肌肉和血管神经，剥开后脚部皮肤，解剖观察跗部、跖部和趾部的肌腱和血管神经，剪断髂骨体，解剖开骨盆腔，清理观察盆腔内脏器官和血管神经，解剖观察后肢各关节。

（四）技能考核

根据操作过程考察，结合操作的口试及所绘猫内部器官解剖图，评定成绩。

项目十九 其他宠物的解剖生理

[知识目标]

1. 掌握鸽各器官系统的主要结构。
2. 掌握鸽各器官系统的主要功能。
3. 掌握鱼类各器官系统的主要结构。
4. 掌握鱼类各器官系统的主要功能。

[认知与解读]

鸟类和鱼类的种类都很繁多，但其形态结构和生命活动基本上都分别具有鸟纲和水生脊椎动物的一般特征。本章仅以人类普遍熟悉、且与人类关系最密切的鸽和观赏鱼为代表，来引导学生掌握宠物鸟和宠物鱼的形态结构和生命活动特征。

任务一 | 鸽的解剖生理特征

鸟类有9000多种，目前我国的1200多种鸟中已有百余种能供笼养观赏。鸽子的品种有170多种，按饲养目的主要分为竞翔鸽、玩赏鸽和食用鸽（也称肉鸽）。

一、体表外貌

鸽子从体表大体可分为头、颈、体躯、翼、脚和尾羽等部分（图19-1）。体躯可分为胸部、腹部、背部和腰部。头部有喙、嘴角、眼环、眼睑、额、枕、鼻孔、鼻瘤、耳羽、颌等。喙的尖端称嘴峰，头颈之间腹侧是喉，尾根背侧有尾脂腺，腹部有泄殖腔。后肢可分为股部、小腿部、跗部、跖部和趾部。趾可分为后趾和前趾，前趾又分为内趾、中趾和外趾，趾的末端是爪。

图 19－1　鸽体表部位名称

1—喙　2—鼻孔　3—鼻瘤　4—额　5—头顶　6—枕　7—眼环　8—肩间　9—腰　10—翅羽　11—尾羽　12—腹　13—小腿　14—跗关节　15—后趾　16—外趾　17—中趾　18—内趾　19—跖部　20—鳞羽　21—肩羽　22—胸

二、骨骼和肌肉

骨骼和肌肉构成鸽子身体的支架，是鸽子飞翔的动力来源。

（一）骨骼

鸽子的骨骼由于适应飞翔，因而具有轻便而坚固的特征，其主要特点是大多数骨骼的髓腔中充满了与肺及气囊相通的空气；骨骼骨质致密、关节坚固，且有的骨愈合成一整体。

1. 头部骨骼

鸽的头骨很轻，颅腔较大，颌骨伸延成喙，颅骨的两侧有大的眼眶（图 19－2）。鸽的枕骨大孔不在头骨的后壁，而在头骨的底部。成鸽颅骨中所有骨片均完全愈合，且愈合处平滑无缝线。雏鸽的骨缝较为明显，可以看到各骨间连接缝。

上喙是由前颌骨和上颌骨构成，上颌骨的后端与鼻骨突起及额骨相愈合，颧骨借棒状方轭骨向后与方骨相接，形成鸟类所具有的下颞弧。下喙由关节骨、齿骨、隅骨、上隅骨及夹板骨愈合而成。方形骨的存在是口腔开张幅度较大的重要原因。

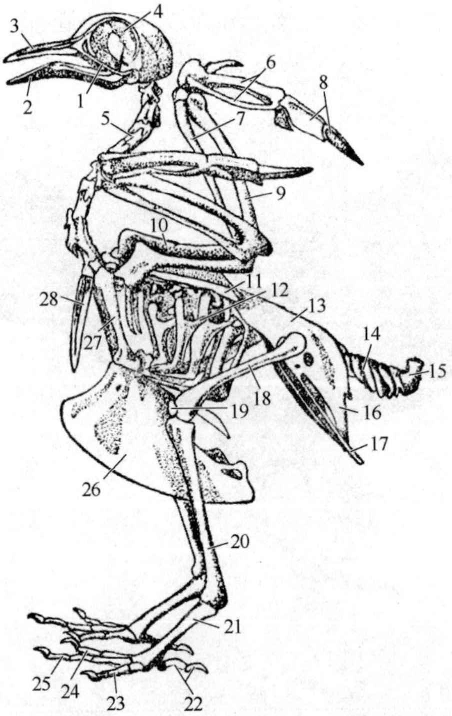

图 19－2　鸽的骨骼

1—颧骨　2—下颌骨　3—颌前骨　4—眼眶　5—颈椎　6—掌骨　7—桡骨　8—指骨　9—尺骨　10—肱骨　11—肩胛骨　12—椎肋骨钩突　13—髂骨　14—尾椎　15—尾综骨　16—坐骨　17—耻骨　18—股骨　19—膝盖骨　20—胫骨　21—跖骨　22—第 1 趾骨　23—第 4 趾骨　24—第 2 趾骨　25—第 3 趾骨　26—胸骨　27—乌喙骨　28—锁骨

2. 躯干骨骼

(1) 椎骨　鸽的颈椎有 13～14 个，第 1 颈椎为环椎，第 2 颈椎为枢椎，其他颈椎的椎体呈马鞍形，使关节活动性加大，弯曲自如。鸽同兔一样，椎体背面也有髓弧和棘突，两侧有横突，由于不发达的颈肋与颈椎椎体以及横突的愈合，因此颈椎的两侧形成了椎动脉管。椎动脉即由此管上升进入颅腔。最后两个颈椎上附着 1 对短小游离的肋骨，但不连于胸骨。颈椎整体形态成乙形，可伸可叠，运动幅度较大。鸽的胸椎有 5～6 个，其特点是胸椎间彼此愈合，同时最后 1 个胸椎与腰荐椎也愈合在一起。鸽的荐椎有 14 个，由真荐椎、腰椎、尾椎和最后 1 个胸椎愈合而成，形成鸟类所特有的愈合荐椎，借骨盆来支持后肢。鸽有 6 个能活动的尾椎，其后由 4～6 块退化的尾椎骨愈合而成尾综骨，是尾羽的支持物。

(2) 胸骨、肋骨和胸廓　鸽的胸骨很发达，为一宽大的骨片，呈扁平状。胸骨有三角形片状突起部，称龙骨突起。此突起可以增加强大胸肌的附着面积。

每一肋骨可分为背侧的椎肋和腹侧的胸肋，椎肋与胸肋之间也有能动的关节。中间的一些胸肋中部有钩状突，把前后肋骨连接起来，加固了胸廓。由于肌肉的收缩，胸骨能接近或远离脊椎，使胸廓扩大或缩小，以增强呼吸作用。

3. 附肢骨骼

（1）肩带与前肢骨骼　肩带骨是连接前肢和躯干的骨，鸽的肩带骨包括肩胛骨、乌喙骨和锁骨 3 对。肩胛骨狭长，呈剑状，位于肋骨背侧、胸椎的两侧，向后伸延。乌喙骨粗短，居于直立的位置，其上端与肱骨、肩胛骨和锁骨成关节，下端与胸骨的前缘相连接。锁骨细长，起自乌喙骨上端内侧，锁骨的下端则左右愈合成 V 形，称为叉骨。这种叉骨是一般鸟类所特有的，在飞翔时起着横木的作用，这样更能增强肩带的弹性。

前肢由肱骨、桡骨、尺骨、腕骨、掌骨和指骨 6 部分组成，排列成乙形。由于前肢变为翼，故前肢骨骼的变化很大，并有一部分退化。

（2）腰带和后肢骨　腰带骨是连接后肢和躯干的骨，鸽的腰带骨由宽而长的髂骨、面积较小的坐骨和细长的耻骨构成。髂骨的前半部向内凹，后半部向外凸，内缘各同愈合荐骨的外缘相愈合。髂骨的外缘为坐骨，耻骨沿坐骨的外侧下缘延伸。左右耻骨的腹面并不愈合，所形成的骨盆腹面大而开放，故为开放型骨盆。这种结构是鸟类所特有的，与其生产硬壳的大形卵有关。

鸽的后肢股部有 1 根股骨。胫部有胫骨和腓骨。胫骨为发达的长骨，腓骨退化，附于胫骨的外侧。雏鸽有上、下两列跗骨。成鸽的上一列跗骨与胫骨愈合，所以胫骨又称胫跗骨，下一列跗骨与完全愈合在一起的跖骨愈合，所以跖骨又称跗跖骨。鸽的趾部有 4 趾，第 1 趾朝后，2 ~ 4 趾朝前。

后肢各骨之间依次形成髋关节、膝关节、跗关节和趾关节。因成鸽跗骨分别与近端的胫骨及远端的跖骨愈合，所以跗关节又称胫跗跖关节或胫骨 – 跗跖骨关节。

（二）肌肉

大多数鸟类拥有约 175 组不同的肌肉，其中大部分用于控制翅膀、皮肤以及腿部的活动。最大的是用于控制翅膀的胸大肌，在飞行鸟类中占体重的 15% ~ 25%；在胸肌内部，还有一组称为喙上肌的肌肉。要能够飞行，则必须依赖这两组肌肉来挥动翅膀，其中喙上肌用于将翅膀升起，而胸大肌则用于将翅膀往下拍动，这两组肌肉加起来占飞行鸟类体重的 25% ~ 35%。鸟类皮肌薄而发达，主要与皮肤羽毛相联系，控制羽毛活动，以便帮助调整飞行姿态。在躯干和尾部也有少量健壮且重要的肌肉，例如尾综骨上的肌肉可以控制尾部的姿态，使得鸟类在飞行中能够迅速调整方向。鸟类没有明显的膈肌，只有身份并不完整的膜状结构，所以一般将所谓“胸腔”和“腹腔”称为体腔。

三、被皮系统

（一）羽毛

羽毛是鸽表皮角质化所构成的一种特殊结构。羽毛质轻而韧，略有弹性和防水性，有护体、保温、增加浮力和飞翔等功能。成鸽的羽毛通常分为正羽、绒羽和毛羽。鸽两翼的飞羽和尾部的尾羽，以及覆盖在头部、躯干部表面的覆羽均为正羽。正羽由羽轴和羽片组成。绒羽位于正羽的下面，羽轴较短，在羽轴的顶端集中多数较长的羽枝，羽枝上虽生有羽小枝，但无羽小钩，呈绒絮状，故称绒羽。毛羽（纤羽）的羽轴较长，顶端有少数羽枝，是无羽小枝的细小羽毛。鸽类定期更换体表的羽毛称为换羽。一般一年有两次换羽，在繁殖结束后所换的新羽称为冬羽，春季所更换的新羽称为夏羽或婚羽。换羽有利于鸟类完成迁徙、越冬及繁殖。由于飞羽及尾羽多是逐渐更替的，因此在换羽过程中并不影响飞翔能力。

（二）鳞片和爪

鳞片也称脚鳞，在跗关节以下，由跖部和趾部的皮肤角化而成。鳞片有一定程度的透明度，脚部皮肤发生出血和淤血等病变时，可透过鳞片看到皮肤的颜色变化和特征性病变。

爪是指端的坚硬角质皮肤衍生物，呈向下的弓形，前端尖锐。

四、消化系统

鸽的消化系统由消化管和消化腺两部分组成。消化管从口腔和咽开始，直至泄殖腔。消化腺主要有肝脏和胰脏（图 19－3）。

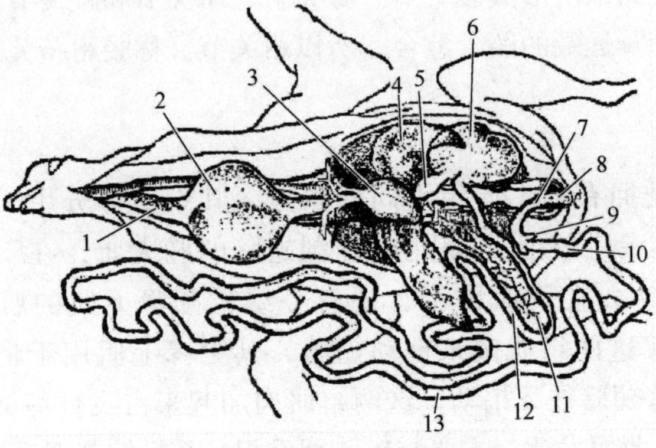

图 19－3　鸽的消化系统模式图

1—食管　2—嗉囊　3—心脏　4—肝脏　5—腺胃　6—肌胃　7—直肠　8—泄殖腔　9—盲肠　10—回肠　11—胰脏　12—十二指肠　13—空肠

（一）消化管

鸽的口腔不大，无齿，而有角质喙。食管位于颈部的腹侧，为一个沿颈部伸展的薄壁圆柱形长管。食管在颈的基部近锁骨处膨大成囊状，称嗉囊。薄壁的嗉囊是临时贮藏食物和分泌乳的器官。食物在嗉囊里经过湿润和软化，再被送入前胃和砂囊，具有初步的化学消化作用。食管的下端是胃，鸽的胃由腺胃和肌胃两部分组成，腺胃壁较薄，内壁富有消化腺，可分泌盐酸和胃蛋白酶以消化食物。腺胃之下是肌胃，又称砂囊。肌胃有厚的肌肉壁，肌腱皆向中间集中，呈放射状，其内壁覆有硬的黄绿色角质膜，是由肌胃的内壁分泌物形成的，坚硬的内壁以及吞入的砂粒，用以代替牙齿磨碎食物。肌胃的下面接呈 U 形弯曲的十二指肠，其下连空肠和回肠，最后与短的直肠相连，直肠末端是泄殖腔。由于直肠粗而短，贮存粪便的能力较差，因此鸟类排便较多，也与随时减轻体重相关。在回肠与直肠的交界处有 1 对中空的小突起，此为鸽的盲肠，具有吸收水分的作用。

（二）消化腺

1. 肝脏

鸽的肝脏很大，红褐色，位于心脏的后方，分为左、右两叶，右叶大而左叶小，接近肝脏中央的右叶背部发出两条肝管，短而粗的左管靠近胃，细而长的右管靠近第 1、2 胰管的开口，两肝管各开口于十二指肠。鸽无大多数鸟类所具有的胆囊。

2. 胰脏

胰脏位于十二指肠 U 形肠襻内，是一个实质器官，可分为背叶、腹叶和前叶。由腹叶中部分出两条细管，为第 1、2 胰管，它们开口于十二指肠后部的几乎同一部位。第 3 胰管由背叶前端发出，开口于小肠附近。胰脏可分泌胰液，其中含有脂肪酶原、蛋白酶原、淀粉酶原等，同肠液共同消化淀粉、脂肪、蛋白质等食物。

五、呼吸系统

鸽的呼吸系统包括外鼻孔、鼻腔、咽喉口、喉头、气管、支气管、鸣管、气囊和肺等。

（一）肺脏

鸽的肺是一对弹性较小的实心海绵状体，呈淡鲜红色，其背面紧贴在体腔背壁脊椎两侧肋骨之间，腹面盖有一层坚硬的肺胸膜，膜内散布有扇形的肌肉组织，称为闭胸膜肌，这些肌肉起于脊椎与肋骨的交界处，在保持肺与支气管完整性的情况下，把它们取出放入水中，如从支气管吹入空气，可见有数处漏气，这便是与肺相通的气囊的孔。

（二）气囊

鸽的肺部连有 5 对气囊。第 1 对为颈气囊，由肺脏前缘发生，位于嗉囊的背侧和颈基部的左右两侧。第2对为锁骨气囊，由肺脏上方发生，左右愈合为1囊，位于锁骨之间，自此气囊又分出3对气囊，即胸肌间气囊、肱骨气囊和腋下气囊。第3对为腹气囊，是气囊中最大的，位于腹部内脏两侧。第4对为胸后气囊，位于胸腔中腹气囊的前方。第5对为胸前气囊，位于胸后气囊的前方（图19－4）。这些气囊都是由支气管的末端或支气管分支末端的黏膜膨大而形成的，主要的生理功能是辅助呼吸，同时也可调节体温和减轻体重。

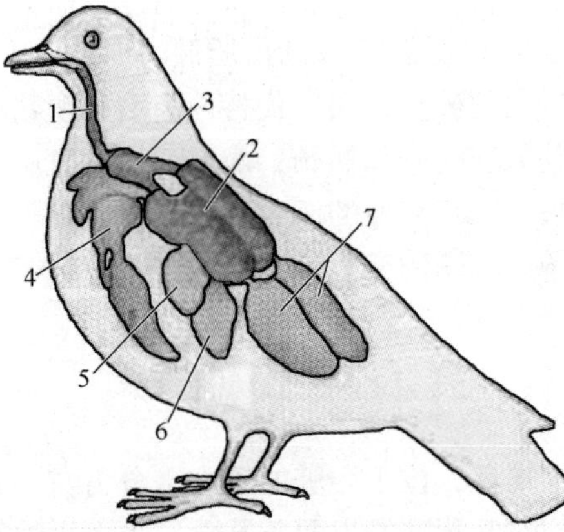

图19－4　鸽的呼吸系统模式图

1—气管　2—肺　3—颈气囊　4—锁骨气囊　5—胸前气囊　6—胸后气囊　7—腹气囊

静止时鸽的呼吸动作是靠呼吸肌的收缩使胸骨靠近或离开脊柱，从而使胸廓扩大或缩小的方式进行；但在飞行时，由于胸部肌肉紧张，胸骨相对地不动，胸廓的活动范围也相对地缩小了，这时主要靠双重呼吸来完成肺部的气体交换，气囊的作用即明显地表现出来。当两翼上升时，气囊扩大，充满氧气的空气便迅速地由肺进入气囊，但气囊无气体交换作用；当两翼下降时，气囊收缩，其中的空气再经过肺排出，当空气经肺时仍能进行气体交换。肺这种在吸气与呼气时均能进行气体交换的现象称为双重呼吸，这是鸟类所特有的，是对飞行生活的适应性。

六、泌尿系统

鸽的泌尿系统主要有成对的肾脏和输尿管，没有膀胱和尿道。

（一）肾脏

肾脏以系膜附着于愈合荐椎的腹面两侧，长扁形，暗褐色。每一肾脏均分为前、中、后3部。相对于体重来说，鸟类的肾脏比哺乳动物还大，这与其较强的代谢作用有关。从内部构造来看，肾小球的数目很多，在相同的单位面积中，鸟类肾小球的数目比哺乳动物多2倍，但鸟类的肾脏尚来分化为皮质和髓质，因此，肾小球的排列比较分散。

（二）输尿管

输尿管由每一肾脏的中部内侧发出，沿腹侧面向后延伸，交叉于输精管之下，并列于内侧，由直肠背部通出，开口于泄殖腔中部的背侧壁上。

七、生殖系统

（一）雄鸽的生殖器官

雄鸽的一对睾丸呈白色，卵圆形，位于肾脏腹面的前缘，以系膜连于腹腔背侧壁上。睾丸体积的大小随季节而不同，平时较小，不易见到，生殖时期则膨大，且左侧比右侧大。睾丸由许多精细管和结缔组织构成，内侧连以很不明显的附睾口，由睾丸内侧发出细而盘旋的输精管沿输尿管的外侧后行，在进入泄殖腔前膨大而成贮精囊，末端的乳状突开口于泄殖腔。鸽与大多数鸟类一样，无交尾器，交配时靠雌雄泄殖腔孔的互相接触而进行体内受精。

（二）雌鸽的生殖器官

与大多数鸟类一样，雌鸽只有 1 个卵巢和 1 个输卵管，右侧的卵巢与输卵管在胚胎发育过程中已退化。卵巢呈黄色，不规则，位于左肾前部，以卵巢系膜连于腹腔背壁上。卵巢包含由结缔组织形成的基质，在基质中分布着各个不同时期的卵泡，每一卵泡中有 1 个卵。输卵管由漏斗、腺体部和峡部组成。峡部通入子宫。子宫比较膨大，壁上有很多腺体。子宫下面狭窄的部分称为阴道，阴道开口于泄殖腔。

八、循环系统、神经系统和内分泌系统

（一）心脏

鸽的心脏较大，呈圆锥形，位于胸前下方，心基朝向前方，心尖夹于肝脏的左、右叶之间。心脏处在一个狭小的心包腔内。右心室的内腔呈半月形，左心室的内腔呈多角形。在左房室孔处有 2 个肌肉质的二尖瓣，以丝状的腱索附着于心室内壁的乳头肌上。在右房室孔处只有 1 个肌肉质瓣，是由附近的心室壁褶皱而成，没有哺乳动物所具有的膜状瓣。

（二）中枢神经

鸟类两大脑半球和小脑都比较发达。中脑形成的视叶膨大，意味着视觉的发达。大脑每个半球都很膨大，但无皱褶。大脑如此膨大是由于底部纹状体的增大造成的，而不是大脑皮质的加厚的结果。

小脑位于大脑中线的后方，较大，呈椭圆形。小脑不仅体积增大，其后部掩盖了延脑的大部分，而且分化为中央具有横沟的蚓部和左右 1 对小脑鬈。小脑皮质（灰质）加厚，深深地陷入白质中，形成髓树。小脑的腹面形成神经纤维束，构成桥脑，作为联络小脑与大脑间的径路。小脑的发达和纹状体的增大，与鸟类飞翔时运动器官的协调和维持身体平衡有密切的关系。

中脑视叶位于大脑半球的后缘和小脑的前侧方，呈白色，椭圆形。视叶是中脑顶部成对的膨大部，中脑的中部被小脑从上方所遮盖。两视叶中间的部分为视联接（视联合）。

（三）内分泌

鸽的内分泌系统由脑垂体、甲状腺、甲状旁腺、腮后腺、肾上腺和松果体等腺体组成。睾丸、卵巢和胰岛同属内分泌腺。组成内分泌腺的细胞都呈索状、网状、泡状或团块状排列，周围有丰富的血管和淋巴管，激素直接进入组织液、淋巴或血液，随血液循环流至全身，对机体的生长发育和生殖等功能起着重要的调节作用。

1. 脑垂体

脑垂体位于脑的腹侧、蝶骨上的陷窝内、视交叉的后方，分前叶和后叶2部分。前叶由腺组织构成，称腺垂体；后叶由神经组织构成，称神经垂体。脑垂体的结构复杂，能分泌多种激素，对肾上腺、甲状腺和性腺的功能都起到刺激和调节作用。如促甲状腺激素可以刺激雌鸽卵巢产生卵泡和分泌激素，刺激睾丸由精细管生长发育和产生精子，还有调节甲状腺的功能；促黄体生成激素可以促进雌鸽排卵，刺激雄鸽睾丸间质细胞产生雄性激素；催乳激素能促进鸽分泌鸽乳（嗉囊乳）和引起孵化；生长激素可以促进雏鸽正常生长发育；促肾上腺皮质激素可以调节肾上腺的功能。如果把雏鸽的脑垂体切除，就会出现侏儒症，可见该激素对幼鸽生长发育的重要性。

脑垂体后叶能分泌加压素和催产素。加压素具有升高血压和减少尿分泌的作用；催产素可以刺激鸽子输卵管平滑肌收缩，促进产蛋。

2. 甲状腺

甲状腺是呈圆形或椭圆形的成对腺体，深红色，位于胸腔入口的气管两侧，紧靠颈总动脉和颈静脉。甲状腺的大小根据品种、年龄、季节、环境、温度、饲料中碘含量和功能状态的不同而发生很大。甲状腺激素的功能是使机体对周围环境温度变化做出更加明显的反应，起到调节体温的作用；使机体和生殖器官发育，提高产蛋量。甲状腺激素分泌增多时，可以促进换羽和新羽生长。

3. 甲状旁腺

甲状旁腺位于颈的两侧、甲状腺的后方，左右各1对，可能融合在一起或附着于甲状腺上，外包结缔组织，呈黄色。如果机体缺乏维生素、矿物质或紫外线照射不足，都可以导致甲状旁腺的细胞增生、腺组织肥大。甲状旁腺激素具有调节体内钙、磷代谢的作用，促进钙质吸收和提高血钙水平。在产蛋时，甲状旁腺激素调节血浆中钙离子的水平，大量的钙从骨中输出，参与蛋壳的形成，这部分钙质占蛋壳中总钙质的30%或更多一点（来自饲料中的钙占蛋壳中总钙质60%～70%）。注射甲状旁腺浸出液，能促使骨中钙质参加血液循环，同时也能促进磷从肾脏排出。

4. 腮后腺

腮后腺也称腮后体，体积很小，呈淡红色，位于甲状腺之后，其位置的个体差异较明显。腮后腺分泌降钙素，其作用与甲状旁腺素的作用相反，主要是抑制破骨细胞的活动、抑制骨钙的溶解和释放、降低血钙。

5. 肾上腺

肾上腺是成对的椭圆形器官，呈黄色或橘黄色，位于胸腺前叶附近和后腔静脉的分叉前。肾上腺由皮质和髓质构成，皮质细胞呈泡沫状，核呈球形，染色深，髓质由不规则的嗜碱多角形细胞群组成。雄鸽的肾上腺与副睾相连，雌鸽左肾上腺与卵巢相连。肾上腺大小因年龄、性别、健康状况和环境因素的不同而有很大的差异。皮质能分泌皮质酮和醛固酮，对电解质平衡与糖类和蛋白质有重要的作用；同时，还影响到性腺、腔上囊和胸腺的活动。

任务二 | 鱼的解剖生理特征

在几万种鱼中，可供观赏的约有几千种，主要分为淡水观赏鱼和海水观赏鱼。淡水观赏鱼又可分为热带淡水观赏鱼和温带淡水观赏鱼两种。金鱼属温带淡水观赏鱼类，有300多个品种，可分为龙种金鱼、文种金鱼、蛋种金鱼和草种金鱼四大类。观赏鱼的种类虽然繁多，但其身体的基本结构都体现了水生脊椎动物的特征，具体结构可分为体壁、内脏、循环系统、神经系统和感觉器官等组成部分。

一、体形外貌

脊椎动物一般能将身体区分成左、右相等的2部分，呈左右对称。鱼类的身体除少数种类成体不对称外，也呈左右对称。

鱼类有多种体形，观赏鱼常见的主要有纺锤形、侧扁形、平扁形、圆筒形、带形、箱形、球形、箭形和翻车鱼形等。

鱼类的头形多种多样，主要的器官有口、唇、须、眼、鼻、鳃裂和鳃孔及喷水孔等（图19-5）。

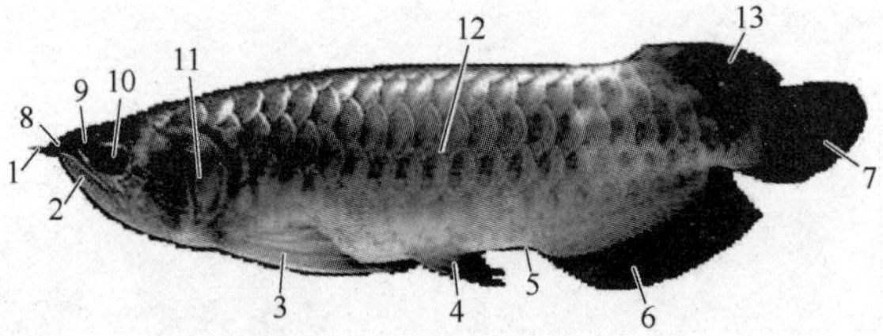

图19-5 鱼类的体形外貌

1—须 2—下唇 3—胸鳍 4—腹鳍 5—肛门 6—臀鳍 7—尾鳍 8—嘴 9—鼻孔 10—眼 11—鳃盖 12—侧线器官 13—背鳍

鳍是鱼形动物和鱼类特有的外部器官，通常分布在躯干部和尾部，是鱼体运动和维持身体平衡的主要器官，分为背鳍、臀鳍、尾鳍、胸鳍和腹鳍等。

二、体壁

1. 骨骼

鱼类的骨骼按其性质分为软骨和硬骨（软骨化骨、膜骨）。硬骨鱼类的骨骼分为内骨骼和外骨骼。内骨骼又分为中轴骨骼和附肢骨骼。中轴骨又包括头骨、脊柱和肋骨，附肢骨包括肩带、腰带和支鳍骨（图19-6）。外骨骼主要是皮骨，皮骨主要有鳞片、鳍条和鳍棘。

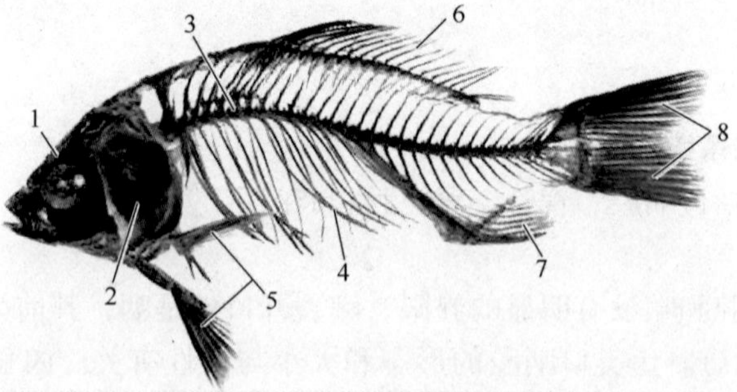

图 19-6　鱼的骨骼

1—头骨　2—鳃盖　3—脊柱　4—肋骨　5—胸鳍骨　6—背鳍骨　7—臀鳍骨　8—尾鳍骨

(1) 头骨　鱼类的头骨可分为脑颅和咽颅 2 部分。脑颅位于整个头骨的上部，用来包藏脑及嗅、视、听等感觉器官。咽颅也称脏颅，位于整个头骨的下部，呈弧状排列，包围着消化管前端的两侧。咽颅又称咽弓，一般有 7 对咽弓，第 1 对为颌弓，第 2 对为舌弓，第 3~7 对为鳃弓。

(2) 脊柱　脊柱是由许多椎骨自头后一直到尾鳍基部相互衔接而成的，用以支持身体和保护脊髓、主要血管等。鱼类的脊椎骨按其着生部位和形态的不同可以分为躯椎和尾椎 2 类。

(3) 肋骨　肋骨与椎体横突相关节，起到支持身体、保护内脏器官的作用。鱼类的肋骨可分为两大类，即背肋和腹肋。一些硬骨鱼类具有背肋和腹肋，如鲈形目、鳢形目的一些鱼类；鲤科鱼类只有腹肋。

(4) 附肢骨骼　鱼类的附肢骨骼包括奇鳍骨骼和偶鳍骨骼。奇鳍骨骼包括背鳍、臀鳍和尾鳍的骨骼；偶鳍骨骼可分为胸鳍和腹鳍，由带骨、支鳍骨和鳍条构成。支持胸鳍的骨骼为肩带，支持腹鳍的骨骼为腰带。

2. 肌肉

眼肌包括上斜肌、下斜肌、上直肌、下直肌、内直肌和外直肌；鳃盖启闭肌主要有鳃盖开肌、鳃盖提肌、舌颌提肌和鳃盖收肌；与口咽腔活动有关的肌肉主要有下颌收肌、咬肌、舌颌收肌、颏舌肌和胸舌肌；与鳃弓活动有关的肌肉主要有鳃弓提肌、鳃弓收肌、鳃间背斜肌、鳃间腹斜肌和鳃弓连肌。

分布在头后直至尾基两侧的肌肉为躯干部和尾部肌肉，包括大侧肌、上棱肌和下棱肌。

附肢肌肉主要包括背鳍肌、臀鳍肌、尾鳍肌、肩带肌和腰带肌。

3. 被皮

鱼类的皮肤由外层的表皮和内层的真皮组成，具有保护、防御、减少摩擦、加快游泳速度、感受刺激等功能。鱼类皮肤的衍生物有鳞片、黏液腺、毒腺、珠星、色素细胞、发光器等。

三、内脏

（一）消化系统

消化管包括口咽腔、食管、胃、肠和肛门。

1. 口咽腔

鱼类的口腔和咽没有明显的界限，鳃裂开口处是咽，其前为口腔，故称口咽腔（图19－7）。鱼类口咽腔的形态和大小与食性有关。凶猛的肉食性鱼类口咽腔较大，便于吞食大的食物。有些专食微小浮游生物的滤食性鱼类口咽腔也宽大，这与它们不停地滤取水中食物的习性相适应。口咽腔常覆盖以复层上皮，其中有黏液细胞和味蕾分布，口咽腔内有齿、舌及鳃耙等构造。

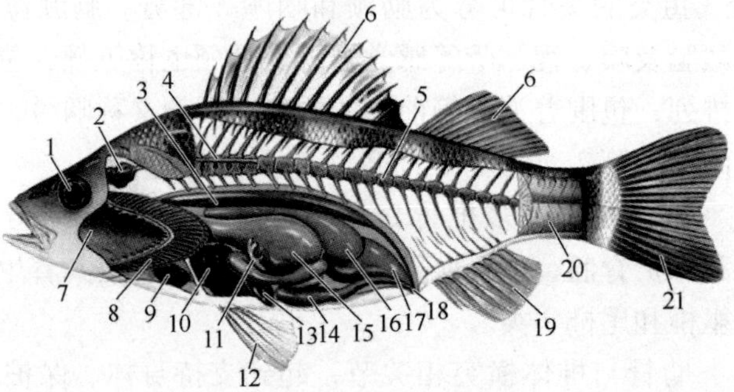

图19－7　鱼的内部器官

1—眼　2—脑　3—肾　4—神经索　5—脊椎　6—背鳍　7—口咽腔　8—鳃耙　9—心脏　10—肝脏　11—幽门盲囊　12—胸鳍　13—脾　14—肠　15—胃　16—鳔　17—生殖腺　18—肛门　19—臀鳍　20—肌节　21—尾鳍

2. 食管和胃肠

鱼类食管短而宽，管壁较厚，由黏膜、肌层和浆膜构成。黏膜层有味觉细胞分布，具有选择食物的作用。食管还能分泌黏液，便于吞咽。

胃接近食管的部分称为贲门部，胃体的盲囊状突出部分称盲囊部，连接肠的一端称为幽门部。多数鱼类有胃，但鲤科鱼等没有胃，仅在食管后方有一段延长而略膨大的部分，称肠球。鱼的胃肠由黏膜层、黏膜下层、肌肉层和浆膜层构成。硬骨鱼类肠的分化不明显。有些鱼类肠道有螺旋瓣。

3. 幽门盲囊（幽门垂）

大部分硬骨鱼类在肠开始处有许多指状盲囊突出物，称幽门垂（或称幽门盲囊）。幽门垂的组织结构与肠壁组织相似，其作用一般认为是用来扩充肠子的吸收面积，同时又能分泌与肠壁相同的分泌物。幽门垂均开口于小肠。

4. 肛门

肠道最后开口处为肛门，多位于臀鳍前方，有的鱼类肛门与排泄和生殖系统共用一个腔体即形成泄殖腔。

5. 消化腺

各种鱼类的肝脏普遍存在，而有些鱼类的胰腺组织却与肝组织混为一体，形成肝胰脏。

（二）呼吸系统

水生脊椎动物呼吸系统的形态与高等动物几乎完全不同，主要是鳃和鳔。鳃是鱼类的主要呼吸器官。

硬骨鱼类的鳃（图 19－8）位于头部两侧的鳃腔中，外面覆以骨质的鳃盖。多数硬骨鱼类有四对全鳃。鳃裂，开口于鳃腔，鳃弓为硬骨，鳃丝布满毛细血管。

多数鱼类有鳔，位于体腔背侧，是一较长的薄囊状器官（图 19－9）。一般分为两室，内含氧气、氮气和二氧化碳，其功能主要是调节比重、帮助升降，也有呼吸和感觉等作用。

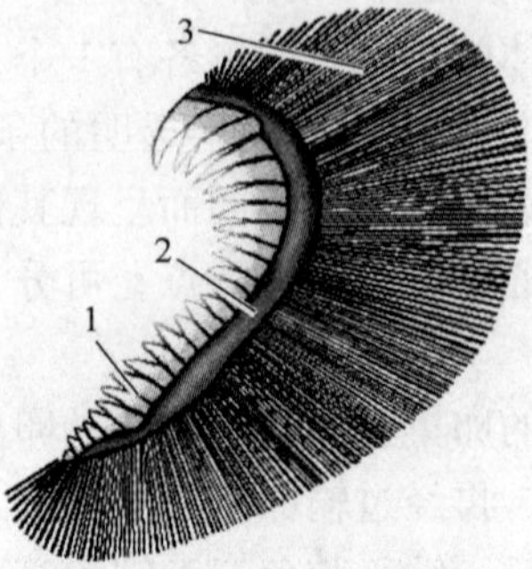

图 19－8　硬骨鱼鳃的结构

1—鳃耙　2—鳃弓　3—鳃丝

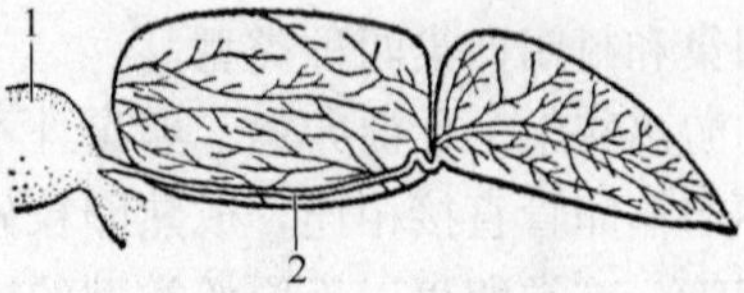

图 19－9　鱼的鳔

1—食管　2—鳔管

（三）泌尿系统

泌尿和生殖虽然功能有别，但在胚胎期的形成过程和生后构造上联系均很密切，因此常合称泌尿生殖系统。鱼的泌尿器官包括肾脏、输尿管和膀胱。

鱼的肾脏位于体腔背侧，呈暗褐色，比较狭长。肾的腹侧有一对输尿管。鱼类的膀胱可分为输尿管膀胱和泄殖腔膀胱 2 种类型，分别由输尿管后端或泄殖腔壁突起而成。

（四）生殖系统

1. 雄性生殖系统

鱼类的繁殖器官由生殖腺和生殖导管共同组成。生殖腺由系膜悬系于腹腔的背壁、消化道的两侧。生殖细胞在生殖腺内发育成熟并经生殖导管排出体外，在体外水环境中完成受精过程。少数体内受精的种类，其雄性个体还有能将成熟的精子输入雌鱼生殖导管内的交接器。

精巢是产生精子的器官，大多成对。精巢未成熟时颜色微红，成熟时呈乳白色，表面光滑细腻。精巢多为长带状，根据内部构造，鱼类的精巢可以分为壶腹型精巢和辐射型精巢 2 种类型。

壶腹型精巢又称草莓型精巢，由许多草莓状的壶腹（滤泡）组成，这些壶腹不规则地充满精巢内部，精子的发育和成熟就在壶腹中进行。精巢的背侧有输精管，成熟时，壶腹彼此融合，壶腹与输精管之间出现孔洞，以便输送精子到体外。金鱼、锦鲤和孔雀鱼等鱼类属此类型。

辐射型精巢中的精子成熟于呈辐射排列的叶片中，叶片壁由精巢膜构成。整个精巢的一侧具有纵裂状的凹穴，底部有输出管。丽鱼科的一些鱼类属于此类型。

绝大多数观赏鱼的输精管前连精巢，后端朝向体外的开口有两种情况：一种是与输尿管汇合成的尿殖孔；另一种是独立开口于体表。

2. 雌性生殖系统

（1）卵巢　卵巢是雌性鱼类的生殖腺，也称为性腺，是卵子发生、发育和贮存的器官。鱼类的卵巢多数是成对的，在鱼体的左、右两侧各有 1 个，少数种类有两侧合一或一侧退化的现象。性腺在未发育成熟时呈半透明的条状，成熟时则呈长囊状，颜色多为黄色，也有的种类因卵的颜色不同而呈现其他色泽。鱼类的卵巢根据外包膜性质及有无与卵巢相通的输卵管等特点，可分为游离卵巢和封闭卵巢两种类型。

游离卵巢又称裸卵巢，卵巢外不被腹膜形成的卵巢囊所包围。这种卵巢一般不与输卵管直接相连，成熟卵粒先排入腹腔中，再经过输卵管腹腔口进入输卵卵管。这类卵巢属于原始类型的构造，如鲨、鳐、鲟、肺鱼、七鳃鳗等属于此类。具有游离卵巢的鱼类，很难通过外部挤压的方式将游离到腹腔中的成熟卵粒挤出，在进行人工繁殖、尤其是人工授精时不易获得成功。

封闭卵巢又称为被卵巢，卵巢被腹膜所形成的卵巢囊所包围，卵巢囊上有环毛纵肌，收缩时可排卵。这类卵巢成熟后的卵子一般不排到体腔中，而直接进入卵巢腔内，卵巢囊后部变狭成为输卵管，与体外相通。封闭卵巢属于高级类型的卵巢结构，绝大多数观赏鱼类卵巢属于此类型。

（2）输卵管　除少数鱼类外，大多数鱼类具有输卵管。输卵管有各种不同类型，绝大多数鱼类的输卵管是由卵巢囊后部变细形成的短管，末端与输尿管汇合，以尿殖孔口开口于体外。有些鱼的腹部可见肛门、尿殖孔 2 个开口，如锦鲤等。少数鱼类输卵管与输尿管各自开口体外，腹部从前到后可见肛门、生殖孔和泌尿孔 3 个开口，如丽鱼科的罗非鱼。

3. 生殖开孔

鱼类的生殖导管向体外的开口称生殖开孔，在不同种类或雌雄个体间存在差异。

（1）生殖孔　生殖导管单独开口于体外的孔，就是生殖孔。许多鱼类的雌鱼以及某些鱼类的雌、雄本都以这种方式开口。这类鱼在臀鳍前面有 3 个开孔，由前向后依次为肛门、生殖孔和泌尿孔。

（2）尿殖孔 尿殖孔是输尿管与生殖导管的共同开孔，因而在这些鱼类的臀鳍前就只有2个开孔，由前向后依次为肛门和尿殖孔。

4. 鱼类的产卵和排精

在繁殖期，当鱼类的性腺发育成熟后，会出现雄鱼追逐雌鱼的兴奋现象，称之为发情。发情达到高峰时，往往雄鱼头顶雌鱼腹部，使雌鱼侧卧水面，腹部和尾部激烈收缩运动，卵球即由生殖孔一涌而出，同时雄鱼紧贴雌鱼腹部而排精。有时可看到雌鱼和雄鱼扭在一起产卵、排精。一般亲鱼开始产卵后，每隔几分钟到几十分钟产卵一次，雄鱼同时排精，需经过一段时间才能完成产卵和排精过程。整个产卵、排精过程持续时间的长短随鱼的种类、生态条件等而有差异。

四、循环系统、神经系统和感觉器官

（一）循环系统

鱼类的循环系统主要有运输、保护、防御、调节内环境等作用。鱼类的循环系统一般是闭锁式的单循环，心脏较简单，主要由心房、心室和静脉窦构成，无明显的房中隔和室中隔，不分左心和右心，血液走向是从心脏输出后先经过鳃到全身毛细血管后回心，其鳃的血液循环相当于哺乳动物的小循环功能。

（二）神经系统

鱼类的脑分为端脑、间脑、中脑、小脑和延脑。在胚胎发生中，鱼类的脑以神经管前端扩大部分为基础，分化为前、中、后3个脑球，随后由前脑分化成端脑和间脑，中脑球不再分化而形成中脑，后脑球以顶部突出的方式形成小脑，下方形成延脑。

端脑含有嗅觉中枢，间端有探测水深和影响色素细胞的功能，中脑含有视觉中枢，与鱼体的位置和移动的控制有关。小脑有运动协调中枢，小脑瓣与延脑的侧线中枢有功能上的联系。延脑有味觉、听觉、侧线感觉和呼吸中枢。

鱼类的脑神经一般都有10对，即嗅神经、视神经、动眼神经、滑车神经、三叉神经、外展神经、面神经、听神经、舌咽神经、迷走神经。

（三）感觉器官

1. 侧线感觉器官

侧线感觉器官是沟状或管状的皮肤感觉器，分布在头部及身体两侧，头部分布较复杂。原始的侧线感觉器个别分散排列，其顶露于体表，这在刚孵出的鱼苗身上极为明显。后沉入皮下形成短沟，然后彼此连接相通形成封闭的长管，仅以一个个小孔与外界相通，其内充满黏液，感觉器浸润在黏液中。当水流冲击身体时，即影响到管内黏液，引起感觉器顶的倾斜，从而把外来的刺激传给感觉细胞，再传递到神经中枢。主要作用是测定方位和感觉水流，活泼好动的鱼类侧线感觉器官较发达。

2. 视觉器官

鱼类的视觉器官是眼，位于脑颅两侧的眼眶内，主要起视觉作用。鱼眼能看见的最远距离一般不超过 12m。

（四）嗅觉器官

鱼类的嗅觉器官是嗅囊，位于鼻腔中，以外鼻孔与外界相通，一般鱼类都没有内鼻孔，鼻腔不与口腔相通，无呼吸作用。

任务三 | 鸽和鱼主要形态结构的解剖观察

一、鸽主要形态结构的解剖观察

（一）目的要求

（1）掌握家鸽解剖方法。

（2）掌握家鸽各主要器官的形态结构。

（二）设备材料

实验动物和解剖器械等。

（三）方法步骤

1. 活体状态和体表结构观察

观察鸽的精神状态、行为特点、身体外形和体表结构。

2. 致死

握住两腿、翼和头颈部，使其不能自由运动，将其整个头部浸入水中，待其窒息后，将其周身羽毛进一步浸湿备用。

3. 去毛和固定

将鸽子取背位放于解剖盘中，一手压住皮肤，另一手顺向拔去颈、胸和腹部羽毛。

4. 剥皮

从喙腹侧开始，沿颈部、胸部、腹部到泄殖孔剪开皮肤，并向两侧剥离到两前肢、后肢与躯干相连处。在颈部观察胸腺（幼鸽）、气管、食管和嗉囊。

5. 观察气囊

在头部暴露口咽，将吸管插入喉或气管，慢慢吹气到腹部鼓起，小心分离部分腹壁肌肉，观察腹气囊。

6. 解剖体腔

从胸骨后缘两侧，沿胸肋与椎肋结合处剪开肋骨，打开胸腔，剪除胸骨和肌肉，观察心脏、肝脏、腺胃、肌胃、脾脏、空肠、十二指肠、胰脏和泄殖腔的表面形态和位置。

将空肠与系膜剥离，展开空肠向两端，找到十二指肠和回肠及胰脏，移除心脏、肝脏、胃、十二指肠、胰脏和空肠，在体腔背侧自前向后依次寻找观察和解剖肺脏、睾丸或卵巢、输卵管或输精管、肾脏、输尿管和泄殖腔。

解剖观察腔上囊（幼鸽）和尾上腺。

剪开气管和眶下窦，观察其内表面和断面的形态结构。

（四）技能考核

根据操作过程考察，结合操作的口试及所绘鸽内部器官解剖图，评定成绩。

二、鱼主要形态结构的解剖观察

（一）目的要求

掌握硬骨鱼的解剖方法，掌握硬骨鱼各主要器官的形态结构。

（二）实训材料

鲤鱼（鲫鱼）和解剖器械。

（三）方法步骤

1. 外形观察

将鱼放在解剖盘中，观察其体形及各部分区，并观察口、眼、鼻、须、鳃盖、鳞、肛门、泄殖孔、鳍和侧线器官。

2. 打开体腔

从肛门向前剪至下颌转向上沿鳃盖后缘剪至脊椎，再自肛门向上剪至脊椎，向外上方掀开腹侧壁，暴露内脏。

3. 体腔器官的解剖观察

清理解剖观察食管、胃、幽门盲囊、肠、肝脏、胆囊、心脏、肾脏、性腺、胰脏、脾脏、膀胱和鳔等器官的形态位置和结构。

4. 鳃和口咽腔的解剖

剪开鳃盖，观察鳃弓、鳃耙和鳃丝，剪开口咽腔，观察口咽腔和食管及胃的通连关系。

5. 神经系统的解剖

切开脊椎，剪开颅腔，观察鱼的脑和脊髓。

（四）技能考核

根据操作过程考察，结合操作的口试及所绘鱼内部器官解剖图，评定成绩。

项目二十
犬的实地解剖

[知识目标]

1. 掌握宠物解剖的基本方法。
2. 掌握犬体各部的解剖程序和内容。

[认知与解读]

为了在较短的时间内，以相对较少的动物成本掌握复杂的动物机体结构，必须在对其各系统结构有一个初步认识的基础上，对动物机体进行全面地解剖观察，这样才能掌握宠物解剖的基本技术，掌握宠物机体各部及整体的基本结构。再通过反复多次的理论学习与实际解剖相结合，逐步达到能够较好地运用宠物形态结构与生命活动知识，解决宠物养护和疾病防制工作中的有关问题的目的。因此，在一定的系统解剖、比较解剖和局部解剖基本知识的基础上，对宠物机体的实地解剖，无论对于本课程的教学，还是对于宠物形态结构的深入了解，都是很重要的。

任务一 | 动物解剖的基本方法

一、常用器械

对动物的实地解剖，最基本和最常用的方法是用普通的解剖器械，按部位来解剖观察健康动物的新鲜尸体。只有恰当地使用各种器械，才能保证操作顺利，观察和记录到真实的结构。常用的解剖器械有解剖刀、解剖镊、解剖剪、肋骨剪和解剖锯等。

解剖刀主要用于切割，例如切割皮肤、分离神经、清理血管和分割脏器等。

解剖镊常用的有 2 种，即有齿镊和无齿镊，其中有齿镊主要在剥皮时使用，无齿镊主要在夹起或分离各种结构时使用。

解剖剪除作剪物之用外，尚可用以钝性分离血管、神经和器官等。在实际工作中，通常是剪、镊并用（一手持镊，一手拿剪），例如寻找皮神经和分离神经血管时，最好使用剪子，而不轻易用刀。

肋骨剪和解剖锯分别用于间断肋骨和锯开某些骨器官。

二、准备工作

准备工作主要分为人员、器械材料和动物 3 个方面。

在进行购买和临时饲养过程中，首先应特别注意健康检查，保证选用健康动物。应根据解剖目的选择动物的种类、品种、性别、年龄和膘情。适当控制动物的采食和饮水，一般可令其饥饿 1 ~2d 后，再进行解剖。

对器械和材料的准备主要包括解剖刀、剥皮刀、止血钳、剪毛剪、解剖剪、镊子、骨剪子、肋骨剪、胶手套、胶管、薄壁硬塑管或金属管、缝合线、保定绳、甲醛、脱脂棉和污物盆等。

进行根据实际教学需要对师生进行分工和分组，每组一般至少由术者和助手各 1 人组成。解剖前认真阅读教材和参考书的有关内容，并准备好对照图谱和记录描绘用品。

三、方法步骤

动物的实地解剖通常分为保定、放血、防腐和解剖观察几个步骤。

为了防止动物骚动、保证人与动物安全，需要对动物进行保定。不同动物的保定方法很多，可根据实际情况和动物解剖的具体需要来选择。通常犬的保定可采用徒手保定、绷带保定和口笼保定等方法。

为了使动物尸体剖面保持清洁，以利观察，通常采用颈动脉或股动脉放血法致死动物。具体做法主要是切开并分离颈动脉或股动脉外面的皮肤、肌肉和血管神经鞘，分离一段动脉血管。剪开并插上动脉插管，使血液从插管中流出，直到动物死亡。

为了节省动物，多次进行解剖观察或长期保存标本，可对尸体进行防腐处理。方法主要有冰冻法和甲醛灌注法。甲醛灌注法主要是在放血致死后，用吊桶以大气压力注入法或用连续注射器，把 15% 的甲醛溶液注入到尸体内，使蛋白质凝固，组织硬化并保持尸体（标本）不发生腐败。

畜体的解剖通常分为剥皮及全身浅层结构的解剖观察、肩带肌的解剖观察、胸壁与胸腔的解剖观察、腹壁与腹腔的解剖观察、骨盆腔的解剖观察、颈部的解剖观察、头部的解剖观察和四肢的解剖观察几个步骤。

四、注意事项

（一）分工合作

每组的术者、助手及其他人员应合理分工，注意轮换，切不可各行其是，任意切割尸体或随个人兴趣去追溯某些看似明显、却无观察价值的东西。

（二）耐心细致

进行动物解剖最大量的工作就是清理结缔组织和脂肪组织，同时还要保持其他结构形态位置和结构，因此需要有足够的耐心。各部解剖一般都应分层逐次进行，必须审慎地寻找和显露各有关结构，做到既界线明晰、观察清楚，又尽可能保持原貌。

（三）突出重点

应尽量抓住主要结构，舍弃次要内容。如对于血管神经主干及其主要分支一般可去掉一些分支，但不要将其完全分离，变成为一根根悬空的“孤干”，说不清与其他器官的关系。在具体操作时应尽量采用钝性分离法，少用刀切，以防切断需要观察的结构。对于体腔内器官，应先观察其形态大小、光泽、硬度和位置关系，再逐层、逐段或全部取出，观察其构造。

（四）注意记录

在进行解剖时应在认真解剖观察的同时，注意做好必要的记录（文字、图画、照片和摄像等），并注意与教材、图谱及参考资料的比较。

（五）做好整理

注意防止尸体或标本材料霉变或干枯。妥善清点、清洗、擦拭和保管解剖器械（用后的解剖器械，一定要清洗干净，擦拭干净，需要的话还应磨锋利，妥善保管备用）。发现差错或损坏，应及时报告指导教师，按规定处理。

任务二 | 犬体各部的实地解剖

一、肩带肌和胸壁的解剖

（一）解剖肩带肌

清理解剖头静脉、肩胛横突肌、索臂肌、索颈肌、胸头肌、斜方肌、胸肌、下锯肌、背阔肌之间的界限，清理观察肩前（颈浅）淋巴结，切断背侧组肩带肌。切断胸肌并向外侧抬起前肢游离部，清理肩胛下间隙内结缔组织和脂肪组织，解剖观察腋动脉、腋静脉、臂神经丛和腋淋巴结。切断斜方肌，清理观察切断菱形肌，切断腋动脉、腋静脉、臂神经丛和下锯肌，取下前肢。

（二）解剖胸壁

清理剩余的肩带肌，清理并观察肋间外肌、肋间内肌、肋胸膜和肋间的血管神经。剪断肋骨的椎骨端，并切断肋骨与肋软骨的连接，观察胸腔液，取下整块胸壁，观察肋胸膜和肋间的血管神经。

二、胸腔的解剖

（一）肺的解剖

观察肺胸膜和膈胸膜，观察肺的形态、质地、分叶和颜色。尽量将右肺向前移开，观察腔静脉褶、后腔静脉、右侧的膈神经和右肺的副叶，将副叶从腔静脉褶中拉出，切断肺根，取下右肺，放入方瓷盘中（图 20－1）。观察肺的颜色、质地和各种结构，将整个右肺或切下一小块放入水中，观察其浮沉情况。

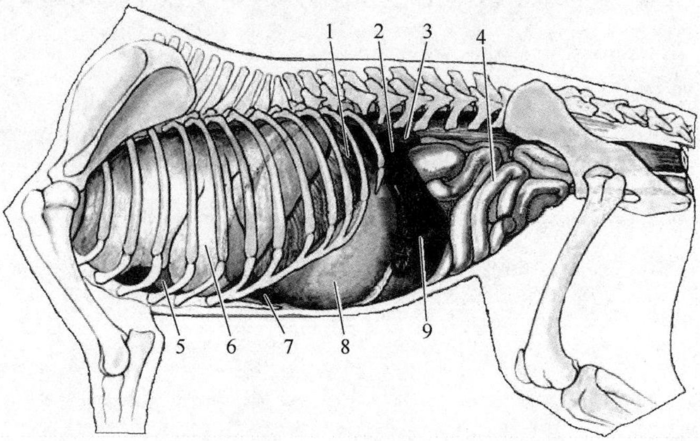

图 20－1 犬的内脏（左侧）

1—膈 2—胰头 3—左肾 4—肠 5—心脏 6—肺脏 7—肝脏 8—胃 9—脾尾

（二）纵膈的解剖

清理观察心包、膈、食管、气管、膈神经、迷走神经和大的血管主干及其主要分支。切开心包，观察心包液，切下心脏，观察心脏外形，剪开左右两侧心脏，分别观察左右心房和心室的结构（图 20－2）。

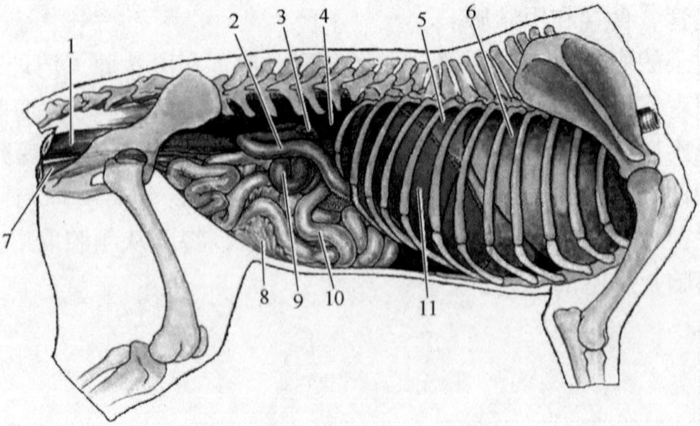

图 20－2　犬的内脏（右侧）

1—直肠　2—十二指肠　3—胰脏　4—右肾　5—膈　6—肺脏　7—泌尿生殖前庭　8—大网膜　9—盲肠　10—空肠　11—肝脏

三、腹腔和骨盆腔的解剖

（一）腹壁的解剖

解剖观察母犬乳房（或公犬阴囊、阴茎和包皮）的形态和构造。清理观察并切开腹外斜肌、腹内斜肌、腹横肌和腹直肌（如果是公犬应注意解剖观察腹股沟管），观察腹侧壁的神经、膝上淋巴结和腹膜。

（二）腹腔器官的解剖

清理观察膈、肝脏、胆囊、胃、脾脏、肾脏、输尿管、膀胱、尿道、直肠、空肠、十二指肠、胰脏、盲肠和结肠的形态结构及相互位置关系。

清理观察腹主动脉、后腔静脉、腹腔自主神经、肾脏、输尿管、肾上腺和主要淋巴结。

切断食管、肠系膜和结肠末端，取下部分内脏器官。进一步清理观察直肠、输尿管、膀胱、髂内动脉、髂外动脉、髂内侧淋巴结、髂外侧淋巴结和腰荐神经丛等器官。

（三）骨盆腔的解剖

进一步清理观察腹主动脉、后腔静脉和腰荐神经丛。如果解剖的是母犬，还要注意解剖观察子宫、卵巢和阴道。如果是公犬，还应注意解剖观察输精管和副性腺。

四、头颈部和四肢的解剖

（一）头颈部解剖

清理观察胸头肌、臂头肌、肩胛舌骨肌、迷走交感神经干和颈深淋巴结。清理观察气管、食管和甲状腺。

清理残余的肩带肌，清理解剖观察气管、食管和甲状腺。清理观察下颌淋巴结，清理观察面神经、腮腺、腮淋巴结和咬肌（图 20－3）。清除一侧下颌骨，解剖观察口腔、咽和喉等器官。清除外侧部分眼眶，解剖观察眶腺（颧骨腺）和眼的结构。解剖观察耳的结构。解剖颅骨，分离嗅球与嗅神经的联系，切断视神经等脑神经，切断脑与脊髓的联系，将脑从颅腔取出并进行清理解剖，观察脑及脑室的结构。

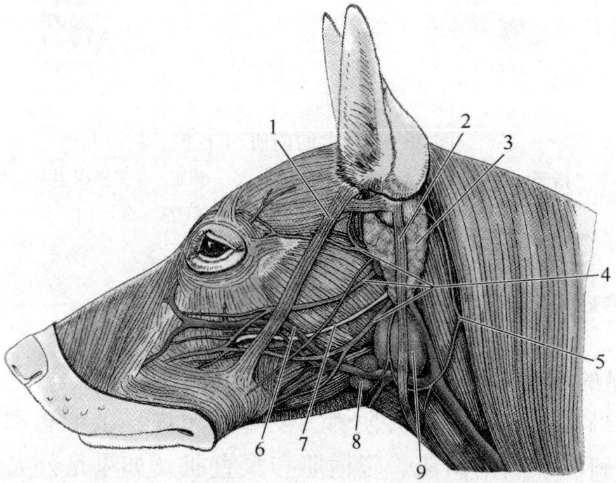

图 20－3　犬头部浅层器官

1—颧肌　2—腮耳肌　3—腮腺　4—面神经　5—第 2 颈神经　6—面静脉　7—腮腺管　8—下颌淋巴结　9—颌下腺

（二）四肢的解剖

清理右侧剩余的肩带肌，清理观察臂神经丛、腋动脉和腋静脉。清理、解剖和观察前肢各部的皮肤、肌肉、血管神经、肌腱、韧带和关节，解剖头静脉及其邻近器官（图 20－4）。

清理观察一侧臀肌等有关肌肉，露出荐结节阔韧带和髂骨，锯断髂骨体前上部，清理股薄肌等，在闭孔内侧缘的侧矢面上锯断耻骨和坐骨，清理肌肉和软组织，取下该侧后肢（清理观察骨盆腔各器官）。清理解剖观察后肢各部的皮肤、肌肉、血管神经和骨骼，应注意对膝关节后方腓肠肌籽骨和腘肌籽骨的解剖观察。

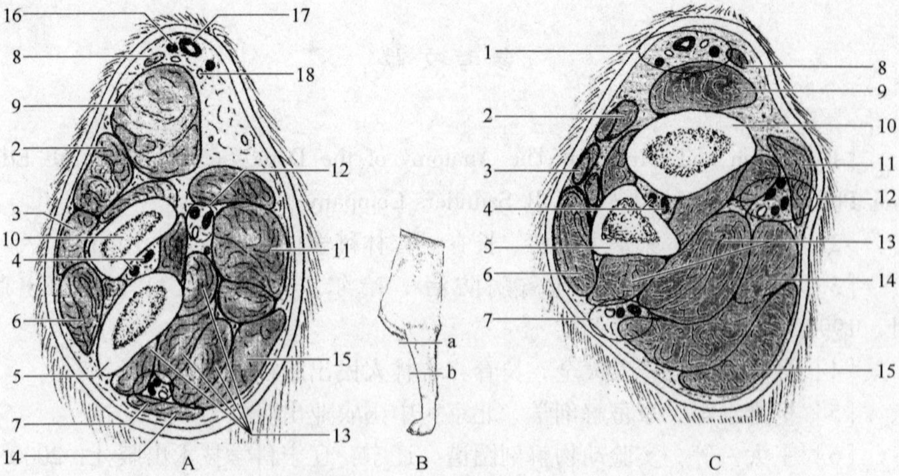

图 20-4 犬的前臂部横断面

A—近端横断面 B—断面部位 C—远端横断面

a—肘关节下方的断面 b—腕关节上方的断面

1—头静脉、前臂浅静脉和桡神经的分支 2—指总伸肌 3—指外侧伸肌 4—骨间总动、静脉 5—尺骨 6—腕尺侧伸肌 7—尺侧副动、静脉和尺神经 8—桡臂肌 9—腕桡侧伸肌 10—桡骨 11—腕桡侧屈肌 12—正中神经、正中动、静脉 13—指深屈肌 14—腕尺侧屈肌 15—指浅屈肌 16— 前臂浅动脉 17—头静脉 18—桡神经

参 考 文 献

［1］ Sisson and Grossman. The Anatomy of the Domestic Animals. Fifth Edition. Philadelphia & London：W. B. Saunders Company，1975.

［2］ 徐佐钦等．家畜生理学．长春：吉林科学技术出版社，1986.

［3］ 张景文等．养禽与禽病防治．哈尔滨：黑龙江科学技术出版社，1990.

［4］ 夏咸柱等．养犬大全．长春：吉林人民出版社，1993.

［5］ 杨维泰等．家畜解剖学．北京：中国农业出版社，1998.

［6］ 王太一等．实验动物解剖图谱．辽宁：辽宁科学技术出版社，2000.

［7］ 秦鹏春等．哺乳动物胚胎学．北京：科学出版社，2001.

［8］ 沈霞芬等．家畜组织学与胚胎学．第 3 版．北京：中国农业出版社，2001.

［9］ 董常生等．家畜解剖学．第 3 版．北京：中国农业出版社，2001.

［10］ 范作良等．家畜解剖．北京：中国农业出版社，2001.

［11］ 范作良等．家畜生理．北京：中国农业出版社，2001.

［12］ 马仲华等．家畜解剖学及组织胚胎学．第 3 版．北京：中国农业出版社，2002.

［13］ 陈耀星等．动物局部解剖学．北京：中国农业大学出版社，2002.

［14］ 陈秋生等．兽医比较组织学．北京：中国农业出版社，2002.

［15］ 陈杰等．家畜生理学．第 4 版．北京：中国农业出版社，2003.

［16］ 安铁洙等．犬解剖学．长春：吉林科学技术出版社，2003.

［17］ 杨秀平等．动物生理学实验．北京：高等教育出版社，2004.

［18］ 陈小麟等．动物生物学．第 3 版．北京：高等教育出版社出版，2005.

［19］ 雷亚宁等．实用组织学与胚胎学．杭州：浙江大学出版社，2005.

［20］ 谭文雅等．家畜组织学与胚胎学实验指导．北京：中国农业出版社，2006.

［21］ 周其虎等．动物解剖生理．北京：中国科学技术出版社，2006.

［22］ 雷治海等．动物解剖学实验教程．北京：中国农业科学技术出版社，2006.

［23］ 滕可导等．家畜解剖学与组织胚胎学．北京：高等教育出版社，2006.

［24］ 董军等译．犬猫临床解剖彩色图谱．第 2 版．北京：中国农业大学出版社，2007.

[25] 张庆茹等．家畜生理学．北京：中国农业科学技术出版社，2007.
[26] 姜凤丽等．动物科学基础．北京：中国农业大学出版社，2007.
[27] 曲强等．动物生理．北京：中国农业大学出版社，2007.
[28] 程会昌等．动物解剖学与组织胚胎学．北京：中国农业大学出版社，2007.
[29] 周元军等．动物解剖．北京：中国农业科学技术出版社，2007.
[30] 包玉清等．宠物解剖及组织胚胎学．哈尔滨：东北林业大学出版社，2007.
[31] 刘军等．动物解剖生理．北京：中国轻工业出版社，2007.
[32] 张春光等．宠物解剖．北京：中国农业大学出版社，2007.
[33] 李静等．宠物解剖生理．北京：中国农业出版社，2007.
[34] 杨万郊等．宠物繁殖与育种．北京：中国农业出版社，2007.
[35] 顾剑新等．宠物外科与产科．北京：中国农业出版社，2007.
[36] 朱金凤等．动物解剖．重庆：重庆大学出版社，2007.
[37] 包玉清等．宠物解剖及组织胚胎．北京：中国农业科学技术出版社，2008.
[38] 王会香等．动物解剖原色图谱．合肥：安徽科学技术出版社，2008.
[39] 李术等．宠物学概论．北京：中国农业科学技术出版社，2008.
[40] 李志等．宠物疾病防治．第2版．北京：中国农业科学技术出版社，2008.
[41] 梁书文等．宠物繁殖．北京：中国农业科学技术出版社，2008.
[42] 杨倩等．动物组织学与胚胎学．北京：中国农业大学出版社，2008.
[43] 翟向和等．动物解剖与组织胚胎学．北京：中国农业科学技术出版社，2008.
[44] 彭克美等．动物组织学及胚胎学．北京：高等教育出版社，2009.
[45] 熊惠军等译．犬猫放射解剖学图谱．沈阳：辽宁科学技术出版社，2009.
[46] 尹秀玲等．动物生理．北京：化学工业出版社，2009.
[47] 陈耀星等．畜禽解剖学．第3版．北京：中国农业大学出版社，2010.
[48] 秦睿玲等．动物解剖与组织胚胎．北京：化学工业出版社，2010.
[49] 白彩霞等．动物解剖生理．北京：北京师范大学出版社，2011.
[50] 李敬双等．家畜解剖生理学．北京：中国农业科学技术出版社，2011.
[51] 霍军等．宠物解剖生理．北京：化学工业出版社，2011.